珍藏本
纪念版

汉译世界学术名著丛书

认识与谬误

——探究心理学论纲

〔奥〕恩斯特·马赫 著

李醒民 译

商务印书馆
The Commercial Press

2017年·北京

Ernst Mach

KNOWLEDGE AND ERROR

Fifth edition by Johann Ambrosius Barth, Leipzig, 1926

汉译世界学术名著丛书
（120年纪念版·珍藏本）
出 版 说 明

2017年2月11日，商务印书馆迎来120岁的生日。120年前，商务印书馆前贤怀揣文化救国的理想，抱持"昌明教育，开启民智"的使命，立足本土，放眼寰宇，以出版为津梁，沟通中西，为中国、为世界提供最富智慧的思想文化成果。无论世事白云苍狗，潮流左右激荡，甚至战火硝烟弥漫，始终践行学术报国之志，无改初心。

迻译世界各国学术名著，即其一端。早在20世纪初年便出版《原富》《天演论》等影响至今的代表性著作，1950年代后更致力于外国哲学和社会科学经典的译介，及至1980年代，辑为"汉译世界学术名著丛书"，汇涓为流，蔚为大观。丛书自1981年开始出版，历时三十余年，迄今已推出七百种，是我国现代出版史上规模最大、最为重要的学术翻译工程。

丛书所选之书，立场观点不囿于一派，学科领域不限于一门，皆为文明开启以来，各时代、各国家、各民族的思想与文化精粹，代表着人类已经到达过的精神境界。丛书系统译介世界学术经典，引领时代思想，为本土原创学术的发展提供丰富的文化滋养，为推动中国现代学术和现代化进程做出了突出的贡献。

为纪念商务印书馆成立120周年，我们整体推出“汉译世界学术名著丛书”120年纪念版的珍藏本，寄望既利于文化积累，又便于研读查考，同时向长期支持丛书出版的译者、编者和读者致以敬意。

两甲子后的今天，商务印书馆又站在了一个新的历史时间节点上。我们不仅要铭记先辈的身影和足迹，更须让我们的步伐充满新的时代精神。这是商务人代代相传的事业，更是与国家和民族的命运始终紧密相连的事业。我们责无旁贷，必须做好我们这代人的传承与创造，让我们的努力和成果不仅凝聚成民族文化的记忆，还能成为后来人可以接续的事业。唯此，才能不负前贤，无愧来者。

商务印书馆编辑部

2017年10月

中 译 本 序

马赫:“周末猎手”的智力“漫游”

李醒民

提起恩斯特·马赫(Ernst Mach,1838—1916)[①]的名字,不论学科学的还是学哲学的,对这位奥地利的智者恐怕都不会感到陌生。作为物理学家,他关于冲击波的实验研究使他闻名于世,“马赫数”等术语就是以他的名字命名的;尤其是,他对经典力学的敏锐洞察和中肯批判,是物理学革命行将到来的先声[②],也使他成为相对论的先驱。在生理学和心理学领域,他的研究是围绕感觉的分析进行的。其具体贡献有:关于运动引起的音调和颜色的变化,即多普勒效应;内耳迷路的功能和运动感觉;视网膜各点的相互依赖及其对亮度知觉的影响;关于空间和时间的心理学研究;探究心理学分析;格式塔心理学、精神分析和发生认识论的先见之明。

---

① 李醒民:《马赫》,三民书局东大图书公司印行,一九九五年一月第一版。李醒民:《伟大心智的漫游》,福建教育出版社,一九九五年十二月第一版。前者着重论述了马赫的思想,后者生平材料较多,尤其是讨论了马赫的两个学术公案——马赫与原子论和相对论。

② 李醒民:〈物理学革命行将到来的先声——马赫在《力学史评》中对经典力学的批判〉,《自然辩证法通讯》,一九八二年第六期。

马赫多次申明他是科学家而不是哲学家，甚或不想被人称为哲学家。但是，由于他不希望盲目地把自己交托给单独一个哲学家指导，由于他强烈地需要揣测他藉以获得和扩展知识的过程，他还是对邻近他的专业领域的哲学极其感兴趣。不过，诚如他所说，他只是作为“周末猎手”(Sonntagsjäger，weekend sportsman)在这些领域中的一些，特别是在哲学中“漫游”(roam)[3]。这些漫游的结果形成了他的众多的科学史和科学哲学著作，诸如《能量守恒定律的历史和根源》(一八七二年)、《力学史评》(一八八三年)、《感觉的分析》(一八八六年)、《通俗科学讲演》(一八九六年)、《热学原理》(一八九六年)、《认识与谬误》(一九〇五年)、《物理光学原理》(写于一九一三年，出版于一九二一年)。这些论著议题广泛、洞察深邃、思想敏锐、影响久远，在科学史和哲学史上留下了不可磨灭的印记和辉煌的一页。

与一般科学史研究论著相比，马赫的科学史研究具有十分鲜明的特征。第一，它不是档案史和编年史，而是思想发展史。第二，它不是为历史而历史，而是为了摆脱偏见，启迪思想，发现问题，寻找新的途径；一句话，为了理解眼下的科学，为了激励科学家攻克目前的难题。第三，它不是辉格史(Whig history)，而是科学思想进化史。第四，它是文献证明的历史和直觉的历史的完美结合。

诚如石里克所说：“那些不要求成为哲学家的哲学家并不是最不成器的哲学家。……历史早已作出评价：马赫事实上既是科学

---

③ E. Math, *Knowledge and Error*, *Sketches on the Psychology of Enquiry*, Translation from the German by T. J. McCormack, D. Reidel Publishing Company, 1976, pp. xxxi – xxxii.

家，也是哲学家，而且他在哲学史中的地位，历史已经颇为明显地作出定论了。”[④]然而，马赫并不是传统意义上的（职业或专业）哲学家，而是作为科学家的哲学家或哲人科学家。他的哲学也不是思辨哲学家的有体系的、有专门名词（或生造术语）的、与科学无缘的哲学，而是科学家的科学哲学（请注意：它不等同于哲学家的科学哲学），即是与科学的基本问题水乳交融、血肉相关的科学哲学，是科学家喜闻乐见的、能够从中受到启迪的科学哲学。历史已经一而再地表明，正是这些很少进入哲学史教科书的哲人科学家的思维成果，大大推进了人类思想的进程，成为思想史上的一个个路标。

马赫是从科学经过科学史走向科学哲学的，他的哲学思想也是从科学中生发和提炼出来的，这本身就决定了它的独创性和新颖性。但是，马赫在形成自己的哲学时也吸收了众多的哲学家和科学家（贝克莱、休谟、康德、利希滕贝格、赫尔巴特、费希纳、达尔文等等）以及诸多哲学流派的观点，加之经验事实给他规定的外部条件不容许他过分拘泥于一种认识论体系，而面对的问题又迫使他必须从各种视角关照，因此他在构筑自己的哲学时不得不采取一种卓有成效的“机会主义”观点，在各种两极之间保持必要的张力[⑤]。鉴于这种现实状况，那些仅仅从自己体系出发的“哲学揣度人”，那些抓住只言片语就恣意发挥引申的“哲学幻想家”，那些东拉一句、西扯一段就胡乱拼凑的“哲学裁

④ M. 石里克：〈哲学家马赫〉，洪谦译，《自然辩证法通讯》，一九八八年第一期。

⑤ 李醒民：〈善于在对立的两极保持必要的张力——一种卓有成效的科学认识论和方法论准则〉，《中国社会科学》，一九八六年第四期。

缝匠”，那些出于革命仇恨和战斗激情的“哲学革命者”，便依据自己的“职业”特点、环境气候和喜怒哀乐，动辄给马赫贴上各色哲学“标签”，或扣上各种政治“帽子”。这种简单化、庸俗化、政治化的做法，根本不是哲学研究！

虽说马赫哲学——马赫说：“尤其是，不存在马赫哲学，而至多只存在科学方法论和认知心理学，这二者像所有科学理论一样是暂定的、不完善的尝试。”⑥——没有一个完整的体系和自造的术语，但只要认真研读一下他的原著并加以冷静的思考，其结构和脉络还是清晰可辨的。马赫哲学的目标很明确，这就是把认识论从思辨的、空泛的哲学议论提高到科学的层次加以研究。为此，他把他的哲学奠定在要素一元论（广义的）或感觉一元论（狭义的）的根基上，其主题自然落入感觉经验论的范畴。与目标相联系，马赫哲学的特色充分表现在他的进化认识论和思维经济原理上。这一切进而作用于马赫哲学的反形而上学和统一科学的总意向，这种总意向也反作用于马赫哲学的根基和主题。不用说，作为哲人科学家，马赫哲学的本体是科学方法论和探究心理学，但是深厚的人文精神和强烈的社会责任感又驱使他在社会科学和人文科学中漫游，从而形成了马赫哲学的侧枝——社会哲学和与自然主义联姻的人道主义。马赫哲学不是静态的知识之学和僵化的教条，而是动态的智慧之学和鲜活的沉思哲学，从而显示出现实的和特有的精神气质。马赫哲学仿佛是一株“枝枝相覆盖，叶叶相交通”⑦的

⑥ 同前注③，p. xxxiii.

⑦ 《汉乐府：孔雀东南飞》。

哲学之树——一株拔地而起、枝叶繁茂的智慧和文化之树！有人武断马赫哲学是“大杂烩”,“只是一些矛盾的没有联系的认识论命题的堆砌”,只能说明他对马赫哲学并无认真的研究和确切的把握。

马赫的主导哲学思想是要素一元论和感觉经验论。“要素”一词是要素一元论的核心概念。马赫虽然暂定地赋予要素以基元地位,但并不认为它是最终的和万能的。他的目的是为了以此消除心物二元论——自我与世界、精神与物质、主体与客体、属性与实体——的人为的绝对对立,把物理学、生理学和心理学统一起来。马赫给予感觉在认识论中以很高的地位,把感觉置于科学认识的起点(唯一源泉)和终点(最后检验),而且把科学认识的对象也限于感觉世界——马赫所谓的感觉仿佛是“经验原子”。因此,马赫的经验论可以称之为感觉论的经验论或感觉经验论,它带有实证论、现象论、操作论、工具论、描述论、呈现论(presentationism 或 presentationalism)和实用主义的色彩。但是,务必认清的是,马赫的经验论虽然激进和彻底,但并不是狭隘的或极端的经验论。其理由在于:马赫的主导哲学包含反经验论即理性论的成分;融进了非经验论的约定论的因素;对经验论的方法论即归纳主义持强烈的保留意见;多次为科学的抽象本性辩护,强调普遍概念和数学概括在科学中的巨大作用;高度重视、推崇、赞美思想和观念;在论述有关具体问题和关系时,注意在对立的两极保持必要的张力,而没有囿于经验论的一极;马赫本人也反对把他的哲学划入极端的或狭隘的经验论。马赫在当时采取激进的或彻底的经验论并不是无缘无故的,甚至在某种

程度上也是合理的：这既是他抵御新康德主义的先验论和黑格尔的思辨的自然哲学的需要，也是他反对力学神话（力学先验论和力学自然观）的要求。此外，马赫哲学也不是所谓的"主观唯心论"、"唯我论"和"折衷主义"⑧。

思维经济原理是马赫哲学的重要原则，其涵盖之广泛、内容之丰富、意蕴之深远、真谛之微妙，也许是"前不见古人，后不见来者"⑨的，难怪费耶阿本德认为它是"知识进步史上的一个理论的富有成果的开端"⑩。根据布莱克默的研究和分类，马赫的思维经济原理大体包含以下诸多含义：思维的经济，精力的经济，功和时间的经济，方法论的经济，作为数学简单性的经济，作为缩略的经济，作为抽象的经济，作为不完备的经济的逻辑，本体论的经济，自然界中没有经济，语言的经济。⑪ 思维经济原理的精神实质在于：它是科学的目的，方法论的原则，评价科学理论的理智标准，反形而上学的武器，关于知识（认识）的生物经济学。把思维经济原理视为主观的、先验的、浅薄的，以为它要求人们停止思维和随心所欲的设想，都是无知的误解或有意的曲解。⑫

在科学方法论和探究心理学方面，马赫提出了实在原理、连续

---

⑧ 李醒民："恩斯特·马赫：启蒙哲学家和自由思想家"，《大自然探索》，一九九〇年第二期。另外可参见①中的《马赫》一书第207—223页。

⑨ 唐·陈子昂：《登幽州台歌》。

⑩ 转引自R.哈勒尔："诗人的想象和经济：科学理论家马赫"，周昌忠译，《科学与哲学》，一九八四年第五辑。

⑪ J. T. Blackmore, *Ernst Mach: His Work Life, and Influence*, University of California Press, 1972, pp. 173—174.

⑫ 李醒民：〈略论马赫的思维经济原理〉，《自然辩证法研究》，一九八九年第二期。也可参见①中的《马赫》一书第111—137页。

性原理、充足分化原理、恒久性原理、概念嬗变原理等方法论原则，讨论了类比(类似)、假设、思想实验、直觉、幻想、审美等科学发现方法，还就探索动机、感觉、记忆、联想、观念、概念、抽象、意识、意志和意图、思想、语言、问题、洞察、判断、预设等科学探索的心理元素或智力元素探幽入微，留下了一个个的智慧小岛。

马赫是进化认识论和自然主义的名副其实的与当之无愧的先驱。在马赫看来，世界或自然(界)是一个自然的、统一的整体；思想适应事实和思想彼此适应是生物反应现象；科学是一种生物的、有机的现象；人生来不是一块“白板”，而具有天生的倾向和“观念”，它们是生物进化的产物；所有知识和理论都是可错的、暂定的、不完备的，其形成具有偶然性。马赫的科学哲学和科学观具有强烈的自然主义倾向。马赫的颇具特色的和独创的进化认识论，即是自然主义思想在认识论和科学中的具体运用和体现，实际上也是进化的自然主义。自然主义也可以说是马赫对待世界(包括人、人所形成的社会和人为的最系统的知识体系——科学)的一种平实的态度和探究的进路。

马赫不是眼光狭小的专家和关在书斋里的学者，而是一位具有人文主义精神的科学家和具有科学理性精神的思想家，是一位身体力行、勇于进行社会探索和实践的伟大战士。他坚信科学技术对文明的促进作用，他对社会进步和人的自我完善充满信心，他关心人类的前途和命运，他热爱真理主持正义，他拥护和平反对战争。一言以蔽之，他对真善美满腔热忱，对假恶丑疾首蹙额。马赫的人道主义的最高宗旨在于，他把全人类的利益看得高于一切，倡导社会公正、平等，呼吁社会成员互助、博爱，并在坚持个人自由的原则下反对利己主义。马赫甚至把人道主义精神扩展到整个有机界和无机界，发出了当代生态伦理学的先声。马赫终生坚持不懈地反对强权和暴力，拥护公理与和平，是一位虔诚的和平主义者。他始终对军国主义、民族主义、反犹主义、阶级偏见持否定和反对态度，没有像德奥大多数知识分子那样染上时代病——民族狂热病。马赫的科学主义⑬的核心思想在于，相信科学是文明社会的重要标志，相信科学具有神奇的威力，能推动社会文明的进步，给每一个社会成员都带来幸福，而自身却不要求回报。但是，他并没有陶醉于科学的胜利进军和慷慨赐福中，他在当时就清醒地认识到硬币的另一面：科学运用不周或不当也会带来负面影响，比如环境污染、资源枯竭等等。不过他相信“人类将获得时代的智慧”，以日趋完善的“社会文化技术”（techniques of social cultures）⑭和更加发达的科学来减少和防止有关弊端。马赫的无神论和教育思想中也有许多富有启发性的训诲。

马赫哲学（或广而言之马赫思想）不仅仅是有着丰富内容和敏锐洞见的思想集合，它也浸透了马赫本人所具有的鲜明的精神气质。这就是：启蒙和自由，怀疑和批判，历史和实践，兼容和宽容，谦逊和进取。借用石里克的“青春哲学”的语言来讲，马赫的一生是“青春化”的一生，他对知识和事业的热情像“青春的热情”一样，

⑬　我这里所谓的“科学主义”（scientism）是采用的该词的第一义，即对自然科学家来说是典型的方法和态度，或认为是自然科学家具有的方法和态度；其第二义是过分信赖自然科学方法应用于所有研究领域的功效，这与“科学（方法）万能论”相通。

⑭　同前注③，pp. 58，75。

是“燃烧着同样的火焰与光辉的”。[15]

马赫是批判学派[16]的首领(这个思想学派的成员还有彭加勒、迪昂、奥斯特瓦尔德、皮尔逊)。批判学派的科学思想和哲学思想对十九和二十世纪之交的物理学革命、对二十世纪初维也纳小组的形成和二十年代兴盛的逻辑经验论起了举足轻重的作用,马赫在其中扮演了主要角色。马赫是爱因斯坦的思想启蒙者和先师,是维也纳学派的始祖和逻辑经验论的教父。时至今日,马赫哲学也未完全遁入古老幽深的典籍王国,成为历史博物馆的陈列品。他的明睿的眼力,深邃的洞见,恢弘的气度和迷人的魅力,仍会在二十一世纪熠熠生辉。

《认识与谬误——探究心理学论纲》(亦可译《知识和错误》)的缘起是这样的:在一八九五/一八九六年冬天,马赫开设了一门“探究的心理学和逻辑”的课程,力图把探究的心理学尽可能地还原为对科学而言朴素的概念。后来,马赫自由地处理了所选的那些材料,使认识论的心理学和自然科学方法论形成全书的主干。可以说,该书是作为一位摆脱了任何体系的朴素观察者的马赫四十年教学和实验研究的智力结晶。书名是从该书第七章借用的,他在这一章讨论了,从同一心理来源衍生出的知识和错误,如何仅仅在对特定环境经验的结果的基础上才能被区分开来;错误像知识一样,也是推进认知的矫正物。

《认识与谬误》一九〇五年初版于莱比锡,在不到一年内即售

[15] 转引自洪谦:《维也纳学派哲学》,商务印书馆,一九八九年第一版,第150页。

[16] 李醒民:“世纪之交物理学革命中的两个学派”,《自然辩证法通讯》,一九八一年第六期。李醒民:“论批判学派”,《社会科学战线》,一九九一年第一期。

罄。次年,接着出了第二版,它与第一版没有实质性的不同,马赫没有机会作根本的修订。在马赫一九一六年去世后,该书还出版了三个版本(一九一七年,一九二〇年,一九二六年),它们与第二版几乎没有差别。据马赫的儿子路德维希讲,第三版只收录了他父亲在书页边的校正。《认识与谬误》至少部分地被译为法文(一九〇八年)、俄文(一九〇九年)和土耳其文(一九二五年),但直到七十年后才被译为英文(一九七六年)。英译本是由德文第五版(一九二六年)翻译的,中译本即由此英译本移译。

《认识与谬误》是马赫的科学认识论和方法论最清楚、最集中、最综合、最成熟的阐述,是马赫科学哲学的创新卷。马赫希望,"这将激励年轻的同行,尤其是物理学家作进一步的反思,把他们的注意力引向某些毗邻的领域,他们倾向于忽略这些领域,而这些领域却向任何探究者提供了许多关于他自己思考的阐明。"[17]当他把新出版的书寄给威廉·詹姆斯时,詹姆斯回信说:"您的《认识与谬误》使我充满欢乐——当我能够接触到它时,我将贪婪地读完它。"[18]美国科学史家E. N.希伯特在评论该书时说:"这些文章中所接触的观点时时给读者留下下述印象:马赫的学识渊博,他的深刻的、有价值的、第一手的实验敏感性,当然还有他倾注在文字材料中的杰出的、诙谐的、批判的气质,……科学的洞察,丰富而中肯的警句,对习俗和权威的漠视。"[19]

---

⑰ 同前注③,p,xxxii.

⑱ 同前注③,p,xxvi.

⑲ E. N. Hiebert, The Influence of Mach's Thought on Science, *Philosophia Naturalis*, 21 (1984), pp. 598—615.

我想，阅读《认识与谬误》的读者肯定会有同感。该书的确不时闪烁着思想的珍珠。例如，马赫多次强调，科学理论是暂定的、不完善的尝试，其结果依然是成问题的，需要用研究和经验来修正或矫正；任何观察都已受到理论的影响；一些人的错误也往往在它们的结果方面比另一些人的发现更富有成效等等。[20] 尤其是，马赫的下述论断更具有沦肌浃髓的震撼力：科学家的观念是否符合某个给定的哲学体系，则是完全次要的事情，只要他能够利用它们作为研究的起点就行；不要寻求救世的根本教义，更不必说唯一的教义了；[21]……至于各章的具体内容，我就不多此一举评说了，相信读者会见仁见智，自有一番品味在心头。

本译著从一九九八年六月底始译，到年底大体译完，中间除穿插一些临时性的作业外，费时整整四个月。时值世纪之交，社会上的潮流和时尚日日变幻，外快和浮名时时诱致。在学术界和思想界，黄钟毁弃、瓦釜雷鸣之类的事也屡见不鲜。真正的学人势单力薄，回天乏力，也只能操守自持，独善其身。因为他们深知，生命中不能承受之轻是心灵的荒芜和精神的苍白；因为他们明白，虚誉是短命的，政治是暂时的，而思想是长久的，逻辑是永恒的。如此而已，岂有他哉！

---

⑳ 同前注③，pp. xxxviii，9；37；120；327。

㉑ 同前注③，pp. 9，14。

目　录

作者第一版序 xxxi

科学家一点也不是哲学家，甚或不想被人称为哲学家，但是他强烈地需要揣测他藉以获得和扩展他的知识的过程。这样做的最明显的方式是仔细地审查在人们自己的领域和比较容易达到的邻近领域里知识的成长，尤其是察觉引导探究者的特殊动机。对已经接近这些问题的科学家来说，由于常常经历进行解答的紧张和此后达到的放松，这些动机应该比其他人更为显而易见。因为几乎在每一个新的重大的问题解答中，他将继续看见新的特征，所以他将发现系统化和图式化更为困难，显然总是不成熟的：因此他乐 1
于把这样的方面留给在这个领域具有更多实践的哲学家。如果科学家把探究者的有意识的心理活动看作是动物的和在自然及社会中的人的本能活动的变种，即有条理地阐明、加强和精练的变种，那么他会感到心满意足。

如果使方法论的知识系统化和有序化的工作在科学发展的恰当阶段合适地进行，那么就务必不要低估这项工作[1]。但是，人们必须强调，如果完全能够获取探究实践，那么与其说它将通过苍白的抽象公式推进，毋宁说通过特定的生动例子推进，抽象公式在任何情况下都需要具体例子才会变得可以理解。因此，对科学研究的门徒而言实际上有用的指导在最重要的科学家那里，诸如在哥白尼、吉尔伯特、开普勒、伽利略、惠更斯、牛顿以及较近的 J. F.

W. 赫谢尔、法拉第、惠威尔、麦克斯韦、杰文斯等人那里。像 J. F. 弗里斯(Fries)和 E. F. 阿佩尔特(Apelt)这样具有伟大功绩的人虽然大大地推进了科学方法论的某些领域,但是他们并未完全成功地使他们自己摆脱先入之见的哲学观点。这些哲学家,甚至科学家惠威尔,由于信奉康德的概念,在十分简单的科学问题上被迫遁入相当怪诞的概念,我们将在以后看到这一点。在较年长的德
xxxii 国哲学家中,F. E. 贝内克(Beneke)似乎是唯一能够使他自己完全摆脱这样的无条件地相信英国科学家的偏见的人。

在一八九五/一八九六年冬天,我开设了"探究的心理学和逻辑"这门课程,我在课程中力图把探究的心理学尽可能地还原为对科学而言朴素的概念。本书基本上自由地处理了所选的那种材料。我希望,这将激励年轻的同行,尤其物理学家做进一步的反思,把他们的注意力引向某些毗邻的领域,他们倾向于忽略这些领域,而这些领域却向任何探究者提供了许多关于他自己思考的阐明。

实施起来无疑将被各种不足弄糟。虽然我总是对邻近我的专业的领域和哲学极其感兴趣,但是自然而然的是,我作为一位周末猎手愿意在这些领域的某一些之中,特别是在最后的哲学中漫游。在这个过程中,如果我幸运地发现,我的科学立场趋近众所周知的哲学家诸如阿芬那留斯(Avenarius)、舒佩(Schuppe)、齐亨(Ziehen)等人的立场和他们的年轻同事诸如科内利乌斯(Cornelius)、彼得楚尔特(Petzoldt)和舒伯特-索尔德尔(v. Schubert-Soldern)的立场,以及某些著名科学家的立场,那么这在于当代哲学的本性,即我的观点引导我完全摆脱了其他重要的哲学家[2]。我必须

对舒佩说:在我看来,超验的领域被封闭了。而且,如果我坦率地强调,它的居民甚至不能引起我的好奇心,那么我本人和许多哲学家之间的巨大隔阂就变得明显了。因此,我已经明确地声明,我不是哲学家,而仅仅是科学家。不管怎样,倘若我时常在某种程度上被冒失地计入哲学家之内,那么这个过错不是我的过错。但是,很明显,我也不希望在某种程度上以下述方式成为盲目地把他自己交托给单独一个哲学家指导的科学家,而莫里哀(Molière)笔下的医生也许就是以这样的方式期望和要求他的病人的。

我为科学认识论和知识心理学而尝试的工作是如下进行的。首先,我不是旨在把新哲学引入科学,而是从科学中清除陈旧的和僵化的哲学——甚至一些科学家对这一努力也相当不满。在若干年作出的许多哲学陈述中,哲学家本人已经辨认出一些是错误的, xxxiii
或者已经如此清楚地标示出,以致任何无偏见的人都能轻易地识别这样的错误。在错误较少遇到活跃的批判的科学中,错误比较长久地幸存下去,正如在没有捕食者的遥远的岛屿上无防卫的物种可以不受伤害一样。这样的宣言在科学中不仅是无用的,而且产生讨厌的和无效的假问题(pseudoproblems),没有比抛弃它们更值得了。如果在这样的行动中我做了某些有用的事情,那么信誉实际上属于哲学家。倘若他们谢绝称赞,那么下一代人也许比他们自己希望所是的更公正地对待他们。此外,在四十多年间,我有机会作为一位摆脱了任何体系的朴素观察者,在实验室和讲演厅二者中看到知识进展的方式。我力图在各种著作中记下它们。然而,我在那里创立的东西并不是我独有的财产。其他留心的探究者常常做出相同的或十分相似的发现。虽然科学家的注意力较

少被吸引到紧迫的专门的研究问题——这些问题引起陷入忘却的许多方法论的发现，但是我能够贡献给探究心理学的东西必定早就牢固地为他们所拥有。这正是我认为我的工作将不是徒劳的原因。也许有一天哲学家可能承认我的事业是对科学方法论的哲学阐明，并将在半路上和我相会。无论如何，即使情况并非如此，我也希望它对科学家有用。

E. 马赫

维也纳，一九〇五年五月

注　释

4

【1】在所有本质之点我与之一致的、机灵地排除有争议的心理学问题——它们的解答既不是紧迫的，也不是对认识论必不可少的——的系统叙述，由 H. Kleinpeter（*Die Erkenntnistheorieder Gegenwart*, Leipzig, J. A. Barth, 1905）教授、博士给出。

【2】在 *M* 和 *A* 每一个的一章中，我回答了那些我逐渐了解的、对我的观点的反对意见。在这里，我只需要就 Honigswald 的 *Zur Kritik der Machschen Philosophie*（Berlin, 1905）添加几点评论。尤其是，不存在马赫哲学，而至多只存在科学方法论和认知心理学，这二者像所有科学理论一样是暂定的、不完善的尝试。我对于借助异己的添加由此可能构造的哲学不承担责任。我们的观点不能够与康德的结果一致的东西从一开始不仅对任何康德主义者来说，而且也对我自己而言，都是显而易见的，因为这些东西给了不同的，甚至排除了讨论的共同基础的前提（参考 Kleinpeter，在上述引文中，也可参考本书）。再者，应该使康德哲学有权力告诫个别科学，不要试图在它们自己的领域，以它们自己的方式，力图达到比一百年前哲学允诺向迄今从未达到的那些科学提供的还要多的

东西，但是康德哲学难道是唯一确实可靠的哲学吗？因此，在至少不怀疑赫尼希斯瓦尔德(Honigswald)诚实的意图的情况下，我宁可认为，针对他确实与之有较多接触点的“经验批判论”(empiriocriticism)或“内在论”(immanentism)争辩，对他和其他人来说恐怕更有成效。一旦哲学家在他们自己之中取得一致，与科学家达成谅解就将不再是如此困难了。

xxxv

作者第二版序

第二版的文本与第一版的文本没有本质上的不同。时间不容许，确实也没有机会作根本的修订。我必须补充说，若干批判性的意见为我所知时已经太迟了，以致无法考虑它们。

在相关内容的著作与本书第一版同时面世或稍后出版的情况
下，我以注释的形式增补了它们的参考书目。在我自己的基本观
点和耶鲁萨莱姆(Jerusalem)的观点之间的比较密切的关系，通过
他的著作《批判观念论和纯粹逻辑》(*Der Kritische Idealismus
and reine Logik*，1905)揭示出来。无疑地，正是我们的专家立场
6 的差异，妨碍我们认识到，我们相互之间是多么接近。这种接近的
原因，必定极可能在曾经激励过我们二人的生物学(尤其是进化
论)中找到。我在斯托尔(Stohr)的高度独创性的《从心理学的观
点看逻辑指南》(*Leitfaden der Logik in psychologisierender
Darstellung*，1905)中发现了若干默契之点和许多激励。迪昂的
《物理学理论的目的和结构》(*La Théorie physique*，*son object et
sa structure*，1906)使我极为高兴。我并未希望这么早地在任何物
理学家那里找到这样广泛的一致。迪昂拒绝对物理学中的问题作
任何形而上学的诠释。他看到，以概念上经济的方式决定事实是
那门科学的目的。对他来说，提出物理学理论的历史的和发生学
的方法似乎是唯一正确的方法，在教学法上也是最有效的方法。

这些是我足足三十多年间倡导的观点。我之所以更加重视我们之间的一致，是因为迪昂完全独立地达到相同的结果。同时，必须说明的是，我在本书中无论如何原则上强调了常识思维和科学思维之间的亲缘关系，而迪昂则特别阐明了常识的观察和思维与物理学家的批判性的观察和思维之间的差异。为此理由，我应该乐于把他的书作为对我自己的书的补充和解释予以推荐。在接着的篇 xxxvi
幅中，我将常常有机会提到迪昂的见解，只是偶尔在次要之点上注明看法的差异。

E. 马赫

维也纳，一九〇六年四月

第一章　哲学思维和科学思维 [1]

第　一　节

在简单的、不变的和有利的条件下生活的低等动物，通过它们的天生的反射使自己适应直接的环境。这通常足以在一段合适的时期维持个体和种族。如果动物能够适应较广泛的空间和时间环境的范围，那么它就能够经受更为复杂的和较少稳定的条件。这需要空间和时间方面的远见，而这种远见首先被比较完善的感觉器官满足，随着日益增长的要求被想像生活的发展满足。确实，具有记忆的有机体与通过它的感觉能够达到的视野相比，在心理的视野方面拥有更广泛的空间和时间环境。可以说，它甚至察觉到毗邻直接可见的领域，在任何感觉器官报告猎物或捕食者之前，就发现它们趋近。对原始人来说，保证优于他的动物同伴的程度的，无疑只是他的个人记忆的力量，个人记忆逐渐被祖先和部族的交流的记忆增强。同样地，本质上标志文明进步的是，相当广泛的空间和时间区域被引进人类关注的范围之内。随着勃兴的文明提供的部分痛苦的解除，首先通过劳动分工、贸易发展等等，个人的想像生活集中在较小的事实领域，增强了力量，而作为一个整体的社会的想像生活在范围上并未丧失。逐渐地，这样活跃起来的思考

活动本身可以变为一种冲动。科学思维起因于大众思维，这样便完成了生物发展的连续系列，该系列以生命的首次简单的表现形式为开端。

第　二　节

日常想像的目标是部分观察到的事实的概念上的完成和完
善。猎人想像他刚刚看见的猎物的生活方式，以便相应地选择
他自己的行为。农人考虑合适的土地，他打算培育的植物果实
的播种和成熟。从部分资料对事实所做的这一点点的内心完
2 成，对日常思维和科学思维来说是共同的。伽利略（Galileo）在
给出被抛出的石块的初速度和方向时，他只不过需要想像作为
一个整体的轨道。不管怎样，存在着另外的特征，它往往能够十
分有效地把科学思维与日常思维分开：后者至少在它的开始服
务于实际目的，首先是满足肉体的需要。科学思维的比较强有
力的内心运用形成它自己的目的，并力图通过消除一切理智不
安满足它自己：它在服务于实际目的中成长起来，从而成为它自
己的主人。日常思维不服务于纯粹的知识，因此受到各种缺陷
的妨害，这些缺陷起初残留在科学思维中，因为科学思维是从它
而来的。科学只是十分缓慢地使自己摆脱这些瑕疵的。对过去
的任何一瞥将表明，科学思维的进步在于不断地矫正日常思维。
然而，正如文明成长一样，科学思维也反作用于那些仅仅服务于
实际目的的思维模式，日常思维日益变得有局限性了，并被科学
所渗透的专门思维取代。

第　三　节

就完成是由被观察到的部分决定的而言，事实在思想中的表象和思想对事实的适应，能使思想者在内心完成部分观察到的事实。它们的决定在于事实的特征的相互依赖，以致思维必须对准这些特征。由于日常思考，甚至早期的科学思维必定与思想对事实的相当粗糙的适应有关，所以前者彼此之间并不完全一致。因此，为了获得充分的理智满足，思想的相互适应就是进一步要解决的任务。这最后的努力是把科学思维与日常思维区分开来的显著标志，它包含思考的逻辑厘清，尽管远远超越了这一目标。日常思维只要大略有助于实际目的实现就足够了。

第　四　节

科学思维以两种表面上不同的形式呈现出来：作为哲学和作为专家研究。哲学家力图尽可能完备、尽可能综合地使自己定位于与事实总和的关系，这必然使他卷入在从特殊的科学借用的材料上建筑。专门科学家起初只关心就事实的较小领域发现他的道路。然而，由于事实在某种程度上总是针对暂时的理智目的任意
地和强有力地定义的，这些边界线随科学思想的进展而不断地漂 3
移：科学家最后也终于看到，为了他自己的领域定向的缘故，必须考虑所有其他专门探究的结果。很明显，专门探究者以这种方式通过所有专门领域的混合也集体对准总的图像。由于这至多可以

不完美地达到，这种努力导致多或少或地掩盖了从哲学思维那里借用的东西。于是，所有研究的终极目的是相同的。这本身也在下述事实中显示出来：像柏拉图（Plato）、亚里士多德（Aristotle）、笛卡儿（Descartes）、莱布尼茨（Leibniz）等等这样的最伟大的哲学家也开辟了专家探究的新道路，而像伽利略、牛顿（Newton）、达尔文（Darwin）等等之类的科学家也大量地提出了哲学思想，尽管他们未被称为哲学家。

然而，情况确实是，哲学家视为可能的起点的东西，对科学家来说仿佛是他的工作的遥远目标；但是，观点的这种差异不需要、事实上也没有妨碍探究者相互学习。通过哲学概括大范围的最普遍特征的许多尝试，它在这条路线上获得了足够的经验，甚至逐渐学会识别和避免它自己的某些错误，而没有哲学素养的科学家即使在今天还几乎不得不犯这些错误。无论如何，哲学也给科学提供了一些有价值的积极概念，例如守恒观念。哲学家反过来也从专门科学采纳了比从日常思维采纳的任何东西更健全的基础。对他来说，科学是一个细致的、牢固的和成功的结构的例子，科学过分的片面性同时也为他提供了有益的教训。事实上，每一个哲学家都拥有他自己的私人科学观，每一个科学家拥有他的私人哲学。不过，这种私人科学观在某种程度上通常是过时的，科学家能够重视哲学家偶尔的科学断言的事是极其罕见的；而大多数科学家今天还墨守持续一百五十年的物质论（materialism）哲学，这种哲学的不恰当性不仅早就被职业哲学家看穿，而且也被还没有割断哲学思维的任何外行人识破。今天，没有几个哲学家参与科学工作，而科学家唯一例外地把他们自己的理智注意转向哲学问题：这样

的努力对于相互理解依然是必不可少的，由于纯粹阅读在这里对于无论哪一方都是无用的。

俯瞰哲学家和科学家走过的古老路径，我们发现它们往往是 4
颇为畅通的。不过在某些地点，它们似乎受到十分自然的和本能的哲学偏见及科学偏见的阻碍，这些偏见像废物一样依然来自陈旧的实验和不成功的工作。不时地清理这一堆堆废物或者回避它们，也许是可取的。

第　五　节

不仅人类，而且每一个达到充分意识的个体，都在他自身之内发现一种他并非深思熟虑地做了一份贡献的世界观(a view of the world)，他接受了这个作为自然和文明的赠品的世界观：每一个人都必须从这里开始。思想者至多只能够从这一观点出发，拓展和矫正它，利用他祖先的经验，尽最大可能地避免他们的错误，一句话：审慎地再次独立走相同的路径。那么，这种世界观是什么呢？我发现，我自己被空间中的可移动的物体诸如某些无生命的东西、其他的植物、动物和人包围着。我的身体同样在空间中是可移动的，它对我来说是感官知觉可见的和可触的对象，它与其他物体并排和在它们之外，正如它们所做的那样占据了感觉空间的一部分。我的身体在某些个人特征方面不同于其他人的身体，尤其是在下述特征上：当对象接触我的身体时，特殊的情感伴随而生，而当对象接触其他身体时，我却未观察到那种情感。我的身体不像其他人的身体十分容易进入我的眼睛。我只能看见我的头的一小部

分，至少直接地是这样。一般地，我的身体对我来说在透视下似乎完全不同于所有其他人的身体：向着他们，我不能采取那个光学的着眼点。对触觉和其他感觉而言也类似[1]。例如，我听到我的声音完全不同于其他人的声音。此外，我发现记忆、希望、恐惧、驱动、欲求、意志等等，我对它们的发展是无知的，正像我对我周围的物体的存在一无所知一样。前述的考虑和由那个意志产生的一个确定的身体的位移标志着那个身体是我的。当我观察其他人的身体的行为时，不仅实际的需要，而且密切的类似，都迫使我甚至在违背我的意志的情况下认为，类似于与我的身体相关联的那些记忆、希望、恐惧、动机、欲望和意志与其他人的或动物的身体也有密切的关系。其他人的行为进而强迫我假定，我的身体和其他对象对他们来说即时地存在着，犹如他们的身体和其他对象对我来说即时地存在着一样；而我的记忆、欲求等等对他们来说，正像他们
5 的记忆、欲求等等对我来说，是同一种类的不可抗拒的类比推理的结果。在空间中对所有人即时地给予的东西的总和可以称之为物理的东西，而仅对一个人即时地给予的，而其他人必须通过类比推断它的东西可以暂且称之为心理的东西。在被局限的意义上，我们也可以称仅对一个人即时地给予的东西的总和为他的自我。我们注意到笛卡儿使物质与精神对立，使广延与思维对立。这是二元论的自然的基础，二元论代表了从纯粹的物质论到纯粹的唯灵论过渡的整个范围，这取决于我们如何估价物理的东西和心理的东西，如何把一个作为基础看待而把另一个视为导出的。不过，二元论的对比可能变得如此剧烈，以至于排除——与任何自然的观点针锋相对——物理的东西和心理的东西之间的一切接触；这便

产生了像“偶因论”(occasionalism)或“先定的和谐”(pre-established harmony)这样的怪物[2]。

第 六 节

在我的空间环境中的发现物相互依赖。只要另一个磁体足够接近,磁针就开始运动。一个物体在火附近变热,当它与冰接触时变冷。黑暗房间中的一张纸因灯光而变得可以看见。其他人的行为迫使我假定,在这一切当中,他们的发现物类似于我的发现物。把握我们的发现物和我们的经验之内的这些相互依赖,对于我们来说具有最大的兴趣:在实践上为需要的满足和在理论上为不完备的发现物的心理完善。在观察物体之间的这些相互依赖时,我能够通过从类比得到的每一事物的抽象,把人和动物看作仿佛是无生命的。但是,我观察到,我的身体本质上影响这一发现。身体能够在一张白纸上投下阴影;但是,即使我恰恰正在观看一个相当明亮的对象,我将在纸上看到类似于阴影的斑点。由于眼睛的适当位置,我可能把一个物体看成双重的,或者把两个十分类似的物体看成三个。如果我正好突然转身,那么我可以看到机械运动的物体像处于静止一样,反之亦然。若我闭上双眼,则视觉发现物通通中止。类似的触觉发现物或由热引起的发现物等等也可以由相应的身体影响引起。如果我的邻人在他的身体上进行相同的实验,那么这没有改变我的发现物,尽管我从报告获悉并不得不通过类比假定,他的发现物相似地变更了。

就这样,我的空间的发现物的构成一般地不仅相互依赖,而且

也依赖于就我的身体而论的发现物，对于一切事物来说情况也一
样。如果人们过分强调后一种依赖而低估前一种依赖，那么人们
6 可能会轻易地把所有发现物看作是人们自己的身体的纯粹产物，
也就是说看作是“主观的”。不管怎样，我们自己身体的空间的边界总是现存的，我们看见在它们之外的发现物相互依赖以及依赖在它们之内的发现物。外部依赖的研究确实简单得多，比跨越边界的依赖的研究更为先进。我们仍然可以预期后面的这些依赖与第一批依赖具有相同的类型，我们以显著增长的确定性从外在于我们的人和动物的身体的探究推断出这一点。日益以物理学为基础的发达的生理学能够阐明发现物的主观条件。朴素的主观主义把一个人在可变条件下的和不同人的各种发现物，理解为与假设性的恒久实在截然不同的外观的如此多的个案，这不再是可接受的了。因为要紧的仅仅是充分把握发现物的一切条件：唯此才具有实际的或理论的兴趣。

第　七　节

就我的物理发现物的总和而言，我能够把这些分析为现在无法分析的要素：颜色、声音、压力、温度、气味、空间、时间等等。这些要素[3]依赖于外部环境和内部环境；当包含后者且仅仅包含后者时，我们可以称这些要素为感觉。由于别人的感觉对我来说与我的感觉对他来说一样不是直接给予的，使我有权利认为，心理的东西的要素与我把物理的东西分析成的那些要素是相同的。这样一来，心理的东西和物理的东西具有共同的要素，不像通常料想的

那样处于十足的对立之中。如果我们能够表明，记忆、观念、情感、意志和概念可以由感觉留下的痕迹来建造，因而与它们可以比较，那么这一点甚至就变得更清楚了。如果我现在把包括感觉在内的我的心理方面的总和在最广泛的含义上称为我的自我（与被局限的自我对照），那么在这种含义上我能够说，我的自我包含世界（作为感觉和观念）。我还必须不忽略，这个概念并不排除其他概念同样是合法的。这种唯我论的立场似乎取消了世界是独立的，把它和自我之间的对照弄得模糊不清。边界无论如何依然存在，只是它不再在受限制的自我周围继续有效，而是通过被延伸的自我继续有效，即就是通过“意识”继续有效。事实上，在没有观察我自己 7
的自我和他人的自我之间的边界和类似的情况下，我们就不会推导出唯我论的立场。因此，那些说我们不能超越自我的人意味被延伸的自我，这已经包含承认世界和其他心智。没有一个人正在把自己局限于探究者不再接受的“理论的”唯我论[4]：这里没有孤立的探究者，每一个探究者都有他自己的实际目的，都能够向他人学习并且也为指导他人而工作。

第　八　节

在获得我们的物理发现物时，我们常常遭受错误和错觉。斜插入水中的直棒看起来是弯曲的，没有经验的人也许以为原来触摸它也是弯曲的。凹面镜中的虚像好像是确实的。处在耀眼光亮中的物体被认为是白色的，我们惊愕地发现，在适度的照明下，我们查明它是黑色的。在黑夜中树干的形状使我们想起一个人的体形，我们设想它在我们前边。所有这样的“错觉”基于下述事实：我们不知道或未注意获得发现物的条件，或者我们设想它们是与它们所是不同的东西。此外，想像以对它来说是最熟悉的方式使不完备的发现物完满起来，从而偶尔歪曲它们。在日常思维中导致假象和实在之间、外观和物体之间对立的东西，是在截然不同的条件下的发现物与十分确定和特殊的条件下的发现物之间的混淆。一旦这种对立出现，它也倾向于侵犯哲学，并且不容易被驱逐出去。在外观背后的怪诞的和不可知的“物自体”(thing-in-itself)是日常对象的清楚明白的孪生子，它丧失了所有其他意义[5]。在误解内部的东西和外部的东西之间的边界并把幻想的印记强加在自我的整个内容之上后，我们对于自我从来不能超过的、在限制之外的某种不可知的东西还有任何进一步的需要吗？在“虚妄的”外观背后看见某种牢固的核心是比重新陷入日常思维还要多吗？

当我们考虑像红、绿、热、冷以及其他一切要素，而这些要素凭借它们对于外部环境和内部环境二者的依赖是物理的要素和心理的要素，且在这两方面是即时给予的和等价的，此时关于假象和实在的问题便失去它的意义。在这里，实在世界和自我世界的要素同时遭遇我们。唯一可能的进一步感兴趣的问题涉及它们在数学含义上的函数相依。这样的关联可以称之为客体，尽管并非不可
8 知的客体：由于每一个新的观察资料或科学定理，它变得较充分的已知。如果我们无偏见地考察一下被局限的自我，它原来也是这些要素之间的函数关联，除了它的形式在这里与我们在物理领域所使用的形式稍有不同：请考虑观念及其关联不同于物理要素的方式吧。我们不需要这些过程背后的某种未知的和不可知的事

物，因为它至少不会有助于较充分的理解。可是，在自我背后却存在着某种几乎未探索的东西，即我们的身体；不过，每一个新的生理学和心理学观察都使自我更充分地为我们所知：心理学中的内省和实验，大脑解剖和精神病理学，已经作为许多有价值的说明的来源，在这里在广义的物理学方向上强烈地发挥影响，从而与自我结合起来深入到对世界的更透彻的把握。我们可以预期，所有明显的问题逐渐趋近于能够答复。

第　九　节

在审查各种各样的观念的相互依赖时，人们希望把握心理过程，特别是人们自己的经验和行动[6]。依旧需要观察和扮演主体的人没有看到，他能够使他自己避免探究的全部麻烦，因为他现在兜了一圈又回到原处。它使我们想到，农人走进工厂，有人向他说明蒸汽机的运转，他接着问："驱动机器的马在哪里？"审查诸如此类的观念的过程，正是赫尔巴特（Herbart）的功绩，可是，由于他恰恰从灵魂是简单的假定开始，而糟蹋了他的整个心理学。只是在最近，我们才开始接受没有灵魂的心理学。

第　十　节

在把经验分析推进到远至现时不可超越的要素[7]时，我们的主要好处是，"深奥难解的"事物和同样"深不可测的"自我这两个问题，以它们的最简单的和最明晰的形式呈现出来，这恰好使把它们视为虚假的问题变得容易了。通过消除探索是无意义的东西，专门科学实际上能够探索的东西更加清楚地浮现出来：要素复杂的依赖。虽然这样的要素之群可以被称为事物或物
9 体，但是，严格地讲，原来不存在孤立的对象：它们只不过是为初步探究的虚构，我们在初步探究中考虑强烈的和明显的环节，而忽略较弱的和不甚显著的环节。同样的程度差异也引起世界与自我的对立：孤立的自我和孤立的客体一样不存在，二者是同一类型的暂定的虚构。

第十一节

我们的考虑对哲学家来说几乎没有或根本没有提供什么：他们并未打算解决一个，或七个，或九个宇宙之谜；他们仅仅带头消除妨碍科学探究的假问题(false problems)，而把其余的问题留给实证研究。我们只为科学研究提供否定的法则，而科学研究不需要涉及哲学家，尤其是当它已经具有(或认为它具有)世界观的牢靠基础之时。如果此时我们的叙述起初是从科学的立场判断的话，那么这并不能意味着，哲学家不必批判它和不必修正它以适合他们的需要，甚或不必统统拒斥它。然而，对于科学家来说，他的观念是否符合某个给定的哲学体系，则是完全次要的事情，只要他能够有益地利用它们作为研究的起点就行。因为科学家并非幸运得拥有不可动摇的原则，所以他变得习惯于认为，甚至他的最保险的和最牢固建立的观点和原理也是暂定的，易于通过经验来修正。事实上，只是由于这种态度，最大的进展和发现才是可能的。

第　十　二　节

同样地，对于科学家来说，我们的叙述至多只能表明一种理想，它的逐渐的和近似的实现依然是未来研究的任务。找出要素之间的直接关联是如此复杂的任务，以致不能同时一齐解决它，而只能一步一步地解决。查明要素或物体的整个集合相互依赖的方式之粗糙的和现成的概要，要简单得多，而查明哪一些要素似乎比较重要，哪一些是兴趣的中心，哪一些依然未被注意，宁可说是机遇和实际需要的问题。个人探究者处在正在发展的科学之中，他必须从他的前辈的不完备的发现开始，至多只能按照他的理想矫正和完善这些发现。在为他自己的工作感激地采纳这些预备步骤中的帮助和提示时，他往往把前辈和当代人的错误添加到他自己的错误中。即使重返十分朴素的观点是可能的，这也会向抛弃他 10
的同代人所有观点的人不仅提供摆脱偏见的自由的好处，而且也提供由任务的复杂性和甚至着手任何探究的不可能性产生的混乱的不利条件。因此，如果我们在这里似乎正在重返最初的立场，以便沿着新的和更好的路线进行探究的话，那么这是矫揉造作的纯朴，这种纯朴没有放弃通过长期成长的文明获得的好处，相反地还利用了以相当高的关于物理学、生理学和心理学的思想水准为先决条件的洞察。只是在这样的水准分解为“要素”才是可以想象的。因而，我们正在以先前探究所产生的更深刻、更丰富的洞察重返探究的起点。在科学的考虑能够完全开始之前，必须达到某一心理发展阶段，但是科学不能在日常概念的模糊性上使用它们：它

必须重返它们的开端和起源，以便使这些概念变得更精确和更纯粹。应该仅仅针对心理学和认识论禁止这一点吗？

第 十 三 节

如果我们必须研究众多相互信赖的要素的集合，那么我们仅有一种处置方法：变异法。我们只须针对任何其他要素的变化观察每一个要素的变化；它使前面这些要素是“自发地”发生还是通过我们的“意志”产生变得几乎没有差别。依赖是借助“观察”和“实验”弄清的。即使要素只是成对地连接——否则就是独立的，系统研究这些环节也总是足够麻烦的：简单的数学论据表明，对于三个、四个等等的在群中独立的要素来说，该任务立刻变得实际上无穷无尽。因此，对不大显著的依赖的任何忽略，对明显的关联的任何预期，都必定感到好像使该任务变得容易得多了：这两种简化起初是在实际要求、需要和心理素质的影响下本能地发现的，其后被科学家以有意识的技艺和方法加以运用。没有这样的步骤——这可能完全算作瑕疵——科学可能既不会出现，也不会成长。科学研究在某种程度上犹如解开错综复杂的绳结一样，其中运气几
11 乎像技艺和准确的观察一样必不可少。对探究者来说，研究工作就像在艰难的地域追踪稀有的野兽对猎人来说那样激动人心。

如果人们想要研究任何要素的相互信赖，那么最好使那些其影响是单纯的而又觉得像是扰乱探究的要素尽可能地保持恒定。这是使研究变得比较容易的首要的和最重要的途径。由于我们知道每一个要素依赖于外部要素和内部要素二者，我们被导致以研

究外部要素的共存开始，而让内部要素（观察者本人的要素）依然尽可能处在恒定的条件下。在对一个甚或不同的参与的观察者来说依然是尽可能相同的条件下，通过审查物体的发光度，或者它们的温度或运动的相互依赖，我们使物理学知识尽可能摆脱我们自己个人身体的影响。为了完成这一任务，我们必须研究内部的和跨越边界的生理学的和心理学的关联，先前的物理学研究显著地有利于这一任务。这种分工也是本能地产生的，我们只需要逐渐意识到它的好处，以便继续有条理地使用它。科学研究在较小的研究领域充满了类似的分工的例子。

第十四节

接着这些引言性的评论，让我们现在更仔细地考察一下科学探究的主导论题。在这方面，我没有提出完备性的要求，事实上宁可说是想警惕哲学化和系统化的早熟。让我们通过科学探究的领域留心漫步，注意一下探究者的行为细节。我们的自然知识在过去实际上借助什么手段成长呢，在未来进一步成长的前景如何？探究者的行为是在实践活动和公众思维中本能地发展的，只不过被转移到科学领域，它最终在这里发展成有意识的方法。为了满足我们的要求，我们将不需要超过经验给予的东西。如果我们能够把探究者的行为特征化归为在我们自己的物理生活和心理生活中实际上可以观察的特征（在实际生活和人的行动与思想中再发生的特征），如果我们能够表明这种行为确实导致实践的和理智的好处，那么我们将会心满意足。这一意图的自然基础是对我们的物理生活和心理生活的一般考虑。

12 注　　释

【1】在好留声机上，人们辨别出一位朋友发音的音色，但是人们自己的声音听起来却是陌生的，因为头的共鸣被遗漏了。

【2】欧勒(Euler)在他的《致一位德国公主的信》(*Letters to a german Princess*)的第83封中说明，不假定人们自己的身体和心灵之间比**任何**身体和**任何**心灵之间的联系更密切，是多么荒谬，是多么与所有日常经验背道而驰。参见*M*7，一九一二年，第431页。

【3】参见*A*4，一九〇三年。我在这里希望提到斯特内克(Sterneck)的最有趣的叙述，尽管我在许多观点上与他不同("Uber die Elemente des Bewussteseins"，*Ber. d. Wiener philosophischen Gesellschaft*，1903)。

【4】参见J. Petzoldt，"Solipsismus auf praktischem Gebiet"，*Vierteljahrsschrift f. wissensch. Philosophie* XXV3，p. 339；Schuppe，"Der Solipsismus"，*Zeitschr. für immanente Philosophie* III，p. 327.

【5】参见舒佩(Schuppe)针对于伯韦格(Ueberweg)出色的驳斥段落(Brasch，*Welt-und Lebensanschauung F. Ueberwegs*，Leipzig，1889)。

【6】在第五至八节中的叙述对于某些读者来说似乎离开了在*A*中的叙述。然而，情况并非如此。在没有改变我的叙述的本质的条件下，我采纳了这种形式，以便估计科学家的沉默寡言，尤其是在触及心灵一元论的任何事物方面。此外，对我来说，给我的观点取什么名字，则是无关紧要的。

【7】像动物一样的原始人大概把在他的周围的物体作为一个整体看待，没有把该贡献物与仅仅作为一个整体给予他的独立的感觉分离开来，在原始人的十分朴素的水平时，几乎不可能想像分解成我在这里所谓的**要素**。更不用说他将能够把颜色与形状、把混合色与它们的组分分开了。把杂音分解为单纯的声音感觉，把触觉分解为几个部分的感觉，把光分解为基本的颜色的感觉等等，甚至属于较为近代的科学。我们将几乎无法相

信,在这里已经达到了分析的极限,不可能用任何生理学手段再向前推进了。因而,我们的要素是暂定的,正如炼金术的要素在过去是暂定的,目前接受的化学的要素现在是暂定的一样。对于我们消除虚假的哲学问题的意图而言,虽然还原为这些要素似乎是最好的方式,但是不能由此得出,每一个科学探究必须从它们开始。对于心理学家来说是最简单的和最自然的起点的东西,对于面临同一疑问的截然不同的问题或大相径庭的方面的物理学家或化学家来说,根本不需要如此。不过,请注意**一件**事情。虽然在用感觉——这是心理要素——建立每一个物理经验时没有什么困难,但是我们却无法预见借助目前在物理学中使用的要素描述任何心理经验的可能性:也就是说,来自刚性形式的质量和运动,唯此在那门专门的科学分支中才是有用的。尽管杜布瓦(Dubois)认识到这一点,但是在甚至没有想到相反的路线和不认为两个领域的相互还原在任何情况下是不可能的方面,他无论如何是错误的。请记住,除非它能够以某种方式进入意识,没有什么东西能够变成经验或科学的对象。清楚地辨认出这一事实,能使我们按照探究的需要和目标时而选择心理学的进路,时而选择物理学的进路。人们认为,因为他识别出他自己自我是所有知识的媒介,所以他不再可能通过类比推断他人的自我,因此这样的人同样地经由广为传播的系统迷信成为陌生的东西的牺牲品。相同的类比有助于人们**自己的**自我的探索。

使我高兴的是,我在这里能够提及费尔沃尔恩(M. Verworn)(*Naturwissenschaft und Weltanschauung*,1904),他的观点十分接近我的观点。尤其是参阅 p. 45 的注释。而且,在我看来,他的"心灵一元论"(psycho-monism)术语与它在早先我的思考富于青春活力的时期能够所是的相比,较少恰如其分。霍夫丁(H. Hoffding,*Moderne philosophen* 1905,p. 121)引用阿芬那留斯(R. Avenarias)的话:"我知道的既不是物理的东西,也不是心理的东西,而仅仅是事物的某种第三类型。"如果我不怀疑,所谓的这个第三,他意指某种**未知的**第三,也许是物自体或某种其他的形而上学实体,那么我应该赞同这一观点。在我看来,物理的东西和心理的东西本质上是**等价的**、即时的**亲近的**和**给予的**,仅仅在观察的模式方面不同。这一模式从而这一差异,只能够伴随较高级的心理发 13

展和较充分的经验发生。在此之前,物理的东西和心理的东西是不可区分的。对我来说,如果科学努力不牢固地把握即时给予的东西,如果它在某处在真空中钓鱼而不是研究给予的东西的特点之间的关联,那么它就毫无指望。倘若该关联建立起来,人们能够依旧以各种方式沉思它们,但那不是我的职责。我的任务不是哲学的任务,而是方法论的任务。请不要听任以为我希望攻击日常概念,更不必说废除它们了,要知道它们是在健全的经验基础上本能地发展起来的,例如主体、客体、感觉等等。然而,这些模糊不清虽然在实践中是足够的,但是作为方法来看则是无用的;在那里,我们相反地必须审查,给定的东西的特点的什么函数相依迫使我们倾向这些概念,正如我们在这里所做的那样。已经获得的知识不必扔掉,而是要保留它,批判地使用它。

在我们的时代,再次存在着这样的自然科学家:他们并未全神贯注于专门研究,而是正在寻求更普遍的指导路线。霍夫丁恰当地称他们是"哲学化的科学家",为的是把他们与本来的哲学家区别开来。倘若我列举他们中的两个奥斯特瓦尔德(Ostwald)和海克尔(Haeckel)作为开端,那么他们在他们自己领域中的突出重要性肯定是无可争辩的。在一般的取向方面,这两位是我的宝贵的志同道合者,即使我不能在每一个方面与他们一致。在奥斯特瓦尔德一方,我更加敬重这位反对方法僵化的伟大而成功的斗士,在海克尔一方,我更加敬重这位思想启蒙和思想自由的正直而纯洁倡导者。如果我不得不用一句话阐明我在哪个方向与这两个人大相径庭的话,那么它也许是这样的:对我来说,心理的观察恰如物理的观察一样,是知识的重要的和基本的源泉。关于未来的总研究,赫林(Hering,*Zur Lehre vom Lichtsinn*,Vienna,1878,p. 106)就心理学所说的话无疑是正确的:它将像从物理的东西和心理的东西这两端同时挖掘隧道一样。无论赫林的立场是别的什么,我在这一点上与他完全一致。在人类精神的经验构成中,存在着朝向这些如此明显不同的领域之间的桥梁和一贯看法的努力。我也不会怀疑,如果适当地转换概念,这个目标从物理的方面和心理的方面都是可以达到的,而且将似乎更远地仅仅到达从儿童时代起就一直被刻板的本能概念或约定概念束缚的人。

如果我没错的话，为同一目标奋斗在的哲学文献本身中也是显而易见的，这类文献从我的关注中更多地脱离了。倘使人们在海曼斯的书(G. Heymans, *Einführung in die Metaphysik auf Grundlage der Erfahrung*, 1905)中寻找例子，大多数科学家将对他的明晰而简单的叙述像对他的“批判心灵一元论”(critical psycho-monism)的最后立场一样几乎不持异议；除了强烈的物质论思想家可能对该**名称**畏缩不前。按照海曼斯的观点，如果形而上学方法严格地与自然科学的方法相同——虽则扩展到较广阔的领域，那么人们还会觉得奇怪，为什么他坚持称它是形 14
而上学，这个术语自康德(Kant)以来就具有如此令人讨厌的味道，它似乎与“在经验的基础上”的添加相矛盾。最后，我们必须记住，自牛顿以来，自然科学就学会了估价假设，而假设在它们的真正的和不足的价值方面是插入给定的已知物之间的未知物。它不是暂定的工作假设，而是本质上推进科学的**分析的**审查方法。如果此时我们大家正在同一方向探索是十分令人满意的和鼓舞人心的，那么依然存在的差异无论如何应该告诫我们每一个人，不要错误地寻求救世的根本教义，更不必说唯一的教义了。

15 第二章　心理—生理学的考虑

第　一　节

经验是通过思想对事实的不断适应而增长的。思想的相互适应产生我们认为是科学最终目标的有序的、简化的和一致的体系。我的思想只是直接达到我，正像我的邻人的思想只是直接达到他，因为它们附属于心理领域。只有当它们与诸如姿势、面部表情、词语、行动等物理特征联系起来时，我才能够冒险地通过类比或多或少确定地从我的包含物理部分和心理部分的经验推断其他人的经验。而且，那种相同的经验教导我辨认我们的经验依赖于我的环境，这些环境包括我的身体和其他人的行为。我们不能一概认为所谓“内省”(introspection)是心理的东西：这必须与审查物理的东西一道进行。

第　二　节

我在我自身发现的事物多么多样，例如在去讲课的路上：我的腿运动，一步引起下一步，而我却没有作任何特别的努力，即使我不得不绕过障碍物。我在过去的市政公园漫步，并认出市政厅，它使我想起哥特式的和摩尔式的建筑以及弥漫在它的会议室的中世纪精神。怀着更适合于称之为文明的条件的希望，我恰巧正在想像未来，此时在横越马路时，我被一个快速骑自行车的人擦伤，我无意识地跳到路旁。看见大学门口的斜坡，最终再次提醒我想起我的目的即现在前行的任务，于是我加快步速。

第　三　节

让我们把这种心理经验分解为它的构成成分。首先，我们发现所谓的**感觉**（sensation）是就它们依赖于我们的身体（睁开的眼睛，视轴的方向，视网膜的正常条件和刺激作用等等）而言的，但是所谓的物理的**质**是就它们依赖于其他物理特征（太阳的存在，可触 16
知的物体等等）而言的：公园的绿色，市政厅的灰色和形状，我散步的地面的阻力，与骑自行车人的接触的擦伤等等。至于心理学的分析认为该项目是**感觉**。对于像热、冷、亮、暗、鲜艳的颜色、氨的臭味、蔷薇花的香味之类的感觉，我们作为一个准则不是漠不关心的。它们是令人惬意的或不惬意的，也就是说我们的身体借助或多或少剧烈的趋近或退却运动作出反应，这反过来作为感觉的复合又把它们自己呈现给内省。在我们心理生活的开始，只有那些达到强烈反应的感觉，才存留清晰的和生动的记忆。不过，其他感觉也可能间接地余留在我们的“记忆”中。另一次不在乎地察看盛氨气的瓶子，却唤起臭味的记忆，从而不再不关心了。整个先前的感觉经验就其存留在记忆中而论，使每一个新的经验染上色彩。我通过的市政厅也许只不过是被染色的碎片的空间排列，即使我先前未看到许多其他建筑、漫步它们的回廊并登上它们的台阶。

形形色色的感觉的记忆在这里与视觉感觉交织在一起，变成丰富得多的复合即知觉(perception)，纯粹即时的感觉难以像这样与知觉分开。如果给几个人提供同一视野，那么每一个人都有他的在特定方向上激励的注意；也就是说，他们的心理生活通过强烈的个人记忆开始特定的活动。中年工程师与他的十八岁的儿子和五岁的小孩一块儿去逛街。他们的眼睛接收相同的图像，可是他们却注意不同的事物：工程师几乎只注意有轨电车，年轻人特别注意标致的姑娘，而小孩也许光注意商店橱窗内的玩具。先天的和后天获得的有机体的境况都介入其中。早先经验的记忆痕迹本质上有助于决定新经验集合的心理进程，从而与它们微妙地交织在一起，并通过扩展的组织同化它们，我们可以称其为**观念**(ideas)。这些观念与感觉的差别仅仅在于，它们不怎么强烈，比较短暂和可变，相互之间通过联想(association)结合在一起。它们与感觉相比不是新类型的要素，相反地它们似乎具有相同的本性。[1]

17 第四节

乍看起来，像爱、恨、愤怒、恐惧、沮丧、悲痛、高兴之类的情感、感情和心境似乎不是新要素。然而，依据比较仔细的调查，它们是与较少确定的、扩散的、与含糊约束的内部空间要素联系在一起的较少分析的感觉：它们标志着由经验已知的身体反应的某种定向模式，这种模式若足够强烈的话，实际上可能突然发生侵略或溃逃的动作。对个人来说这通常具有少得多的兴趣，甚至对他而言难以观察得多(因为身体的要素不像一般可接近的外部对象和感觉器官对审查是敞开的)，从而使这样的事实较少为人所知，比较难以描绘，而且它们在术语上也是不完备的。可以把情感与观念以及与外部感觉联系起来。如果一种反应模式发展为某一侵略或防御动作，而该动作又是由一组感觉激起并对准事先已知的目标的话，那么我们将称其为**意志的行动**。如果我步行去**上课**，如果我讲述**外国学者**的访问，如果一个人被描绘为**正直的**，我不能把排成黑体的词语解读为确定的感觉复合，但是通过反复的和不同的使用，它们无论如何在它们的范围内获得了有限制的和有边界的复合的恰当性，以至于我对这些复合的行为和反应从而被决定了：不能指示任何这样的复合的词语总是不可理解的、无意义的。即使对于像红、绿、蔷薇这样的词，适用于它们的观念也跨越相当宽广的范围，在上面的例子中它变得更宽广，对于有关复合的划界和反应方式同时变得更明确地加以确定的科学概念而言，它依旧变得更宽广。从最具体的日常思维的观念到最抽象的科学观念，存在着连续的过渡。通过语言的使用成为可能的这一发展是完全本能地开始的，只是在科学概念的定义和词汇表的水平上才导致有意识的方法的应用。就个人的观念和概念之间的连续性或感觉是所有心理经验的基本要素这个事实而言，在感觉的具体观念和概念之间的明显裂痕不能使我们失望。

因此，不存在孤立的情感、意愿和思维。是物理的和心理的感觉形成所有经验的基础。的确，感觉一直是或多或少活跃的，引起
形形色色的身体反应，在低等动物身上直接地反应，在高等动物身 18
上通过皮质间接地反应[2]。在不持续地关注身体和作为一个整体的物理的东西——身体是其不可分割的一部分——的情况下，仅

仅反省是无法建立恰当的心理学的。因此，让我们考虑作为一个整体的有机体的生命，尤其是动物的有机体的生命，时而专注于物理的方面，时而专注于心理的方面，选择这种生命采取特别简单的形式的例子。

第　五　节

蝴蝶张开色彩斑斓的翅膀在花丛间飞来飞去，蜜蜂忙碌地采蜜并储藏它，五光十色的沙蚤机灵地逃脱猛抓的手，所有这些都是审慎的和深思熟虑的行动的熟悉图景。我们感到我们自己是这些小生物的同类。然而，如果我们观察蝴蝶反复飞向火焰并烧焦自己；或者蜜蜂在接近半开的窗户无能地嗡嗡叫并对着不能穿过的玻璃窗格徒劳地碰伤自己；或者无恶意的漫步者借助他自己的行进的影子能够一而再地惊起沙蚤并追逐它向前逃数里路，而此时它只要跑到旁边就没事了；那么，我们能够看到，笛卡儿（Descartes）为什么设想动物是机器，是某种类型的神秘而奇妙的自动机。贞女克里斯蒂娜女王（Queen Christina）以她的恰如其分的冷嘲热讽——钟表的繁殖是前所未闻的事——完全可以使这位哲学家发现他的观点的缺陷，从而告诫他要谨慎小心。

较仔细地考察动物生活的似乎如此矛盾的两种相反的倾向，我们发现它们二者在我们自己的本性中清楚地表现出来。眼睛的瞳孔机械地随亮度而缩小，随着逐渐变暗而扩大，而与我们的意志或知识无关，正像消化、营养和生长的功能在没有我们的有意识介入的情况下发生一样。然而，当我们想起在桌子的抽屉内放着我们现在需要的尺子时，我们伸出手臂打开它，手臂在没有外部刺激的情况下似乎仅仅服从我们充分考虑的指挥；但是，偶然烧伤的手或脚底发痒的脚将无意识地和无思考地收回，即使人睡着了或因受到打击而瘫痪了。在眼睑的动作中，当物体突然趋近时，便自动地闭起来，但是也可以随意志而运动，就像在诸如呼吸和散步之类的许多其他动作中那样，两种特征以不断的变化或组合发生。

第　六　节 19

对我们称之为权衡、决定和意愿的过程的准确的自我观察，导致我们了解一个简单的事态。例如遇见一位邀请我们到家里去的朋友的简单经验，就与许多本身也变得生动的、相互转换的记忆关联在一起：我们回忆起聆听他的妙趣横生的谈话，摆放在他的房间的钢琴，他出色地演奏它；我们突然想到，今天是星期四，这是爱争论的人普遍地访问我们的朋友的日子，于是我们感谢他，但却谢绝他的邀请。不管我们的决定是什么，在最简单的情况下像在最复杂的情况中一样，变得有效的记忆也确定地影响我们的动作，并随着各自的感觉经验——它们是感觉经验的痕迹——激起相同的前进或后退。我们没有支配，什么记忆达到表面，它们中的哪一个将达及该日子[3]。在我们的“自愿的行动”中，我们和最简单的有机体一样都只不过是自动机，但是通过经验经受不断小变化的机器的部件只对我们自己来说是可以看得见的，而对其他人来说依旧是隐蔽的；确实，不管我们自己多么全神贯注，我们也可能看漏它的比较细微难察的特征。这样一来，在我们的自愿行动中浮现的

东西，在不同的程度上是表达清楚的或有序的宇宙的剖面，在时空上远远地达到了关联的集合：正是这一点，使得这样的行动变得好像无法预料。低等动物的器官对明显的刺激相当简单地和规则地作出反应。所有相关的环境似乎集中在单一的空间点。在这里，自动的行为的印象确实是十分容易地发生的。可是，更精细的观察在这里也揭示出个体的差异，一些是先天的差异，一些是后天获得的差异。动物的记忆依据属和种的不同而大相径庭，个体之间也有差别，尽管差别显著地要小得多。尤利西斯狗在二十年后返回时，尽管已经奄奄一息，不再能站立起来，可是还认出它的主人，摇尾向他致意，鸽子几乎在一天内记不住一次友好的行动，蜜蜂很少找到它返回食物源的路线，从尤利西斯狗到鸽子到蜜蜂，差距是何等惊人！最低等的有机体完全缺乏记忆吗？

人们倾向于认为他们自己截然不同于最简单的有机体，这仅仅是由于与它们比较，我们的心理生活是复杂多变的。苍蝇的运动似乎是由明、暗、气味等决定和引导的，它可能被驱走十次，可是
20 它还是返回落在脸的同一部位，直到它被拍打掉到地板上，它不会屈服。贫穷的乞丐渴望得到一枚钱保证他度日，因而继续纠缠睡意蒙眬的店主，直到店主用咒骂把他逐开：二者自动地行动，只是他们在某种程度上是较少简单的自动机。

第　七　节

动物和人的行为的基本特征是这种严格被决定的规则的自动机：那只是因为我们在这样不同的发展和复杂程度上看见它，从而我们似乎察觉到两种大相径庭的基本特性。为了理解我们自己的本性，追踪我们能够追踪的被决定的方面是必不可少的，因为察觉规则的缺乏并不具有实际的或科学的价值。只有当我们在直到目前认为无规律的东西中发现规则，收益和洞察才自然增长。由于经验总是包含着未表达清楚的事实的残余，所以它总是难以驳斥无规律地起作用的灵魂自由的假定；但是，假定灵魂自由是科学的假设或实际上寻找它，确实是方法论的畸变[4]。

我们发现是自由的东西，尤其是在人身上的任意的和不可预测的东西，像轻薄的面纱、一缕轻烟或笼罩的薄雾一样，在自动机上摇曳不定。仿佛我们从太接近的地方看人的个体，以致对于没有即时地表达清楚的许多混乱细节而言，该图像是过载了。如果我们能够从较远的地方观察人，用鸟的眼界或从月球上观察人，那么带有从个人经验中获得的影响的较精细的细节便会消失，我们应该仅仅看到以极大的规则性生长、进食和繁殖的人。故意忽略个体和仅仅专注最基本地和最强烈地联系在一起的环境的观察，事实上在统计学中使用，此时人的自愿的行动表明，它们本身恰如任何呆板的或单调的机械过程一样，是规则的和被决定的，在这里通常没有人想到心理的或意志的影响。每年结婚和自杀的人数与出生率和自然死亡率相比几乎没有起伏或较少起伏，尽管前者大大包含意志，而后者根本未包含意志。然而，即使一个无规律的要素卷入决定这些众多现象，那么不管个案的数目多么大，也没有更多的规则能够出现[5]。

因而，笛卡儿能够容易地达到这样的立场：不仅动物，而且人
也好像是自动机。这位伟大的怀疑者的目的实际上是把世界机械 21

化，或者确切地讲是把世界几何化；但是，他在这里可能丧失了怀疑的勇气，在他的二元论中如此直率地表达了对于探究力量和他所持有的传统观点的敬重。斯宾诺莎（Spinoza）避免了这样的不连贯性。在后来的作者中，我们必须强调拉美特利（Lamettrie）[6]，因为他在《人是机器》（一七四八年）和在文章"人是植物"和"动物不止是机器"中阐述了人和动物一样的概念。人们不应在拉美特利那儿寻找深刻的哲学思想：虽然他的著作在当时是重要的，但是今天读起来却显得愚钝，对狄德罗（Diderot）来说情况并非如此，他的透辟的文章《达朗伯和狄德罗的对话·达朗伯之梦》预期了近代生物学的观念。

第　八　节

力图借助理性把握自然的人总是被诱使用自动机或机器模拟生物，从而企图至少部分地理解它们。所记载的超越纯粹传奇的最古老的自动机之一是黏土制的飞鸽或塔伦通姆的阿契塔（Archytas of Tarentum）*。亚历山大利亚的海洛（Hero of Alexandria）[7]也被深深地吸引到建筑自动机中去，这些尝试通过他的著作传达的古代科学的片断被更清楚地而不是贫乏地理解。在十六世纪，我们在斯特拉斯堡、布拉格、纽伦堡和其他地方遇见带有人和动物的塑像的精巧的钟表；在十八世纪，有沃康松（Vaucanson）

---

* 阿契塔（活动时期公元前400—前350）是古希腊科学家、哲学家、毕达哥拉斯学派中的主要数学家，有时被称为数学力学的奠基人。他可能发明了一种用黏土制作的圆盘叫飞鸽，故以他的名字称呼之。——中译者注

的游泳和吃食的鸭子和他的吹长笛者，以及德罗兹(Droz)的拖拉的男孩和他的演奏钢琴的少女。人们差不多好像要把这样的项目作为纯粹的小事打发掉，可是人们务必不要忘记，在他们制作的过程中获得的知识能够直接地应用于科学探究，例如博雷利(Borelli)的《动物的运动》(*De motu animalium*，1680)，克姆佩伦(W. Kempelen)的《栩栩如生的机器》(*Mechnismus der menschlichen Sprach*，*nebst Beschreibung einer sprechenden Maschine*，Vienna，1791)，同样促进了有意义的科学进步[8]。许多科学的生理学可以看作是自动机的制造者所做的事情的延伸。克姆佩伦的自动棋手内部隐藏一个人，它当然提供了智力不能用这一简单的机械方式代替的多余证据。生物是自动机，这些自动机对整个过去具有影响，总是继续变化着，它们出现了，反过来能够产生类似的自动机。人们自然地倾向于模仿和复制人们已理解的东西。人们在这方面取得多么大的成功，本身就是对理解力的有效检验。考虑一下近 22
代机器制造者从自动机的构造中得到的好处，考察一下计算机、控制机械、自动售货机诸如此类的东西，我们可以期待在技术方面进一步的进步。将接受挂号信的绝对可靠的自动的邮局职员似乎并非根本不可能，它也许是受十足的机械重复折磨的理智人的受欢迎的替代者。

从我们的观点来看，没有进一步讨论物理的东西和心理的东西之间对立的理由。能够使我们感兴趣的唯一事情是识别要素的相依。在从事我们的研究时将有理由预设，这些关系是刻板的，即便是复杂的和难以发现的。过去的经验向我们提供了这一预设，每一个新的探究成功都增强了我们对它的坚信，这一点将从紧接着的专门研究中更清楚地浮现出来。

注　释

【1】参见 *A4*,p. 159。

【2】参见 A. Fouillée,*La psychologie des idées-forces*, Paris,1893。这个正确的和重要的概念在那里以两卷的相当长的篇幅呈现出来。

【3】在随后的反应中弄错这个事实产生悔悟,而悔悟仅对未来的相同或类似的状况的重复是明显的和重要的。在那里,它不是惩罚或赎罪,这只不过与态度变化有关系。自由和责任的问题只能够涉及,个人是否充分地发展,以便在按照他的行动作决定时,在心理上考虑对他自己和他人的影响。参见门格尔(A. Menger)在他的著名的书《新伦理学》(*Neue Sittenlehre*,Jena,1905)中所坚持的观点。他在他的所有著作中表现出的勇敢的诚实值得我们尊重。

【4】在德里施(H. Driesch)著作中所坚持的观点是从全然不同的哲学基础得到的。

【5】关于这一点,我已经作出了一些评论:"Vorlesungen über Psychophysik",*Zeitschr. f. praktische Heilkunde*,Vienna,1863,pp. 148,168,169.

【6】Lamettrie,*Œuvres philosophiques*, précédées de son élogement par Frédéric II,Berlin,1796.

【7】海洛的著作由 W. Schmidt 出版,Leipzig 1869,Vol. 1.

【8】克姆佩伦的栩栩如生的机器的所有遗物都在维也纳工学院的物理收藏品中(从与 A. Lampe 教授的通信中得知)。

第三章　记忆、再现和联想 23

第　一　节

在逛大街时我遇见一个人，他的面庞、骨架、步态和言谈在我身上唤起这样的在不同环境中的特征集合的活生生的观念。我认出站在我跟前的 X，因为感觉经验是与形成我的来自其他集合的记忆的一部分是相同的。除非使 X 出现两次，否则识别和鉴别就不会有意义。我立即回想起先前与他在另一环境中会谈、共同游览等等。类似的情境在各种各样的环境中都能观察到，我们可以在一个准则下收集它们：由 $ABCD$ 构成的感觉经验复活了由 $AKLM$ 构成的感觉经验，从而作为观念再现它。由于 KLM 一般地未被 BCD 再现，我们自然地认为，共同的要素 A 使该过程开始。首先 A 被再现，接着紧随 KLM，而 KLM 是与 A 或与其他已经再现的同时发生的特征直接被经验到的。在这个领域的所有过程都能够归入在这一个联想规律之下。

第　二　节

由于对人们的环境的任何心理适应和任何日常的或科学的经

验依赖联想，因此联想具有重大的生物学意义。如果生物的环境不是由至少依然是近似不变的或周期地再发生的部分构成的，那么经验也许是不可能的，联想也会是无用的。只有环境依然不变，鸟才能够把看见的部分环境与它的窝的位置的观念联系起来。只有预示正在逼近的敌人或逃跑的猎物总是相同的声音，联想观念才能够有助于引起相应的飞离或攻击动作。近似的稳定性使经验成为可能，这种可能性的事实反过来又容许我们推断那种稳定性。我们的成功证明科学方法预设的稳定性是有理的[1]。

第　三　节

24 新生儿像较低等动物一样必定依靠反射动作。他具有天生的吮吸倾向，在需要帮助时叫喊等等。随着他的成长，他像高等动物一样通过联想习得他的头一批最初的经验：他因为引起疼痛而学会避免接触火焰或与硬物体碰撞，他把看见苹果与相应的味道联系起来等等。不久，儿童在经验的丰富和精妙方面远远超过一切动物。从观察联想如何在年幼的动物身上形成，能够学到许多东西，摩根（C. L. Morgan）[2]针对孵卵器孵化的小鸡和小鸭这样做了。在孵化一小时后，小鸡已经具有了适当的反射动作。它们以准确的目的对准显著的对象走过去啄食。小斑鸡即使逃跑了还部分地用蛋壳打掩护。起先，小鸡啄食一切东西：印刷品的文字，它们自己的爪子和粪便。然而，在后一种情况中，小鸡即时地排斥有讨厌味道的对象，它摇着头把他的嘴在地上擦干净。当小鸡啄起蜜蜂或有不合意味道的毛虫时，也发生同样的情形，不过啄食不合适的或不恰当的对象立即就停止了。它们不理会盛水的盘子,但是倘若它们碰巧走进水坑,便立即开始饮水。[3]另一方面,小鸭简直使自己向盘子猛冲,洗刷自己,把头潜入水中等等。此日之后,在拿出一个空盘子时,它们再次向它猛冲,像在水里一样完成相同的行动;但是,它们不久就学会区分空盘子和盛满水的盘子。我自己曾经把一只空酒杯放在小鸡对面几小时之久,使苍蝇进入它的群体之中。相当逗人的追逐立即开始了,但是没有成功;这只小鸡迄今为止还不够灵巧。

第 四 节

小鸡和小鸭的行为是天生的,是在没有任何教育的情况下发生的,从而是被运动的机械性准备好的。同样的结论对于它们的叫声也成立:在小鸡身上,我们能够区分当它们微微走到伸出的手的温暖处时的舒适声音,在看见胖黑虫时的惊叫声,孤独的叫声等等。无论什么在这里都是机械地准备好的和天生的,然而许多身体结构可能有利于和加速了某些联想的形成,这些联想本身不是天生的,但必定是通过个体的经验获得的。

如果我们把“联想”一词局限于有意识的观念,那么情况确实如此。倘若在相互激发的同时过程的较广泛的意义上理解它,那么天生的(或遗传的)东西和获得的东西之间的边界可能变得相当
难以划出。倘使种族获得的东西被个体增强或修正,那么情况事 25
实上必须是这样。我的驯服的麻雀丝毫也不害怕,落在家庭任何成员的肩膀上,拖曳头发或胡须,以有力的和愤怒的尖叫攻击想把

它从它选择的肩膀上驱赶走的手。然而，在它周围有任何杂音或移动，它的双翼就紧张不安地拍打起来。无论何时它在桌子上抓住一丁点儿食物，它都要飞走，即使只飞开一尺远，就像它的同类在街道上那样，尽管它并未受到任何同伴的干扰。

在孵化器中出来的小鸡不注意母鸡的咯咯叫，未表现出害怕车辆和鹰。如果用刚刚抚摸过狗的手接触还看不见东西的小猫，而小猫实际上开始怒叫的话，人们会认为这是嗅觉反射的表现。[4]不用说，通常的现象容易吓唬年幼的动物：以小蚯蚓为食的小鸡将偶尔吞下盘绕的毛线，但无疑在面对一大团毛线时会停下来；我的女儿观察到，当她用实验方法把肥虫子放入一只驯服的麻雀的进食盘时，它却不会接近盘子。[5]对于许多动物来说，害怕异常的和惊人的东西事实上似乎是主要的保护手段之一。

第　五　节

在比较发达的动物中，联想的设计甚至更显著，同时也更持久。在我度过我的部分青年时代的乡村，被乡下孩子骚扰的许多狗都养成凭靠三条腿溜走的习惯，只要任何人捡起一块石头。人们自然地倾向于认为，这是引起同情的机灵的诡计。不用说，它只不过是疼痛的活生生的联想的记忆，这种疼痛时常紧随在捡起石头之后。我曾经看到，我父亲的一只年幼的短毛大猎犬凶猛地铲除白蚁冢，然后不顾一切地用它的爪子清洁它的敏感的鼻子。从那时起，它仔细地不损害蚂蚁的栖居处。有一次，当这只狗在我工作时接连用它的多余的和过分的感情打扰我时，我使劲地在他鼻子前头合上书，它惊恐地后退了，此后仅仅抓住一本书就足以防止任何打扰。由在睡觉时通过肌肉反射来判断，这只狗必定有生动的做梦生活。有次当它安静地睡觉时，我把一小块肉放在他的鼻子附近，他的肌肉开始剧烈地抖动起来，尤其是在鼻孔周围：在大约半分钟后，它苏醒了，夺走了食物，然后继续平静地睡觉了。此外，它的联想得以维持下去：在九年不在家之后，当我在黑夜步行 26
突然重返我父亲的屋子时，那只狗以狂吠接待我，但是只要一次呼唤便足以唤起最友好的行为。荷马(Homer)的奥德修斯和他的狗的故事确实不是诗人的夸张[6]。

第　六　节

不能把感觉经验 *ABCD* 与再现的感觉经验 *AKLM* 的观念加以比较的心理发展的重要性估计过高。让不同的字母代表要素的整个复合。例如，设 *A* 是先前在集合 *BCD* 中碰到的物体，但是现在却在集合 *KLM* 中；让我们假定物体在背景前面运动，从而辨认出是孤立的和相对独立的事物。如果现在我们指定单独的字母把基本的感觉分开，那么我们开始辨认出这些要素是我们经验的独立的组分，以致带微红的黄色 *A* 不仅在柑橘上出现，而且也在各种不同的复合中出现：在一片布、一朵花或一块矿石中。不管怎样，联想不仅是分析的基础，而且也是组合的基础。设 *A* 是柑橘或蔷薇的视觉图像，而在再现的复合中的 *K* 则代表柑橘的味道或蔷薇的气味。我们即时地把复活的视觉图像与先前经历的特征联系起来。因此，由我们周围的事物激起的观念并非正好对应于我们的实际感觉，而通常更为丰富。由先前的经验激起的整个联想的观念束与实际的感觉交织在一起，并且比后者能够独自制约的更广泛地制约着我们的行为。我们不仅看见带微红的黄球，而且认为我们知觉到软和的、芬芳的、清新的和有酸味的对象；但是，以衣柜为例，我们没有看到褐色的、竖直的和发亮的表面。由于同样的原因，我们有时可能被涂绘的或镜像的黄木球欺骗。随着我们年龄的增长，感觉经验的范围和丰富程度相应增长，它们之间可以联想的关联也随之增长。因此，正如我们看到的，由它们渐近地分析为组分以及不断地形成新的综合。一旦观念生活变得强烈，观念的复合便能够像感觉经验一样地再现和联想。在这里，非常新颖的分析和综合出现了，任何小说和任何科学论文都表明了这一点，任何思想者都能够在他自己身上观察到这一点。

27 第七节

虽然我们只能发现一个再现和联想原理即同时性原理，但是观念的动向在不同的案例中则大相径庭，下面的思考使这一点变得很清楚。在一生期间，大多数观念逐渐与许多其他观念联系起来，这些大异其趣的联想部分地相互抵制并变弱。除非某些会聚的联想碰巧取得优势，或者机遇特别偏爱特定的联想，否则这些联想没有一个变得有效。任何人能够说出他在何处和何时开始获知或在使用时领会某个特定的字母、词、概念或计算方法吗？他越经常地使用它们，他就越熟悉它们，他应该记住的可能性变得越少。史密斯这个名字在无论什么拼写中都与如此之多的领域和职业连接在一起，致使它独自并未引起任何联想。按照我此刻碰巧正在想或做的事情，该名字能够使我想起一位经济学家、牧师、考古学家、地质学家等等。该名字能够与更为不寻常的名字被注意到。我曾屡屡通过过去的马吉（Maggi）肉汁广告，但是只有一次，当我碰巧思考某个物理学问题时，我想起那个名字的人，他写了一本使我感兴趣的力学书。同样地，蓝布对成人来说未启发任何东西，而儿童则可能想起以前某天采摘的矢车菊。名称“巴黎”可能唤起卢浮宫的收藏品，或著名的巴黎数学家和物理学家，或有名的餐馆，这一切取决于我是否碰巧处在艺术、科学或烹调法的心境。甚至实际上与人的特定的思维路线无关的环境，也能够变成决定性的。据来自格尔帕尔策尔（Grillparzer）的报道，当诗人再次演奏交响曲时，由于长期患病完全忘记的诗稿突然跃回脑海，要知道在他初次写草稿时，他正在演奏交响曲。甚至无意识的中介环节也能够产生联想，请参观耶鲁萨莱姆（Jerusalem）报告的案例【7】。在这些案例中，同时性原理显得十分清楚和纯粹。【8】

第八节

现在考虑一下观念继续下去的典型方式。【9】如果我使我的思想无计划或无目的地、尽可能隔离地自由发挥，例如，就像在无睡意的夜晚中那样，我立即不知不觉地陷入形形色色的问题：喜剧的和悲剧的、记起的或虚构的东西与科学的灵感和计划不断地交替，

28 以致很难鉴定瞬间引导这种“自由幻想”之流的小小的偶然特征。当两三个人相互自由地闲聊时，除了他们的思想在这里彼此产生影响外，也发生大致相同的情况。意想不到的谈话的转折和转换往往导致惊人的疑问：我们到底是如何开始谈到**那个**的？对于几个观察者来说，由于他们的思想被吸引在所讲的词语上，答案变得比较容易，实际上很少不出现。正是在梦中，观念最奇妙地进行着，但是联想的思路在这里最难追踪，部分因为梦遗留下的不完全的记忆，部分因为睡眠者较经常地被轻微的感觉干扰。在梦中经历的境况，例如看见的人物或听到的歌曲，作为艺术创造的基础往往是极其有价值的[10]，但是探究者只能在十分例外的例子中运用它们。

第　九　节

吕西安(Lucian)的传奇《真史》不再完全符合自由幻想了。这位才华横溢的古代传奇作家在这里制定了仅仅保留他的意图中的最喜欢冒险和不大可能的东西的原则。他虚构了庞大的蜘蛛，这些蜘蛛用提供路线的蛛网跨越月球和金星之间的空间，他滑稽地吩咐月球居住者在任何东西实际产生之前一千七百年饮用液态空气。利用旅程作为他的幻想的指导路线，他在其他地方游览了梦幻之岛，他令人赞美地描绘了这个小岛的不明确的和矛盾的特点，说它以旅行者接近的相等的尺度退去。不管这种过分繁茂的幻想，我们无论如何能够发现联想的思路，除非把它们故意隐蔽起来。旅行从大力神海格立斯之柱开始，并向西行进。八十天后，他到达一个岛屿，岛上有纪念柱和海格立斯与酒神狄俄尼索斯的铭文以及他们巨大的脚印。当然，也有酒河，里面有鱼，人若吃了就会变醉。这条河的源泉在茂盛的葡萄树根部附近喷涌而出，人们在河岸上遇见一位女人，她像化作月桂树的女神一样半身化为葡萄树。在这一点，联想的思路逐渐完全变成传送的绳索。在其他地方，作者抑止了他的幻想的奔流和怒放，它们在那里未满足他的审美的和讽刺的目的。正是这种对于不适宜的东西的拒斥，把无论如何在字面上是自由的观念游戏或其他艺术工作与无目的地沉浸于人们自己的观念区别开来。

第　十　节 29

如果我到达一个地方或地区，在那里我度过我的部分青年时代，且仅仅沉湎于该场所的印象，那么观念采取截然不同的类型的转换。现在冲击我的感官的每一事物如此丰富地与我青年时代的经验联系在一起，而与后来的经验几乎没有或根本没有联系，以致那个较早时期的事件就空间和时间而言从十分准确地和严格地相互关联的忘却状态中逐渐浮现出来。正如耶鲁萨莱姆[11]恰当地评论的，在这样的案例中，人总是被卷入其中。因此，我们能够利用此人作为以时间顺序排列记忆要素的线索。即使某种东西较少完全地想起，即使想起家的图像，只要一个人不受干扰，而给予时间让图像完善自己，那么情况就是如此。例如，每一个人都知道老人讲述他们年轻时代的故事，或者关于节日和在那里发生的一切的传说，直至最近的冷酷无情的细节。

第 十 一 节

先前的例子基本上涉及已经存在的观念和记忆之间的关联的复活；另一方面，解决词语的或其他的难题，几何学的或构造的任务，科学的问题或艺术图案的制作等等，都以确定的目标和意图包含着观念的运动：我们寻求某种迄今不完全知道的新事物。这样的运动被称之为思考，它从未丧失对或多或少受限制的目标的洞察。如果某人站在我面前提出一个谜或问题，或者如果我在我的书桌旁坐下来，而在桌上准备工作的痕迹已经可见，那么这就安置了一组感觉，它不断地把我的思维引向该目标，从而防止无目的的漫游。这样的对思维的外部强制本身是有价值的。就心中的某一科学任务而言，如果我最后精疲力竭地入睡了，那么这个外部的提醒者和引路人立即消失了，我的观念变得弥散开来，离开适当的小径。这部分地是科学问题在梦中如此罕见地进展的原因：但是，如果对问题的答案的无意识的兴趣增长得足够强烈，外部的提醒者变成多余的，那么人们思考或观察的无论什么将自行地返回该问题，有时甚至是在梦中。

我们通过沉思寻求的观念，必须满足某些条件，它必须解决谜或问题，或者使构造成为可能的。条件是已知的，而观念却是未知的。为了阐明导致答案的过程，请考虑一个简单的几何学作图；该程序的形式在所有有关的例子中都是相同的，以致一个
30 范例足以完全解释它们（参见图 1）。两线 a 和 b 成直角且与斜线 c 相交，从而形成一个三角形，正方形以在 a、b、它们之交和 c

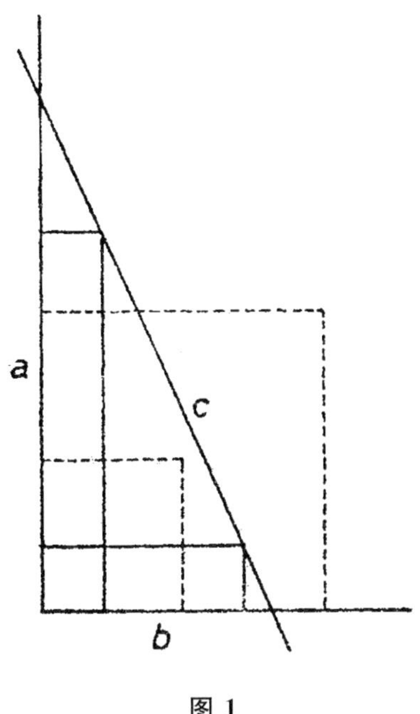

图 1

上的隅角内接于三角形。让我们试图设想满足所有这些条件的正方形。若正方形的两个邻边位于沿 a 和 b 之处，则头三个隅角立即如此给予。第四个隅角一般地或落在三角形之内，或落在三角形之外。若在 c 上任意取一个隅角，则具有这个隅角以及与 a 与 b 之交相对隅角的矩形一般不是正方形。然而，随着 c 上的隅角下降，我们从直立的矩形过渡到水平的矩形，从而在它们之间我们必定达到一个正方形。从而在内接的矩形中间，我们能够选择一个任意接近该正方形的正方形。不过，我们可以不同地进行，从第四个隅角落在三角形之内的一个正方形开始，然后增加该正方形的边，直到那个隅角落在三角形之外：在它们之间，它必然落在 c 上。在这个序列中，我们也能够任意接近地选择所需求的正方形。这样的尝试性的面积试探——答案在其中被找到——自然地先于完备的答案。日常思维可能感到满足于在实验中几乎足够的答案。科学要求最简明的、最清楚的最普遍的答案，该答案在这里是通过回忆所有的内接正方形共同在那里具有作为来自 a 和 b 之交的对角线的角平分线而得到的，而角平分线在所要求的第四个隅角与 c 相交，从而使我们完成所要求的正方形。尽管我们刚才详细讨论的例子是简单的，但是它无论如何清楚地阐明了问题解决的基本之点，即试验观念和记忆【12】以及鉴别众所周知的答案。谜被具有与条件 ABC 对应的性质的观念解决了。联想给我们以具有性质 A、性质 B 等等的观念系列。属于所有这些系列的一个或多个项目，即它们全都相交的点，解决了该问题。我们此后将重返这个重要的争端，在这里我们只涉及阐明我们叫做思考的观念接续的类型【13】。

31 第十二节

前面确立了，可再现的和可联想的感觉经验的记忆痕迹，对于我们心理生活的整体而言是重要的；它同时表明，不能把心理学的和生理学的探究分开，因为它们即使在要素之内也是密切地联系在一起的。

第十三节

而且，这种被再现和被联想的能力构成“意识”的基础。持续不变化的感觉几乎不能被称为意识。霍布斯(Hobbes)已经指出，总是感觉相同的东西，其结果与根本没有感觉一样。[14]也没有一个人在假定存在某种形式的不同于所有其他的和对意识来说特有的能量中能够看见任何特点。在物理学中，它也许是无效的和多余的，它在心理学中也无法说明任何东西。意识不是不同于物理的东西的特殊的质或量的种类；它也不是为了使无意识的变为有意识的而能够被添加到物理的东西中的特殊的质。内省以及对其他生物——我们必须把类似我们自己的意识归之于它们——的观察表明，意识根源于再现和联想：它们的丰富性、容易、速度、活跃和秩序决定了意识的水平。意识不在于特殊的质，而在于质之间的特殊的关联。至于感觉，人们不必试图去说明它：它是某种如此简单和根本的东西，以致至少在目前
不可能把它还原为某种更为简单的东西。此外，简单的感觉既 32
不是有意识的，也不是无意识的：它只有被排列在现在的经验之中才变成有意识的[15]。

无论什么都干扰再现或联想，干扰意识，而意识能够从完全清晰延伸到无梦的睡眠或昏厥中的完全无意识。大脑功能之间的关联的暂时的或永久的失调相应地干扰意识。比较一下解剖学的、生理学的和精神病理学的事实，我们被迫假定，意识的完整依大脑叶的完整为转移。皮质的不同部分保留着不同感官刺激(视觉的、听觉的、触觉的等等)的痕迹。不同的皮质区域通过“联想纤维”多种多样地联系起来。无论何时一个区域不再起作用或联系被切断，心理失调就伴随发生。[16]暂且撇开细节，让我们考虑几个典型的例子。

第 十 四 节

柑橘的观念是一件十分复杂的事。形状、颜色、味道、气味、触感等等，都以特定的方式交织在一起。当我听到“柑橘”一词时，声音感觉的序列唤起仿佛扎在一起的这些观念的完整束。而且，还有附属于先前对该词的阐明，先前书写的动作，或者先前看见书写或印刷该词的感觉的记忆。因此，如果在大脑中存在特殊的视觉的、听觉的和触觉的区域，那么通常抑制它的功能或切断它与其他区域的联系，这些区域之一的失灵必然产生特定的现象，这一点确实被观察到了。假定视觉的或听觉的领域依然是灵敏的，但它的联合的领域被切断了，我们发现一种心理上的眼盲或耳聋，蒙克(Munk)在对大脑施行手术的狗身上观察到这一点。[17]这样的动物能够看见但不能理解它们看到的东西：它们无法辨认食物盘、鞭子或恐吓的姿势；它们能够听见，但无法听从召唤，也就是说未理解它。生理学的观察在这里受到限制，而借助精神病理学的观察加以补充，尤其是借助语言失调的研究。[18]鉴于词语的意义恰恰在于它们唤起的众多联想，而正确的使用反过来依赖这些联想的存在：干扰这些联想，显著的后果必定随之而来。大多数人是惯用右手的，因此使左脑半球适应于包括言语在内的灵巧操作。布罗卡(Broca)认识到第三前脑回的后部第三个对于发音清晰的言语
33 的重要性，无论何时这部分大脑患病(中风)，便丧失言语。此外，失语症能够由许多其他缺陷决定。例如，病人可以记住作为声音的词语，甚至能够写下它们，但是却不能发出它们的音，尽管他的

舌头和嘴唇能够运动：运动的意象（image）失去了，因此未引起合适的运动。或者书写的视觉的和运动的意象可能失去（失写症），或者观念可能存在而听觉意象可能缺少；或者相反地，讲出的或写下的词不可能被理解，从而无法引起联想（词聋，词盲）。这最后一种案例是洛尔达特（Lordat）在他自身中观察到的，他在痊愈后记载了它：他生动地叙述了该瞬间，当时在阴郁的几周之后，他在他的藏书室的一本书的书脊上看见词语“希波克拉底歌剧”，他能够读出并再次理解它们。【19】在这里必须注意，仅仅这几处简略了的概述就表明，在感觉的和运动的区域之间有多少联系。【20】像在讲话和书写中的日常错误之类的较少程度的语言失调，作为暂时的疲劳和精神涣散的结果，甚至在完全正常的人身上也出现。【21】

第十五节

维尔布兰德（Wilbrand）引用了一个有趣的心盲的例子。【22】一位有教养的和博学的商人具有出色的视觉记忆，以致他记住的事实特征，他考虑过的物体的形状和颜色，他看到的场景布置和风景，都十分详细地处于他的心智面前。他能够由记忆“读完”他偏爱的作者的几页版面中的文字和段落的片断：他看到文本十分详细地处在他面前。他的听觉记忆是脆弱的，他完全缺乏对音乐的感觉。在几个严重的烦恼——后来原来是没有事实根据的——之后，他在一段时间混淆不清，接着在他的心理生活中经受了彻底的变化：他的视觉记忆完全丧失了，在重游一个小城镇时，他始终以为它是新的，仿佛他第一次游览它。他的妻子和孩子对他来说是陌生的，当他在镜子中看到他本人时，他把自己误认成陌生人。如果现在他想算出总金额——他先前是通过视觉观念完成的，那么他不得不低声地说出数；同样地，为了注意措辞特征或记住所写的文本，他不得不使用听觉观念以及讲和写的动作的观念。

34 同样著名的是维尔布兰德引用的另一个案例。[23]一位妇女突然精神崩溃，此后被看作是盲人，因为她无法辨认她周围的任何人。除了逐渐增加的视觉领域的挛缩（contraction）外，发作只留下视觉记忆的丧失，病人完全意识到这一点。她对此作了引人注目的评论："依据我的状况，人们与其说用眼睛看，还不如说用大脑看，因为我清楚地看见一切事物，但却不能识别它，经常不能告诉它可能是什么。"[24]

第十六节

鉴于所有这一切，我们必须说，不存在一体的记忆，除非记忆是由许多部分的记忆构成的，它们能够相互分开并孤立地丧失。大脑的一部分对应于每一个部分的记忆，它们中的一些甚至现在可以相当准确地定位。其他记忆丧失的案例似乎不容易归因于一个源泉。请考虑里博（Ribot）选择的几个案例［*Les Maladies de la mémoire*（《记忆的疾病》），Paris 1888］。

一位深爱她的丈夫的年轻妇女经受了产后健忘症的严重发作，以致她根本无法回忆起她的婚姻生活，而在先的记忆依然未受损害。只是由于她的双亲证明，才劝使她承认丈夫和孩子是她的。记忆的丧失依然不可恢复。

另一位妇女长睡了两个月，在醒来时认不出任何人，而且忘掉了以往学到的一切东西。然而，她无困难地和迅速地再次全部学会它，而不记得她以前了解它。

在另一个案例中，一女子偶然落入水中，差点儿淹死。在营救后睁开眼睛时，她无法辨认她周围的环境，丧失了言语、听力、嗅觉和味觉，不得不给喂食。她每天开始学习新东西，逐渐地变好了。最后，她记起一桩风流韵事以及她落入水中，治愈通过嫉妒而达到了。[25]

第十七节

周期性的记忆缺失是所有健忘症中最特别的。在长时间的睡眠之后，一女子忘记了她学会的一切东西，她不得不开始学习阅读、计算和识别她的环境。在几个月后，另一次睡眠插曲意外发生，此时像以前一样，她记着她的青年时代，但忘记了两次睡 35
眠发作之间发生的事情。此后四年间，她的意识和记忆交替地处于两种状态的一种或另一种。在第一种状态下她有漂亮的笔迹，在第二种状态下她有有缺陷的笔迹。她在两种状态下可能都认识的人对她来说在每一种情况下必定在场（参看送信者的案例，他在喝醉时丢失了包裹，在他下次闹饮时他能再次找到它）。如果醒来的人发现甚至难以记住栩栩如生的梦境，那么正好相反，我们在做梦时常常失去真实状况的感觉。另一方面，相同的境况往往在梦中重现。最后，每一个人即使在醒着的时候也能够注意到心境的变化，来自人一生不同时期的记忆以这种

心境同时地上升为意识。所有这些案例形成了从不同意识状态的突然分离到分界线几乎完全抹掉的连续过渡。我们可以把它们视为不同的联想中心形成的例子，当时间和心境可能有利时，观念群便集合在联想中心周围，而在这些群之间几乎没有或根本没有什么关联。【26】

第十八节

如果我们把接连更充分地适应重现的过程的特性归之于有机体，那么我们可以辨认，通常称为一般有机现象的一部分的记忆是什么：也就是说，就其直接地是意识的而言，是对周期性的过程的适应。于是，遗传、本能之类的东西，可以说是达到超越个体的记忆。塞蒙（R. Semon）（*Die Mneme*（《记忆》），Leipzig 1904）也许是第一个尝试科学地阐明遗传和记忆之间的关系。【27】

注释

【1】经验教导我们辨识稳定性；我们的心理组织容易使它本身适应它们，并向我们提供有利条件。接着，如果预设证实自身，那么我们有意识地和任意地为期望进一步的利益而引入进一步的稳定性的预设。在先验地给出作为这种方法论程序的基础的概念假定后，我们既不需要也不会从它得到任何好处。鉴于这一概念明显的经验形成，它也许是一个错误。

【2】C. L. Morgan，*Comparative psychology*，London，1894，pp. 85f.

【3】然而，这也是无皮层的鸟的行为。因此，该现象似乎依赖于祖传获得的

反射;参见本章末。

【4】Schneider,*Der tierische Wille*,Leipzig,1880.

【5】我的女儿的观察。

【6】紧接着摩根著作的,就低等和高等动物而言,下述著作是有教益的:K. Möbius,*Die Bewegungen der Tiere und ihr psychischer Horizont*(自然科学专题著作, Verein f. Schleswig-Holstein,1873);A. Oelelt-Newin, 36
Kleinere philosophische Schriften. Zur Psychologie der Seetern,Vienna,1903. 在其他书籍中,我应该推荐 S. B. Reimarus,*Triebe der Tiere*,1790 和 F. H. Authenrieth, *Ansichten über* Natur-und Seelenleben,1836.

【7】Wundt,*Philosophische Studien* X,p. 323.

【8】并非所有的心理过程都是借助于在时间方面获得的有意识的联想可说明的,这一点将在后面讨论。在这里,我们涉及借助联想可理解的东西。

【9】参考 James,*The Principles of Psychology* I,pp. 550—604.

【10】这一种类的众所周知的案例如下:伏尔泰(Voltaire)梦见长诗“亨利亚德”完整的变化的篇章。更奇怪的是,塔尔蒂尼(Tartini)梦见魔鬼给他演奏奏鸣曲的乐章,当这位小提琴手醒来时,他无法完成该乐曲,如果这个报告不是虚构和真理之间的折中的话。

【11】Jerusalem,*Lehrbuch der Psychologie*,3rd ed. Vienna,1902,p. 91.

【12】这些问题将在以后更充分地讨论。

【13】人们可能被诱使认为“主动的”思维本质上不同于“被动的”思维的空耗。可是,正像我们未控制感官印象和由身体的行动引起的记忆一样,我们也没有控制直接的或间接的生物学的兴趣的概念,生物学的兴趣总是重现,并与新的联想系列关联在一起。参见 *P*3,pp. 287—308.

【14】Hobbes,*Physica* Ⅳ,25.

【15】任何认为他能够用意识建立世界的人,都无法明晰地理解意识的事实是多么复杂。特别值得一读的关于意识的本性和条件的简洁叙述可在 Wernicke,*Gesammelte Aufsätze*,Berlin,1893,pp. 130—145 中找到。也可参见在下面引用的 Meynert 的讲演。

【16】Meynert,*Populäre Vorträge*,Vienna,1892,pp. 2—40.

【17】我们几乎不能怀疑,大脑的不同部分不同地起作用。无论如何,正如戈

尔茨(Goltz)表明的,如果大脑皮层的一部分能够作为另一部分的替代物逐渐地发挥功能,那么我们不能借助突然限制功能而在 R. Semon(*Die Mneme*,Leipzig,1904,p. 160)的涵义上仅仅考虑逐渐的定位。也可参见 *A*4,p. 155.

【18】Kessmaul,*Störungen der Sprache*,Leipzig,1885.

【19】出处同上,p. 175.

【20】出处同上,p. 182.

【21】关于在音乐家中类似于失语症和失写症的异常分布,请参阅 R. Wallaschek,*Psychologie und Pathologie der Vorstellung*,Leipzig,J. A. Barth,1905.

【22】Wilbrand,*Seelenblindheit*,Wiesbaden,1887,pp. 43—51.

【23】出处同上,p. 54.

【24】出处同上,p. 57.

【25】A. Forel,*Der Hypnotismus*,6th ed. ,pp. 236f. 包含着记忆缺失的最特别的案例的描绘。

【26】从这样的记忆周期性失调来看,诸如 Swoboda(*Die Perioden des menschlichen Organismus*,1904)之类的观察似乎根本不像它们乍看起来的那样是如此异常的。

【27】C. Detto,"über den Begriff des Gedächtnisses in seiner Beleuchtung für die Biologie",*Naturwiss. Wochenschr*,1905,No. 42. 这位作者几乎没有假定,赫林或塞蒙会陷入他所批评的错误。然而,我认为,他低估了从两方面审查有机体的好处。**心理学的**观察能够揭示**物理的**过程的存在,而我们却不能如此轻易地通过物理学途径来了解这些物理过程。

第四章　反射、本能、意志、自我 37

第　一　节

在继续我们的心理—生理学的考虑之前，我们注意到，所要求的专门科学没有一个达到令人赞美的发展程度，以至能够作为其他学科的可靠基础。观察的心理学需要来自生理学和生物学的显著支持，但是这两门学科本身借助物理学和化学还未十分完备地阐明。因此，我们的所有思考被看作是暂定的，其结果就依然是成问题的，要大量地用未来的研究矫正。生命是由实际上维持、复制和散布自身的过程构成的，同时包括着“质料”的量的逐渐增加。因此，生命过程类似火，它们在任何情况中都与火有关，尽管在某种程度以更复杂的方式与火有关。另一方面，大多数生理、化学的过程不久便陷入停顿，除非通过特殊的外部环境不断地恢复和维持运行。即使撇开这种主要的特征差异不谈，近代物理学和化学要记录生命过程的细节的进程，依然是相当不充分的。鉴于主要特征即自我保存，我们必定期望，复杂有机体的部位或器官的共生(symbiosis)将与整体的保存协调，否则整体的保存便不会作为结果发生。同样地，在那些是有意识的(即在大脑中发生的)心理过程中，发现类似的有机体保存的倾向将不会使我们惊讶。

第　二　节

首先，考虑戈尔茨(Goltz)[1]详细研究的一些事实。健康未受损的蛙以这样的方式行动，该方式导致我们把某种“智力”和“自愿的”运动赋予该动物；它无法预言地主动运动，逃避捕食者，当旧池塘干涸时寻找新池塘，通过诱捕容器的缺口逃走等等。按照人的尺度，其智力的确是十分有限的：蛙十分机敏地抓住运动中的苍蝇，有时抓住小块红布，并通过反复失败力图抓住蜗牛的触须，但是它宁愿吃新弄死的苍蝇，否则将会饿死。蛙的
38 行为狭窄地适应它的生活条件。如果切除它的大脑，它将仅仅在外部刺激下运动，它在没有外部刺激的情况下只是处于静止，而不抓苍蝇或红布，或者对噪声无反应。倘若苍蝇在它身上爬行，它拂去它，但是倘使把苍蝇放在它的口边，它便吞下苍蝇。在它的皮肤上轻微刺激就使它爬走，强烈的刺激使它避开障碍跳跃，这表明它能够看见障碍物。如果把一只腿缚牢，它还将在爬行时避开障碍。如果把它放在水平转盘上，它将补偿转动。如果把它放在一端翘起的木板上，它将向上爬行以便不掉下来；如果人们进而在同一方向连续转动木板，它将超过较高端：受损的蛙会开始跳跃。因此，当去掉脑的一些部位时，人们可以称为心灵或理智的东西变得受限制了。如果把仅具有脊髓的蛙朝天放置，那么，它不能爬起来。戈尔茨说，心灵不是单纯的，而是像器官一样可分的。

没有大脑的蛙从未自我地呱呱叫。然而，如果用湿手指击打

肩胛之间的背部，它就像机械一样地由于反射而规则地呱呱叫一次。甚至早就观察到，被切掉头的蛙用它们的后腿揩掉酸。这样的反射机制对于幸存是重要的。戈尔茨表明，许多重要的生命功能都是由这些机制保证的，例如蛙的交配。[2]

第　三　节

接着考虑另外的生物即植物，至少在本能上没有人把理智和意志力归之于它们。在这里，我们也发现有助于整体保存的合适的反应动作。在这些动作中，我们首先注意到由光和温度决定的叶和花的睡眠动作，以及食虫植物因摇动而引起的刺激。当然，这样的动作看来好像是例外。然而，正是一般行为的癖好，使植物的茎抗拒引力向上生长，在那里光和空气容许同化作用发生，而根则向下穿透土壤，寻找水和溶解于水中的物质。如果迫使茎的一部分不垂直，那么由于较低一侧的较强劲的生长，还正在生长的部分立即在它们的向地面的凸侧面向上弯曲。与称之为“正向地性”的 39
根相对照，这显示了茎的“负向地性”。茎一般地转向光，而生长的部分是向暗的凸面；也就是说，背阴侧生长得更强劲。这样的茎被称为“正向日性的”，而根一般则以相反的、“负向日性的”方式行动。旧的和新的研究二者表明，重力和光的方向决定向地性的和向日性的行为。茎和根的相反延伸指明在整体的保存中的分工。当我们看见根由于倾向于向下而使岩石裂开时，我们更可以想像，它是按照它自己的利益这样做的。然而，当我们看见根在它未得其所的水银中同样做时，这种印象就消失了：审慎的意图的运动必

须服从生理—化学决定的运动,而决定的因素必须认为是由根和茎结合为一个整体产生的。[3]

第　四　节

洛布(J. Loeb)[4]在系列研究中表明,来自植物生理学的诸如向地性和向日性概念,能够扩展到动物生理学;不用说,尤其可以扩展到生活在这样的简单条件下的动物:它们不需要高度发达的心理生活,从而不会受到干预。从蝶蛹新出生的蝴蝶最初向上爬行到顶,寻找它的支承,宁可爬到竖墙上。新孵出的毛虫不休息地向上爬:为了把它们从反应瓶中哄出来,人们不得不用向上对准的通道翻转瓶子,就像用氢广口瓶那样。蟑螂偏爱竖墙。切掉翅膀的苍蝇竖直向上地在木板上爬行,并补偿木板在其平面的任何转动,而它们在倾斜的木板上则沿最陡的斜坡爬行。连高度发达的动物也是向地性的,这一点由最近的关于内耳的发现所证明,内耳的作用在于定向,尽管在这里向地性由于其他因素的参与而遮掩。

就向日性而言也同样:对于动物与对于植物一样,光的方向是重要的。不对称的光刺激促使动物重新使自身取向相对于光的对称面,或向前或向后指向光源,朝向或离开光源运动:动物是正向日性的或负向日性的。蛾子是正的,而蚯蚓和蝇的幼虫是负的。当正向日性的蝇幼虫在平面上运动时,它沿该平面上的光矢量的分量爬行。在这样向着入射光运动时,它完全可以到达较小照亮的区域。在不进入深一层的细节的情况下,我们注意到萨克斯(J.

V. Sachs)关于植物的研究与洛布关于动物的研究之间的完全一致。[5]

第　五　节 40

最近，在关于昆虫的观点之间出现了强烈的对立：一些人把它们仅仅视为反射机器，另一些人则认为它们具有十足的心理的生命，其根据在于科学家对神秘主义的爱好或厌恶，或保全或完全抛弃把所有心理特征归因的神秘主义。就我们的立场而言，心理的东西与物理的东西相比，神秘性不多也不少，实际上二者之间没有本质上的不同。因此，我们不需要支持哪一方，而像福雷尔(A. Forel)一样在某种程度上依然是中立的。[6]例如，如果用振动的音叉触及蜘蛛网，能反复地使我们误导该动物，这表明蜘蛛的反射机制是多么强烈；但是，当它最终不匆忙地上圈套且不再跑出来时，我们不能否认它有记忆。虻在半开的窗户的玻璃上无能地嗡嗡叫，力图飞向户外和亮处，但却被狭小的窗格玻璃框架禁闭，这的确给人以自动机的印象。然而，如果像比较合度的家蝇这样密切相关的动物却灵巧得多地行动，我们必须预设某种从经验学习一点东西的能力，尽管这种能力是有限的。因此，与贝蒂(Bethe)的两极分化的气味[7](即朝向或离开蚁冢)相比，福雷尔赋予蚁以局部化学的记忆和味觉感官似乎是一个更幸运的假定。福雷尔甚至声称训练水臭虫在地上吃食物与该动物的正常习性相反：这在狭义上不能是自动机。类似地，他证明了蜜蜂和黄蜂的记忆和识别颜色的能力。

第　六　节

把在动物和植物中的有机生命的巨大共同特质穷追到底，是值得的。对植物来说，一切东西都比较简单，比较易于观察，比较缓慢地发生。我们在动物中观察到的东西，诸如运动、本能的表达或任意的行动，也在植物中显示出来，像通过一系列形式的生长或者像叶、花、果实或种子的形状对持久的观察来说是固定的。差异因而主要取决于我们主观的时间尺度。请想像一下，变色龙的缓慢运动即使进一步也得减速，而蔓生植物的缓慢的攀援运动却几乎加速[8]：观察者将发现差异正在变得模糊不清。几乎没有什么诱惑把植物中的过程作为心理过程对待，以致把它们作为物理过程处理的倾向更加强烈。对动物而言，情况反过来是另一种方式。不过，两个领域是密切相关的，以致这种进路的变化是十分富有教益和富有成果的。而且，动物和植物之间的相互影响，二者在物理
41 学和化学、形态学和生物学方面，是最有启发性的。例如，以斯普伦格尔(Sprengel)一七八七年发现的、达尔文关于兰花的工作复活了的花和昆虫的相互适应为例[9]：在这里，似乎独立的生物体像单个的动物或植物的各部位一样，是相互决定和彼此依赖的。

第　七　节

通过刺激而未包括大脑的动作被称之为反射动作：它们是由器官的关联和相互调整做出的。动物能够经历十分复杂的运动，

这些运动似乎对准某一目标或意图，尽管我们不能认为动物了解或有意识地追求它们。于是，我们谈论本能的行动，这些行动可以看作是由其先行者引起的反射动作的链环。[10]以蛙捕捉和吞咽苍蝇为例：很清楚，第一个行动是由光和声的刺激引起的。接着的行动是捕捉的序列，我们从下述事实推断这一点：没有大脑的蛙不再捕捉，而是继续吞咽放在它口中的苍蝇。对于还未学会捡拾它们的食物的雏鸟来说情况也一样：在照管它们的无论谁趋近时，它们张开嘴吱吱叫——也许出于害怕，并吞没放入的食物，而啄食和捕捉是以后才开始的。仓鼠为冬天收集食物可以变得为人理解，倘使我们认为这是相当贪婪的、爱争吵的、又存有戒心的动物，所以占有比仅够吃的还要多的食物，甚至在被追赶返回它的洞穴后才放下过量的东西。在很久之后重复的本能行动不再需要作为独立于个体的记忆来处理。但是，另一方面，对于比较发达的心理资质而言，本能行动可以被理智修改，这甚至可以激起重复。[11]由于连锁反应原理，应该有可能甚至使复杂的本能行动变得比较可以解释。由于本能只要在大多数场合中成功便保证了种族保存，因此不需要认为它是完全被决定的，而且在它作为一个整体的形式或在它的所有联系方面是不变化的。更恰当地讲，由于机遇的因素，随着时间的推移，我们必须期待在作为一个整体的类型方面以及它在任何给定时刻的成员方面有所变化。[12]

第　八　节

几个月的婴儿抓取刺激他的感官的一切东西，通常把抓住的

42 物体放入他的嘴里，恰如小鸡啄食一样。他伸手到苍蝇骚扰的皮肤部位，正像蛙会做的那样，但是对于新生儿来说，这些反射行动到目前为止与所提及的动物的行动相比还较少成熟和发达。我们的顽童的不自觉的动作以与我们周围的过程相同的方式与视觉的和触觉的感觉联系起来：它们留下视觉的和触觉的记忆图像，运动的这些记忆痕迹通过联想与其他同时的感觉——一些是一致的而一些是不一致的——关联在一起。我们作出心理的记录：舔糖伴随“甜”的感觉，接近火焰或碰撞坚硬的物体或碰伤人自己的身体【13】伴随“疼”。于是，人们从经验中获悉关于人的周围的过程和关于在人的身体中发生的过程，尤其是身体的动作。后者最接近人，能够持续地观察，以致它们迅速地变成最熟悉的东西。靠反射，小孩捡起一块糖并放入口中，去抓火焰并收回他的手。在再次看到糖或火焰时，他的行为将通过记忆加以修正：他将比较容易抓住糖块，而疼的记忆将禁止接近火焰。因为疼的记忆完全像疼本身一样起作用，从而引起相反的动作：这种“自愿的”动作是带有记忆因素的反射。我们不能完成下述自愿的动作：该动作先前作为反射或本能行动未整体地或部分地发生，我们未这样经历过它。如果我们观察我们自己的动作，那么我们注意到，我们生动地记得先前完成的动作，该动作在我们这样回忆时发生。更准确地讲，我们想像物体被抓住或被移动，包括它的定位以及卷入的视觉和触觉的感觉，这立即随之导致动作本身。我们长期习惯了的动作在有意识的想像中几乎不会再发生：在想到一个词的声音时我们已经发出它的音了，在想到它的书写形态时我们已经写出它了，而没有自觉地意识到说或写的居间的动作。在这里，对动作的目标或结果的逼真想像迅速地引起了生理—心理的过程序列，这个序列导致该动作本身。

第　九　节

我们所谓的意志只不过是迟早获得的意识的特例，它介入到身体的预先形成的和固定的机制之中。如果环境是简单的，这种
天生的机制几乎足以保证各部位为生命保存而运转的联合。然 43
而，如果在环境中存在巨大的空时变化，那么反射机制就不再足够了：它们的功能必须随境况的不同以某些变化覆盖某一区域。这些足够小的变化通过联想得到，这反映了环境的相对稳定性和有限的改变。有意识的记忆痕迹引起的修改被称为意志。没有反射和本能，从而就没有它们的修改，因此就没有意志。它们依然处于生命的所有表达的核心，只有当它们保证生命保存时，它们将被修改，甚或被暂时地压制，以致为了达到无法直接接近的目标，可能需要采取显著的迂回路线。这就是动物在没有其他办法成功时，它潜近它的猎物，一跃而抓住它的情况，或者，这也是人建筑小屋，并点火抵御超过无助的有机体能够承受的寒冷程度的情况。就想像从而就行动而言，人高于动物（或文明人高于野蛮人）的优势仅仅是达到同一目标的迂回长度，以及发现和遵循迂回的能力。整个科学技术文明可以被看作是这样的迂回。如果在文明的帮助中理智（和想像）成长到它能够创造它自己的需要并追求为科学而科学的程度，那么无论如何这只能是容许合适的劳动分工的社会组织的产物。由于与社会脱离，完全沉浸在他的思维中的探究者也

许是在生物学上不能生存的病态现象。

第 十 节

约翰·米勒(Joh. Müller)[14]还认为,对从脑到肌肉的运动的刺激可以这样直接地得到经验,就像传送到脑的末梢神经刺激决定感觉一样。詹姆斯(W. James)[15]和明斯特尔贝格(Münsterberg)[16]在心理学上、赫林(Hering)[17]在生理学上表明,直到最近还幸存的观点是站不住脚的。留意的观察者必须承认,这样的神经支配的感觉不能被经验所得到:人们不知道,人们如何完成动作,什么肌肉被卷入其中,这些肌肉如何受应力等等。这一切都是由身体被组织的方式决定的。我们只不过通过周围的
44 皮肤感觉、肌肉的韧带等等,才仅仅想像动作的目标和经验所完成的动作的。正如各种各样的想像的图像借助联想相互有意识地完成一样,感觉的记忆同样地能够通过相应的运动神经过程变得完备起来,这些过程本身并不进入意识,而只是通过它们的后果干预的。由于神经系统到处相同,因此我们可以假定,联想原理(通过习惯结合)适用于它的整体。联想链条的哪一个环节变成有意识的,将取决于与大脑的特定的神经关联。以呕吐作为想像开始身体过程的例子,呕吐在敏感的人身上能够仅仅由想像呕吐而引起。在窘迫时手容易出汗或容易脸红的人,必定没有想到这些过程,要不然它们就是偶然发生的。美食家的唾液腺立即对烹调法的幻想发生反应。有一个时期,当我长时间患了一场疟疾,我习得正好通过思索颤抖引起哆嗦的令人不快的窍门,我多年保持着这一技巧。

另一些事实进一步证实了我们的观点：并非“主要地”借助“意志”开始，而是通过感应流开始的肌肉收缩，作为用力而被感受到，恰如在自愿的情况中那样，以致感觉必然是在神经末梢开始的。最有趣的观察是施特林佩尔（Strümpell）【18】关于一个男孩的行为的观察：该男孩只用他的右眼看，用他的左耳听，至于其余则缺乏任何感觉。如果蒙住这位男孩的眼睛，那么他不会注意到被放入最陌生的位置的他的肢体。他从未感到疲劳。如果要求他举起的臂膀并保持它在那里，他这样做了，但是在一两分钟之后，臂膀开始发抖并下垂，尽管病人坚持认为，它还是举起的。类似地，他以为他正在伸开和合拢他的手，而此时手正在被紧紧地握住。【19】

第十一节

动作、感觉和想像在任何情况下都是密切相关的，尽管在心理学中分割和图式是必要的。当被柔和的响声唤醒的野猫想起可以捕捉的动物时，这只猫把它的眼睛转向响声的方向，敏捷地跳起来。联想到的记忆引发动作朝向所预料的营养物的比较清楚的视觉感觉，该营养物现在能够以充分衡量的跳跃被捕捉。【20】不过，猫的眼睛现在完全被它的猎物占据，几乎不需要考虑来自其他地方的印象，这就是偷偷行动的动物容易使受骗者落入猎食者之口的原因。感觉、想像和动作相互联系起来决定我们所谓的注意状态。当我们对 45
直接影响我们的自我保存的某种东西或对我们来说有趣的其他东西做出反射时，我们自己的行为类似于猫的行为。【21】我们没有沉浸于正好进入我们头脑的任何观念。起初，我们把眼光从所有漠不关心的事件转移开，不理或力图挡住在我们周围的噪音。我们甚至可能在我们的桌子旁边坐下来，设计我们的建筑物或开始展开公式：我们反复地察看这些东西，只有那些与该任务有关的联想显现出来，而任何其他可能突然发生的东西都被前者取代。动作、感觉和联想在反射作用中协同起来产生理智的注意力，恰如在偷偷行动的猫的情况中，它们产生知觉的注意力一样。我们以为我们“自愿地”进行我们的反射作用，而事实上它们是由不断重现对问题的思维决定的，该问题以无数不可解决的方式与我们的兴趣联系起来。【22】因此，正像集中于一个对象的知觉的注意力对于所有其他对象来说相对地被转移一样，与一个问题有关联的联想也同样阻碍了通向所有其他问题的道路。【23】猫没有注意正在趋近的猎食者，心不在焉地陷入沉思的苏格拉底(Socrates)心不在焉地不理会他的悍妻的讯问，在那里画圆的阿基米德(Archimedes)因为在生物学上不完全适应即时的环境而付出了生命的代价。

第十二节

作为特殊心理能力的意志或注意力不存在。形成身体的相同能力也创始了身体各部位的协作的特殊形式，我们称其为“意志”和“注意力”：这两者如此密切地联系在一起，以致难以确定它们之间的分界线。【24】二者包含“选择”的形式，就像在植物的向地性和向日性以及在落向地面的石头中那样。它们的一切是同样神秘的或同样可理解的。【25】意志在于使较少重要的或仅仅暂时重要的反射行动从属于在生命功能中起主导作用的过程，即表达生命的条件的感觉和想像。

第十三节

对延续生命来说是基本的一些动作，诸如心脏跳动、呼吸、肠壁蠕动，都独立于“意志”，或者至少在很小的程度上依附于心理过程（像在激动的情况中）。自愿的和非自愿的动作之间的界线依然不是僵硬的和可靠的，而是因人而变的：一些人能够控制另一些人 46
不能控制的肌肉。据说丰塔纳（Fontana）能够随意缩窄他的瞳孔，韦贝尔（E. F. Weber）能够抑制他的心脏跳动。[26]假如肌肉的神经支配偶然成功，伴随的感觉能够在记忆中被复制，那么矛盾通常重新出现，肌肉依然依附于意志。[27]这样一来，自愿运动的界线能够因偶然的试验和实践而被扩展。

在病态中，想像和动作之间的关系能够经受重要的变化，几个例子将表明这一点。[28]托马斯·德·坎西（Thomas de Quincey）告诉我们，使用鸦片大大地削弱了他的意志，致使他把重要的信件遗忘了几个月没有答复，最后甚至为了写几个词作答而不得不艰难地斗争。一个健康而理智的公证员变成患忧郁症的人：他应该到意大利旅行，并反复宣布他不会，而且也没有反对他的同事。在签署委托书时，他被困住了三刻钟，为的是力图完成最后签名的花体字花饰。他的意志的软弱本身在许多其他类似的例子中显示出来，由于看见一个妇女被马摔倒在地上，当时他突然恢复原状：他迅速地从四轮马车上跳下来救助。因此，他的“意志缺失”被强烈的情感战胜了。另一方面，仅仅想像就能变得如此冲动，以致它有可能转变为行动。例如，一个人可能被想要杀死某个个人也许甚至是被想要杀死他自己的观念缠住；为了保护他自己免受这种可怕的强制之害，他容许把他本人绑牢。

第 十 四 节

我们早就看出，自我和世界之间的界线是难以决定的，在某种程度上是任意的。让我们考虑关联的观念的总和即自我，唯其在这里对我们来说是直接的：它是由我们经验的记忆与它们引起的联想一起构成的。这一整个复合是与大脑的历史命运连接在一起，而大脑是物理世界的一部分，不能与它分开。然而，我们不能把感觉从心理要素的范围排除出去。以像饥饿和口渴之类的达到大脑的、来自身体所有部位的感官的基本感觉为例，它们形成本能的基础。通过在胚胎阶段获得的机制，这些感觉本身引起我们的动作、反射和本能的行动，后来发展的我们的想像充其量只能够修正它们。这种较广泛的自我与整个身体相关，事实上甚至与双亲的身体相关。最后，我们能够把整个物理环境引起的所有感觉包
47 括在内，在最广泛的含义上谈论自我，这个自我不再能够与作为一个整体的世界割断。分析他的自我的思考着的成年人注意到，以其力量和明晰标志的想像生活是自我的最重要的内容。对正在发展中的个体来说，情况并非如此。几个月的婴儿完全受器官的感觉支配。给食本能是最强大的，感官生活逐渐发展，后来还发展想像。再后来添加了性本能，随着想像并存的成长而改变了整个人格。世界图像以这种方式发展，其中人自己的身体作为明显分界

的中心环节而凸显出来：最强烈的想像及其联想之目的在于满足本能，从而使它们作为中介的动因与本能协调起来。中心环节对于人和高等动物来说是共同的，尽管有机体越简单想像也变得越微弱。在部分摆脱了斗争的社会化的人中，与他的职业、身份、任务等等有关的想像可能变得如此强烈和有价值，致使其他一切东西看来好像变得不重要了，尽管它起初只不过是为满足他自己的本能、附带地和间接地满足他人的本能的一个阶段。与动物的肉体生活在其中占优势的原自我（the primary ego）相对照，于是出现了迈内尔特（Meynert）[29]所谓的辅自我（the secondary ego）。

第十五节

由于器官的感觉如此之多地有助于自我的形成，因此很清楚，在前者中的失调会改变后者。里博[30]描绘了这一有趣的案例。一位在奥斯特利茨受重伤的士兵从那时起相信他死了。问他身体怎样，他总是回答说："你想了解老人朗贝尔身体如何吗？好的，他不再存在，炮弹击中了他。你在这里看见的东西是一台损坏了的、与他相似的机器，他们应该制造另一台机器。"在说起他自己时，他从未讲"我"，而讲"这个"。他的皮肤感觉迟钝，在那些天内同时有无意识和不可动的发作。部分共有一个肉体的孪生畸胎，例如暹罗双胎或在匈牙利松吉出生的两姊妹，除了在特征上显著相似或几乎等同外，同样共同具有一个自我。往往一个完成由另一个开头的句子。[31]这只不过是分开的等同孪生子身体和心理相似的突出形式，他们为古代和近代的喜剧提供了许多材料。[32]

48 如果有机体组织决定原自我，那么经验对辅自我则有决定性的影响，这能够由于环境的突然的或持久的变化而大大改变。在阿拉伯童话《一千零一夜》的“睡与醒”故事中，在莎士比亚(Shakespeare)的《驯悍记》的序幕中，都充分地阐明了这一点。

第十六节

还有一些稀奇古怪的案例，在其中两种不同的人格在一个身体中同时表现自己。一个患斑疹伤寒的神志不清醒的人，有一天醒来以为他是躺在不同床上的两个肉体：肉体之一似乎被治愈且正在休息，而另一个感到是患病的。一个受难的警察因为击打头部而丧失记忆，他认为他自己由两个具有不同性格和意志的人构成，分别栖居于他的身体的右部和左部。在这里，也有归入所谓的着魔的案例，其中一个人的身体似乎变得被第二个人占据，后者力图控制它并给它以命令，常常以异己的声音大喊大叫。稍感惊讶的是，这样的事件的离奇印象竟诱发了他们的恶魔研究的观点。[33]更为经常的是，不同的人格在一个身体中相继地或交替地显现出来。一个进入修道院的改邪归正的妓女陷入虔敬的精神病，这种病由愚蠢阶段引起，接着由这样一个周期引起：此时她交替地以为她自己是修女或具有合适的伴随行为的恶魔。甚至有记载三个不同人格的案例。

要依据包括在自我形成中的所有因素形成这样的案例的科学观点，人们可以认为变化的器官与相互之间毫无共同之处的联想的密切相关的领域联系在一起：随着器官的感觉的变化，也许是由

于疾病，记忆和人格作为一个整体也同样地变化。在过渡阶段，如果这个阶段足够长，双重人格便出现了。任何能够在梦中观察自己的人，都发现这样的并非不熟悉的和并非肯定不可思议的状态。

第十七节

身体的各部位是十分密切地联系的，几乎所有的生命过程都以某种方式达到大脑并从而达到意识。对于所有有机体来说，情况根本不是这样。在一些动物中，我们必须假定，相邻部位之间比在人中有较少密切的相互依赖，请目睹一下这样的事实：背部受伤的毛虫开始从后部吞没它自己【34】，黄蜂即使正在被切掉腹部也不 49
断地吸吮蜂蜜，被切为二段又用线缝在一起的蚯蚓犹如未被伤害继续蠕动。事实上，蚯蚓的一个环节刺激接着的环节，从而促使它继续蠕动，即使是这条线传递刺激，但是在脑中不存在中心生命组织，相应地没有自我。

注　释

【1】Goltz, *Die Nervenzentren des Frosches*, Berlin, 1869.

【2】出处同上，pp. 20f.

【3】J. V. Sachs, *Vorlesungen über Pflanzen-Physiologie*, Leipzig, 1887.

【4】Loeb, “Orientierung der Tiere das Licht”, *SB. d. Würzburger ph. med. Gesellschaft*, 1888; “Orientierung der Tiere gegen die Schwerkraft”, 出处同上, 1888; *Heliotropismus der Tiere*, Würzburg, 1890; “Geotropismus der Tiere”, *Pflügers Archiv*, 1891.

【5】参见上面引用的 Sachs 和 Loeb 的著作。

【6】A. Forel,“Psychische Fähigkeiten der Ameisen”,*Verh. d*, 5. *internat. zoologen-Kongresses*, Jena, 1902;“Geruchsinn bei den Insekten”出处同上;“Expériences et remarques sur les sensations des insectes”, Pts. 1—5, *Rivista de scienze biologiche*, Como, 1900—1901.

【7】借助局部化学记忆,一种类型的所经过区域的空间嗅觉图像被假定出现了,在狗的例子中将几乎不能否认这一点。蚁必须从两极分化的嗅觉的行踪辨认,路线是趋向还是离开蚁穴。因此,行踪的左和右应该通过气味可以区分。

【8】参考 Haberlandt, *über den tropischen Urwald*, Schr. d. Vereins z. Verbr. naturw. Kenntnisse, Vienna, 1898.

【9】H. Müller, *Befruchtung der Blumen durch Insekten*, Leipzig, 1873.

【10】Loeb, *Vergleichende Gehirnphysiologie*, Leipzig, 1899.

【11】头几次,饥饿或口渴的感觉被反射动作伴随,在适合的环境下这些反射动作导致需要的满足,请目睹一下婴儿的行为吧。人越成熟,在需要满足中有用的记忆也越清楚和越明显,而记忆则是从在满足之前和之后的感觉开始的,并指出了活动范围。而且,有意识的和本能的行为的混合能够以各种各样的比例出现。几年前,我腿部遭受了严重的神经疼,它正好在三时开始,折磨我直到早晨。有一次,我观察到,我发觉很难等待我的早餐咖啡。我想到在三时喝咖啡,我实际上以这种方法抑制了神经疼。这个成功接近过敏的梦游者的表面上不可思议的自我服从,起初甚至使我惊诧不已。然而,神秘主义无法经受聚精会神的思考。事实上,在早餐后不久疼痛规则性地大大减轻,伴随发生的欣快症变得与“咖啡”的观念联系起来,而我并没有变得明确地意识到它。

【12】性本能的变化无疑建立在伴随它们初次被激发的偶然的环境。把每一个“性变态行为”都转译为特定类型的“性心理变态”,甚至认为它以肉体为根据,将是没有道理的。我们只需要回忆一下古代的健身房、妇女的相对隔离和鸡奸就可以了。

【13】Preyer, *Die Seele des Kindes*, Leipzig, 1882.

【14】J. Müller, *Handbuch der Physiologie*, Koblenz, 1840, II, p. 500.

50 【15】W. James, *The Feeling of Effort*, Boston, 1880; *Principles of Psychol-*

ogy, New York, 1890, II, pp, 486f.

【16】Münsterberg, *Die Willenshandlung*, Freiburg i. B, 1888.

【17】Hering, in *Hermann's Handb. d. Physiol.* III, 1, pp. 547, 548.

【18】Strümpell, *Deutsch. Archiv. f. klin. Medic.* XXII, p. 321.

【19】我本人一时不能从 Müller 的观点挣脱出来。我确实也不能使关于我自己的中风瘫痪的但却敏感的手的观察(*A*4, p. 135)符合新理论,因为该观察没有显示出动作,而我似乎感觉到轻微的伸开和合拢。

【20】Groos, *Die Spiele der Tiere*, Jena, 1896, p. 201f.

【21】参考第三章第 11 节。

【22】参考 *P*3, pp. 287f.

【23】参考"Zur Theorie des Gehörorgans", *Sitzb. d. Wiener Akademie* 48, July 1863,在这里给出了关于注意力的相当多的生物学观点。

【24】参考 J. C. Kreibig, *Die Aufmerksamkeit als Willenserscheinung*, Vienna, 1897.

【25】参考 Schopenhauer, *über den Willen in der Natur*.

【26】Ribot, *Maladies de la volonté*, Paris, 1888, p. 27.

【27】Hering, *Die Lehre vom binocularem Sehen*, Leipzig, 1868, p. 27

【28】Ribot,在上述引文中, pp. 40—48.

【29】Meynert, *Populäre Vorträge*, Vienna, 1872, pp. 36f.

【30】Ribot, *Les maladies de la personnalité*, Paris, 1888.

【31】Vaschide et Vurpas, *Essai sur la Psycho-Physiologie des Monstras humains*, Paris(未署日期)。

【32】参考 Plautus 的 *Menaechmi* 或者莎士比亚的 *Comedy of Errors*。Galton 的"History of Twins"就事实而言是富有教益的。

【33】关于恶魔研究的概念,请参见 Ennermoser, *Geschichte der Magie*, Leipzig, 1844; Roskoff, *Geschichte des Teufels*, Leipzig, 1869; Hecker, *Die grossen Volkskrankheiten des Mittelalters*, Berlin, 1865. 病理现象、心理失调,尤其是幻觉,是像在妄想狂中的慢性病还是暂时地由毒物(女巫的药膏)诱发,这一切由于不恰当的科学批判有助于在受害者和观察者双方之中支持对于恶魔和女巫的信念。参考 P. Max Simon, *Le Monde*

des Rêves, Paris, 1888. 进一步的有趣的资料在 Walter Scott, *Letters on Demonology and Witchcraft*, 4th. ed., London, 1898 之中。

【34】在生物学著作中提到过这个过程。我的妹妹多年在露天的栎木林饲养日本柞蚕,在此处蚕的幼虫常常遭到伤害,但也往往再次愈合,她否认该观察的准确性。该毛虫似乎检查伤口,也许力图封闭它。

第五章　在自然的和文化的栖居处个体的发展 51

第　一　节

动物的机体与双亲的身体分离后，便开始它自己的生活。它的唯一的遗传是反射行动的集合，从而帮助它度过它的即时的需要。通过这个集合对于特殊环境的适应，修正和扩大它并获得经验，动物成长为身体的和心理的个体。幼儿在这里与破壳而出、啄食一切的小鸡一模一样，或者与幼小的钝吻鳄[1]毫无二致：它还拖曳着与脐带连在一起的蛋壳，而脐带已经与张开的上下颌缠结起来，并且在任何拿到跟前的物体上捣碎脐带。当幼儿变成与母亲分离的机体时，幼儿较少成熟和较少充分完备，他的身体的和心理的功能因缺乏独立性必须长期地继续得到弥补。

第　二　节

动物像人一样以相同的方式获取个体的经验。生物学和文明史同样是心理学和知识论的可靠的和互补的源泉。很难想像昆虫的心理生活，它们的生活条件和感官物质对我们来说是如此含糊，以致我们被诱使把它们仅仅作为机器来研究，而避免对心理生活作任何推断，尽管这样，人们还是不应该漠视如此之少的来自与人自己的心理类比的宝贵提示，因为所有其他研究方法在这里都是不恰当的。我们往往倾向于高估人和他的同伴动物之间的间隙，太轻易地忘记在我们自己的心理生活中有多少机械地进行。如果我们认为昆虫、鱼和鸟面对火和玻璃的行为是异常愚蠢的话，那么我们忘记思考，当这些事物与我们的经验完全不相容并突然出现时，我们面对它们应该如何行动。它们似乎像魔法一样，我们起初无疑不止一次地撞入它们。从研究我们最近的动物亲戚开始，逐渐地进入遥远的动物亲戚，我们的确必然会得到牢固的比较心理学，只有此时，最高级的和最低级的心理生活的现象及其它们真实的一致和差异才会变得清楚。

52

第三节

让我们考虑几个例子。劳埃德·摩根[2]让一只幼狗重新找回棍子。在这样做时，幼狗被荨麻刺痛，拒绝捡回这根特定的棍子，即使是在空地。它会毫不反抗咬住另一些棍子，在数小时后甚至会毫不反抗地咬住第一个棍子，此时疼痛、从而疼痛的印象都减退了。另一只狗在靠近棍子的中部咬住带有大量疤疖的棍子，而疤疖使它很不舒服；但是通过试错，它学会了在接近疤疖的重心处咬住棍子。两只幼狗正在运送横过它们上下颚的棍子，棍子末端碰撞狭窄的行人过道的标杆：幼狗放下棍子，通过过道；在送还时，一只狗在一端咬住它的棍子，拖曳棍子通过，而另一只狗继续在中部捡起棍子，碰撞标杆，听凭棍子掉下去。在一小时后送还时，狗显然更理智了，没有忘记利用它的偶然发现。狗通过把它的头滑向门栅之下，然后抬起门栅，容易地学会开门。不过，仔细地观察表明，这一程序是通过玩耍的和急切的尝试跑出去而偶尔发现的，并不是通过对开门的条件的明晰洞察。狗几次在灌木丛中的弯路上追捕奔跑的兔子，但是兔子都逃入它的洞穴里。最后，狗径直地跑到洞穴处，当兔子到达时便抓住它。马和狗把负荷运载到陡峭的山上时，它们宁可选择不太陡的弯道，而不是直路。

从这些例子中，我们似乎能够推出如下准则：1. 动物知道如何利用通过机遇获得的联想。2. 因为事实是复杂的，不相关的特征可以变成联合的；例如，可能把刺痛归因于碰巧成为注意目标的棍子，而荨麻依然未受到注意。3. 只有在生物学上重要的和常常重复的那些联想才被维持下去。确实，大多数动物的行为借助相同的准则是可以理解的。

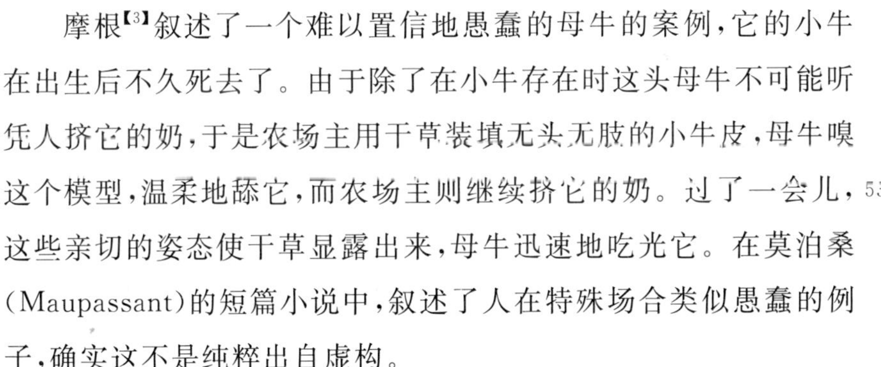

摩根[3]叙述了一个难以置信地愚蠢的母牛的案例，它的小牛在出生后不久死去了。由于除了在小牛存在时这头母牛不可能听凭人挤它的奶，于是农场主用干草装填无头无肢的小牛皮，母牛嗅这个模型，温柔地舔它，而农场主则继续挤它的奶。过了一会儿，53
这些亲切的姿态使干草显露出来，母牛迅速地吃光它。在莫泊桑(Maupassant)的短篇小说中，叙述了人在特殊场合类似愚蠢的例子，确实这不是纯粹出自虚构。

第　四　节

一旦生物学需要促使心理生活发展到某一水平，这便在心理上超越那些需要继续独立地显示出来。这样的心理过量在好奇心中出现。我们知道狗短暂的突然吠叫,它的注意力被异常的现象吸引:只有当以它能够把握的方式解决了该现象时,它才镇定下来。正在睡觉的猫[4]常常受到儿童吹喇叭声的搅扰,一旦它看见造成噪音的孩子,它便再次很快地躺下来。动物园中的猴子[5]捉住负鼠,查看它,找到育儿袋,取出幼仔,考察它们并把它们放回:在这里,微不足道的动物学家的好奇心远远超过了生物学的需要。罗马尼斯[6](Romanes)观察到,当用一条不可见的线使正啃的骨头处于运动中,狗变得焦虑和惊恐:他的在某种程度上大胆的诠释是,狗具有物恋的倾向。实际上,与某些太平洋岛民敬畏在上面写有笔迹的木屑的方式相比,确实存在着细微的相似,他们以为木屑以某种途径传达了他们无法理解的消息。[7]

第　五　节

动物通过观察它的种族的同类成员的行为,因为它们的榜样和它们尽管不完善的、包含在对警告信号或召唤的反射中的语言交流,其心理生活进一步显著地丰富了。以这种方式,年长的成员的行为能够通过习惯传递给年轻的成员[8],但是个体发现的新行为模式能够传播到种族的几个或所有成员。这样一来,种族的生活随时间而变化。虽然这种变化罕见像文明人通过发明那样迅捷地[9]发生,但是无论如何该过程在类型上对二者来说是类似的,从而我们能够针对二者谈论历史。[10]

第 六 节

人和动物的心理差异不是质上的，而仅仅是量上的。由于他的复杂的生活条件，他发展了更热切、更丰富的心理生活，他的兴趣更加广泛，他能够采取更长的迂回路线达到他的生物学的目标，同代人和祖先的生活更强烈、更直接地影响他的生活（通过更完善的言语和书写交流），在个人的时间跨度内存在心理生活的急剧变化。 54

第 七 节

人像动物一样，通过原始经验的途径小步地获得他的文化进展。当树上的果实不再足够时，他利用类似的谋略搜索像食肉动物这样的猎物，但是在这里，在他的手段选择中，我们立即注意到他通过较广泛的经验而增强的较大的想像能力。印第安人戴上驯鹿面具潜近兽群[11]，澳大利亚土著居民在接近水鸟时通过管子呼吸，从而在水面下游过去把水鸟拉下水，很容易地捕杀它们，埃及人把他的头夹在葫芦中干同样的事情。可能是偶然发现导致这些计谋。就设立标桩围栏在低潮时捕鱼而言，情况也类似。[12]各种圈套的高度机灵构思证明，人像那些不久便学会了解和规避人的动物一样狡猾，从而使人永远从事新的任务。进而，随着迫使他从狩猎转到作为牧民放牧，并最终转到固定的农业的类型数目的增加，人不得不聚集新经验。

接近海岸线的贝壳堆表明，石器时代的人具有与动物的食物几乎没有差别的食物。原始人像鸟或猴子一样在灌木丛建立营地，或者像捕食动物一样住在洞穴中。北美印第安人的圆球形棚屋【13】起因于尝试把小树梢拢在一起，它逐渐地被比较宽敞的长方形形式代替。气候和材料的可获取决定了从木材到石料的转变，不管是否装饰。

第　八　节

人与动物的显著不同之处在于他给自己穿上了衣物。事实上敏感的蟹通过爬进硬壳而保护自己，某些年幼的动物准备小卵石和树叶隐蔽，但是这样的案例是十分罕见的。在大多数情况下，身体的天然覆盖物对于防护来说是可以胜任的。除了遗传的毛发覆盖物这一退化残留外，使人丧失一切的环境是什么呢？导致他用防护衣应付不适宜的气候条件的先行原因是什么？是人从较暖和的气候迁移到北方吗，是由于使用衣服而失去毛发覆盖物吗？或者，我们目前的状态是复杂的前历史事件的结果？人需要防护而采用的头一批覆盖物是动物的毛皮和树皮【14】，或者有时是编制的草衣作为替代物，这逐渐导致由植物纤维、毛发和羊毛捻搓的线制
55 成，导致纺纱和编制，这就是纺织，把毛皮或纺织的布料组合成衣服的需要教给人们缝纫。

第　九　节

人和动物选择多少有点不同的满足他们需要的路线。对二者

而言，正是仅仅借助身体的肌肉，他们能够把他们自己与他们的环境关联起来；但是，动物完全被它们的需要吸引，主要的目的在于直接抓住将引起满足的对象或消除将带来干扰的对象，而人由于具有较大的心理能力和自由而看中间接的路线，以及选取最惬意的路线。他找到闲暇观察物体相对于物体如何行动，尽管这个物体几乎没有触及他，他偶尔知道如何利用它。他了解，动物不害怕它们的同伴，也不害怕用葫芦制成的鸟，他相应地选择他的面具。猴子总是徒劳地抓鸟，而人则借助投掷物打鸟，他通过系统的游戏试验投掷物的行为和与其他物体碰撞时的效果。如果猴子有毛毯似的东西的话，他也喜欢把自己包裹在其内，但是它不知道如何获得毛皮或树皮。偶尔，猴子也向敌人猛投东西，利用石块打果子。然而，人使每一个这样的有利步骤稳定下来，他比较经济地留心：他忙碌地打制石块，使之成形为锤或斧，用数周时间苦磨他的矛头；他把注意力转向器械，发明给他提供非常宝贵好处的武器和工具。

第　十　节

如果闪电在某处着火，猴子像人一样利用这个机会暖和自己。然而，唯有后者才观察到，添加木头维持火不灭，唯有他才通过照管、保存和传递火，为他自己的意图利用这个发现。[15]事实上，他在收集易燃材料和闷火材料即火种时作出的新发现，能够使他通过火钻重新生火，从而永久地占有火。这样做时，他的视野超越了最紧迫的需要，他可以观察玻璃的形成、金属的熔炼等等。火是化

学技术珍品的关键，正如工具和武器是力学技术珍品的关键一样。虽然追寻源于原始经验的技术发展也许是吸引人的、在心理上有
56 教益的，但是这会导致我们离题太远。我在其他地方从这样的研究中简要地尝试勾勒了心理的推断。[16]许多东西也在关于文化史的书籍中有所记载。[17]

第 十 一 节

任何一个做过实验的人都懂得，与准确地观察物体的相互作用并在记忆中使它重新产生相比，完成自动地与我们的注意力对应的、有意图的手的动作更加容易。后者属于我们不断练习的生物学功能，而前者则处在我们最直接的利益之外，在存在过量的正在起作用的游戏的感觉和想像之前，前者不能变成它们中的一员：观察和发明的思索以某种程度的福利和闲暇为先决条件。从原始人起，这就意味着相对有利的生活条件。在任何情况下，只有少数几个人是发明者，另外的大多数人利用和学习少数人发明的那些东西：这是教育的本质，教育能够补偿才干的某些不足，从而至少能够维持已经达到的东西。眼光超越直接有用的人与其说把赐福带给他自己，还不如说带给共同体，这正好存在于事物的本性之中。

第 十 二 节

这一切表明，原始人高出他的动物同伙是多么缓慢和困难。

由于这种高出，只是直到那时，文化的成长加速了。强有力的冲击经历了社会的形成，阶级、职业和行业的分化，这部分地减轻了每一个人寻求生计的压力，从而给他以比较狭窄的活动领域，他能够在其中获得较大的优势。社会联合进而产生了对他来说独有的特殊发明，即在空间和时间中有组织的、为了一个共同目标的整个群体的协作，【18】这在用武器作战的军队中、在古埃及重物的运输中以及在某种程度上在今天的工厂工作的例子中都能找到。在这样的共同体中，因为历史境况而具有特权地位的那些阶级并未由于微薄的收入延缓剥削其余人的工作。然而，由于剥削者发明了新的需求，他们为寻求更容易地满足这样的需求的新方式而提供激励；尽管这些发明也许不是为了其他人的缘故，但是他们因为在物质和精神两方面具有普遍较高的文化水准，也将间接地受益。

第十三节 57

人学会为他自己的意图利用动物做功，从而人人增进了他的能力。作为社会的成员，他获取了关于人的劳动的巨大价值的经验。这导致强迫战俘工作而不杀死他的实践。这是古代文明的基本支柱之一的奴隶制的起源，并以各种形式永存于这个时代。在欧洲和美洲，奴隶制在名义上和形式上被废除了，但是事物的原则、少数人对多数人的剥削依然存留下来。同类或他类成员的征服对人来说并非是独有的，我们在其他地方也能发现它，例如在类人猿中。

第 十 四 节

与动物做功和人做功齐头并进，人逐渐学会利用“无生命的”自然力。于是，出现了用水力或风力驱动的磨坊。通常由动物或人做的工作愈来愈多地被分配给运动着的水和空气，为此人只要安装无需喂养的、而且比人或牲畜较少固执的机器。蒸汽机的发明打开了能量的丰富蓄积，这种蓄积作为煤隐藏在存储了千百万年的原始森林的植被中，它现在用来为人做功。新近发展的电气工程部门，借助输电线扩展到蒸汽机的范围以及风能或水能的遥远的发源地。早在一八七八年，在电气工程的巨浪高涨起来之前，英格兰已有总容量达450万马力的蒸汽机，相当于一亿人做功：比她的人口能够完成的工作量多数倍。在一八九〇年，英格兰的工业机器生产了十二亿繁忙工人能够完成的东西，这几乎是全世界总人口。[19]

第 十 五 节

人们也许设想，随着这样的做功能力的增长，只需操纵机器的部分工作者会相当多地从劳累的苦活中解脱出来。然而，仔细的观察表明，情况根本不是这样：工作依然像以前那样使人精疲力竭，亚里士多德关于未来没有苦役的机器时代的梦想并没有实现。J. 波佩尔(J. Popper)如此充分地说明了这是为什么[20]：机器的庞大的输出并不是正好用来方便人的生存；而主要是为了满足统治

阶层的奢侈需求，例如，设想铁路的迅速和邮局、电报和电话的通 58
讯的方便对于享受了这种方便的人来说是十分高兴的。当我们考虑硬币的另一面，观察一下那些必须维持交通的这种迅急行进的人痛苦时，事情看来就不同了。鉴于紧张的文化生活，其他想法出现了：有轨电车的嘈杂声，工厂机器轮子的飞转声，电灯的灼热，如果考虑到每小时所要求燃烧的煤的数量的话，那么我们就不再以完全愉悦的心情看待这一切了。我们正在迅速地趋近这样一个时刻：地球在年轻时建立起来的这些贮藏将在它老年时变得几乎被耗尽。那时怎么样呢？我们将堕入野蛮状态吗？或者人类到那时将获得时代的智慧并学会管理家务吗？文化进步只有当存在某种冒险性时才是可以想像的，从而只有通过部分地从苦活中解脱出来的人才能够被普遍地推进。这对于物质文化和精神事物二者都有效。精神的事物具有壮丽的性质，以致人们不能阻止它们传播到人类的负担沉重的阶层：这些人或早或迟地将认识真正的事态，面对统治阶层要求更便宜、更恰当地使用财产的普通股。[21]

第十六节

在由社会存在引起的发明中，有言语和书写。当某些原因唤起情感时，出现了声音的反射表达，这些反射表达自动地变成这些原因和情感的记忆和记号：生活在相同环境中的个人将以相同的方式理解它们。不管怎样，动物也发出无特定功能的声音，人的言语仅仅是动物言语的进一步发展：因为较大的经验范围，该声音变得更多地被修饰和专门化，通过模仿传播，通过传统保持。产生声音的情感要素越来越远退，而声音变得专门化且日益增长地与对应的观念联系起来。耶鲁萨莱姆清楚地追溯了在劳拉·布里奇曼(Laura Bridgman)的案例中名词从这样的情感声音中形成。【22】在我们的儿童的言语中，我们能够以有限的方式观察变化的过程。更广泛的证据来自有共同起源的人的语言的比较：我们在那里能够看到，生活在不同条件下的人分化为几个分支如何被语言的分
59 化伴随着。如果词的对应对象不再存在，或者开始用来表示其他迄今需要表达的相关的或类似的对象，词就变化或消失。由于比较之点随案例不同而不同，同一个词最终在相关的语言中意指截然不同的事物。因而，德国人能够从荷兰报纸或店铺招牌衍生一些无害的玩笑，无疑地反过来也适用。【23】词作为联想中心是重要的。心理发展通过语言交流和经验传授取得最显著的进展。语言对于抽象的重要性将在以后讨论。【24】只是在罕见的例外中，发声的语言才利用模仿，以表示某种听得见的东西。外国人为相互理解使用的姿势语，或者聋哑人的自然地使用姿势(这与他们的人工手势语对照)，大多用来模仿人们不能直接指出它的可见的东西。【25】

第 十 七 节

通过利用持久的可见的记号代替短暂的听得到的记号，人们获得书写，它的优点恰恰在于这种持久性【26】，这与迅速消解和忘记所说的词的瞬变过程形成对照。最明显的事情是借助图画传达信息和消息，事实上北美印第安人就使用过这种方法；请目睹一下报告

海战的劳必利尔湖附近的岩画。[27]书写的另一个开端可在刺花纹中找到，在这里在皮肤上的绘画逐渐地、主动地变成“图腾”即部落的记号。供回忆事情的约定记号，例如打结、棍棒上的刻痕、对双方中的每一方成为契约的劈开的具有某一份额的纵长板、秘鲁人的管理机构保管的打结的绳子（绳结语①）和“贝壳数珠”带②，这一切都是书写的另外的开端。书写的进一步发展能够沿着两条不同的路线进行；或者对事物的表象通过迅速简化手写缩减为概念的约定记号，像在中文中那样；或者以描绘谜的方式想起词语的声音之一，图画转化为语音记号，像在埃及的象形文字中那样。抽象地思维的倾向和为此目的谋求书写的愿望导致前一种方法，而写出人的名字和一般地写出恰当的名词的需要导致第二种方法，这便产生了文字手写。每一种方法都有其特殊的优点。第二种方法与十分稀少的手段有关，而且容易听清楚语言中的每一个语音和概念的变化。第一种方法完全独立于语音，以致日本读者能够阅读中文，而他们在语 60
音上讲的是截然不同的语言。中文书写几乎是万国语，虽然它需要随着每一个概念的变化而变化。[28]

第十八节

作为社会和文化产物的语言和书写反作用于社会和文化，并

① 绳结语（Quipus）是古秘鲁人以各种颜色和形式的绳结用来记事、记数的。——中译者注

② “贝壳数珠”带（“Wampum”belt）是北美印第安人过去作货币或装饰用的，亦可用来记事、记数。——中译者注

强化它们。假如没有经验从一个人到另一个人的相当完善的传达，每一个人都必须从起跑线再次开始，从而局限于他自己的私人经验，那么很难想像人的生活能够迥然不同于动物的生活。如果交流没有达到远远超过一个人的一生的一段时间，那么没有一个人能够越过野蛮状态。共同体对个人的部分的物质援救以及他从当代人和祖先传达的东西中获得的理智支持，这些是使我们称之为科学的社会产物出现成为可能的条件。原始人收集了各类经验：他知道有毒的和食用的植物，追踪猎物的行迹，防护猛兽和毒蛇。他能够为他自己的意图利用火和水，选择石块和木棒作为他的武器，熔炼金属并加工它们。他学会用他的手指计数和算账，用他的手和脚步测量，他把天空视为非凡的产物，观察它的旋转以及太阳和行星在它上面的位置变化。可是，这些观察全部或大部是偶尔进行的，或者为了对他自己有益的某些应用进行的。这些相同的原始观察结出了各种各样的科学的种子，【29】但是只有当物质牵累的解除产生了足够的自由和闲暇，智力通过使用成长得足够强大，以致像这样的与应用无关的观察获得了充分的兴趣时，科学本身才能够出现。在这个阶段，人们开始收集当代人和祖先的观察资料，整理和检验它们，消除偶然性干预造成的误差，从而引出所确定的材料结合在一起的方式。在这个过程中，书写的作用可以用一个值得注意的案例加以阐明：在千百年的野蛮状态之后，欧洲人在十六和十七世纪再次承接了古代科学的头绪，他们无需重复相同的开端，而是迅速地达到古人的水平并超过它。

追溯从收集和整理原始经验开始的科学发展史，提供了诱人的
61 和合意的研究。【30】某些领域，像力学、热和其他事物，尤其富有教益，

因为在它们之中我们最清楚地看到，科学如何从手工技能和行业中发展起来[31]：逐渐地，物质和技术需要的原动力为纯粹的理智兴趣让路。现在，事实范围的理智指令反作用于它起源的有教益的技术，从而使它转化为科学的技术，科学的技术不再依靠偶然的发现，而能够系统地追求它的问题的答案。在这方面，理论思维和实践思维，科学经验和技术经验，依然处于永恒的和相互增进的接触之中。

第十九节

像科学一样，艺术[32]是需求满足的副产品。有用的和适当的必需品是首先被追求的，如果人们中途不管实用性发现中意的事物，这也可能引起兴趣，从而被保留和被培育。装饰中的愉悦源于用它的规则重复的图案做有用的编褶，节拍中的欢欣源于有用的起作用的韵律。从作为武器的弓，发展出作为音乐器材[33]竖琴、钢琴等等的弓。艺术和科学，任何正义[34]观念和伦理观念，事实上任何较高级的理智文化，只有在社会共同体中才能繁荣，只有当一部分人使另一部分人解除了某些物质牵挂时才能兴旺。让“上流社会”明确地认识到他们向做工的人付出了什么！让艺术家和科学家想到，他们支配和扩展的，正是一笔庞大的公共的和共同获得的人类财产！

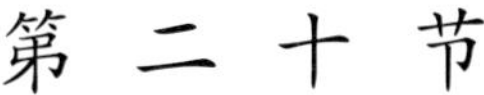

第二十节

起因于人的自然的和文化的环境背景的复杂而多重的影响，

给他以比任何动物能够得到的更广泛的经验、联想和兴趣的领域。相应地,我们具有较高的理智。然而,如果我们比较一下给定的阶级甚或职业的成员,那么他们将自然地具有一些适当的共同特征;不管怎样,每一个单独的人按照他的不同的遗传天资和他的特定的经验,将构成单独的不可重复的个体。如果我们超过阶级或职业的界限,那么理智的个体的差异当然变得更大。设想这些不同的理智进入自由交流,并通过密切接触相互激励像科学、技术、艺术等等是群体活动的事业,人们能够估价目前未开发的人类的理
62 智的潜力是多么广大。通过许多不同个体的协作,强有力地丰富和拓展了经验的范围,而未减弱它的明晰和生气。恰当地组织的教学能够在某种程度上代替这种交流。不过,如果教育变得过分僵化地组织起来,并且一贯地依据阶级和职业用在它们之间耸立的障碍隔离,那么它也能够糟蹋许多东西。谨防过于僵化的程式![35]

注　释

【1】Morgan,*Comparative Psychology*,London,1894,p. 209.

【2】出处同上,pp. 91,254,288,301,我的妹妹报告,大雪山救人犬(Large St. Bernard)①通过掩埋口套设法除去憎恶的口套。此后不久,一位同事告诉我,有只狗隐藏了鞭子。

【3】Morgan,*Animal Life*,London,1891,p. 334. 十分健全的心理学和生物学评论在第尔(Th. Zell)的("Ist das Tier unvernünftig",*Tierfabeln*,Stutt-

① 大雪山救人犬为瑞士圣伯尔拿德(ST. Bernard)僧院训练,故名。

gart. 以及 *Das rechnende Pferd*, Berlin)之中。十分全面观察到的是视觉动物和嗅觉动物的区别以及经济定律。策尔过多地假定他的读者是幼稚的,这并没有抬高他的书的价值。

【4】Morgan,在上述引文中,p. 339.

【5】出处同上,p. 340.

【6】Morgan,*Comparative Psychology*, p. 259. 叔本华的狗先验地知道,每一个事件都有原因,并力求在类似的情况下发现原因,而不求助于物恋(fetichism)(Schopenhauer, *über die vierfache Wurzel des Satzes vom zureichenden Grunde*, Leipzig, 1864, 3rd ed., p. 76)。以这种显著的方式,狗的哲学追随它的观察者的哲学。

【7】Tylor, *Einleitung in das Studium der Anthropologie*, Brunswick, 1883, p. 197.

【8】有人也许依据鸟的目的地还未被大海分隔的时期,希望把鸟的定期移栖还原为模仿。新观点和值得注意的难题在 K. Graeser, *Der Zug der Vögel*, Berlin, 1905 之中。

【9】无论如何,有人设想,澳大利亚的鹦鹉能表达攻击和啄绵羊的概念,此后它的种族的其他成员便模仿这个榜样。

【10】参见 H. v. Buttel-Reepen, *Die stammesges-chichtliche Entstehung der Bienenstaates*, Leipzig, 1903.

【11】Tylor, *Anthropologie*, p. 246.

【12】Diodorus III, 15, 22.

【13】Tylor,在上述引文中,p. 275.

【14】出处同上,p. 290.

【15】*P*3, p. 293.

【16】出处同上,p. 287.

【17】参见 Tylor, *Urgeschichte der Menschheit*, Leipzig Amberosius Abel(未署日期)。也可参见 *Anthropologie*. Otis T. Mason, *The origins of invention*, London, 1895.

【18】Wallaschek, *Primitiv Music*, London, 1893;扩大的德文版,Leipzig, 1903. 在这本书中讨论了律动的实践意义。布赫尔(Bücher)(*Arbeit*

63 *und Rhythmus*, Leipzig, 1902, 3rd ed.)以稍微不同的样式讨论了这个论题。

【19】Bourdeau, *Les Forces de l'Industrie*, Paris, 1884, pp. 209—240. 不过，Kublai Khan 这位有远见的和有创造力的人物已经是这个领域的引人注目的先驱。

【20】J. Popper, *Die technischen Fortschritte nach ihrer ästhetischen und Kulturellen Becdutung*, Leipzig, 1888, pp. 59f.

【21】J. 波佩尔在他的书 *Das Recht zu leben und die Pflicht zu sterben*（《生的权利和死的义务》），Leipzig, 1878 中为此给出了一个纲领。他的目标接近最初的社会民主主义目标，但是与它们不同的改进在于：按照他的观点，组织应该限于最重要的和最基本的事情，至于其余的，应该维护个人自由。在相反的情况下，即使在社会民主主义国家，奴役也完全可能变得比在君主政体或寡头政治国家更为泛滥、更为暴戾。在一本互补的著作（*Fundament eines neuen Staatsrechts*（《新国家理论基础》），1905）中，波佩尔详细制定了这一主旋律：多数原则是第二位的需要，受保护的个体独立原则是根本的需要。在重要之点，门格尔(A. Menger)的 *Neue Staatslehre*（《新国家理论》），Jeno, G. Fischer, 1902 与他一致。

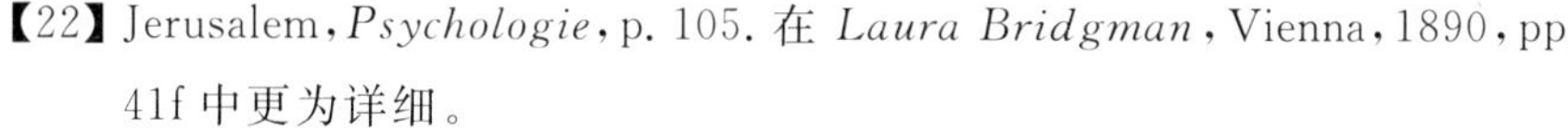

【22】Jerusalem, *Psychologie*, p. 105. 在 *Laura Bridgman*, Vienna, 1890, pp. 41f 中更为详细。

【23】关于类似的例子，出自儿童的语言，参见 A, p. 250.

【24】在年代较久的哲学和语言著作中，下面的著作因为其独创性特别值得阅读：L. Geiger, *Vrsprung und Entwicklung der menschlichen Sprache und Vernunft*, Stuttgart, 1868; L. Noiré, *Logos. Ursprung und Wesen der Begriffe*, Leipzig, 1885; Whitney, *Leben und Wachstum der Sprache*, Leipzig, 1876. 在许多方面，Fritz Mauthner, *Beiträge zur Kritik der Sprache*, Stuttgart, Cotta, 1901 十分富有刺激性。

【25】Tylor, *Urgeschichte*, pp. 17—104.

【26】自从留声机发明以来，说过的一段话正如写出的一段话一样可以随意再现。维也纳科学院的留声档案就是这方面的一个例子。留声机的观

念是出于 Cyrano de Bergerac(Histoire comique des états et empires de la lune,1648)的幻想。

【27】Wuttke,*Geschichte der Schrift*,Leipzig,1872,I,p. 156,插图,p. 10,表XIII。其他段落对于这里讨论的内容而言也是重要的。

【28】今天,万国语的古老哲学问题和国际语再次处于理论探讨之下,尤其是由"Délégation pour l'adoption d'une langue auxiliaire internationale"作出了实际解决的尝试。如果这种技术语言问题被解决,那么它也许是文化进步的最生动的一章。

【29】Tylor,*Anthropologie*,pp. 371f.

【30】我们在这里不能讨论详细的科学发展史。参考内容比较普遍的著作,例如 Whewell,*Geschichte der induktiven Wissenschaften*, German ed. by V. Littrow,Stuttgart,1840. 尤其有教益的是关于特殊课题的著作,例如 Cantor, *Mathematische Beiträge zum Kulturleben der Völker*, Halle,1863;Cantor,*Geschichte der Mathematik*,1880.

【31】参考 *M*,*W*.

【32】参考 Haddon,*Evolution in Art*,London,1895;Wallaschek,*Primitive Music*;Tylor,*Anthropologie*,pp. 343f.

【33】出处同上,pp. 353.

【34】Lubbock,*Die Entstehung der Zivilisation*,Jena,1875;*Die vorgeschichtliche Zeit*,Jena,1874.

【35】自然科学将作为手工行业的副产品出现。由于一般地像体力工作这 64
样的手工行业在古代受到鄙视,做工的和观察自然的奴隶与他们的主人——这些人有业余思考的闲暇但却往往只是从传闻了解自然——严格地被分离开来,所以在很大程度上很清楚,为什么古代科学具有朴素的和梦幻一般的模糊性的特色。独立试验和实验的冲动只是罕见地在几何学家、天文学家、医生和工程师的例子中得以突破,正如塔伦通姆的阿契塔和锡拉丘兹的阿基米德的情况那样,它时刻带来重要的进步。

65 第六章　想像的充沛

第　一　节

想像过程的发展随之为有机生命，特别是为生活呆板单调的有机生命种类带来好处。然而，如果观念过远地胜过感觉，结果可能适得其反：心灵变成肉体的寄生物，从而耗费生命之油（赫尔巴特之语）。鉴于偶然事件，显而易见，这可能影响思想适应事实所依赖的联想，早先已阐明了这一点。如果有利的环境以这样的方式指导想像，以致它紧随或预期事实，那么我们便获得知识。然而，不利的环境也能够把注意力引向非本质的东西，从而助长与事实不对应的且误入歧途的思想关联。反复检验的并发现与事实对应的思想，对行动而言总是有教益的准则；但是，如果人们在特殊的环境中采纳未检验的偶然关联一般地作为与事实的对应，那么将导致严重的错误，而且如果人们按它们行动，那么将导致灾难性的实际后果。来自文化史的一些例子阐明了这一点。

第　二　节

儿童击打他们憎恶的人的画像，甚至用词语表达他们的敌意。他们粗暴地对待猛兽的图画，并力图保护被攻击的动物的图画不受捕食者的图画的攻击。随着想像在强度上的成长，它偶尔会超过感官。情况很可能是，较少文明的人和未开化的人其行为将类似。如果这样的人虐待和诅咒此时碰巧生病甚或死亡的敌人的图像，那么他很可能想像，他的行动和欲望造成了那个死亡。这种信念将更容易保持下去，因为在这个不可控制的领域内很难反驳它。事实上，存在着广泛流行的虐待代表敌人的玩偶的实践，或者在头发、指甲或其他各处刺痛它，并相信这些动作是有效的。

马蒂乌斯(Martius)博士[1]报告了从另外的部落俘虏的一个北美印第安女奴隶的案例，她鬼鬼祟祟地进行巫术仪式，其目的在于除掉她的压迫者的孩子。这向我们表明在未开化的部落中广泛流行的巫术实践的心理学基础，并使下述事实变得可以理 66
解：在那个水平，人们力图通过把女巫烧成灰烬来保护他们自己免受女巫伤害，这一点在非洲还是惯例。众所周知，从十三世纪起在教会的权威下，这种未开化人的古老信念甚至在欧洲开始复活了：1448 年，波佩·英诺森八世(Pope Innocet VIII)颁布了正式批准这个信念的教皇训令；在十五、十六和十七世纪，由“锄恶利器”①制定规章的凶暴的女巫审判索要成千上万的各个年龄、阶层和性别的，尤其是贫穷的老妇的牺牲者；到十七世纪末，理性终于获胜，最后一个女巫于 1782 年在格拉鲁斯被处死。这

① “锄恶利器”(Malleus Maleficarum)为书名，作者为两名多明我会会士。该书是一部内容详尽的法律和神学文献。此书出版于 1486 年前后，直到十八世纪仍为了解巫术情况的标准手册，供侦察并肃清巫术之用；约两百年间欧洲搜捕女巫运动的兴起和维持，都有此书的作用在内。——中译者注

种令人惊骇的误会充满了可怕的后果并持续了数世纪，它应该告诫人类，不要让其生活道路被任何种类的信仰支配。[2]这样的观念甚至与古代人的相当有教养的阶层也是相容的，这一点能够从佩特罗尼乌斯(Petronius)[①]的讽刺作品(尼切鲁斯的狼人故事，特里马尔奇奥与女巫的冒险)的例子中窥见。阿普列乌斯(Apuleius)[②]的《变形记》被公认是为娱乐而构思的，其中的第一卷至第三卷充满了这样的材料。卢西安辛辣地嘲弄了认真接受这样的事情的有教养的人，这种嘲弄在他叙述与患病的欧克拉底(Eucrates)的谈话中自由地突破了。[3]

第　三　节

一般而言情况确实是，在感觉上邻近的东西，在思想上也将联系起来，但是，由于通过联想的观念容易参与各种各样的偶然的结合，因此如果人们反过来假定在思想上联系的东西在感觉上必定如此，那么人们就会不断地冒错误的风险。词语是联想的中心，各种思绪在联想时萦绕在一起：这是使词语变成稀奇古怪的和广为流行的迷信的对象的东西。[4]在发一个词的音时，人们逼真地回想起指称的事物和它的所有关联：人们在说出故人

① 佩特罗尼乌斯(Petronius Arbiter，？—66)是古罗马作家，欧洲第一部小说《萨蒂利孔》的作者。该作品是一部喜剧式的传奇小说，以史诗形式写成。——中译者注

② 阿普列乌斯(Lucius Apuleius，约124—170以后)是柏拉图派哲学家、修辞学家和作家，因著《金驴》一书而知名。这部散文叙事作品在他死后很久仍有影响。作者将其作品称为《变形记》，记述一个被魔法变成驴的青年的经历。——中译者注

的名字时看见可怕的敌人趋近，因此人们避免这样做。“说起魔鬼，魔鬼将立即出现”：因此人们避免谈论魔鬼。当含有恶意的词被说出时，罗马人都要大喊：“Dii avertite omen（神祇祈福吧）。”相反地，说出的希望变成更生动的意识，似乎差不多正在被实现，因为一个人常常把其他人的希望付诸实现，而其他人则听从他的话。为什么不会存在例如原始人总是猜想的和无处不在的、实现说出的希望的精灵呢？对于未开化的人来说，他的名字是他的一部分，以致要向敌人隐瞒，否则敌人就会获得压倒他的能力并用魔法抓住他。在生病时，他改变他的名字，为的是欺 67
骗病魔。大量的人名和与之押韵的词语都是“禁忌语”，必须不讲出来。伊斯兰教徒相信，无论谁获悉最大秘密的神的名字，他仅仅由于发出它的音就会遭到最惊人的报复：只有保守秘密，才能防止这样的滥用报复。“汝不要轻慢地谈论汝的上帝基督的名字！”这一概念返回到埃及，在那里女神爱西斯通过狡猾地从太阳神[①]诱出他的真实名字之秘密战胜了他。

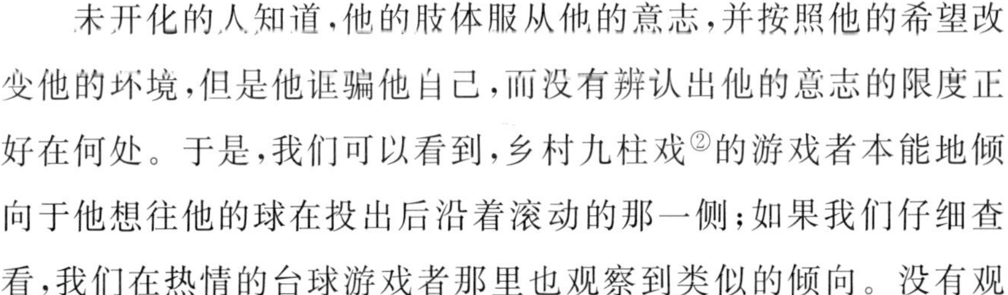

未开化的人知道，他的肢体服从他的意志，并按照他的希望改变他的环境，但是他诓骗他自己，而没有辨认出他的意志的限度正好在何处。于是，我们可以看到，乡村九柱戏[②]的游戏者本能地倾向于他想往他的球在投出后沿着滚动的那一侧；如果我们仔细查看，我们在热情的台球游戏者那里也观察到类似的倾向。没有观

① 爱西斯（Isis）是埃及神话中司生育与繁殖的女神。太阳神（the god Ra）是古埃及人的主神，被绘成鹰头而戴太阳之冠。——中译者注

② 九柱戏（skittle）是沿球道以球击倒数个瓶状木柱的游戏，也叫撞柱戏。——中译者注

察人的身体边界,实际上是早先和下面讨论的那类心理失常的主要源泉。

第 四 节

人从静止的睡眠中醒来,他在睡眠时梦见在他的身体实际上从未游览的遥远地区漫步;也许他可能做了一个与他去世很久的父亲谈话的梦。此外,以昏厥、表面死亡和死亡为例。在像儿童这样的在梦与醒之间没有划出鲜明界线的幼稚的人当中,不可避免地产生第二影子自我(shadow-ego)的观念,影子自我能够离开身体和返回身体,从而使身体变得无生命和分别复活。由此发展出灵魂的观念,[5]而灵魂导致独立的生命。如果在死后第二影子生命的观念持续一些时候,那么它将在细节上扩大。人们在他们如此经常听到的阴影领域梦见这个生命,伴随的观念比以往任何时候都变得更丰富、更众多。泰勒(Tylor)[6]记载了一个毛利人的逸事,这个毛利人讲述了关于他的姨母访问死者之地的详尽的故事。

> 他的姨母死在罗托鲁阿湖岸附近的一个偏僻的小屋。作为一个有社会地位的贵妇人,她被遗弃在她的小屋,门和窗都做得很牢固,该住处被废弃了,因为她的死使它成为禁忌。但是,在一两天后,特·惠雷韦拉与其他一些人在凌晨划独木舟到该地附近,看见湖滨有一个人召唤他们。正是开始再次复活的姨母,不过她虚弱、冷淡、饥饿。当通过他们的及时帮助充分恢复时,她讲述了她的故事。她的精神离开肉体后,飞向

北海角，到达赖格纳的入口。在那里，她握着蔓生的车桑子植 68
物的茎不放，下降到悬崖，在一条河的沙滩上找到她自己。她环顾四周，窥见远处有只比人还高的巨鸟，大步流星地向她跑过来。这个可怕的对象使她如此惊恐，以致她的第一个想法是力图重返险峻的峭壁；但是，当她看到一个老人划独木舟向她靠近时，她跑去会见他，从而逃脱了巨鸟。当把她安全地摆渡过去时，她提及她的家族的名称，询问这位老卡隆[①]，他的家属的精神寓居在何处。遵循老人指出的路径，她惊奇地发现，她在人间常走的正是这样的路径；村庄、树林、灌木丛和植物都是她熟悉的。她到达这个村子，在一大堆聚集起来的人群中发现了她的父亲和许多亲近的亲属；他们招呼她，用呜咽的歌声欢迎她，毛利人向长期不在的人总是这样哀唱。但是，当她的父亲询问他的活着的亲属时，尤其是她自己的孩子时，他告诉她，她必须返回人间，因为没有一个人留下来照管他的外孙。依照他的命令，她拒绝接触死人提供给她的食物，不管他们努力留住她，她的父亲把她安全地带到独木舟，和她一起渡过去，分手时他从他的斗篷下给她两个大甜马铃薯，以便栽种在家里供他的孙子特别食用。但是，当她再次开始攀登悬崖时，两个追捕她的未成年的精灵把她往回拖，她只是通过向他们扔块根才逃脱了，而他们则停下来吃块根，她同时借助车桑子茎爬到岩石的顶点，直到她到达人间，飞回她离开她的肉

① 在希腊神话中，卡隆(Charon)是在 Styx 河上摆渡亡灵到冥府的神。——中译者注

体的地方。在死而复生时，她在黑暗中发现她自己，所经过的事情似乎是一个梦，直到她察觉到她被遗弃了和门是牢固的时为止，直到她得出结论她实际上死过并再次活过来时为止。当天刚破晓时，微弱的光亮透过关闭的屋子的缝隙照进来，她看见距她很近的地板上有一个部分装有用水掺和的红赭石的葫芦；她急切地把葫芦排干，然后觉得有点力气，成功地打开门，慢慢地走到湖滩，她的朋友此后不久在这里便发现了她。那些听到她的故事的人都坚定地相信她的冒险是真实的，但是深感遗憾的是，她没有带回两个大甜马铃薯中的至少一个，作为她访问精灵之地的证据。

这个富有诗意的和朴实的故事听起来像鲍姆巴赫(Baumbach)的童话故事一样。人们为毛利人的想像生活的惬意本性几乎倾向于羡慕他们的想像。从其他种族得到的许多类似的故事也许比得上这个故事。我们只想再提及一个故事，因为它表明，梦的显现如何也是动物和作为有灵魂的对象的想像图景的基础。[7]苏必利尔湖上的印第安人酋长期望，他肩上的精制的枪与他一起埋葬。在患了数天病之后，他似乎死去了。

但是，他的一些朋友不认为他实际上死了，他的肉体未被埋葬；他的遗孀守护他四天，他复活了，讲述了他的故事。他说，他死后，他的灵魂在宽阔的死亡大道上行进到幸福之地，越过长满丰饶牧草的大平原，看见美丽的小树林，听到无数的鸟儿歌唱，直到最后，他从山坡的顶点瞥见到远方的

死亡之城，该城远在中间空地的另一端，部分地掩蔽在薄雾 69
中，闪烁着光亮的湖泊和溪流。他眺望一群群神气活现的麋、鹿和其他猎物，它们一点也不害怕地走近他的道路。但是，他没有枪，在记起他如何要求他的朋友把他的枪放进他的墓穴时，他转身回去拿枪。此时，他面对面地遇见了一长串男人、女人和儿童，他们正在向死亡之城行进。他们沉重地背负着枪支、管子、水壶、食物和其他物品；女人肩挑着编织物和涂了漆的船桨，小孩子拥有他们的装饰的棍棒、弓箭、他们的朋友的赠送物。在拒收负担过重的行进者提供给他的枪时，吉特奇·高齐尼的灵魂回头行进寻找他自己，最终到达他死去的地方。他在此处只能看到大火在他面前和周围熊熊燃烧，由于发现除他通过的地方之外到处都有火焰，他孤注一掷地跳过去，从而把他从昏睡状态中唤醒。在结束他的故事时，他给他的听众这样的忠告：他们对死亡应该不再积淀如此之多忧虑的东西，从而延迟他们到长眠之处的旅行，以致他遇见的几乎每一个人都痛苦地抱怨。他说，只有把死者特别喜欢，或者死者正式要求与他存放在一起的东西放在墓穴，也许才是明智的。

第　五　节

按照这些观念，不仅每一个人或动物的身体，而且每一个具有灵魂或某种类型的精神的对象，都通过属于自己的类比来构想。

在他的环境背景中产生变化的未开化的人把这些最好的结果理解为他的意志的影响。类似地，他认为所有愉快的或不愉快的事件，对他来说都是友好的或敌意的精神实体的表达。黑人由于对某些冒险事业的渴望和被某些敌人惊吓，会持续不断产生丰富的和活跃的幻想，这种幻想在他关注的最微不足道的事物中发现了这样的精神的痕迹。如果这些对象或“偶像”带来好运，它们就被收集、敬畏和保存，用朗姆酒①浸泡；如果它们是顽固不化的，它们也许就要受到粗暴对待。[7]在这里没有一个偶像不能产生或达到，倘若它是正确的偶像。虽然我们倾向于在相当大的程度上不为这样的观点所惑，但是在我们之中有人携带护身符、吉祥咒符和幸运圆雕饰，而这并不是为了好玩。我们关于自然事件相互依赖的科学观点毕竟不同于还在我们周围的大众心智中存在的观点。

第　六　节

灵魂、来世等等的二元论观念确实是无害的，只要它始终是理论的观念并保持在完全超越检验达到的领域。但是，如果从梦中出现的观点导致实践的后果或行动，以致在对任何人无用的情况下破坏了我们同胞的生活和福利，如果不可检验的东西获得了充分的功能，以致
70 扣紧了某些其他可检验的东西，那么最可怕的文化历史事实便会发生。最明显的是在丧葬时的人的牺牲，以便保证死者在死后拥有妻

---

① 朗姆酒（rum）又译兰姆酒。糖蜜蒸馏酒，有清淡柔和（古巴和波多黎各型）和厚重浓烈（牙买加型）之分。起源于西印度群岛的巴巴多斯（约1650年），曾称为避邪酒（rumhullion），1667年起简称为朗姆酒。——中译者注

子、仆人和一切舒适。[8]“达荷美的国王[9]必须和成百上千的妻子、太监、歌手、鼓手和士兵的鬼朝廷一起进入死亡之地。”“他们周期性地给去世的君主在虚幻的世界里供给新侍从。”“甚至这种每年的杀戮还必须用每天的屠杀来补充。无论什么行动，不管多么琐细的行动经由国王执行，都必须尽责地在虚幻的王国向他的陛下报告。牺牲者几乎总是选择战俘。”这样的习俗是十分广泛地传播的，通常甚至是比较共同的。我们都熟悉普特洛克勒斯①的葬礼和在印度焚烧寡妇。这样的各种形式的仪式恰恰存在于“高度文明的”时期。

第　七　节

由于死人如此渴求屠杀，灵魂、精灵和诸神不会落在后面。[10]

迦太基人在与阿加索克利斯（Agathokles）②的战争中战胜并强行征募，他们由于占卜天罚而击败敌人。克罗诺斯（摩洛）③先前接受从他们的儿子中选取的牺牲，但是后来他们却为该目的混用买来的或养育的儿童献祭。事实上，他们使牺

① 普特洛克勒斯（Patroclus）是荷马史诗《伊利亚特》中的一个英雄，在特洛伊战争中被赫克托尔所杀，后友人阿基里斯为他复仇。——中译者注

② 阿加索克利斯（公元前361—前289）是西西里岛叙拉古的僭主（公元前317—约前304），后自立为西西里王。迦太基人（Carthginians）为了维护他们在西西岛上的领地，派遣大军重启战端，公元前311年围困叙拉古，阿加索克利斯破围而出。——中译者注

③ 克罗诺斯（Kronos）亦称摩洛（Moloch），是古代近东各地所崇奉的神灵，信徒以儿童为牺牲向他献祭。摩洛又是民间崇拜的太阳神巴力的别名。——中译者注

> 牲的自然倾向顺从替代，但是现在在不幸之时反作用开始了。为了权衡重要性和抵消吝啬小气的欺骗，便用庞大的牺牲举行仪式。把当地最显贵的两百名儿童带给摩洛的偶像。“尽管在他们中间有克罗诺斯的黄铜铸像，但由于铸像伸手向下倾斜，以致放在手上的儿童滚下来，落入某个充满大火的深渊。”

广泛流行的给诸神以人的牺牲的习俗是众所周知的；未开化的人和所有文明人的半文明祖先实践这种习俗。部分地我们有直接的历史证据，部分地我们在传说（以撒、伊芙琴尼亚[①]）中找到线索。在这一点上，没有一个人有理由责备其他任何人。仅仅考虑一下另一个在时间和地点方面与上面的例子十分遥远的例子，即征服者西班牙人在墨西哥发现的例子。

哎呀，这些精灵和诸神在种类上是形形色色的和为数极多的，出自它们的想像的好处是如此清楚地以真实的损害为代价换得的。希罗多德（Herodotus）[②]（VII 113—114）讲述薛西斯（Xerxes）[③]进攻希腊人的远征。

① 以撒（Isaac）是基督教《圣经》中的希伯莱族长。伊芙琴尼亚（Iphigenia）是迈锡尼王阿伽门农的女儿。——中译者注

② 希罗多德（约公元前484—前430/前420）是希腊历史学家，所著希波战争史为古代第一部夹叙夹议的伟大史书。他对历史学的贡献，在古代世界无人可比，他的综合能力也使后人难以望其项背。——中译者注

③ 薛西斯一世（Xerxes I of Persia，约公元前519—前465）是波斯国王，公元前486年即位。公元前481年率兵500万（据希罗多德记载，现估计为36万）和700—800艘战舰，跨海攻入雅典城，后在海战中败北，退回亚洲。——中译者注

坐落在潘加尤姆山附近的一大片土地叫做菲利斯；在西 71
部它延伸到流入斯垂蒙的安吉特斯河，在南部它正好延伸到斯垂蒙，古波斯僧这时正在此处以白马献祭，以使溪流变得高兴起来。在通过这些以及许多其他巫术仪式谋求溪流的好感后，波斯人在叫做“九条路”的地方通过他们到达之前架设的桥越过斯垂蒙，此地是埃多尼亚人的领地。当他们获悉此地的名字是“九条路”时，他们捉来当地的九个小伙子和同样多的少女，当场把他们活埋。活埋是波斯人的习俗。我听说，薛西斯的妻子阿梅斯特丽丝(Amestris)在她老年时活埋了七对波斯青年，他们是著名人物的儿子，是作为向被设想寓居在人间下面的神的感恩供品活埋的。

其他种族和其他时期并不比波斯人高明。[11]

在非洲，在加拉姆，为了使城市坚不可摧，通常在城市大门前活埋小伙子和姑娘，这一实践曾被班巴拉的僭主大规模地实行过；而在人巴萨姆和亚里巴，这样的牺牲在房子或村庄奠基时是惯例。在波利尼西亚，埃利斯(Ellis)听到以下述事实为例的习俗：在梅瓦的圣殿之一的中央支柱建在献祭的人的肉体上。在博尼奥，在米兰瑙的达雅克人中间，在建设最大的房子时，都要挖一个深坑以容纳此时悬吊在它上边的柱子；一个奴隶姑娘被放置在坑内；在发出信号时，割断捆绑用的绳子，巨大的栋木落下来，把给神灵献祭的姑娘压死。

与欧洲的建筑物相关的古老而可怕的传说以及杀死小动物或在这样的场合在空棺材上留下鞭痕的较为弱化的习俗表明，对我们的祖先来说，这种实践也不是不知道的。

水妖并非少残忍一些。“印度教教徒不救淹没在神圣的恒河中的人。”马来群岛的岛民与许多欧洲人共同具有信念：不能不受惩罚地营救溺水的人。“湖泊或河流要有它的献祭牺牲。”火山也要求它们的人的牺牲，这些牺牲者被扔进火山口。因此，正是人的无益而极端的幻想匆忙地开始起作用，对于他在任何情况下不得不承受的自然的灾难造成丰盛的添加。这样的残暴并不局限于低水平的文化。欧洲也在相当晚近还经受这样的实践。我们只需要思考一下，在野蛮状态的诸多世纪之后，中世纪的宗教裁判所造成了成千上万人的死亡并摧毁了繁盛的社会阶层和文化，而它迟至十八世纪末才目睹它自己被迫停止它的恶毒活动。[12]正是所有的人倾向于这些东西，不管他们是为人类的精灵被活埋，还是为教义的精神被活埋，不管他们使牺牲者死于薛西斯的迷信和专制、古波斯僧的阴谋，还
72 是使牺牲者死于近代教士的野心和不宽容，我们的文化依然不祥地接近原始风尚。

第　八　节

现在让我们转向比较愉快的事物。观念的自发的游戏和思想的变化的结合从感觉或即时的需要脱离出来，事实上远远地超越了即时的需要，这些游戏和结合是使人高于其他动物的东西。关

于所看见的和所经历的事情的幻想即诗，是从日常的生活重负中迈出的第一步。即使这样的诗，如果不加批判地应用于实践，也往往结出罪恶之果，我们已经看到例证，无论如何它是精神发展的开端。如果这样幻想与感觉经验接触，并且严肃地以阐明它为目的，同时向它学习，那么我们便一个接一个地获得宗教观念、哲学观念和科学观念[孔德(A. Comte)]。因此，让我们考察一下忙于完善和修正所有经验的这种诗意的幻想。

第　九　节

在土地上找到的像犀牛、猛犸等等大动物的骨骼，在该地区的天真的居民中习惯性地得出巨人在该场战斗的观念和传说。【13】跨越沙漠的尘魔，横越海洋的龙卷，在幼稚的观察者看来都变成了巨妖、《天方夜谭》中的神怪。中国人甚至设法辨别从云冲入海的龙的头或尾。希伯莱《圣经》的大洪水故事遵循更古老的巴比伦传统，从它们共同具有的许多细节来看，这一点是明显的。无论如何，类似的传说的广泛传播被归因于这样的事实：它们在各处几乎是必然地产生的。如果人们在高处找到石化的贝壳和其他水生动物，有时甚至找到不再使用的一类小船，这些确实是广为分布的发现，那么对地质变迁无知的朴素观察者，都被迫得出大洪水达到反常高度的观念。【14】火山往往被认为是精灵点燃的和泰坦①居住的山。正是这些居住者，猛掷余烬和石头。堪察加人对于在火山上

① 泰坦(Titan)是希腊神话中曾统治世界的巨人族中的成员。——中译者注

发现的鲸骨有特殊的说明。他们害怕这些火山，相信它们是精灵的住所。这些精灵在黑夜捕捉鲸，煮熟它们，把它们的骨头扔出去。“当精灵像我们加热我们的毡包一样加热它们的山时，它们冲
73 出其余燃烧的木块飞向喷烟口，以便能够关闭。天神在我们的夏天和他的冬天有时也这样做，他温暖他的毡包。”这是他们对闪电的说明。[15]

第　十　节

对于原始人来说，他未理解的无论什么东西都是以独特的灵光出现的，只要我们生动地回忆一下我们早先的儿童时代，我们就能够恢复这一点。这教导我们，未开化的人如何认为，在陌生的和罕见的环境中，他在水中的倒影或他的声音的回声即是某种像幽灵一样的东西。[16]谁不能回想起儿童时代的这样的感觉呢？确实，即使给出理论把握，关于留在空气和耳朵中的声音印象在几秒钟后又恢复的留声机，难道一点也不存在比它的非实体的幻象或这种最简单东西更为好奇的事物吗？哎呀，文明人如此轻易地丧失了他的惊奇感，这对他是多么大的损失啊！

第　十　一　节

未开化的人和儿童共同具有的另一个特性是接近动物的行为。对于未开化的人来说，动物几乎具有他的家族、他的“较年幼的兄弟”的品性，他就像儿童那样和它们说话。他想要理解动物的

语言，以便获悉它们知道什么。[17]他认为它们具有超越他自己的能力，因为他不能像鸟那样飞翔，不能像鱼那样潜水，或不能像蜘蛛那样爬在丝网上。当我的四岁的孩子看见门前石阶上的一只驯服的大渡鸦时，他惊奇地停下来，十分认真地问："那是谁？"虽然讲话的形式对儿童来说并非意味许多，但是即使我也无法避免一位有思想的人物的印象，尤其是因为我刚刚看见这只鸟"责骂"曾经正在取笑他的年轻的补鞋匠的孩子。

第十二节

从海岸望去，大海看起来像一个扁平的圆盘，从而具有足够广阔的地平线，而陆地看起来在某种程度上则像在海上游泳。该整体被天的"穹庐"覆盖。这些观察是原始的地理学和天文学的第一个基础，这种基于生理学因素的样子能够在山顶上或气球内观察到。观察者感到仿佛他处在中空的色彩瑰丽的球内，较低的一半相当于地球，上半部相当于天空，而整体似乎在与气球运动相对的方向上不断滚动或流动。然而，这是太罕有经验的，以致没有影响公众的观念。对于普通人而言，海洋和陆地在物理上依然是圆盘，天空依然是穹庐。如果现在他看见太阳没入西方的海洋，那么他想像他必定听到它哧哧作响，也许把碰巧发出的某些其他声音归之于它。斯特劳博（Strdabo）[18]报告，在 74
伊比利亚人中是"神圣的海角"（圣文森特角）上的水流的观念和传说就是这样出现的。埃利斯（Ellis）在遥远的南太平洋的社会岛上重新发现了这一切。[19]

第十三节

儿童和原始人没有机会超过这样的朴素观念。儿童看见太阳在山坡背升起或下落，并追到那里去捕捉它。不用说，他发现那是骗人的山坡，因为远在前方还有第二个和第三个山坡，太阳正在那里下落，不过某个山坡确实是不骗人的[20]：他没有排除他可以用网捕捉太阳的观念。广为流行的关于太阳捕捉者的故事，容许推断原始的文化水平，在这个水平上，提供愉悦的幻想可能充分认真地意谓对我们来说似乎是发明的东西。就另外的故事而言，例如杰克豆和豆茎及其整个相关的群体，情况也类似。天对于幼稚的儿童来说似乎并非太高，也许他爬到高树上就够得着；这对我们来说是异想天开的成分，但对该群体却是共同的。[21]只有随着文化的逐渐发展，这样的故事才能获得微弱的幽默和冷嘲的特色，直到最终作为幻想仅供消遣。原始部落的虚构故事与在儿童身上的观察结合起来，向我们提供了对文化开端的最深刻的和最强烈的可以相信的洞察。

第十四节

如果幻想完善和修正单个的观察，那么它也不会听任历史记载的整个复合未曾论及。不过，人们能够小心地从诗的外壳中发掘事实的核心，而不需要抛弃后者拥有前者。一个例子是中美洲印第安部落的传统，该传统与部落从北极迁移有关。[22]

> 他们离开太阳升起的地方旅行，“但是不清楚的是，他们如何跨越海洋，他们仿佛没有海洋似地通过了，他们是踩着分散的岩石通过的，这些岩石在沙滩上滚动。这就是他们把该地称为‘排列的石头和裂开的沙滩’的原因，该名称是他们在海中通过时给它取的，水在他们通过时分开了。”当时，人们在叫做奇·皮泽布的山上集中，他们在黑暗中和夜晚在那里斋戒。此后有关的事情是，他们迁移，等待正在即将到来的破晓，原稿说：“现在，看哪，我们的老人和父辈曾经称王称霸，并拥有他们的黎明；看哪，我们也将讲述黎明的到来与太阳、月亮和繁星的初现。”当他们看见晨星时，他们欢快无比，晨星在太阳出来之前首次显露出它的光辉灿烂的面容。终于，太阳自身开始出现了；小动物和大动物都欢呼雀跃；它们从水道和深谷中跑出来，站在山顶上，伸首注视太阳正在升起的地方。75
> 无数的人群聚集在那里，黎明把光线同时投射到所有这些部落的领地。“大地的面庞最终被太阳晒干了：太阳像人一样也显示他自己，他的存在温暖和晒干了大地的表面。在太阳出来之前，地面是泥泞的和潮湿的，而这是在太阳出来之前，只是此后太阳才像人一样地起床。但是，他的热没有强度，只是当他升起时他才显示他自己，他才依然像镜子（中的映像）一样，它的确不是现在出现的、他们在故事中所说的同一个太阳。”

这个报告并非十分清楚，但是北极地区的特点——漫长的冬夜、散布冰块的封冻的海洋、太阳再出来时微小的强度——是不会

弄错的。

第十五节

用幻想地编织的自然观察和历史传统，原始人就他的起源、他与灵魂的关系、死后的生活发展了观念，一句话，这些观点一般称之为宗教的和神学的观点。他们的诗的价值先前讨论过了。只是由于希望来自他的诸神和精灵的帮助，人将更容易承受许多苦难，而由于害怕坏运气的打击，他的不在乎可能会受到有益的牵制。熟悉近代宗教的观察者注意到，所有这些原始的体制，尤其是来世的观念与奖赏和惩罚或报应毫无关系，与伦理观最没有关系。

第十六节

原始人因为他的不同的生活条件，其伦理与我们的伦理大相径庭，尽管一样刻板，这种伦理对他来说是由公众的意见规定的，该意见明确地分辨出什么有助于或有害于公共福利。如果他违犯了这种伦理，那么他将不得不屈服于公众的意见及其后果。他的行为以自然的方式按照实际存在的生活条件调整。把伦理学建立在其正确性不能被检验的基础上，肯定不是理性的；但是，一个阶层的人被宣判为永久的奴隶，而另一个阶层的人旨在把这个世界上的一切生活利益都弄到自己手中，在这个地方来世报应的伦理观对第一个阶层的人具有不可估量的安慰作用，对第二个阶层的人则是十分合乎一时需要的。然而，如果伦理建立在事实的基础上，它就是比较健康的，就像高度发达的中国人的学说那样。伦理学和法是社会文化技巧的部分，其水准越高，粗俗思想的成分从这些部分之中被科学思想代替的就越多。

第十七节 76

一些人宣称，存在着缺乏一切宗教的和神秘的观念的部落。然而，这样的报告必须作为极端案例看待。我们知道，未开化的部落多么普遍地坚信灵魂和精灵，这些东西多么折磨他们。如果该报告事实上摆脱了误解，而且是事实的、清楚的和真正的叙述，那么就必须把这样的部族看作是一个例外。

下面的报告值得作为范例加以注意[23]。

> 显而易见，沃尔凯（南阿鲁斯之一）的阿拉富拉人不具有无论什么宗教。……关于灵魂不朽，他们没有丝毫概念。针对我对于这个问题的询问，他们回答说："没有一个阿拉富拉人在死后永远重返我们之中，因此我们对未来的状态一无所知，这是我们第一次听说它。"他们的观念是，Mati, Mati sudah（当你死时，那里就是你的归宿）。他们也没有任何创世的概念。请确信我自己比较充分地描绘了他们对于上帝的知识的缺乏，我要求他们，当他们的船遭到狂风暴雨的突然袭击时，在他们需要的情况下请求别人帮助。他们中的最年长者在与其他人商量后回答，他们不知道，除了恳求我，他们能够请求谁救援——如果我知道的话，会诚实地

告诉他们。

乍看起来，我们似乎在这些话语中发觉自由思想者[①]的令人啼笑皆非的优势，而自由思想者对于纠缠不休的欧洲改变宗教信仰者的据称是较高的洞察给予恰如其分的冷淡。

第 十 八 节

在原始的水平上，宗教、哲学和自然观不能分开。像在古希腊一样，那里不存在强烈追求其自身利益的教士特权阶级，比较自由的种类的哲学的发展比较容易，从而突破了传统的宗教和神学的观念的障碍。的确，这种早期哲学本身还是幻想的，请目睹一下爱奥尼亚学派和毕达哥拉斯（Pythagoras）学派的实验吧。在其他方面，情况会如何呢？极其重要之点是完全获得世界观，直到存在引起比较、反驳或认可的几个尝试、几个表面上不等价的观点，批判才能开始。在这里，哲学和自然科学迄今还是一个东西：头一批哲学家是天文学家、几何学家、物理学家，一句话是科学家。与他们暧昧的世界观并行，如果他们成功地把自然的较小断面的样态转化为能够经得起批判的较好形态，那些样态便受到和得到比较普遍的赞同，从而形成科学的开端。例如，考虑一下泰勒斯（Thales）
77 和毕达哥拉斯的几何学发现以及后者的声学观察。这种刚出现的

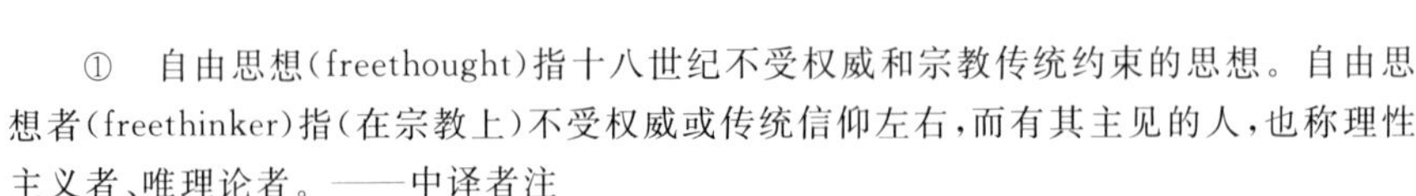

① 自由思想（freethought）指十八世纪不受权威和宗教传统约束的思想。自由思想者（freethinker）指（在宗教上）不受权威或传统信仰左右，而有其主见的人，也称理性主义者、唯理论者。——中译者注

科学还包含大量的幻想成分，我们可以毫不犹豫地称它的大部分为自然神学。依靠这些十分合情合理的尝试，以借助它的比较容易被询问者弄懂的一部分理解自然，泛灵论的和魔鬼论的自然神学逐渐地被物质和力的神话、机械论的和原子论的或动力学的自然神学代替。这些不同的观点往往是共存的；它们的痕迹达到近代，请目睹一下牛顿的光粒子、德谟克利特（Democritus）和道尔顿（Dalton）的原子、近代化学理论、鸟笼分子和回转轮系统、离子和电子吧。我们可以就物质提及许多物理假设：在电流和涡旋的新电磁理论中复活的笛卡儿（Descartes）和欧勒的涡旋，导入空间第四维的源（sources）与壑（sinks），产生引力的超宇宙粒子等等。冒险的近代观念的妖魔鬼怪每年一度在半夜聚会的日子，给人留下多少深刻的印象！这些想像的赘疣通过力图相互丛生疯长，为生存而斗争。考虑到事实，无数这样的幻想的幼苗和花朵在单独一个能够进一步发展并获得某种持久性之前，都被冷酷无情的批判毁灭。为了正确评价这一点，请考虑一下，目的是把自然过程还原为最简单的概念要素。但是，在我们能够理解自然之前，我们必须通过幻想把握它，以便给这些概念以生动的和直观的内容。所要解决的问题距即时的生物学需要越遥远，幻想必然越强烈。

注　　释

【1】Tylor, *Early History of Mankind*, 1870, p. 138（=*Urgeschichte*, p. 173）.

【2】Ennemoser, *Geschichte der Magie*, Leipzig, 1844; Roskoff, *Geschichte des Teufels*, Leipzig, 1869; Soldan, *Geschichte der Hexenprozesse*, Stuttgart, 1843. 如果这威胁到乖戾的读者的幽默感，那么作为替代让他转向伏尔

泰《哲学辞典》中的论“贝克尔”、“梦魇”、“巫术”、“迷信”的条目。要恢复十足的愉悦，请参看 Mises（G. T. Fechner），*Vier Paradoxa*，Leipzig，1846，the section“Es gibt Hexerei”.

【3】关于促进这样的概念（变狼狂[①]、相信夜有吸血鬼的迷信等等）——这是对巫术的信仰——的发展的病理学事实，参见第四章注释【33】。神怪故事的例子无疑将起诸多作用。

【4】Tylor，在上述引文中，p. 126（＝德文版，p. 159）.

【5】与影子灵魂的概念并行，来自清醒生命的容易弄懂的理由引起呼吸灵魂和血液灵魂的观念的发展。参见《奥德赛》[②]XI，33—154。影子灵魂由饮血液恢复记忆。

【6】Tylor，*Primitive Culture* 1871，II，p. 46（＝*Anfänge der Kultur*，II，p. 49）.

78【7】出处同上，I，p. 434（＝德文版，I，p. 479）。

【8】出处同上，II，p. 144（＝德文版，II，p. 159）。

【9】出处同上，I，p. 417（＝德文版，I，p. 451）。

【10】出处同上，II，p. 366（＝德文版，II，p. 405）。该事实在 Diodorus，XX，14 中被叙述，他给出人的牺牲的进一步的例子。也可参见 Herodotus，IV，p. 62。

【11】Tylor，出处同上，I，p. 96（＝德文版，I，p. 106）。

【12】F. Hoffmann，*Geschichte der Inquisition*，Bonn，1878. Lea，*A History of the Inquisition*，New York，1888.

【13】Tylor-*Urgeschichte*，pp. 104—112；*Primitive Culture*，I，pp. 265，266（＝德文版，pp. 288，289）.

【14】Tylor，*Early History*，pp. 329—330（＝德文版，pp. 409f）. 在访问加尔达湖时，我本人曾经听到一位当地居民表达如下的观点：这个湖在一个时期高得多，在里瓦和托尔博莱之间的布里奥内山是岛屿，因为你能够

---

① 变狼狂（lycanthropy）是一种精神病，患者幻想自己是狼或其他动物。——中译者注

② 《奥德赛》是古希腊史诗，相传为荷马所作。——中译者注

在山顶上找到贝壳。

【15】出处同上，p. 326（=德文版，p. 411）。

【16】J. W. Powell，*Truth and Error*，Chicago，1898，p. 348. Cardanus（*De subtilitate*，1560，lib XVIII，p. 527）注视到一位朋友 A. L. 的经验报告说，回声必定留下像鬼影一样的超凡印象，这位朋友一天夜里走到河边，他想过河。他喊：Oh. 回声：Oh！ A. L. Unde debo passa？ 回声：Passa！ A. L. Debo passa qui？ 回声：Passa qui！ 然而，由于在那个地点存在着可怕的漩涡，A. L. 感到惊恐，并往回走。卡尔达诺（Cardanus）辨认出该现象是回声，并指出通过它的语调容易辨别是这样的。

【17】Powell，在上述引文中，p. 383；还有 Galton，*Inquiries into Human Faculty*，London，1883.

【18】Strabo，III，Iberia，1.

【19】直到四五岁时，我继续听信用嘘声轰赶太阳，因为太阳似乎潜入大池塘，为此曾受到大人们的嘲笑。我依然极为重视这个记忆。

【20】作为一个小孩，我也从一个山坡跑到另一个山坡，追逐落山的太阳。

【21】Tylor，*Urgeschichte*，pp. 436f.，443f.

【22】Tylor，*Early History*，p. 307（=*Urgeschichte*，p. 387）.

【23】Lubbock，*Origins of Civilization*，1870，p. 140（=*Entstehung der Zivilisation*，Jena，1875，p. 175）.

79

第七章　知识和错误

第　一　节

生物借助适应与它们的环境达到平衡，适应部分地是天生的和持久的，部分地是获得的和暂时的。然而，在某些境况下，在生物学上有利的组织和行为模式，在改变了的条件下可能变得有害了，甚至以消灭生命本身而告终。鸟的机体适应在空气中生活，鱼的机体适合在水中生活，但是其他方面并非组织得完美。蛙抓住作为它的食物的飞虫，飞虫成为它的习性的牺牲品，即使它也去抓运动的布条，并被捕捉在与之缚在一起的钩针上。蛾为自我保存的缘故飞向光和颜色，在这个普遍适合的行为过程中，蛾也可能在壁纸上所画的、并非养育的花上耗尽力气，或者在火焰中烧死。从而，任何用罗网或被其他野兽捕捉的动物表明，它的心理物理组织仅仅适合于一个方面。在最简单的动物中，刺激和反应可能在于进攻和逃跑，二者是如此规则地联系起来，以致观察到的事实并未引起我们设想，感觉、观念、心境和意志将介入在二者之间，尽管这种看法并不是受到与我们在我们自己身上观察到的过程的类比启发的。在这里，刺激直接地和主动地起作用，在反射动作中就是这样，比如说腱的动作，即在动作发生之前我们并未学习的动作。直到简单的刺激由于复杂的生活条件变得太模棱两可，以致无法决

定合适的适应时,感觉才作为分离的要素出现,这与记忆和观念一起决定有机体的状态和它的感知,从而最终发出向着有意识的目标的行动。对应于比较复杂的条件,存在着比较复杂的有机体,通过相互协调的许多部位的相互作用,适应这些条件。意识在于大脑各部位的特别重要的相互作用。如果某一要素,即意识过程的一部分、一个感觉或观念未作为直接主动的东西向我们显露出来,那么这是因为该要素在发达的个体中获得的许多方面适用的关联:每一单个的关联都倾向于被推入背景,倾向于仅当要素(感觉、 80
观念)被适当地组合起来时才发挥作用。可以说,在观念和意志之间不存在对立:二者都是由感官产生的,前者主要是由单个的感官产生的,后者主要是由感官的关联产生的。生命个体的所有过程都是为自我保存的利益的反应,观念的变化仅仅是反应变化的一部分。某种活着的有机体存在的事实表明,适应往往对于保证幸存是充分可行的。我们每日都在身体和心理生活中观察到不是可行的、从而相当于适应的失败的反应。身体和心理反应是受概率定律统治的:它们之中的任何一个有用还是有害,产生的观念在生物学上有益还是有误,相同的身体和心理过程都包含在两种情况的任一个中。

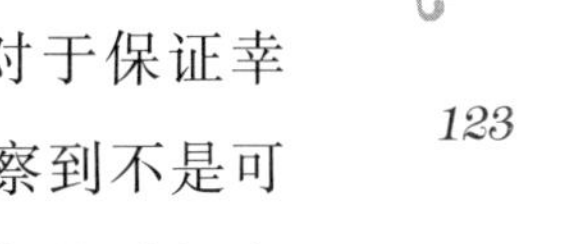

第　二　节

考虑一些例子。只要反应是由刺激引发,有害的后果就可能伴随发生。许多被某些植物的污秽气味吸引的苍蝇被误导在它们之上产卵,但是当蛆孵化出来后,它们却因饥饿而死。昆虫常常成为味道像某些食物的毒药的牺牲品。牛和羊尤其在陌生的牧场中有时也经受类似的遭遇。环境具有密切的物理联系，即把不同感觉的集合联系起来的环境比仅由纯粹的偶然事件联系起来的环境更为经常地一起出现；因此，对应于前者的感觉和观念比在后一种情况下更强烈地被联想到。天生的和获得的感知被导向在生物学上是重要的东西。无论如何，我们不能用伴随的误骗人的联想排除不利的偶然事件。如果达尔文是正确的，那么逼真伪装的具有讨厌味道和有毒毛刺的昆虫便逃避了灾难，其他无害的但在外观上类似的（拟态）昆虫也是如此。当我们的视网膜接收到已知物体的光学图像时，联想唤起触感和其他性质。如果我们在黑暗中触及一个物体，它的光学图像便在我们身上出现。这些联想几乎像幻觉一样迅速地和逼真地产生，在生物学上是重要的；可是，这些相同的过程间或将欺骗我们，即使是罕见的。这大大依赖于思维的模式或趋势。正在忙于利用联套牛把草场变成农田的年轻人往往受到他杀死的响尾蛇的干扰：当他力图捡起他掉下去的鞭子时，
81 他偶尔抓起枯枝，他以为枯枝是蛇，因而认为他听到格格的响声。[1]相反地，在某些情况下，人们可能正在寻找枯枝，却错误地抓住蛇，从而认为它是枯枝或某个其他无害的对象。联想心理的完成的这种敏捷性能够在人身上，尤其在文明人身上达到多么远，可在人们容易地给予平面透视线图以空间内容的方式中最清楚地看到。人们轻易地以其三维形式识别楼梯、机器或复杂的晶体形态，尽管略图仅仅指明它的提示。T. W. 鲍威尔（Powell）[2]记载，北美印第安人发现诠释这样的略图很艰难，但是他们不久便克服了困难。对于色彩画，在他们能够容易理解它之前，它必须描绘熟悉

的物体。我曾经认识一位老妪，她具有丰富的想像力，能够讲述奇异的虚构故事，但发觉绘画十分难以明白，她像动物或白痴一样把握不住，它是风景还是肖像。[3]联想是不精确的，可能与每一个其他的联想干涉，这个事实本身在儿童首次初步尝试绘画中表现出来。他们用他的"图画"表达他们就一个人记住的和观察到的东西，而不管所有这一切是否是同时可见的。对于北美印第安人[4]和在古埃及创作了绘画的那些人来说，情况也一样：他们的神殿的壁画把历史悠久的时代和少许的高度发达的技艺与原始的幼稚的艺术结合起来。

第　三　节

强烈的身体的依赖不能轻易地被机遇完全掩饰，生物学的利益促进注意正确的和重要的联想：因此，这些联想即使在没有重大心理发展的情况下也倾向于变成持久的[5]，从而倾向于仅仅借助本能以大量有益的方式进行生命过程。然而，在那里误骗人的联想承担惨痛的后果，正是这些联想，起矫正的作用，并有助于进一步的心理发展。梦幻一般的联想将为聚精会神地、有意识地和深思熟虑地注意各种案例的重要一致和差异让路，为清楚地识别它们正确的和骗人的特征让路。观念的审慎适应的开端、探究的开端就在这里。简而言之，这个目的不仅对准观念的持久，而且也对准对于妥善处理丰富经验来说是足够的变异的程度[6]。观念的进程本身应该尽可能密切地适应紧随它和预期它的物理的和心理的经验，在依然正在公正对待其差异的不同的案例中尽可能地保持

82 恒定。观念的进程必须是自然本身的进程的尽可能忠实的图像。在这里，任何实质性的进步都需要人在社会中协作以及用言语和书写交流。

第　四　节

把毒蘑菇作为可食用蘑菇误吃而感到不舒服的人，将仔细地注意毒蕈的红斑和白斑，并把它看作是毒物的警告标记，从而从植物的总图像中突出它们；对于有毒的浆果之类的情况也类似。我们以这种方式学会单独地注意比较重要的经验的决定性特征，从而把这些特征分析为部分或由部分重新构成。在把一个样态看作是由另一个似乎是值得注意的或重要的样态进一步定义时，我们作出判断。人们当然能够在没有语言表达的情况下或在它之前内在地判断。这必定是聪明的未开化人的情况，他首次通过给葫芦涂上黏土层防止它烧着；他必然是这样判断的：葫芦燃烧，未涂涂层，覆盖涂层的葫芦烧不着。人们能够在不讲出的情况下收集简单的观察和经验，就聪明的狗或就在学会说话之前的孩子容易察觉这一点。[7]然而，判断的语言表达具有巨大的好处，因为它把对普遍已知的和指定的成分的先验分析给予任何经验的传达，说者本人借此明确地获得了许多东西。[8]他的注意力必须突出特定的特征，他必须引起抽象，并迫使其他人照样做。如果我说“石头是圆的”，我便把质料与形式分离开来。在“石头用作锤子”的判断中，功用与客体被分离开来。命题“叶子是绿的”把颜色与形式对照。与思想通过语言表

达获得几乎一样，这也包含偶适形式和约定形式的分类。不管我说“木块漂浮在水上”还是“水支持木块”，在思想上未造成差异，而且在心理上也相同；但是在语词表达方面，主语的角色由木块转移到水。不管我说“衣服被扯破”还是“衣服并非未受损”，在心理上是相同的，但是在语词上我把肯定判断转化为否定判断。判断“所有 A 是 B”和“某些 A 是 B”在心理上能够被看作是许多判断的总和。由于逻辑必须使用语言，它必然与历史地留传下来的语法形式有关，而语法形式与心理事件根本不是平行的【9】。使用人工特设语言的逻辑本身能够多么远地摆脱这 83
种错配并更密切地追随心理事件，在这里将不讨论。【10】

第　五　节

并非每一个判断本身都能够建立在简单的感官观察或作为“直观的”判断的图像的基础上，诸如“未支持的石头落到地面”、“水是流体”，“盐溶解于水”，“木头在空气中可以燃烧”。例如，进一步的经验告诉我们，在最后的案例中，点火的条件比那个判断提出的要复杂得多；木头并不是在任何种类的空气中燃烧，而只有在有足够的氧和处在充分高的温度的情况下才行。氧和温度并不是一搭眼就能看见的，该词汇没有引起简单清楚的观念；相反地，我们必须思考氧的物理化学行为的整个范围，包括我们关于它所拥有的所有经验和观察，以及我们为在思想上给条件“氧的存在”以恰当的表达所作的判断。“氧”的概念不能借助明晰的图像给出，而只能借助详尽无遗的总体经验的定义给出。【11】对于“温度”、“机械功”、“热量”、“电流”、“磁”等而言，情况也一样。通过对概念所属的经验和知识领域的热情占有，我们得以方便地保证，无论何时体现和表示一个概念的名词被使用，都容许与该概念联系的所有经验在对它们没有任何精确的和清楚的观念的情况下，在我们之内柔和地共鸣。正如 S. 斯特里克(Stricker)合适地评论的，概念包含着潜在的知识。通过频繁地针对一个概念使用该词，我们对于我们可以恰当地应用该名词的含义和含义的限度获得了可靠的和微妙的感觉。那些不怎么熟悉一个概念的人将发现，当使用该名词时，为了用它的显著的和重要的侧面描述该概念，将出现某种图像。因此，在粗陋的思想中，人们在听到“氧”这个词时，人们可能想像发热发光和突然起火的微不足道的东西；就“温度”而言可能承担温度计的观念，就“功”而言可能承担提起的重物的观念等等，耶鲁萨莱姆(在该书中引用过)贴切地称这些观念是典型的。[12]

第　六　节

我们自己的或传达给我们的判断，我们发现它对于它相关的物理的或心理的发现[13]是恰当的，我们便称它是正确的，并在其
84 中看到知识，尤其是当它是新的和重要的之时。知识总是直接地或间接地有益于我们的心理经验。然而，如果判断不成立，我们便称它是错误；或者，如果我们被它蓄意误导，我们便称它是谎言。[14]是如此有益的，例如促使我们迅速辨认黄蜂的相同心理组织，在另外的时候可能促使我们把甲虫误认为黄蜂(拟态)。当重

要的差异被忽略和重要的一致被弄错时，甚至感官的即时观察也能导致知识和错误。例如，不管身体形状的特点，把带有不明显的颜色的黄蜂视为苍蝇。尤其是在观念思维时没有实践、在没有对所使用的概念进行严格的相继分析的情况下凑合运用典型观念的人，这样的失察更容易把我们在概念思维时导入错误。知识和错误从同一心理源泉流出，只有成功才能够告诉是知识而不是错误。用矫正的方式清楚地辨别的错误能够有益于知识，恰如确定的知识片断能够有益于知识一样。

第　七　节

如果我们询问我们自己，当立足于观察时，错误的判断出自什么源泉，我们必须说，它们源于对观察的环境的不适当的注意。就每一个单个事实而言，不管它是物理的、或心理的、或混合的，依然原封不动地存在着；只有当我们把事实看作是在另外的环境下继续存在，而忘记在物理的、心理的或二者混合的环境中的变化时，错误才伴随发生。尤其是，我们必须不要忘记我们身体的边界，在此处依赖按照处所——在一侧，在另一侧，或在对过——是相当不同的。[15]例如，我们可能把真正的幻觉误认为感觉而出错，尽管这在健康人中是十分罕见的。然而，每天发生的是，人们把感觉错认为是由联想唤起的观念，或者人们无法适当地区分它们。最简单的例子是把镜像当作客体，这在鸟和其他动物中也能频繁地观察到。猴子在镜后抓东西，与它们较高的心理发展一致，对如此受骗而发泄不满。[16]如果较强烈的期待准备用联想完善感觉的话，那么就像在我们前面的蛇和枯枝的例子中那样，便导致令人不快的欺骗形式。当感觉不怎么强烈时，例如在微弱的光线中，这更容易发生，此时想像因而更加活跃。这样的幻想压倒感觉的案例也能
85 够在科学研究中施加许多混乱。[17]我们早就讨论过在粗陋的思想中把梦幻转化为物理事实的作用。许多人将回忆起儿童时代从梦中惊醒并大喊的经历，因为当时在享用某个漂亮的玩具之前，一个人似乎把它在手中仅仅拿了一瞬间。年轻人的行为与这样的儿童并非大相径庭。因此，他们全神贯注于释梦，因为这些梦被认为与清醒时的生活有极其重要的关系。

第　八　节

梦和醒之间的界线只是逐渐地变得充分分明。让我用我的最近的经验阐明这一点。我在夜里由于听见某人开门和进来而唤醒。尽管漆黑一团，我看见一个高个子的人沿着墙壁蹑手蹑脚地走动，在微明的窗户前停步。保持平静并作了观察，我再也没有听到最轻微的声音，但是看见这个人完成了各种缓慢的动作。现在，情况对我来说变得很清楚，在窗前有一个衣架，它的轮廓因为黑暗正在不断地被我醒时的想入非非改变，这种想入非非是从我的梦幻中遗留下来的。[18]从黑暗的不眠之夜，我熟悉这样的现象：然而，即使是黑夜，我仍看见我的卧室的窗户；但是，由于对它们的位置、宽度等等有点不确定，我用手蒙住我的眼睛，或完全闭合双眼，可还是看见窗户。这对于把在黑暗中幻想的现象与物理地决定的感觉区别开来，是一个好方法。

第　九　节

从鲍威尔上面引用的书——我并不是出于严格的哲学意图推荐该书，而是它包含许多有价值的细节——中，我能够乐于引证一位北美印第安人首领的观点，作为"物理的"思维的有趣例子。[19]

> 在那天工作之后，白人和印第安人聚会自娱，他们试图扔石块越过他们安营扎寨附近的深峡谷。没有一个人能把石块扔过深渊。其他人扔出的石块都落到深处。只有这位印第安人的首领丘阿成功地击中对面十分接近峡谷边缘的岩壁。在讨论这个撞击现象时，丘阿表达了这样的看法：如果把峡谷填满，就能够容易地扔石块越过它，但是，事物是这个样子，空洞的和空虚的空间有力地把石块向下拉。他在应付欧洲的美洲人对这个概念的正确性表示怀疑时反问："你自己难道没有感觉到，深渊如何拉你向下，以致你为了不落入深渊，你被迫向
> 后倾斜？你难道没有感觉到，正像你爬一棵高树一样，你爬得 86
> 越高，处于下面的空间越多，爬树变得越难？"

对于我们现代人而言，这种"原始的物理学"在几个方面似乎是错误的。首先，丘阿把他主观的头晕目眩诠释为把所有物体向下拖的物理力。不用说，他根本不为下述事实烦恼：在我们上方的大深渊并非同样是起作用的，因为"向下"对他来说是绝对的方向。我们没有权利要求，他在这方面应该比诸如拉克坦提乌斯（Lactantius)①和奥古斯丁(Augustine)这样的教会神父更聪明。丘阿把力归因于空虚空间会使笛卡儿及其同行震惊，但是在菲涅耳(Fresnel)、法拉第(Faraday)、麦克斯韦(Maxwell)和赫兹(Hertz)之后，我们不再应该像丘阿的白人和受教育的同伴一样惊奇。近代物理学家尤其会通过仔细的测量怀疑所指称的事实，从而表明空虚空间并不像所宣称的那样行动(例如，通过使用天平证明引力在空洞的空间上不增加，即使需要，假定天平足够灵敏，也能证明引力在空洞的空间上不减少)。我们不再把我们主观的感觉和情感实存化为物理力。就这个范围而言，我们获得了更多的进展。然而，让我们不要太骄傲，而要考虑一下，我们还把我们的主观概念视为物理实在，斯塔洛(Stallo)【20】和我本人【21】都已表明了这一点。这如何误导探究将在其他地方讨论。

第　十　节

通过揭露使人误入歧途的动机，人们保护自己不犯错误，确实可以从中得到某些用处。在某人蓄意误导我们的情况下，这样的动机是最明显和最清楚的。撇开词语诡辩家——他们的狡猾的谬误误导我们的概念思维——不谈，我们也有行动的诡辩家，他们的虚伪骗局误导观察。分析一下召鬼念咒者或变戏法者的传统做法是有趣的，他们能够用十分简单的手法蒙骗公众

① 拉克坦提乌斯(约240—约320)是基督教护教士，拉丁教士中著作流传最广的一位，其主要著作有《神圣教规》、《论迫害者之死》等。——中译者注

和使公众惊异。相当拙劣的方法引起观众假定不存在的本体：
例如，把一只被借用的钟表放在桌上侧面覆盖的研钵内，用这个
或那个骗局吸引公众的注意力，以致隐藏的助手能够拿走该钟
表，并放一只类似的但不值钱的钟表在它的地方，这只钟表就是
现在被砸碎的钟表；在表明残骸是圆的时，另一个骗局容许助手
在没有任何人预期原来钟表存在的场所展现它。[22]在例外的情
况下，召鬼念咒者可能准备为他的把戏招致某些花费，以便提高
他的名声。于是，乌丹（Houdin）[23]一次在教皇庇护七世（Pope 87
Pius VII）面前表演时，砸碎了高价买来的钟表，该钟表是仿照一
位红衣主教的时计制造的钟表，甚至带有他的名字。乌丹对虚
假的动作给以指导，以此诱发下述印象：当一个对象不是如此
时，人们就取消这个对象；他表明人们如何能够用伸开的手和展
开的手指拿小物体，并借助实例说明这一点。[24]在纸卡骗局中，
魔术师使用为实践者看不见的小记号，只是这个小记号引导他
们。[25]通过使用独特的、即便简单的手法，也没有人想到，因而
他们将几乎总是成功的。

第十一节

今日在欧洲，使用强烈的电磁铁将不产生感觉，而人们会通过安排立即看到。然而，当乌丹[26]在阿尔及尔向阿拉伯听众进行表演，并使一个小、轻、薄的手提箱（具有铁底）变得对最强壮的人来说也太沉重（借助毛毯下的电磁铁）时，观众自然惊恐万状。德朗普斯（Decremps）[27]报告的案例表明，甚至受教育的和有经验的人

如何能轻易地失去平衡。在波旁岛上的荷兰商人范·埃斯廷先生给当时在那里旅行的希尔先生一张纸,要求他写下一个任意的问题,并亲自保存这张纸不要给任何人看,或者最好烧掉它。当在范·埃斯廷不在场做完了这一切时,他带着折叠的纸返回,并宣称它提供了答案。为了使希尔不认为这是纯粹普通的魔术骗局,范·埃斯廷要求他在它上面签字,并指导他从位于公园远处尽头的阁楼内的桌子抽屉中拿来那张如此做了记号的纸,同时给他阁楼和桌子的钥匙。希尔迅速地跑到阁楼,在所指示的地点确实找到了他做了记号的纸,纸上有对他的问题的正确回答。希尔在阁楼内碰到了一些力学的、光学的和声学的魔法,这些东西使他大为烦恼并在所有方向分散他的注意力,在没有深究这些魔法的细节的情况下,让我们立即考虑消解这种表面上令人惊奇的骗局。希尔为什么必须写下他的问题?为什么并非仅仅想到它?显然因为它必须留下痕迹:希尔在上面写过的那张纸正放在夹有复写纸的
88 文件夹内,范·埃斯廷折叠的、在希尔走开后的间隙在其上能够写有答案的纸由气动管传输到远处的桌子。错综复杂的乔装打扮仅仅有助于伪装简单的状况。如果我们问自己,变戏法的设计在什么方面不同于技术发明,它恰恰在于前者不能创造任何有用的东西。[28]

第十二节

德朗普斯[29]报告的另一个例子值得提及。一个人在陪审团面前被指控把小孩扔到河里淹死了。不少于五十二个目击者作证

不利于他：一些人看见他把孩子扔进河里，另一些人看见他怒气冲天地猛打孩子，如此等等，不一而足。被指控者为自己辩护说，没有人报告小孩遗失，而且没有找到尸体。法庭当然极为窘迫。此时，被指控者请求让他的朋友进来，请求被准许，他带着一个大包出现了，在解开大包时露出放有孩子的摇篮。被指控者抚摸小孩，小孩立即喊叫起来。被指控者高呼：“不，你这个可怜的小东西，你将不会独自无用地留在世间！”说时迟那时快，他从包里抽出一把刀，在任何人能够阻止他之前，大喊着砍掉小孩的头：“现在，请走你的兄弟走过的路吧！”没有预期的鲜血，人们看见木制的头，听到滚过地板。直到现在，此人原来是魔术师和口技表演者，他使用这种方法在他的同业中保证很活跃，他为此首次赢得了必要的名声。不管这个故事是真还是假，它肯定是有教益的。某些事情也许是十分可能的，可是并非为真。不存在目击者没有看见的事物，一旦他们相信这个人或那个人是杀人犯或窃贼，有偏见的目击者将证明任何事情。但是，为什么要这样正是逸事之所在，当时每年变得众所周知的实际上判决的凶杀案足以清楚地表明，当人们被认为是罪犯时，他们多么容易受到谴责。仿佛清白的人受到谴责比每一个犯罪的人受到惩罚重要得多似的！刑法意味着保护人类，但是它往往像传奇中的熊那样对人类行动，熊在它熟睡的恩人额部用石头砸苍蝇。[30]

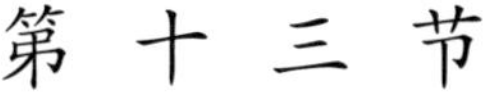

第十三节

从变戏法的人及其观众中，我们能够引出对我们自己的科学

89 探究中的行为来说富有成果的教训。自然的确不是力图欺骗我们的魔术师,但是她的过程是十分复杂的。除了我们集中注意调查的条件之外,还有包含在决定自然过程中的所有其他许多环境,这种附加的材料通过复杂化和明显歪曲所述的过程掩盖使我们感兴趣的东西。因此,探究者务必不要漠视可能包含的任何非故意的因素;他必须顾及一切错误来源。实验者可能正在利用电流计检查电流的某种新效应,但是在他的热切渴望中,他忘记了偏转也许是由某个未注意到的回路引起的,从而与正在检查的过程毫无关系。我们尤其必须警惕,在没有作出保证特性存在的情况下而假定它们。发现某种物质的新反应的化学家必须考虑到,该物质可能是由新流程制备的,并包含杂质:它也许实际上不是他以为他正审查的物质。最后,我们必须记住,即使最高的概率也不是确定性。

第 十 四 节

我乐于讲述对我自己十分有教益的小插曲作为结束。一个星期天的下午,我的父亲给我们孩子演示了一个实验,该实验与阿塔纳西于斯·基尔黑尔(Athanasius Kircher)[31]描述为“母鸡的惊人想像实验”只有十分微小的差异。把一只凶猛反抗的母鸡压在地板上,在这里保持半分钟,在此期间它安静下来。现在,用粉笔越过母鸡背面在地板上绕着它画线。在放开它时,母鸡留在原地完全不动,要使它跳起来跑掉,需要十分强烈的惊吓打击,“因为它想像它被缚着”。多年来,我曾与实验室共事的J.

克塞尔(Kessel)讨论过催眠术,我想起了基尔黑尔实验。我们逮住了一只母鸡,很成功地重复了实验。但是,在进一步重复时,仅仅把母鸡按倒,却遗漏了粉笔线的哄骗手法,而实验同样是成功的。自儿童时代以来在我思想中一直没有异议的母鸡的想象,就这样永远地消失了。

第十五节

仅仅把单一的实验或观察看做是证明了似乎被他们确认的观点的正确性,这是不可取的。相反地,人们必须尽量改变那些既认为是重要的、又看起来好像无差别的条件;对于自己的实验如此, 90
对其他人的实验同样如此。牛顿在他的《光学》中广泛地和模范地运用了这种方法,从而为近代实验物理学奠定了基础,正如他的《原理》使他成为数学物理学的奠基人一样。两部著作作为有教育意义的探究指导,确实没有与之比肩的和可以替代的。

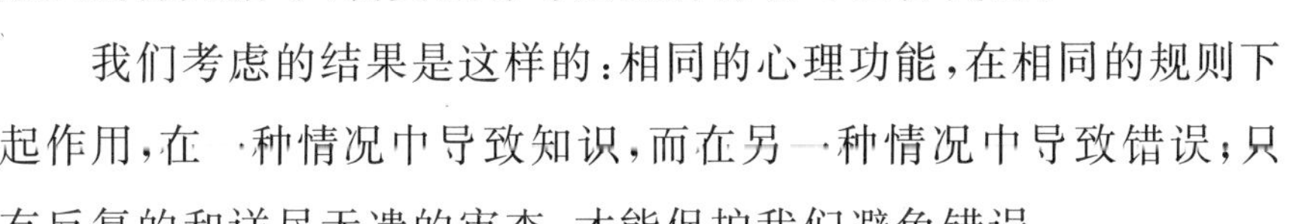

我们考虑的结果是这样的:相同的心理功能,在相同的规则下起作用,在一种情况中导致知识,而在另一种情况中导致错误;只有反复的和详尽无遗的审查,才能保护我们避免错误。

注　释

【1】Powell, *Truth and Error*, p. 309.

【2】出处同上, p. 340.

【3】据说,甚至狗中比较有智力的,时常分辨出它们的主人的肖像。

【4】K. von den Steinen, *Unter den Naturvölkern Zentral-Brasiliens*, Berlin,

1897,pp. 230—241.

【5】参见 *A*4,p. 248。也可参见本书第三章第三节。

【6】*A*4,p. 248.

【7】Preyer,*Die Seele der Kindes*,Leipzig, 1882,pp. 222—233.

【8】参考 *W*,PP. 406—414. *P*3,1903. pp. 265f.

【9】A. Stöhr,*Algebra der Grammatik*, Vienna,1898.

【10】Boole,*An investigation of the law of thought*,London,1854. E. Schröder,"Operationskreis des Logikkalküls",*Math. Annal*. 1877.

【11】在这里,我们首先正在考虑经验的概念。

【12】Jerusalem,*Lehrbuch der Psychologie*,*3rd ed.*,1902,pp. 97f.

【13】这个发现可能与物理事实和心理事实有关系,而在这里,我们也把逻辑事实包括在后者之中。

【14】我发现我自己不能同意这样的观点:信念(belief)①是在判断基础上的并构成其本质的特殊心理活动。判断不是信念的根据,而是朴素的发现。宁可说,信念、怀疑、不相信基于关于往往十分复杂的判断集合之间一致或不一致的判断。我们拒绝我们不能接受的判断,常常伴随着引起不自觉的感叹的强烈情感。按照耶鲁萨莱姆(*Psychologie*,p. 121)的看法,从这样的表达发展出否定的小品词。对于肯定的小品词的需要则轻微得多,看来好像晚许多。有一次,我的两到三岁的儿子拼命地发出表示拒绝的音节"meich",同时以强有力的姿势推开不合时宜地提供给他的对象。它是缩写的"meichni"(mag nicht = 不想要)。

【15】参见第一章第六节末尾。

【16】Darwin,*Kleinere Schriften*,translated by E. Krause,II,p. 141.

【17】*A*4,pp. 158,159.

【18】在这里,幻觉依赖于视网膜、扩张和收缩的暗斑或暗圈。考虑到不可能

① belief 含有信念、信仰之义,我们有时依据上下文译成"信念"或"信仰"。Belief,faith 和 conviction 均为"相信"。belief 乃一般用语。faith 应用于毫无根据,仅基于自己的信任,我们一般译为"信仰"。conviction 应用于在他人使其信服后而产生的坚定的信念,我们一般译为"确信"。——中译者注

在暗处敏捷地聚集，前者的幻觉也能够与主观地看见的东西结合起来，同时能够伴作动作。 91

【19】Powell，在上述引文中，pp. 1，2.

【20】Stallo，*Die Begriffe und Theorien der modernen Physik*，Leipzig，1901.

【21】参见 *M*4，1901.

【22】Decremps，*La magie blanche déroilée*，Paris， 1789. I，p. 47.

【23】Houdin，*Confidences d'un prestidigitateur*，Paris ，1881，I，p. 129.

【24】Houdin，*Comment on devient sorcier*，Paris，1882，p. 27.

【25】Houdin， *Confidences* I，pp. 288—291.

【26】Houdin，*Confidences* II，pp. 218f.

【27】Decremps，在上述引文中，I，pp. 76f.

【28】参见 *M*4，p. 535 Cardanus 在 *De subtilitate*(1560)p. 494 中，在谈到炼金术士和其他魔术师时说，我认为原因是多种多样的，但从根本上讲，是因为人们正在处理无用的事物。

【29】Decremps，在上述引文中，II，p. 158f.

【30】在恩斯特・法贝尔(Ernst Faber)关于利埃・齐(Lieh Tzü)的译本(Elberfeld，1877)中，有一些段落出色地阐明了暗示和虚假的嫌疑是如何起作用的。在 p. 207，描绘了一个富人冒险队。营营叫的苍蝇飞过并落在街道人群中间的一只死鼠上。"于少爷长期享受幸运的和欢乐的日子，始终对他人怀有贬低的想法。我们没有对他造成伤害，而他却用死鼠凌辱我们。如果这未得以雪耻，我们在世界上就不能掌握我们自己。因此，我们要求属于我们群体的所有人用一个意志讲话；必须毁坏他的房子！……在那天夜晚，一群人集合起来，全副武装，进攻于少爷，对他的财产造成巨大的破坏。"p. 217："一个人遗失了他的斧子，怀疑他邻居的儿子。他因此暗中监视他：每一步都暴露出是偷斧子的嫌疑犯，他的眼神的表达，他的每一个词和话、动作、举止、行为和行动也是这样。这个人偶尔在沟壑附近挖掘，发现了斧子。第二天看见邻居的儿子时，他不再发觉后者的动作、行动、举止和行为像偷斧子的人了。"我认为，对律师来说特别有价值和有教益的是 W. 施特恩(Stern)的《论作证心理学》(第一分册于 1903 年出版)。

【31】A. Kircher, *Ars magna lucis et umbrae*, Amsterdam, 1671, pp. 112—113.

第八章　概念 92

第　一　节

我们现在必须更为仔细地考察一下作为心理实体的概念。回想一下，人们不能想像既不年轻又不年老、既不高又不矮的人，也就是说不能想像一般的人；同样地，必须想像每一个三角形或是锐角的、是钝角的或直觉的，从而不存在一般的三角形：我们会容易地得出结论，根本不存在像概念这样的心理构象（construct），也不存在抽象的观念，贝克莱（Berkelgy）以特殊的活力捍卫这一否定。然而，我们同样容易被导向"唯名论者"洛色林（Roscelin）[①]的观点：一般概念或共相并非像事物那样存在，而只不过是"空虚的声音"（flatus vocis），可是他的反对者"实在论者"则认为它们的根据在于事物。正如一位受尊敬的数学家新近断言的那样，一般概念不仅仅是词语，这清楚地从下述事实暴露出来：每一个抽象的命题都被理解并被正确地应用于具体的实例，目睹了命题"能量依然恒定"的无数应用。然而，力图找到一个清晰的、短暂的有意识观念，来严密地覆盖在被讲出或被听到时的句子的含义，也许是徒劳的。如果我们明确地认识到，概念不像单一的具体的符号的观念那样是短暂的实体，

① 洛色林（约 1050—约 1125）是法兰西哲学家、神学家、唯名论的创始人。

即每一个概念都有它的有时久远的和多事的形成史，它的内容用瞬变的思想是不能明晰地阐明的，那么困难便烟消云散了。[1]

第　二　节

我们可以认为，野兔不久获得了关于卷心菜、人、狗、奶牛的典型观念[2]；由于与各个感知或它们的典型的伴随观念相联系的即时的联想，野兔将被吸引到卷心菜那里，从接着的人和狗那里逃跑，而对奶牛依然漠不关心。随着动物的经验变得广泛，它将更为熟悉地对属于这些类型的每一单个类型的对象作出共同的反应，这些反应不能同时都生动地呈现在想像中。如果野兔被类似于卷心菜的对象吸引，那么检验活动立即开始；野兔将闻该对象并啃它，以断定它
93 是否实际上提供所期望的气味、味道、坚固性等等反应。在初次受到像人一样的稻草人惊吓后，野兔通过用心观察不久发现，在这里没有该类型即人的重要反应；例如，动作，位置变化，侵略的行为。从典型的观念出发，检验的野兔尝试性地开始把所记住的经验或反应的逐渐的贮存与它关联起来；这些只能逐步地进入意识。在我看来，这就是作为与短暂的观念相对的概念的特征性的东西：通过聚集联想，观念在连续地转化中十分渐进地发展为概念。因此，我认为，人们不能否认较高级的动物显示出概念形成的开端。[3]

第　三　节

人像动物一样以相同的方式形成他的概念，但是人通过语言

和社交获得巨大的支持，而二者对概念只有较小的帮助。词语向他提供了普遍可把握的标签，即使在典型的观念变得不甚合适或不再存在的地方。一个词还是无法始终覆盖一个概念。迄今处理少数词的儿童和年轻人可能使用它们之一表示一种事物或过程，但是在下一个场合也表示在其反应中显露出与第一种有某些相似的另一种事物或过程。[4]因此，词的意义摇摆和变动。不过，在给定的环境下，大多数人注意到的在生物学上重要的反应只有少数，这恢复了词在使用中的稳定性。于是，每一个词适合于表示与确定的反应联系的一类对象（事物或过程）。在生物学上重要的反应的多重性要比实在的多重性少得多。这第一个能够使人借助概念分类实在。这样的条件坚持，一个社会阶层或职业考虑不再包容任何即时的生物学利益的实在领域。在比事实特征要少的对特殊意图来说重要的反应的地方，也存在这样的情况，不过在这里我们具有与先前的反应不同的反应，以致每一阶层或职业都着手它自己的概念分类。技工、医生、律师、工程师、科学家从他们自己的概念出发，通过划定限度（定义）给词汇以不同于模糊词汇的比较狭窄的意义，让我们科学地说，概念词具有使我们回想起在定义中表示的所有对象的反应之组合的目的，从而仿佛借助一条线把这些记忆吸引到意识之中。以氧、力学系统的动量和一点的势的定义 94
为例；不用说，每一个定义都包含着进一步的概念，以致只有最后的和终极的概念建筑砖块能够被分解为特征性的感官反应。人们能够多么快捷和容易地成功这样分解，依赖于精密的知识和对概念的熟悉，所对准的目的决定它是多么必要。看看这些在数百年间形成的概念，我们就不会感到奇怪，它们的内容不能被个别短暂

的观念穷尽。

第　四　节

应该形成什么概念,必须如何相互界定它们,这必定只是由实践的或科学的需要决断的。人们把那些足以决定概念的反应引入定义。人们不需要特别提及其他已经众所周知的反应,因为它们与定义中的那些反应不可避免地束缚在一起。这只能承担具有非本质的东西的定义。然而,可能碰巧,找到这样的进一步的反应构成发现。如果在它们自身上的新反应同样地决定概念,那么就能够利用它们作为可供选择的定义。我们把圆定义为其点距一已知点相等的平面曲线。圆的其他性质未被枚举,例如一给定弧上的圆周角相等,任何曲线点距平面上的两个特定点具有不变的比率等等。这两个性质中的每一个独自也定义圆。根据环境,同一事实或事实群可以把人们的注意力引向各种反应和概念。可以把圆看作是射影束的截面、不变曲率的曲线,能够把环线看作是具有不变张力的曲线、被封闭的面积的圆周,如此等等。可以把一块铁视为感觉的复合,诸如重量、质量、热导体或电导体、磁铁、刚体或弹性体、化学元素等等。

第　五　节

每一种职业都有它自己的概念。音乐家读他的乐谱,就像律师读他的法规,药剂师读他的处方,厨师读他的烹调书,数学家或物理学家读他的专题论文一样。外行人视为空洞的词或记号的东西，对专家来说具有十分精确的意义；它向他提供了明确定义的心 95
理或物理活动的训练，如果完成这些活动，它们就能够在想像中唤起同样被限定的反应的对象，或把它们呈现给感官。然而，为此不可或缺的是，他实践这些活动，并且在活动中变得自如：他必须靠他的职业生活[5]。仅仅读书不能培养专家，正如仅仅听讲不能培养专家一样：在这里，十分缺乏的事情是为矫正而强迫检验所获得的概念，当在实验室中存在着与事实世界的直接接触时，这一点立即伴随发生，因为所犯的错误使他们自己令人不快地感觉到了。基于从道听途说获悉的不完备的和肤浅的事实之上的概念，像用腐朽材料建造的建筑物一样，一有风吹草动就会倒塌。为此理由，如果人们急躁地迫使学生过早地抽象，那只能损害教学。[6]以这种方式形成的概念，却潜在地包含着拙劣定义的和朦胧的个体图像，这些图像将特别容易使人误入歧途。

第 六 节

对于刚刚开始掌握一门科学领域的人来说，概念的本性最清楚地呈现出来。他不是借助于能获得毗连的事实的知识，而是通过仔细而审慎的观察。他常常穿越从事实到概念的路线，反之亦然，从而他对它有逼真的记忆，能够方便地追溯它，并在他的任何一点逗留。对于用日常语言的词汇表示的较少定义的概念而言，情况并非如此。[7]在这里，一切都因本能而出现，而没有我们审慎的干预，二者都涉及事实的知识和词的意义的定义。诸多使用使我们讲谈、聆听和理解的语言如此熟悉，以致一切几乎是自动进行的。我们不再停下来分析词的意义，而处于言说基础的感官图像作为暗示几乎不在意识中出现，即使不是一点也不出现。因此，毫不奇怪，当正在使用的词易于回答“除该词而外一无所有”[8]时，尤其是如果意义相当抽象时，被询问的人强调他发现在他的意识中一片空白。然而，只要一个短语引起怀疑或矛盾，我们便从记忆的深处明白表示出与这个词联系的潜在的知识。我们学会说话和理解我们的本国语言，就像我们学会走路一样。熟悉活动的分离阶段对意识而言变为模糊一片。如果现在一位严肃的学者表达看法“概念仅仅是词”，那么这必定无疑地基于不完善的自我观察。

96 由于长期实践，他正确地使用概念词，恰如我们正确地使用调羹、叉、钥匙和钢笔一样，几乎没有变得意识到我们如何缓慢地获得这些技能的。他能够唤起概念的潜在的知识，但是他总是未被强迫这样做。

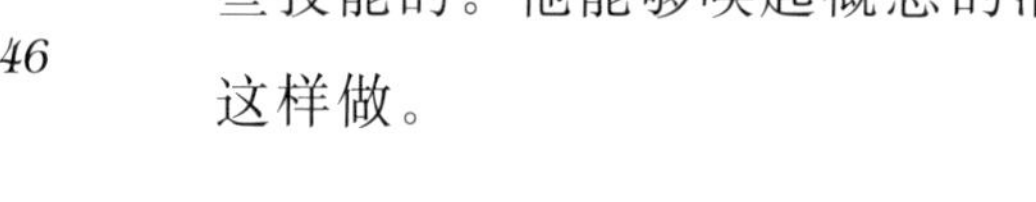

第　七　节

让我们更为仔细地考察一下借以形成概念的抽象过程。事物(物体)对我们来说是被关联的和相互依赖的感觉的相当稳定的复合，但是并非这些复合之一的所有要素都具有相等的生物学重要性。例如，鸟以甜红浆果为食。它的机体天生地与在生物学上重要的感觉“甜”协调起来，这一感觉“甜”通过联想到甚至在一段距离内就是触目的特征“红”，促进机体变得协调一致。换句话说，该机体以牺牲浆果的复合的其他要素为代价，为吸引有选择的注意力和要素甜与红提供了许多更为敏感的反应。抽象本质上在于协调、兴趣和注意力的这种分配。[9]作为这个过程的结果，鸟的物理复合的记忆图像中的感官特征并不都是同等强烈的，从而图像已经假定了概念的独特特点。甚至两个感官特征甜和红，也能够在没有引起任何注意的心理构象浆果的情况下，在浆果的物理复合方面大大变化（例如，想一想我们称之为红的波长和颜色的范围）。词“红”所表示的感觉的整个范围或混合，大概有选择性地被单一的基本的感官过程红概括其特征，我们也许有一天能够把它分离开来。[10]因此，即使在这样的纯朴的案例中，一致的心理的感官反应的十分有限的范围，从而概念图式化的显著趋势，在这里也对应于物理的感官特征的无穷尽的范围。

第　八　节

如果我们假定在某一地区生长的浆果的可食的和不可食的种类更多、更难以区分，那么主要的记忆图像必然变得在它们的特征方面更丰富、更形形色色。即使对原始人来说，需要也可能引起记住特殊的、明确意识到的和审慎的检验，以便在纯粹的感官观察不再充分的情况下，把有用的对象与无用的对象区分开 97
来。只要较少简单的直接生物学目标——例如获得食物等等——被更为众多和变化的技术的和科学的间接目标取代，尤其发生这种情况。在这里，我们看到概念从最简单的入门发展到最高水平的科学概念，而每一个较高级水平的概念都利用较低级的概念作为基础。

第 九 节

在发展的最高水平，概念在于与所期望的来自被指示的对象或事实种类的反应的词束缚在一块儿的意识。这些反应以及它们诱发的往往复杂的物理和心理活动，只能逐渐地和相继地作为清晰的图像出现。人们能够通过颜色、气味和味道辨认可食用的果实，但是事实上，仅仅通过外观却不能发现属于哺乳纲的鲸和海豚，而只有通过详细的解剖审查才能发现。放眼一瞥往往将决断一个对象的生物学价值，但是一个力学体系体现平衡还是运动，只能通过复杂的活动来裁定：人们测量所有力和在力的方向上彼此一致的位移，把每一个力的量度与它的对应的位移的量度相乘，并在适当地考虑记号的情况下把所有积相加。若这个和（即所做的功）是零或负的，我们则有平衡的案例；若不是零或负的，我们则有运动的案例。当然，概念力的发展具有以研究最简单的案例（杠杆等等）为开端的漫长历史，这些案例是从明显的观察开始的：不仅重量，而且它们的位移也影响过程。如果你意识到，你总是能够实施这种检验，以了解平衡的案例将产生零或负的和，而运动的案例产生正的和，那么你便懂得功的概念，并能够借助它把静力学案例与动力学案例区分开来。每一个物理学和化学概念都可以用这种方式阐明。如果对象在以所打算的方式被检验时产生所期望的反应，那么对象便对应于概念：根据环境，这可以是纯粹的观看，或者可以是复杂的心理的或技术的操作，对应的结果的反应可以是简单的感觉，或者可以是复杂的过程。

第　十　节

由于两个理由，概念缺乏直接的明晰性。首先，它们围绕着整个一类对象或事实，不能同时都想像它们的个体成员；其次，个体 98
的共同特征（只是在概念中涉及的那些特征）通常是这样的：我们逐渐在时间的序列中了解它们，把它们明确地显示给我们同样需要相当长的时间。它们作为熟悉的、确实可以再现的和潜在清楚的情感，在这里必须代替实际的明晰性。[11]然而，正是这两个因素使概念对科学如此有价值和有用处，以致它们在科学中能够描述和在思想中能够符号化大范围的事实。概念的目的是容许我们在事实的纷乱的纠缠中找到我们的道路。

第　十　一　节

正像观察反应如何结合在一起在生物学上是重要的（比如说，一块果实的外观和它的食物价值）一样，每一门科学也把目标对准发现关联和组合的恒定性以及反应的相互依赖性。例如，一类对象（一个事实领域）A 产生反应 a,b,c。进一步的观察也许揭示出反应 d,e,f。如果现在弄清楚，a,b,c 凭靠自己能够毫不含糊地概括对象 A 的特征，d,e,f 同样如此。那么这便在对象 A 中的两个反应集合之间确立了关联。这多少有点像在三角形中，三角形可以由两边 a,b 和它们之间的夹角 γ 决定，但是同样也完全可以由余下的边 c 和邻角 α,β 决定，这表明在三角形中，第二个三合一是与第一个三合一拴在一起的，可以从它推导出来。给定质量的气体的状态由体积 v 和压强 p 给出，但是也可以由 v 和绝对温度 T 给出。因此，存在着把三个决定因子 p，v，T 联系在一起的方程(即 pv/T＝常数)，这三个因子中的每一个都可以借助其他两个产生。进一步的例子是这样：在仅容许传导的系统中，热量依然是常数；在没有摩擦的力学系统中，动能在给定时间的变化由在该时间做的功决定；同一物体与盐酸结合形成食盐，与硫酸结合形成芒硝。

第十二节

很容易看到，概念的形成对科学来说是多么重要：我们不去考虑对我们的意图来说无关的那些事实特征，而通过把事实引入概念之下简化了事实，同时通过把该类型的所有特征包括在内扩大
99 了事实。[12]恒久性和充分分化这两个有序化和简化的经济原理，只有在用概念把材料结合起来的阶段，才能得到自己名下该得到的东西。[13]

第十三节

那些把概念视为空洞的理想构象而没有事实关联的人应该记住，虽然概念确实不是作为物理的"事物"存在的，但是我们对同一类概念的对象的反应在心理—物理上是相似的，而对不同类概念的对象的反应在心理—物理上是不相似的，这一点在生物学上重要的对象的例子中变得十分清楚。概念的特征能够在最终分析中被还原的感觉要素是物理的和心理的事实。在物理学命题中阐明的反应的恒定的联合,代表着探究者能够如此之远地揭示出来的最高程度的实质,该实质比传统上所谓实物的东西更恒定。可是,包含在概念中的实际要素,必须不误导我们把这些总是要求矫正的心理形式与事实本身等价。

第十四节

我们的身体,尤其我们的意识,是相当封闭的和孤立的事实系统,它对物理环境的回应在狭窄的限度内且在少数几个方向上运动。就仅对热过程反应的温度计,或者仅对电流反应的电流计,或者任何适度不完善的物理仪器而言,情况也是这样。乍看之下缺乏的东西,即对环境中的巨大的和多方面的变化作出反应的多样性之不足,正是容许对过程作第一个粗糙的概念分类的事物,从而这个分类能够被不断地矫正和精制。在最后,我们学会考虑我们意识资质的经久不变性和错误的来源,对任何其他仪器而言情况也一样。我们是与我们物理环境中的事物同类的事物,正是通过我们自己,我们逐渐变得了解它们。

第十五节

抽象的决定性作用在探究中是显而易见的。我们既不能掌握现象的所有细节的线索,这样做也不会是明智的。我们关注的是对我们来说有趣的那些特征和依赖于它们的那些特征。因此，探究者的首要任务是比较不同的案例，以便强调相互依赖的特征，而把其余一切对审查的状况没有影响的特征，作为对手头
100 的意图来说是偶然的或无关的而撇在一边。这种抽象过程能够产生极其重要的发现；诚如阿佩尔特(Apelt)[14]指出的，在意识中，混合的和特殊的东西总是先于简单的和一般的东西：后者仅仅是由抽象保证的，从而抽象是寻求原理的方法。他尤其是在惯性定律和运动的相对性——它们作为通过抽象而发现的例子对我们有用——方面持有这种观点。阿佩尔特叙述伽利略在一生多么晚、用什么迂回的路线终于充分把握了惯性定律，他坚持[15]认为，这是通过抽象，而不是像惠威尔(Whewell)主张的那样通过归纳。惠威尔[16]的确说过，惯性定律以归纳为基础，但是他继续直接提及胡克(Hooke)在逐渐减小的阻力下的旋转陀螺实验，作为从中引出普遍法则的具体实验。因此，不管不恰当的术语，除了惠威尔更充分地强调在抽象能够开始前需要了解各种案例外，惠威尔似乎与阿佩尔特持有相同的见解。就其余的而言，二人都假定先验的知性概念，这强迫他们二人服从奇怪的、多余的和人为的见解。阿佩尔特[17]发现，如果人们把"正确的"物质概念引入惯性定律，那么该定律就是清楚的和自明的，而物质的基本特征是"无生命性"，物质排除通过除"外部的"影响之外的影响的变化。惠威尔[18]也把惯性定律奠定在下述概念的基础上：无原因什么也不能发生。如果人们偏爱逻辑的而非心理的倾向，那么导致惯性定律的抽象会十分简单地出现。只要知道力是决定加速度的因素，立即可得，在没有力的情况下，

我们只能设想没有加速度的匀速直线运动。[19]历史甚至目前的讨论几乎过多地告诉我们，思想无法自行沿着这样平滑的逻辑路线行进：在给定一组不同的案例和各种各样的相互交错的困难以及矛盾的考虑之后，几乎必须通过强制强加抽象。惠威尔[20]正确地注意到，没有力而运动的例子实际上从未发生。在如此抽象时，科学使它的对象理想化。至于阿佩尔特[21]，他认为，就开普勒(Kepler)从一个体系到另一个体系的不计其数的建构而言，虽然没有一个人比他更加接近把握所有运动的相对性的原理，但正是伽利略，第一个清楚地认识到该定律，他不仅通过由事实证明它，而且通过思考运动的本性和运动的观察对于空间——纯粹感知的对象而不是观察的对象——具有的关系。101
该原理只能被直觉到，而不能被证明：只要人们抽象地把握和理解它，它的真理便直接使人信服，而没有要求其他说明的问题。这就是阿佩尔特认为伽利略实践的抽象能够发现该原理，而开普勒实践的归纳未能发现该原理的原因。我自己的观点是，伽利略确实通过抽象辨识该原理，但是无论如何通过比较许多观察到的案例。在把握和分析自由落体运动时，他必然注意到，在静止的塔附近的下落运动与在快速运动的船附近的下落运动对于其上的观察来说以相同的方式运动，这导致众所周知的把匀速水平运动和加速下落运动结合起来的抛射运动的概念。余下的概括和应用的阶段没有出现进一步的困难。阿佩尔特[22]甚至倾向于认为，伽利略的自由落体的发现是演绎的，但是伽利略的著作清楚地表明，自由落体定律是作为假设提出的，该假设基于正确的猜测，随后受到实验检验。正是依靠观察，伽利略成为近

代物理学的奠基人。

第 十 六 节

牛顿在他的《原理》前部的运动定律，实际上是通过抽象发现的杰出例子。第一定律或惯性定律上面已经提过了。撇开第二定律（运动的变化与所施加的运动的力成正比）中的同义反复不谈，在这里还有未弄明晰的内容，这恰恰是归功于抽象的最重要的发现。这是决定运动的所有因素（“力”）决定加速度的预设。当伽利略的直接证明仅仅应用于引力时，什么把人们导致这一抽象呢？任何人如何知道这对于电力或磁力同样有效呢？也许人们是如下着手的：所有力共同具有的东西是当人们试图阻止运动时感受到的压力；压力将总是具有相同的效应，不管它的原因是什么，对一个压力适用的东西对任何其他的压力也适用。这种作为决定加速度和作为压力的双重的力的观点，在我看来似乎是第二定律中的同义反复的心理源泉。为了恰当地估价这样的抽象，人们必须认为它们是用成功辩护的理智勇敢的行动。谁将担保，在这样抽象时我们注意到恰当的环境而不顾
102 不相干的环境呢？天才的理智与一般水准的差别恰恰在于迅速而可靠地预见理智操作的成功。这种品质是伟大的探究者、艺术家、发明家、组织者等等共有的。

要添加力学之外的一些例子，请考虑一下牛顿的关于色散的发现。除了区分不同颜色的更精细的浓淡和白光中的折射率外，牛顿第一个清楚地认识到，白光是由几个相互独立的辐射构

成的。他的发现的第二部分似乎是由抽象完成的，而第一部分则通过相反的过程，但是二者均依赖于随意和方便的考虑或无视一些因素的能力和自由。牛顿的独立的光辐射与运动的相互独立，导致热动力平衡知识的普雷沃斯特(Prevost)的独立的热辐射，福尔克曼(Volkmann)[23]称之为隔绝的许多其他概念，都具有相同类型的意义。这样的概念化对于科学的简化来说是须臾不可或缺的。

第十七节

虽然概念不是纯粹的词，而是根植于事实，但是人们必须谨防把概念和事实看作是等价的，把一个与另一个混淆起来。这样的混淆引起错误，其错误就像把观念和感觉混淆起来产生的错误一样严重，事实上前者更为普遍地有破坏性。观念的形成本质上归因于个人的需要，而受到作为一个整体的人类的理智需要影响的概念，则具有它们所在时代的文化的印记。如果我们把观念或概念与事实混合起来，那么我们就把比较贫乏的、对特殊意图有帮助的东西与比较丰富的、实际上不可穷尽的东西等同了。我们一再无视我的身体的边界，这在概念的情况中必须看作是把人们包含的一切都包括在内。只要我们保留这些概念，从概念出发的逻辑演绎依旧未经触动；但是，概念本身必须总是期待招致事实的矫正。最后，人们不能假定我们的概念对应于绝对的经久不变性，因为探究只能发现不变地结合起来的反应。[24]

第十八节

J. B. 斯塔洛独立地以不同的形式表达了与我们刚才说过的基本一致的观点。[25]简而言之，他主张，思想并未以事物本来的那个样子处理事物，而是处理我们关于它们的概念；我们只是能过它们与其他事物的关系知道事物的，以致我们关于事物的所有概念
103 知识必定是相对的；思想的特定的行动从来也没有容纳对象的可知性质的总体，而仅仅容纳属于特定种类的关系。由于没有注意这些命题，我们犯了几个自然的错误，这些错误可以说是十分普通的，是基于我们的心理组织的。在这些错误中有如下一些：每一个概念都是可区分的客观实在的配对物，以致有多少事物就有多少概念；较一般的或较广泛的概念及其实在的配对物在较少一般的之前存在，后者是通过添加可区分的特征从前者产生的：概念出现的序列等价于事物出现的序列；事物独立于它们的关系存在。

斯塔洛在反对把物质和运动、质量和力作为特殊的实在时察觉到这些错误的第一个，在把运动添加到呆滞的物质中察觉到第二个。气体动力论建立在刚体理论的基础上，因为我们在了解气体之前就熟悉后者。然而，如果我们认为刚性原子是一切事物可以从中得出的预先存在的项目，那么我们就犯了第三个错误。正如 J. 弗里斯(Fries)[26]很久之前观察到的，气体的性质实际上比液体和刚体的性质简单得多。最后，作为第四个错误的例子，斯塔洛讨论了空间和时间的实体化，正如它特别地在牛顿的绝对空间和时间学说中显示出来的那样。

第十九节

在斯塔洛的书的德文版序言中，我已经描述了我们的一致和分歧在哪里。斯塔洛的论点以及我的论点，从来也不是以反对物理学的工作假设为目的的，而仅仅是以反对认识论的荒谬性为目的的。我的阐明总是从物理学的细节出发，由此上升到比较普遍的考虑，而斯塔洛则以截然相反的方式行进。他的叙述更多地针对哲学家，而我的叙述则更多地针对科学家。

注　释

【1】在我的 *A*4，pp. 249—255；*P*3，pp. 277—280；*W*2，pp. 415—422 中，尝试了概念的心理学理论。进一步参见 H. Rickert，"Zur Theorie der naturwissenschaftlichen Begriffsbildung"，*Viertelj. f. wiss. philosoph.*，Vol. 18，1894，p. 277；H. Gomperz，*Zur Psychologie d. logisch. Grundtatsachen*，Vienna，1897；M. Keibel，"Die Abbildtheorie u. ihr Recht ind Wissenschaftslehre"，*Zeitschr. f. immanente philos.*，Vol. 3，p. 1898. 最后，我希望提到 A. Stöhr，*Leitfaden der Logik in psychologisierender Darstellung*，Vienna，1905. 该著作与本书第一版同时面世。正是它的第一页包 104
含着从神经元理论的立场最初阐明概念的理论。

【2】参考第七章第五节末尾。

【3】参考 *W*，p. 146.

【4】参考 *A*，p. 250.

【5】参考出处同上，p. 253.

【6】我本人有理由确信，驱使学生去抽象是多么无益。儿童将乐意把握和区分小的对象集成对象群，并敏捷地对问题"三个坚果和两个坚果一共是

多少坚果?”给予正确的回答,但是问题“二加三是多少?”却使他们为难。几天后,抽象的公式将来自它本身。

【7】当我的儿子在四五岁之间时,我给他一个装有几何学物体的积木的小盒子,我当然是在没有定义它们的情况下叫出它们的名字的。他的形象的想像被这大大丰富了,他的幻想大大增强了,例如他能够在不看积木的情况下数出立方体或四面体的角、棱和面。他甚至使用新的对象和它们的名字描述他自己的小观察。他这样称香肠为弯曲的柱面。不管怎样,他直到那时还没有几何学概念。如果把香肠的形状算作是柱面的特例,柱面的定义恐怕也与平常的柱面大相径庭。

【8】参考 Ribot 在上述引文 pp. 131—145 中选取的统计资料。关于 p. 139 的“听型学习者类型”(type auditif),他提出了一个有吸引力的假设:在中世纪的口头教育和当时流行的口头辩论中,这种类型也许是占优势的,“空虚的声音”的表达的起源可能归因于这种环境。

【9】让我再次提及 Stöhr 的书(上面的注释【1】)。请注意他所谓的“概念中心”(Begriffszentrum)是什么。

【10】于是,人们也许有理由说,简单的感觉是抽象,但是人们必须不要因此而断言,它们并非建立在实际过程的基础上。请考虑压力和加速度。参见 p. 3 和 p. 4,p. 122.

【11】参见本书第七章。

【12】*A4*,p. 253.

【13】出处同上,p. 248 和本书第七章第三节。

【14】Apelt,*Die Theorie der Induktion*,Leipzig,1854,p. 59.

【15】出处同上,p. 60。

【16】Whewell,*Geschichte der induktiven Wissenschaften*,German translatic by J. J. v. Littrow,Stuttgart,1840. II,p. 31。

【17】Apelt,在上述引文中,pp. 60,61。

【18】Whewell,*The Philosophy of the Inductive Science*,London,1847,I p. 216.

【19】*M5*,1904,pp. 140—143.

【20】Whewell,*Geschichte*,II,p. 31;Wohlwill,*Galillei und sein Kampf fün-*

die Kopernikanische Lehre,Hamburg,1909.

【21】Apelt,在上述引文中,pp. 61,62.

【22】出处同上,pp. 62,63.

【23】Volkmann,*Einführung i. d. Studium d. theoretischen physik*,Leipzig,1900,p. 28.

【24】在 *Erhaltung der Arbeit* 1872,*M*1833 和 *W*1896 中,我已经就物理学详细地说明了这些观点。

【25】J. B. Stallo,*The Concepts and Theories of Modern Physics*,1862;德文版题为 *Die Begriff und Theorien der modernen Physik*,由 H. Kleinpeter 译,E. Mach 写序言,Leipzig,1901. 尤其参见 pp. 126—212。

【26】J. E. Fries,*Die mathematische Naturphilosophie*,Heidelberg,1822,p. 446.

105 第九章 感觉、直觉、幻想

第 一 节

从感觉及其结合产生概念，概念的目的必须通过最抽象的和最容易的方式把我们导向与感觉最大一致的可觉察的观念。于是，所有的智力活动都开始于感性知觉并返回它们。我们真正的心理的工作者是这些可察觉的图像或观念，而概念则是告诉大量的构成者去哪里和做什么的组织者和瞭望者。在简单的工作中，理智直接与该工作者接触，但是对于较大的任务，它与指导工程师打交道，如果指导工程师没有注意可靠的工作者的保证，那么他们无论如何是无用的。观念的游戏甚至使动物减轻了短暂印象的严酷。如果文明人比原始人为未来提供更多的东西，并为远远超越他自己的生命的目标而工作，那么他能够通过他的概念和它们的丰富的有序观念这样做。不过，我们往往充分地经历到，处理观念比处理可觉察的观念感到多么较少直接。我们将不容易拒绝帮助某个我们实际遇见的不幸的人，而铭刻的对帮助的诉求更多地在思考中被觉察。纯精神的苏格拉底偶尔宣称，美德即知识。可是，它必定是一类并非总是十分鲜活的知识。如果后果是逼真地和准确地可想像的，那么也许没有几个罪行可犯。如果在概念和可察觉的观念之间没有差异的话，我们就不应该把必需品隐藏在奢侈品之后，就不应该跳舞或

手持节日的鲜花探望病人。贪婪的食利者命令把贫穷的乞丐撵走，因为穷人的故事是如此令人痛苦：他能够更好地对付痛苦的概念。[1]感性知觉的确是真正的最初的原动力，而概念往往只有通过进一步的概念中介才依赖它们。

第　二　节

人在使用工具之先从自然界中能够获悉的一切，都是直接通过感官向他们揭示的。这在传统的物理学部门依然可以直接看到，这些部门受到历史的制约，但是它们不再是连贯的和恰当的了。只要使用工具，按照斯宾塞（Spencer）的观点[2]，每一个观察 106
器械都被视为感官的人为延伸，每个机器都被视为运动器官的人为延长。就其他人而言，这种自然的思想似乎也出现过：在斯宾塞之后许久，E. 卡普（Kapp）[3]无疑独立地详细阐明了它，尽管不幸地是以相当稀奇古怪的形式阐明的。有趣的和有教益的叙述归功于 O. 维纳（Wiener）。[4]

第　三　节

让我们考虑一下维纳的一些重要的观点，而不详尽地跟随他。感觉器官一般是十分敏感的，因为它们并非仅仅以无生物所进行的方式接收物理刺激，而是作为现成的能量存储的释放动因，这只是例外地发生在诸如话筒、电极继电器等等的仪器中。用一亿分之一尔格这样低的能量，能显著地刺激眼睛和耳朵[5]，相同的能量将使最灵敏的天平产生可见的偏转。眼睛比最易感光的照相底片敏感一百倍。如果我们把从100克到1000克的重物放在我们手上,我们能够直接通过压力感觉分辨大约30%的减小,而在上下运动着的手中,能够把灵敏度改善到大约10%。可是,最灵敏的天平在1千克负荷时能够显示出1/200毫克的差异,或$\frac{1}{2}\times10^{-8}$大气压。在10厘米的距离,人眼刚好能够把分开1/40毫米的两条线加以分辨,而用显微镜能够得到低于1/7000毫米的分辨能力。利用光波,我们还可以估计小得多的距离。无助的眼睛能够分辨两个电火花之间的1/500秒的间隙,惠斯通—费德森(Wheatstone-Fedderson)旋转镜方法给予我们测量小至10^{-8}秒的周期的光学工具。我们的暖和感觉察知大约摄氏1/5度的温度差,但是用兰利(Langley)和帕谢恩(Paschen)的测辐射热方法,我们能够演示摄氏10^{-6}度的温度差。因此,物理仪器在许多方面能够达到而且往往超过感觉器官的灵敏度。物理学家从而获悉了这样精密的反应等级,不用这些工具他们从来也不能达到这一点。

第　四　节

物理学进而了解用一种感官代替另一种感官的方法。光学器械能够使声波变得可见,使光波变得可听,用施莱恩(Schlieren)方法能够目睹各种各样的观察振动的方法、空气波的可见性。热仅
107 仅通过触觉可直接感觉到[6],但是温度计却把它传达给眼睛。甚
至不直接影响任何感官的过程,例如十分微弱的电流或磁强度的

振荡，也能够通过电流计和磁强计使之变得可见；视觉实际上普遍地介入我们处理十分精密的反应之处。不管怎样，我们务必不要忘记，能够严格地逃脱我们所有天然感官的过程也许依然永远是未被发现的和无法察觉的。因而，在使用人为的工具时，我们总是正在寻求更多方面和更精密的分度的反应，这些反应达到天然感官之一的范围。

第　五　节

最后，考虑一下柑橘、一块盐、铂和空气。这些物体中的第一个在没有人为操作的情况下在所有感官上引起反应，第二个缺乏气味，第三个缺乏味道。我们甚至不能看见空气，我们至多作为热或冷感觉到它，当它正在强烈地运动时，它作为风给触觉以深刻印象。直到我们人为地把一些空气密封在软管——事实上这在最古老的物理学实验中——之前，我们还不确信它是物质的。对于所有这些物体，人工的器械能够提供进一步的特征性的反应。因此，物体只不过是以类律的(lawlike)方式关联起来的反应束。对于我们按照明晰性的需要分类和命名的所有种类的过程而言，情况也一样。不管它是我们用眼睛和触觉追踪的水波，还是我们听到、但只能通过人为的工具才使之可见的空气中的声波，抑或是几乎只能用人为设计的反应追踪的电流，不变的因素总是且唯一地是类律的反应关联。这是批判地纯化了的实物概念，它必须代替科学语境中的模糊概念。模糊概念在日常生活中不仅完全无害，而且在使用中往往是绝对有用的(否则它就永远不会本能地发展)，

但是它在科学的物理学中像“物自体”在哲学中一样，起着相同的不可靠的作用。

第　六　节

维纳被诱使虚构了具有与我们的感官不同的理智的生物。例如，被充分强烈的磁体围绕的神经感官会呈现出一种磁感觉，这种感觉被克赖德尔（Kreidl）在乖戾的案例中人为地表现出来。[7]例如，眼睛对于红外线敏感，而对较短的光波不敏感。在这种情况下，人
108 们能够使用带有硬橡胶透镜的望远镜等等。通过这样的吸引人的考虑，维纳认为他能够使他自己独立于我们感官的特殊本性，以便获得关于一致的物理学理论的看法。就这一点而论，在我看来情况似乎是，所有有机生物，至少地球上的有机生物，是十分密切地联系在一起的，因此一种生物的感官与另一种生物的感官只不过有变异而已。我们现在的天生的感官之感知，将无疑依然是我们的心理世界和物理世界的基本要素；但是，这并不妨碍我们的物理学理论变成独立于我们感性知觉的特殊的质。我们通过排除观察主体的变化，或通过以某种方式从变化中抽象，来研究物理学。我们比较物理的物体或过程，从而只有感官反应中的同一和差异才算数，而感知的特殊的特征对于所发现的、对方程表达出来的关系而言不再是重要的了。因此，物理探究的结果不仅对于所有人，而且对于所有具有其他感官的生物都变得确实可靠，只要它们认为我们的感觉是一类物理仪器的记号[8]；除此之外，这样的记号对于这些生物来说不会是直接直觉的，但是，也许以我们用图解表示使事物变得更直

观的方式，必定能够把该记号翻译为它们的感性知觉。

第　七　节

迄今，我们集中于个人的感觉及其重要性。我们最初把名称“直觉”给予在空时上有序的感觉的整个系统，例如这个系统能使我们一瞥即辨认出物体或它们的相对运动的整体配置。该词清楚地表明它的起源：对于能够看见东西的人来说，视觉直觉是最重要的，它同时传达了大批信息和有关信息的许多东西。不过，像几何学家桑德森(Saunderson)这样的高度聪明的盲人告诉我们，触觉同样能够传达迅速有序的概观，这可以称之为触觉直觉。必须承认，有经验的音乐家对于在时间上有节奏的运动以及在音调范围中的发声部分的分布和进展有一种直觉的概观。在两个计算的奇才伊南迪(Inandi)和迪亚曼迪(Diamandi)中，前者属于听觉类型的，后者属于视觉类型的。[9]前者在学会阅读前就开始实践，把数想像为声音。另一个初入学校，就学会书写：如果在水平行上使数一个在另一个之下排序，从而数字也形成纵列，迪亚曼迪能够立即复述任何行列中的数字，由于他把整个事物看作是空间上的排列。109
伊南迪只能困难地完成这个任务，因为他在心理上一个接一个地听数，必须把这个时间上的序列切割为剖面，然后仿佛把它们一个放在另一个之下。迪亚曼迪具有视觉的、空间的直觉，而伊南迪具有听觉的、时间的直觉。其他感觉领域是否能够显示出某种类似的东西，例如福雷尔就高度发达的气味感觉(狗、蚁)所断言的，我们把它作为悬而未决的问题留下来。

第 八 节

毋庸置疑，紧随单纯的感觉，直觉在概念思维还相当落后的阶段首先使观念和行动运转起来。直觉本来就比概念思维更古老，有更强大的基础。我们一瞥即见整个情势，并相应地快速行动，从而避开滚下的石块，伸手扶住绊倒的同伴，捡起使我们感兴趣的物体，而不必思考它。正是从直觉中，发展出头一批明晰的观念、概念和思考。通过直觉增强概念思维无论在何处都是可能的，由于给新的个人获得物以种族的古老的且经过反复试验证明的发现物的支持，这将有益地发生。

第 九 节

图示艺术，尤其是摄影术和体视术，今天能使我们获取丰富的直观图像，这在五十年前要花费巨大的努力。遥远的国土，它们的人民和建筑物，从热带森林到极地冰雪的景象，同样都是栩栩如生的。彩色摄影术和电影制片术将进一步美化了自然的容貌，留声机在声学方面将做同样的事情。科学找到了手段，甚至使自然无法达到直觉的对象能够达到直觉。快照仿佛通过取消速度和冻结物体一样，固定了对直接观察来说太迅疾的运动的每一个阶段。马雷（Marey）、安许茨（Anschütz）和迈布里奇（Muybridge）如此固定了动物的运动。甚至有记录声波图像、运动的射弹等等的精湛方法。在急剧振荡的频闪观察器的特殊形式中长期使用的图像系列方法容许三重应用：有在我们天生的直觉的速率范围内的运动，电影拍摄术以恰当的速率重演它们；有太快以致看不见的运动，例如昆虫飞行时翅膀的拍击、声音振动等等，能够使它们随意地慢下来；最后有太慢以致看不见的运动，例如植 110
物或胚胎的生长，或者城镇的发展，能够被适当地加速。想一想具有向地运动和趋日运动的正在以增加的速率生长的变化，想一想动物的运动相应地慢下来，动物世界和植物世界给予的印象几乎改变了位置。苦行赎罪的说教不管多么抓住人心，在冲击力方面都无法胜过儿童生长、成熟，最后在老年死亡的运动图像。

第　十　节

时间上的延长和收缩之间的对照，类似于空间上的放大和缩小显微镜受到高度重视，但是同样重要的——尽管较少注意——是对我们视野来说太大的对象的图像的缩小，像在地形地图中所做的那样。在这里，用概念粗略把握的对象也被引入在易懂的和熟悉的知觉范围内。借助曲线图增强抽象思维通常用在实验工作中，以便用线、几何作图等等陈述已经到手的发现。[10]一个简单的例子足以表明使一个领域变得为直觉可以理解的价值：开普勒在由个别的概念资料构造椭圆行星路线时遇到一大堆麻烦，而仅仅一瞥几乎能够足以猜测到答案，如果在减小的空时尺度上直观地给出运动的话。

第　十　一　节

记忆凭靠直觉。如果在某一偶然场合，在我脑海里浮现出一个短小的、脸刮得干净的、灰白头发的人的心理图像，他友好地向各个方向点头，走进了餐厅，我听到来自四面八方的各种口音的窃窃耳语：“一位德国教授！”如果在想象过程中的一切事物本质上在我的真实经验中作为相关的东西发生，那么我将称其为记忆。如果由于许多不同的经验在直觉要素之间产生了多种多样的联想，从而放松了个体要素的话，那么其他影响能够以在先前的感觉经验中从未发生过的方式把这些关联中的几个组合起来，以致这种组合首先存在于想象中。我们称这样的观念为幻想。如果我以往老是看见一只狗，现在想象它，该图像也许会有在观察这只狗时未逃脱我的注意的所有标志。不管怎样，我看见无数不同的狗以及像狗一样的动物：因此，想象中的狗很可能不同于我在任何时候看
111 见的任何狗。酒店老板可以选择“蓝狗”招牌。首先，他得到木制的狗的图案，他带着它到油漆店，在此处他看见各种颜色的镀锡铁皮，希望使用某个惹人注目的东西：他的“幻想创造”于是从属于不同经验的联想的组合中浮现出来。这样的简单的例子表明，我们不能在记忆和幻想之间划出泾渭分明的边界。没有经验处于单独的境地，以致其他经验不可能唤起关于它的记忆。每一个记忆都是“诗和真理”(Dichtung und Wahrheit)。

第十二节

儿童看见一个一瘸一拐地走路的人。“他必定从高大的马上摔下来，他的腿碰到石头上弄伤了。”三岁半的儿童的这个幻想叙述很容易从他的记忆中调集出来。另一个年轻人想要像鱼一样生活在

水中，像星星一样居住在天上，他像第三个人一样具有许多幻想：这个人随意捡起一块石头，并在此处挖掘小动物的洞穴，以为它藏有小妖精。尤其鉴于观察我自己的小孩，使我更为将信将疑的是，若小孩称瓶盖为“门”，或者称小硬币为“娃娃钱”，或者当瞥见带露水的草地唤起“绿草正在哭泣”的陈述时，我们是否能够认为这是幻想的事情。[11]正像儿童建立他的幻想一样，未开化的人也是如此用来自记忆的熟悉要素建立他的宇宙起源说。巨大的蛙、蟾蜍、蜘蛛和蚱蜢主要也是这样出现的。对于生活在海边或大河附近的部族来说，从深水中浮出的大鱼或巨龟有助于形成即刻有用的世界秩序。如果熟悉奔跑的小鸡的农人的小女儿询问，星星是不是月亮下的蛋，那么我们就有原始宇宙起源创造的漂亮的例子。[12]在陶器早就达到高度完美程度的埃及，我们看到卜塔(Ptah)神利用陶工的转轮形成卵，而世界则从卵发展而来。[13]我们只需要回顾一下我们自己的年轻时代，为了在没有理解世界的任何牢靠的经验基础的情况下把握世界，幻想必须填补缺口，并尽其可能满足需求。

第　十　三　节

如果人们了解科学的历史发展或者参与了科学的探究，那么他们将不怀疑，科学研究需要相当旺盛的幻想，尽管不像后面要讨论的艺术家的幻想那么强劲。首先，考虑一下实验家。每一个伽利略的同代人都知道，声音传输得比光慢，因为在听到木匠的榔头
撞击之前在远处就能看见：光的十分大的速率被用来标明声音的 112
发出。为了决定光的速率，这种方法是无用的：我们必须如何标明

它的发出时间呢？伽利略设想两个持灯的观察者 A 和 B：A 突然去掉灯闸，当 B 看见闪光时他去掉他的灯闸，以致 A 能够观察出发和在光越过 $2AB$ 的距离后的到达。这个天真的安排源于考虑并组合了所有相关条件的幻想。也许回声的记忆有所帮助。虽然伽利略明确地认识到，因为光速太大该操作是行不通的，但是在二百多年后，斐索（Fizeau）能够继续这一幻想的努力。他用反射代替 B，用匀速旋转的带齿的轮子代替 A，齿轮以同等的精确性标明出发和返回，而在 A 和 B 处增添了望远镜，为的是减小光损失。正是对该目标充满了活跃的兴趣使联想保持运动状态，被满足的条件的表象导致对该意图有用的联想的选择，幻想的产物出自它们的组合。【14】观察闪电和放电的瞬间，诱使富兰克林（Franklin）假定，电闪和雷鸣在本性上是电。强烈的欲望激起他捕捉这种假定的电，但是怎么办呢？导体杆够不着，巴别塔①无法建造。此时，他回想起随风徐徐上升的纸风筝，便制作了一个带有金属翼尖的风筝，把它拴在低端带有电钥的大麻纤维绳子上。他在绳子和他的手之间插入一段丝线，把风筝放飞到接近雷雨之处。因为下雨，绳子变为导体，富兰克林能够从天空引来电花，用电花给瓶子充电，从而用“电的”火花充满瓶子。今天，被拴住的气球可以代替风筝。出自幻想运用的其他实验设计包括：牛顿把凸透镜和平玻璃板组合起来，以显示薄板的颜色，并决定对应于每一种颜色的厚度；索弗尔（Sauveur）的游码，用来决定振动的波节点；惠斯通的旋

① 据《圣经》记载，巴别塔（Tower of Babel）是在大洪水后人们在巴比伦的示拿所建造的塔。据说，巴比伦人想建一座通天塔扬名，上帝变乱他们的语言，使他们无法沟通，结果塔未建成而人类四散到世界各地。——中译者注

转镜；柯尼希(König)的传声火焰指示器等等。

第 十 四 节

在上述实验问题解决的例子中，我们不仅涉及可觉察的观念，而且也涉及概念。一旦人们获得了用词、记号、公式和定义固定的熟悉的概念，这些概念就构成记忆和幻想的对象。人们也能在概 113
念中运用幻想，借助联想之线搜索该领域，直到人们找到满足问题的条件之组合的选择。如果人们察觉到使一切东西意思明白并给予答案以线索的概念的集合的话，那么这尤其发生在解决理论问题之中。斯蒂文(Stevin)在他的流体静力学研究中注意到，当任何一部分处于平衡的流体变为固体时，该平衡不被扰动，从而把某些流体静力学问题的解答还原为在刚体静力学中的已解决的问题。

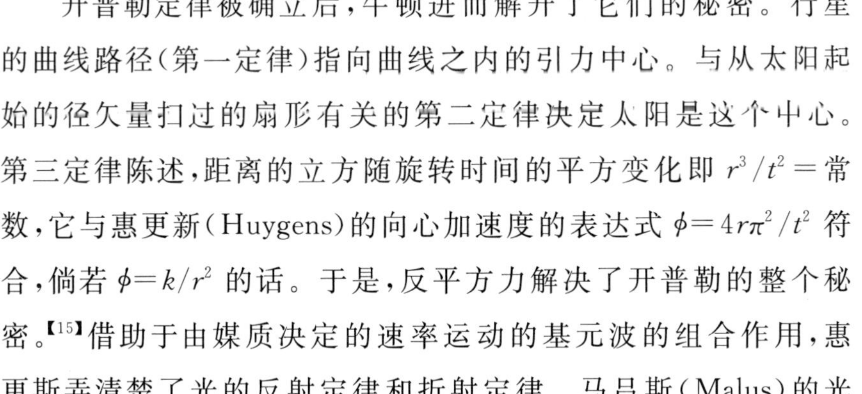

开普勒定律被确立后，牛顿进而解开了它们的秘密。行星的曲线路径(第一定律)指向曲线之内的引力中心。与从太阳起始的径矢量扫过的扇形有关的第二定律决定太阳是这个中心。第三定律陈述，距离的立方随旋转时间的平方变化即 $r^3/t^2=$ 常数，它与惠更新(Huygens)的向心加速度的表达式 $\phi=4r\pi^2/t^2$ 符合，倘若 $\phi=k/r^2$ 的话。于是，反平方力解决了开普勒的整个秘密。[15]借助于由媒质决定的速率运动的基元波的组合作用，惠更斯弄清楚了光的反射定律和折射定律。马吕斯(Malus)的光偏振的定量定律，双折射晶体平面的颜色与薄平板颜色的类比，毕奥(Biot)关于前者的公式，这一切都被杨(Young)—菲涅耳关于光作为横振动的概念加以说明，并与相参性(coherence)概念联系起来。

第 十 五 节

联想规律本身表明足以说明这里讨论的科学幻想的作用。另一方面，艺术家的幻想表现出某些需要进一步考虑的特征。联想并不局限于意识过程和想像。生物体反复地在一起发生的所有过程都显示出永久地连接起来的倾向。因此，动作通过实践变得相互联系，甚至分泌也通过联想发生：它是不同器官的功能之间迟早获得的关联，或者是一种器官活动受到另一件器官活动的刺激，即部分经由生活环境服务于整体的时间上的适应。使这样的相互作用变得可能的器官之间的关联，并非唯一地由个体的经验创造，事实上它的大部分至少是作为它的遗传的性

114 能给予有机体。这预先决定了像反射动作这样的相互作用的集合；这个集合在器官的发展过程中变大了，仅仅被在个体生活时期获得的东西修正。因此，心理学不能仅仅借助于迟早获得的联想对付一切情况。[16]生命纯粹基于通常含义的联想也许是不可能的。进而，我们必须考虑到，尽管器官是彼此存在和相互服务的，但是它们中的每一个也有属于它自己的生存。这种生存以特殊的活力[17]表现自己，而这些活力可以被来自外部的刺激或其他器官修正，但是它们在整体还保留着确定的特征，有时使它们本身被独立地感觉到。于是，视觉器官，或听觉器官，或任何其他器官，能够作为幻觉产生物理刺激正常激起的感觉。这

发生在迄今未被研究的特殊条件下。再者，皮质能够产生固定的观念，肌肉可以并非自愿地缔结相互作用，腺体可以在无正常原因的情况下分泌。实际上，正是幻觉教导我们辨认作为我们自己身体的状态的感觉。片面地过高估价这种认识，反过来变成同样片面的哲学体系（唯我论）的基础。

第十六节

视觉幻觉表达了视觉感官的独立的自发的生存，约翰内斯·米勒（Johannes Müller）详尽研究和充分描述了它们。[18] 例如，栩栩如生的有色的植物、动物和人的画像可以在视域出现，在我们未介入的情况下逐渐变化。这些画像是新形成的，不是先前看见的对象的记忆图像，不是由思考它们唤起的。意志对此没有可表明的影响。米勒利用这种时机强调联想规律的无用，但是在这一点上他走得太远了。不用说，自发地出现的东西可以自发地改变，但是幻想并不与联想规律矛盾，即使这些规律并不能单独地使它们成为可理解的：它们只是属于不同种类的现象。在许多领域，联想规律无论如何是宝贵的指导。此外，还存在一种类型的幻像，这种幻像比较密切地与直接继续先前的东西，即费希纳（Fechnner）特别描述的感官记忆的现象相关联。[19] 当我们持续地专注于一种类型的视觉对象时，它们的映像突然浮现在我们面前，尤其是在半暗之时，只不过是毫无变化和完全客观地浮现的这些映像十分类似于先前看到的对象，即使也许不再完全相同。[20] 如 115
果在暗淡的光照下我们看见被错觉改变的对象，那么这便暗示这

样一个事实：自发的幻像和由物理刺激决定的图像的两极能够以各种比例结合起来出现。类似地，情况似乎是，在感觉和观念之间存在着所有中间等级。于是，如果一个观念通常是由另一个观念激起，但是在特殊的环境中可以自发地出现，那么这与到此为止已知的事实充分一致。[21]

第十七节

所谓的自由飘浮的观念，以前事件的突如其来的逼真记忆，或者曾经听到的乐曲等等，在没有联想可能与直接在先的思想或目前存在的背景关联起来的任何明显之点的情况下，所有这一切无疑被每一个人观察到。赫尔巴特熟悉该现象，并力图用他自己的方式说明它。它似乎与幻觉有关。不过，如果人们在更广泛的含义上理解联想，以致它们的系列可以以无意识的过程开始或终结，那么人们不需要把每一个表面上自由飘浮的观念视为打破了联想定律。相同的身体状态不管是有意识的还是无意识的，都能够被同样的观念伴随。在我看来，这一进路似乎为斯沃博达（Swoboda）的有趣观察投来新的光亮[22]，并且与R. 塞蒙的观点完全一致[23]。

第十八节

通常被视为在艺术上多产的幻想之标志的东西，是幻想创造的自发的不费气力的新奇东西，它排除了经验的简单模仿。

此外，还有一种突如其来的方式，在这种方式中至少创造的基本特征或者以纯粹的幻觉，或者以某种密切相关的形式呈现在艺术家的面前。在论述幻想的著作中，我们找到许多这样的例子。[24]可是，为了不把例外的视为寻常的，或者为了不在严肃的科学研究之外夸大其词，请考虑一下，贝多芬(Beethoven)或拉斐尔(Raphael)在原始人中出现是否可信。人们立即感到，这样的艺术家的作品的整个特征大大依赖于以前的艺术和他们的经验。[25]就算幻觉来自他们的灵感，也必须认为灵感依赖于经验。接着到来的是细节性的工作，这种工作除了艺术的较多激发美感和较少抽象的特征外，它与细节性的科学工作几乎没有什么差别。在欣赏舒曼(Schumann)的交响曲或海涅(Heine)的诗时，人们辨认出较早艺术的痕迹。人们也许承认，这些作品中的诸 116
多吸引力在于旧主题的惊人变化，从而把我们的期望惬意地倒转过来。没有较古老的和较平凡的东西，它们既不能出现，也不会被理解[26]。

第十九节

科学发现能够以幻觉开始吗？也许，歌德(Goethe)的植物变态是以这种方式产生的。不能排除罕见的例外，但是一般而言它将像在梦中的幻象的情况那样。我从我个人经验中充分了解幻觉和梦中的幻象，我经受了许多视觉的和音乐的幻象，它们完全可以用于艺术的目的。不管怎样，我不知道基于幻觉的科学发现的例证，无论是在重大的典型例子中还是在我自己的经

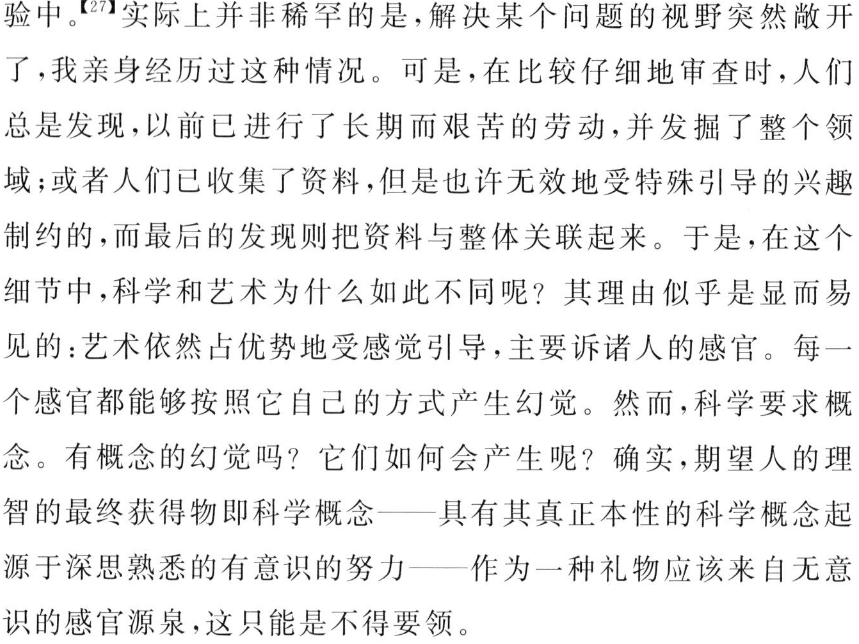

验中。[27]实际上并非稀罕的是，解决某个问题的视野突然敞开了，我亲身经历过这种情况。可是，在比较仔细地审查时，人们总是发现，以前已进行了长期而艰苦的劳动，并发掘了整个领域；或者人们已收集了资料，但是也许无效地受特殊引导的兴趣制约的，而最后的发现则把资料与整体关联起来。于是，在这个细节中，科学和艺术为什么如此不同呢？其理由似乎是显而易见的：艺术依然占优势地受感觉引导，主要诉诸人的感官。每一个感官都能够按照它自己的方式产生幻觉。然而，科学要求概念。有概念的幻觉吗？它们如何会产生呢？确实，期望人的理智的最终获得物即科学概念——具有其真正本性的科学概念起源于深思熟悉的有意识的努力——作为一种礼物应该来自无意识的感官源泉，这只能是不得要领。

第二十节

让我们另外看看概念与直觉和感觉的关系，以此作为结束。亲自获得的、不是直接通过语词和阅读传达的、熟悉的概念的长处在于，它能够容易地引起潜在地寓居于概念中的直觉和感觉，而这些内容反过来也容易贮存在概念中。举一个琐细的例子。考虑约三千六百年前的法老时期，从那时起历史证据是尚存的。只要我们不能把这三千六百年转化为某种比较直观的东西，它们几乎只
117 不过是“空虚的声音”。然而，如果我们想像生儿子的一位六十岁的埃及老人，六十岁的儿子同样生儿子，依次类推，那么这条线的第六十代后裔是我们当代人。这样的线容易标记在房间的墙壁

上。于是，法老时代便相当接近我们，我们不再惊奇如此之多的原始风尚还保留着。如果人们设想他们的受尊敬的祖先，或者想像他们的子孙的引人入胜的未来，那么他们做的是相反的事情：把直觉观念转化为观念。每一个人都有父母二人、四个祖辈、八个曾祖辈，以这种方式进行，我们不久便达到土地不能承载的数目。因此，由于没有一个人能够有对他自己来说特别值得尊敬的祖先，所以每一个人必须满意地容许，在我们共同的祖先中存在着若干群盗贼、杀人犯等等，必须推断他们在他的家族中，他必须妥善处理他们的心理遗传。如果某人满足于留下三个孩子，这三个孩子同样如此做，依次类推，那么在几百年内，他的后代会充满地球。由此可得，他们中的大多数必定在生存斗争中灭亡，而生存斗争将并非总是以最高尚的手段进行的。从概念转化为直觉以及倒转过来的简单例子可能暗示，过分不替别人着想的和自我中心的对他们自己的后代的关怀，建立在错觉的基础上，取而代之对人类关怀也许更好一些。

第二十一节

符合其利益的明确表达的概念系统的所有者，通过语言、培养和教育使这个系统成为他自己的系统，这样的人相对于仅有知觉依赖的人来说拥有巨大的优势。不过，如果一个人缺乏迅速而可靠地把感性观念转化为概念以及反过来转化的能力，那么他间或也可能易于被他的概念误导，在这种情况下概念对他而言会变成纯粹的偏见的重负。

注　释

【1】下述事件表明，在直接性方面，许多概念如何落在感觉和想像之后。在一个大学城，两个民族 *A* 和 *B* 在其中生活在相互紧张的状态中，民族 *A* 的一位教授在该机构二楼有他的病理学解剖室，偶尔也举行家庭舞会。同时，支持 *B* 民族的报纸发表了一篇题为“在死尸上跳舞”的文章，该文激起反对该教授的街头骚乱。感情冲动的暴民可能感到，整天与死尸打交道的教授不应该享受另外的欢乐时刻，除非他是十分堕落的和残忍
118 的；至少那是报人自称相信的东西。可是，人每分钟都有死的，或者他自己的亲戚被埋葬，谁容许他的高兴被上述想法困扰呢？

【2】Spencer, *The Principles of Psychology*, London, 1870, I, 164, p. 365.

【3】E. Kapp, *Grundlinien einer Philosophie der Technic*, Brunswick, 1877. 所有仪器、工具和机器都被看作是肉体器官的无意识的投射（projection）。这似乎使斯宾塞的观念颇为黯然失色，我认为以这种方式将达到的东西不过是梦一般的“技术哲学”。请问你自己，哪一个器官被投射在螺旋或轮子、发电机和干涉折射计等等中。正确的东西仅仅是，技术研究也确实曾经帮助我们获得对于某些肉体器官的理解。

【4】O. Wiener, *Die Erweiterung der Sinne*, 就职演说, Leipzig, 1900.

【5】我本人偶尔尝试过这样估计感官的灵敏度。参见 *Beweglichkeitsempfindungen*, Leipzig, 1875, pp. 119f.

【6】严格地讲，对热的感觉在空间上是与触觉密切联系的。

【7】*P*3, Leipzig, 1903, p. 398.

【8】*A*4, 1903, p. 209.

【9】*Revue générale des sciences*, 1892.

【10】*P*, pp. 124－134.

【11】Ribot, *Essai sur l'imagination créatrice*, Paris, 1900, pp. 89－97. 参见 *A*, p. 250.

【12】我的妹妹的观察。

【13】Erman, *Ägypten* II, pp. 352, 605f.

【14】在罗麦（Roemer）那里，事实上也发现了周期的遮闭和揭开的主题。

【15】*M*5,1904,pp. 88,195.

【16】*A*,p. 185.

【17】这里涉及的理论是由约翰·米勒提出的,由赫林进一步发展的。

【18】J. Müller, *Über die phantastischen Gesichtserscheinungen*, Koblenz, 1826. F. P. Grüithuisen,*Beiträge zur physiognosie und Eautognosie*, Munich,1812,pp. 202—296.

【19】Fechner,*Elemente der Psychophysik*,Leipzig,1860,II,p. 498. 也可参见 *A*,p. 157.

【20】Oelzelt-Newin,*über die Phantasie-Vorstellungen*,Graz,1889,p. 12 报告,在杀死许多烦扰他的许多蛇时,他度过了次日的不眠之夜,整夜不断继续的似乎是它们实际的出现和运动。在用蜘蛛做实验数天后,同样的情景对我来说发生了:我在梦中看见它们绕我爬行。一次,当我把一只年幼的麻雀赶到一群蚱蜢上面时,我在梦中面对一只人一般大小的蚱蜢向我爬过来,仿佛它用席勒(Schiller)的言辞威胁我:"地球为万物留有充裕的空间,为什么残害我的种族?"

【21】*A*,p. 159.

【22】Swoboda,*Die Perioden des menschlichen Organismus*,Vienna,1904. 我无法观察我自身的精确的间发性,尽管自由勃兴的想像的显现时常浮现在我面前。也许鲜明的间发性本身仅仅在十分敏感的个人中表现出来。

【23】Semon,*Mneme*,Leipzig,1904.

【24】见上面的注释【20】。

【25】关于这方面的十分明智而清醒的观点在 R. Wallaschek,*Anfänge der Tonkunst*,Leipzig,1903 之中,尤其是在 pp. 291f. 之中。

【26】参见 E. Kulke 的极好的小册子 *über die Melodie*,Prague,1884. 类似的
考虑也适合于和声的变化。只提及一个例子,以鬼船中的用不同音调 119
反复演奏一首乐曲、叙事曲的场景和前奏曲为例,在这里和声 F 大调、E 大调和 D 小调相互紧随,而且伴随着显眼地违反禁止相继的五度和音的准则。只是稍微修改一下 F 大调的琐细的重复演奏、第五音的五度和音并返回 F 大调,才正好使得它如此吸引人。

【27】据说，凯库勒(Kekulé)在伦敦的大雾中作为幻觉看见他的苯环，但是他自己关于他在伦敦和根特努力思索的简单报告却不支持这种观点(*Berichte d. Deutschen chem. Gesellschaft* XXIII，1890，pp. 1306f.)。

第十章　思想对事实的适应和思想的相互适应 120

第　一　节

观念通过以充分的准确性描绘事实而逐渐地适应它们，以便满足生物学的需要。准确性并不比即时的利益和环境所要求的更多一些，但是，由于这些随情况不同而变化，因而适应的结果并不完全匹配。生物学的利益进一步导致描绘的相互矫正，从而以最佳的和最有利的方式调整偏离。这个要求被恒久性原理和观念充分分化原理的结合所满足。观念适应事实和观念相互适应这两个过程，实际上不能被截然分开。如果头一批感觉印象已经部分地由有机体的天生协调迟早决定，那么后者则受到早先一个的影响。因此，观念对事实的适应几乎总是被观念的相互适应伴随着。这些过程起初完全是不在意地、在没有清楚意识的情况下发生的。当我们充分变得有意识时，我们在我们内心发现的东西已经是一个相当完善的世界图像。不过，此后我们逐渐通过明晰的考虑仔细继续该过程，只要发生这种情况，探究就开始了。正如我们应该比较准确地提出的，我们称思想对事实的适应为观察；称思想的相互适应为理论。观察和理论也无法截然分开，因为几乎任何观察

都已受到理论的影响，要是观察足够重要的话，它反过来也作用于理论。考虑一些例子吧。

第　二　节

我们从未做出努力，学习牛奶和面包吃着可口并满足饥饿；或者，学习袭击的固体打伤，火焰烧疼，水向低处流，电闪被雷鸣紧随等等。我们的身体及其周围的事物几乎自动地、按照个体的生物学利害关系达到观念的这种适应。然而，当思想的适应只有间接的利益时，事情就变得不同了，适应的结果一般倾向于人的得益，
121 而且通过语言表达传达。这是对我们的心理生活的更多的要求：必须把新事实与许多其他实例比较，注意一致和差异，寻求已知的和已命名的要素，由于新事实可能被认为是由这些要素构成的。当间接的利益足够强烈，以致妥善处理这一点暴露出来并找到满足时，必定存在着在服务生命中增强的心理能动性。儿童在不知道为何甚或在没有询问的情况下，就学会用麦秆吮吸液体，就更不必讲能够说明下述问题了：通过泵的间接路线获取水需要什么发展，间接利益必须多么强烈，才能指导幻想作出恰当的记忆的选择，以产生构造泵的原型！在人们能够最终说，水不管它的重量，因为“害怕虚空”，所以紧随活塞，在此之前进行了多么不可胜数的比较啊。在适应的开头一些步骤，直觉记忆借助幻想的新组合往往就足够了。我们可能想到磁体的“吸引和排斥”，光的微粒的“发射”，欧勒最近复活的闭合磁通量，像水从湿海绵流向干海绵一样从较热的物体“流”向较冷的物体的“热质”，甚或安倍(Ampère)的

左手定则。进一步的适应需要抽象的概念操作，考虑整个事实类别或它们的特征性的反应。在这里，归入该范畴的有伽利略辨认自由落体是匀加速运动，开普勒证明光的直线传播和相应的强度定律，布莱克(Black)构造“热的量”的概念，库仑(Coulomb)建立电作用的反平方定律。

第　三　节

考虑思想及其结果相互冲突和适应的几个简单的例子。感觉经验常常唤起各种记忆，这些记忆部分地一致且在一个方向促动起作用，部分地不一致且相互瓦解。这也许是狐狸的案例：狐狸除了察觉到猎人趋近，还看见扭动的牺牲者，或者疑心有罗网的迹象，这都是以往痛苦的经验的回忆。如果这只狐狸分辨出推定的猎人是未带狗和枪的无害的小孩，或者推定的罗网原来是大树下的小树丛，牺牲者在其中突然变得模糊紊乱起来，那么冲突便被消解了。在任何提供部分有利的、部分不利的预期的计划面前，我们的矛盾的思想将把我们置于或多或少的苦恼的张力之下；只有当我们明确认识到，我们的希望或担心在该环境下是无意义的和不合理的，从而我们决定前进或停止时，这种张力才会远退而去。相比之下，我们现在才感到解脱压力的愉 122
悦。在为生命的服务中，思想相互适应和适应事实；如果思考过程变得充分强烈，那么思想之间的不一致本身正在扰乱人心，致使人们将力图解决冲突，即使仅仅是为了消除理智的不适意，甚至即使没有包括实际利益在内。

第　四　节

一个未开化的年轻人传送一篮水果，其中附有一封信。在途中，他吃了一些水果，并感到惊讶，这封信能够暴露这一切，下次他把信放在石头下面，为的是阻止“叛徒”观察他，但是他再次注意到，他没有充分地防护“魔术师”。只是在学会了比如用笔画计数和表示数目后，他才获得了大致适当的观念：信如何能够出卖他。在记忆的群体中，信的原初观念被转化，直到它与记忆一致。当我们首次观察斜插在水中的棍棒时，它看来好像弯曲了。然而，当把棍棒浸入水中时，我们未注意到有阻力，当我们取出它时，它也不是弯曲的，但是它一旦变弯曲了，它本身不能伸直。因此，与余留的观念即彼此较充分一致的、从而具有较大权威的观念比较起来，弯曲听任被看作是劣等的哄骗或蒙蔽。对不重要的经验的这种忽视可能满足实际的意图，但是肯定不符合科学的观点，因为从科学的观点来看，任何事实都可以变得重要。因此，只有辨认出直的和弯曲的光学影像同样由光传播的条件决定，才能使科学满意。

第　五　节

个人对他自己的思想适应唯有借助语言才可能进行，但是并非毫无例外地与语言结合在一起。不管怎样，对共同体有用的适应的结果必须用语言的概念和判断来表达，这样做带有一切伴随的长处和缺点。这对于科学的适应尤为有效，科学的适应在这个事例中用概念和判断群的相互矫正得到表达。

第　六　节

正是由于矛盾引起的观念烦忧，必定驱使爱利亚学派进行他们的哲学实验。他们承认唯有语言的统一是可靠的，而剥夺了感
官和它们观察到的差异的权利，借此以在我们看来是稀奇古怪的 123
方式追求答案。无论人们可能认为这些原初的尝试是什么，毋庸置疑的是，它们激起的争论把注意力转向我们的思维和言说，从而使之达到较高的灵活程度，并且通过在真实的或骗人的答案中的放松感觉，教导我们在理智训练中获得愉悦。此外，我们务必不要低估情感的动力，它优于较少充分实践的东西。的确，具有爱利亚的原始情感的芝诺(Zeno)肯定对不可能分立地枚举感性知觉呈现的无限连续统感到不安，这实际上是主要的困难；但是，他的“阿基里斯”具有无限的几何级数，用他的方法无法计数该级数而达到赶上的点和时刻，这尤其是一位机敏的辩论者的杰作，他为他自己的异乎寻常的技艺感到欢欣。

在有害的方面[1]，以爱利亚学派的方式唤起了诡辩家的灵感，这些诡辩家力图使较拙劣的实例显得好像是较健全的实例，使能言善辩的逻辑学家谬误百出，他们乐于捍卫无论什么样的观点，尽管最初是为他们自己的利益而工作的，不管怎样，他们间接地有助于推动思想和语言的批判性的评价。如果柏拉图在《欧蒂德谟》和《高尔吉亚》向诡辩家的代言人提出的那种类型的谬误，今天看来似乎是礼仪性的和不合理的，如果像“说谎者”和“假慈悲者”之类

的聪明的论据不再使我们困扰，如果诡辩家普罗塔哥拉(Protagoras)反对他的学生欧阿尔泰(Eualthus)的案例给近代律师以比古代律师较少的烦恼的话，那么我们把这归因于下述事实：这样的困难已经被我们的祖先解决了。这显示出在其童年时代的思想和成熟的思维之间的距离。幸运的是，后者容许我们把诡辩撇在一边，专注于比较严肃的和富有成效的任务。[2]我们还必须记住，除了通过滥用它附带地推进了批判性思维的人以外，许多希腊哲学家通过较为牢固确立的东西，即借助几何学的证明，发展了思想相互适应和对较少有根据的东西矫正的恰当方法，这一切集中在简单的和连贯的领域。这是永久的理智财产。这些努力的成果即欧几里得(Euclid)的《原本》，依然是逻辑展示的范型。

第　七　节

中世纪的逻辑在探究方面几乎完全是无结果的。然而，为了使它的观点顺从于教会的教义和它们的官方哲学家亚里士多德的
124 理论，它进一步发展和应用了古人的辩证法。它也许包含着较少的事实材料，而较多地关注它力图榨尽被认为是真命题的一切东西。这种方法所揭示的大都是相当令人不满的纸上的食物，即使当它们像在开普勒、格里马尔迪(Grimaldi)、基尔黑尔和其他人的著作中被冲淡时，今日的自然科学家还是几乎不能接受它们。不管怎样，这种方法的运用训练了人们利用观念的艺术，只要它对准实在的探究领域，这一点就变得很明显。这并不是说，仁慈的上帝具有远见，把经院哲学放在科学探究的面前；但是，经院哲学一旦

存在,它就必然在好和坏两方面施加它的影响。此后,它不幸地继续度过了数世纪,直到事变最终迫使它对那些被人为蒙蔽的人来说至多只是一种虚假的存在。[3]

第　八　节

任何一个具有强烈的观念生活的人,当没有严肃的任务到手头时,都将乐意参与游戏的追求。这样的游戏性进一步发展和增强了对于未来的严肃事务的观念。在我看来,情况似乎是,这两种游戏的概念被证明是合情合理的,而通常却只强调这个方面或那个方面。[4]例如,考虑一下《数学魔术师》(*Thaumaturgus mathematicus*,科隆,1651年)中的智力难题。该书是在科学复兴时期印刷的,共同具有古代的、经院哲学的和近代的明显痕迹。问题13要求称量来自燃烧物体的烟的重量:给出的答案在于称量原来的物体和燃烧后的烟灰的重量,其差是烟的重量。问题和答案二者无疑是古代的,因为卢西安报告,犬儒学派的德谟纳克斯(Demonax)以这种方式回答它。虽然我们知道答案是错误的,但是它无论如何揭示了对于比较普遍的经验的清楚的感觉,我们现在以质量守恒原理表达该经验;在这里似乎要求通过适应把比较特殊的思想与这种比较普遍的思想协调起来。[5]就一些问题而言,解决需要思想实验。例如,在问题15中,不得不用一条小船渡狼、山羊和卷心菜过河,小船只能搭载一个,以这样的方式,使得没有一个吞吃另外任何一个。人们以搭载山羊渡河开始,其余的紧接着。问题14是类似的,有三个主人和三个家奴,小船只能搭载两

人,附加条件是:“主人必带自己喜爱的家奴同住(*dominorum quisque suum amat servum*)”。问题9是一个出自数论的巧妙难
125 题:给定三个容量分别是3、5和8个单位的容器,头两个是空的,第三个是满的,在不用任何更多的工具的情况下把它分为两个相等的部分;解决只需要活泼的幻想,唯一的小困难是开头的不确定。问题29相当奇怪:把一个人竖直放置并倒转。这似乎是不可能的,但是,只要我们像否认存在对跖人的人那样,取“竖直”为绝对方向。然而,如果我们把概念视为相对的,该问题便会通过把人放在地球中心迎刃而解。[6]问题49是对思考能力的有吸引力的检验。环绕地球均质地建一座桥,此后同时统统取走它的支柱。将发生什么情况?“如果事情发生恰恰像理智的洞察是确定的”,那么这座桥必定会像一个闭合的拱顶那样继续漂浮着,因为一部分不能在任何其他部分之前落下。在这里,所有观念都适应于普遍的思想,以致每一个过程都由存在的条件唯一地决定。请注意,土星的光环可能是这样的桥。不过,这还没有考虑反平方引力定律和作为结果的刚性漂浮环的不稳平衡:只有当真实的土星光环由孤立的循环物质构成时,它才能够存在。接着的问题有助于进一步引起对充分决定原理和充足理由律的注意。在问题53中,叙述的是,均匀的环形的蜘蛛丝不能被均匀地施加的拉力弄破,即便“天使和人”都尽力拉。在230页,有这样一个问题:是否存在两个人,他们头上的头发数严格相同。这乍看起来似乎不能回答,但是它有助于强调秩序和清楚的排列的价值,也就是数学的价值。这是因为,如果人们清楚地领会了,人的数目无疑比一个头上的毛发多得多,那么人们就能以所数的头发为序把人的数目排列起来,并

假定这没有脱漏:在那之后的任何一个人必定与已经排列起来的人放在一起。

第 九 节

这些例子足以表明,十七世纪的人正如在他们的智力消遣中表现的那样,他们借助熟练的思考能力已为自然科学的伟大发现充分地武装起来。思想实验的方法,孤立的观念对比较普遍的思维模式——该模式通过经验和对一致(恒久、唯一决定)的追求发
展起来——的适应,观念在序列中的有序化,在这样的消遣中训练 126
的所有这一切是真正的能动性,这些能动性强有力地推动了自然科学中的探究。

第 十 节

现在,让我们表明,在科学史中具有最高意义的思想的相互适应如何发生的一些例子。斯蒂文正在借助沿斜面的拉力寻找这个面上的负荷的大小。他假定,环绕劈的均匀闭合链环会依然处于平衡的那个值是正确的,由于日常经验这是熟悉的:使较少确定的思想适应于较多有根据的思想。当伽利略开始他的工作时,传统概念还残存着,以致说抛射体具有逐渐减小的外加力,这实际上是日常经验的自然表达。他的探究导致他辨认出自由落体的匀加速运动和竖直的匀减速运动或斜抛射。同时,他尤其通过他的摆实验,日益习惯于认为阻力是延缓、减小速度。通过考察匀速水平运

动是具有零加速度或减速度的匀加速运动或匀减速运动的特例,减小的外加力变成多余的和混乱的东西,必须给普遍合适的惯性运动让路。[7]牛顿的《原理》由八个定义(例如质量、动量、惯性、向心力等等)、三个运动定律和从它们引出的推论开始。这些断言是从经验抽象出来的,或是适应于经验的。它们带有相互适应的标记,尽管并非完全适应,因为存在着一些累赘的陈述。为了评价这一考虑,人们必须记住,它是在静力学正在发展为动力学的时期给出的,以致它包含着双重的力的概念:作为拉力或压力的力和作为决定加速度的力。只有以这种方式,第二定律和第三定律的阐述才变得可以理解。如果人们在把静力学视为动力学特例的情况下从这样的事实——物体成对地决定它们的相互加速度,这些对是独立的——开始,那么质量比便被加速度的反比在动力学上定义,加上质量比无论怎么决定依然相同的经验,我们就能够在这个基础上发展整个动力学。在这里,第二定律化归为物体的相互加速度和测量的任意定义之事实,而第一定律变为第二定律的特例,第三定律变成多余的[8]。牛顿的考虑当然是十分连贯的,但是累赘
127 的成分表明,其中某些命题能够从其他命题导出[9]。

布莱克利用“热质”概念已经构造了热的量的概念,他形成了这样的量的总和是常数的观念;进而,他了解到,热从热的物体传播到邻近较冷的物体伴随着各自温度的下降和升高。接着,他观察到,正在熔化或正在沸腾的物质在与更热的大火接触时温度不上升,只要这两个过程继续着:它们似乎消灭热的量的事实与总和恒定不相容。因此,布莱克假定,熔化和沸腾使热量潜伏下来,而近代热力学则丢弃了恒定原理。从而,适应能够以不同的方式进

行：在两个冲突的思想中，在当时较少重要和可靠的一个必然受到另一个的修正。S. 卡诺（S. Carnot）明确认识到，处于较高温度的热的量必须下降到较低的温度并传给较冷的物体，如果后者不得不例如通过膨胀做功的话。他起初认为热的量在布莱克的含义上是不变的，但是迈尔（Mayer）和焦耳（Joule）发现该量在功被做时减少，而在通过做功保持增加，这是热量的创生（通过摩擦）。克劳修斯（Clausius）和汤姆孙（Thomson）通过假定热在功被做时的消失依赖于传送的热量和温度，解决了这个表面上的悖论。卡诺和迈尔二人的观点得以修正，并在新形式中结合起来。卡诺原理启示 W. 汤姆孙通过在 0°C 绝热膨胀和压缩空气，也就是在没有做功的情况下制取冰，但是 J. 汤姆孙注意到，因为水能够在凝固时通过膨胀做功，所以这个功也许必须来自无。为了消除矛盾，人们不得不假定，凝固点按照精确的定量公式由于压力而降低，这已被实验确认。因此，悖论本身为思想的相互适应、从而对新的阐明和发现提供了最强有力的激励。

第　十　一　节

思想的相互适应没有在矛盾的消除中竭尽：无论什么分开注意力或用过多的种类加重记忆的负担，适应都感到不自在，即便不存在感觉到的矛盾。无论何时辨认出新的和未知的东西是已知的 128
东西组合，或者揭示出表面不同的东西是相同的，或者减少了充分的主导观念的数目，并把它们按照恒久性原理和充分分化原理排列起来，那么心智都感到放松了。思想的经济、和谐和有组织被认为是生物学的需要，这种需要远远超过了对逻辑连贯性的要求。

第 十 二 节

托勒密(Ptolemy)的体系未包含矛盾，它的所有细节都是彼此相容的，但是我们却正在涉及静止的地球，固定恒星的旋转的天球，以及太阳、月球和行星的单独运动。在哥白尼(Copernicus)体系及其古代前驱那里，所有运动都简化为圆形路线和轴向旋转。在开普勒三定律中没有矛盾，但是使它安适的办法必定是把它们化归为单一的牛顿引力定律，这附带地覆盖了自由落体和抛射现象、潮汐和其他许多现象。

光的折射和反射、干涉和偏振都是分离的而非相容的理论，可是菲涅耳却把它们都还原为横振动，这对展示容易而言是巨大的和受欢迎的进展步骤。一个大得多的简化归功于麦克斯韦，他把整个光学归类为电理论的一章。地质学中的灾变理论，居维叶(Cuvier)的创生代观念，都摆脱了矛盾，但是每一个人将感谢拉马克(Lamarck)、赖尔(Lyell)和达尔文，因为他们尝试地球史、动植物史的更简单的概念。

第 十 三 节

接着这些例子，我们一般地得出结论：使思想适应事实的结果是在被比较和进一步被适应的判断中系统阐明的。如果存在矛盾，能够放弃较少有成效的判断，而有利于较多有成效的判断。哪一个被视为比较权威的，当然取决于人们对该领域熟悉的程度，取决于人们在理智思维中的经验和实践，取决于该时期的习惯的观点。例如，有经验的物理学家和化学家将不把权威授予违背决定论原理、能量和质量守恒原理的思想，而建造永动机的业余爱好者则很少为此而烦恼。在牛顿时代，假定超距作用需要很大的勇气，即使作为某种还有待于说明的东西提出来。后来，成功使得这一 129
进路如此普通，以致没有一个人冒犯它。[10]今天，我们再次感到强烈需要通过空间和时间连续地追踪所有的相互关联，致使我们不能假定直接的超距作用。在布莱克之后，怀疑热的量的恒定立即成为大胆的行动，而在五十年代，却存在着放弃他的假定的强烈倾向。一般而言，每一个时期都偏爱在其指导下获得最大实际的和理智的成功的判断。伟大的和有远见的探究者往往处在这样一个位置，即他们必定反对流行的观点，从而有助于开始视野上的转折；即使迄今是权威的那些判断，现在也不得不与仅仅在别处被遗弃的新判断妥协，作为结果二者通常被修正；请目睹一下克劳修斯和 W. 汤姆孙[开耳芬勋爵(Lord Kelvin)]的热力学探究和法拉第—麦克斯韦的电理论吧。

第　十　四　节

被比较的判断从一开始就可能是相容的，以致似乎不需要适应。是否存在对和谐的进一步要求，则取决于思想者的个性和他在审美表象和逻辑经济方面要求的东西。在一些头脑中，形形色色的观念能够和平共处，因为它们属于从未遇到过的领域：一个人在一个领域可能是理智清醒的，可是在另一个领域却奇怪地是迷信的，尤其是当他恰好以非经常的心境对它作出反应时，从而容许因案例而异发出不同的音域，而不会为整个思想领域的较大有机关联费脑筋。与此对照，我们有像笛卡儿、牛顿、莱布尼茨、达尔文等人这样的探究者。[11]

第 十 五 节

当我们成功地找到独立判断的最小集合，而其余的东西作为逻辑推论能够从中演绎出来时，才在一个领域达到相容判断的经济的和有机的协调之理想。一个例子是欧几里得几何学。这样演绎出的判断本来可以以迥然不同的方式被发现，事实上情况通常也是如此。在那种情况下，演绎借助较简单的和较熟悉的判断使该判断变得更容易理解，也就是说，演绎有助于说明某种被怀疑的东西，或者把它建立在某个原来不是较简单的东西的基础上，一句话即提供证明。如果被演绎的判断先前是未知的，而是首次在论
130 证中发现的，那么我们便具有演绎的发现。

第 十 六 节

几何学的简单的、一般表达清楚的和熟悉的题目，完全适宜于阐明判断在一起的配合。例如，让我们画任何四条直线与圆相切而形成四边形 $ABCD$(图 2)。我们就它能够说的一切并非对任何四边形都有效，因为在这里边是切线，因而必须与圆的性质相容：到切点

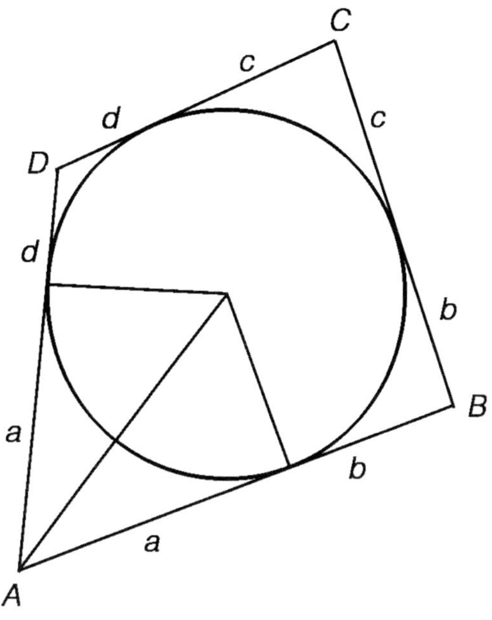

图 2

的半径与切线成直角。来自一个顶点的两条切线关于顶点到圆心的连线处于对称，从顶点到切点的线段相等。[12]因此，两对边之和等于其余两对边之和。这种对称性质毫无例外地属于与圆外切的四边形的性质。如果我们画一条割线或在圆外画一条线代替 AD 以完成四边形，那么该性质就不再适用了。同样地，人们不能在每一个四边形内接圆：因为那个圆是由三条切线、或由相邻切线之间的两个角平分线之交决定的。第四边强加了一般与其他边不相容的 131
要求。这样的判断在一起的配合能够方便地以问题以及它的解的说明的形式给出，或者作为演绎发现给出。在欧几里得或亚里士多德的逻辑项中的系统阐明未出现困难。J. F. 弗里斯[13]详细地讨论了这个例子，德罗比施(Drobisch)[14]的讨论更有吸引力。

第十七节

不是我们叙述一部分的逻辑形式是从科学思想的实际例子中通过抽象达到的。然而,任何像在几何学中的这样一类的例子都表明,仅仅这些形式的知识是没有多大用处的:它至多可以有助于核验思想路线,而无助于发现新思想。事实上,思想并不是以空洞的形式进展的,而是依据生动地呈现出来的内容,或直接地或通过概念进展的【15】。在几何学演绎中,直线将时而被看作是它的位置,时而被看作是它的长度,或者视为切线、半径的法线、对称图形的一部分;在平行四边形中,我们必须时而注意面积,时而注意边、或对角线、或角之比。如果我们不熟悉所有直观的和概念的关系以及如何把它们相互转化,如果对被推定的关联的兴趣没有把我们的注意力引向正确的路线,那么我们肯定不会作出几何学发现。空洞的逻辑公式不能代替事实的知识。【16】不管怎样,代数和几何学的三段论的考察一般表明,像这样的对思想的关注和理智操作的抽象形式的符号表示绝不是没有任何长处。任何一个不会进行这些操作的人在没有这样的帮助的情况下,无论如何也不能从这些方法中获得好处。不过,当我们考虑包含频频重现的相同的或相似的运算的思想操作的整个序列时,符号表示大大减轻了必需的心理努力,从而省下努力对付不能用符号解决的比较重要的新案例。事实上,数学家为了他们自己的意图,在他们的符号论中发展了最有价值的符号逻辑。数学思想操作是如此千变万化,以致亚里士多德逻辑的简单分类不能囊括它们。因此,数学产生了它

自己的更为综合的符号逻辑[17]，其操作绝不仅仅是定量的。开端返回到莱布尼兹[18]；在 19 世纪中期的德国，唯一的追随者似乎是 F. E. 贝内克(Beneke)。[19]它被留给像 H. 格拉斯曼(Grassmann)、布尔(Boole)、E. 施罗德(Schröder)、伯特兰·罗素(Bertrand Rus- 132
sell)等等这样的数学家，从而恢复了莱布尼茨的路线。

注　释

【1】Th. Gomperz, *Griechische Denker*, Leipzig, 1896, I, pp. 331f.

【2】F. E. Beneke, *System der Logik als Kunstlehre des Denkens*, Berlin, 1842, II, p. 141. 也可参考 J. F. Fries, *System, der Logik*, Heidelberg, 1819, pp. 492f. 以及在 W. Schuppe, *Erkenntnistheoretische Logik*, Bonn, 1878, pp. 673f. 中对谬误的出色的和合意的叙述。

【3】按照 A. 马蒂(Marty)教授的建议，想要了解经院哲学思想的最佳途径是通过弗朗西斯科·苏亚雷斯(Francisco Suarez)的《形而上学的争论》(*Disputationes metaphysicae*，歌剧 Tom. 22, 23, Venice, 1751)。例如，比较一下在争论 23“终极因”(T. 22, p. 442)或争论 40“定量的连续”(T. 23, p. 281)中的别出心裁的表演，这种争论仅仅通过迂回曲折的路线，总是有助于相当软弱无力地导向教会的教义或亚里士多德的学说。经院哲学的特点是 H. 罗伊特(Reuter)(*Gesch. d. religiösen Aufklärung im Mittelalter*, Berlin, 1877, Ⅱ, pp. 19f.)就图内伊的西蒙(Simon of Tournay)所说的东西。在一次成功的讲演后，他粗鲁地大笑着说：“嗬，我的小耶稣，我多么有助于使你在这个问题上的教义变得强大和光荣！肯定地，假如我以它的恶毒的反对者出现，那么我必定知道如何用更加强有力的理由和论据来贬低、削弱和拒斥它！”当他感到缺乏应有的条件

时，他确实没有说这些话：他丧失了说话能力和记忆。当然，辩证法往往是导致其他人、有时也导致自己误入歧途的艺术。它也促进了思维的乐趣。那些达到经院哲学观念的狭隘的封闭循环的目的地的人经历了宁静的幸福，可是甚至“浓荫遮蔽的恩泽”(Epistulae Obscurorum virotum)也不能隐藏这种幸福，不管讽刺多么凶猛。

【4】K. Groos, *Die Spiele der Tiere*, Jena, 1896.

【5】拉瓦锡(Lavoisier)没有发现质量守恒定律，但是这个在古代已经流行的本能的假定导致他作出了伟大的化学发现。

【6】这个问题及其解决太古老了，普卢塔克(Plutarch)在对话“关于月球的外表”中讨论过。

【7】参见 *M*5, pp. 139f. 惯性定律的较古老的观点在惠威尔(Wheweel)的《归纳科学的哲学》(*The Philosophy of the Inductive Sciences*, I, pp. 216f.)之中。他意识到，惯性知识的第一个起源只能是经验。不过，一旦辨认出力引起运动或运动的变化，那么在没有力的情况下，运动必定是匀速直线的。这与我的观点一致，倘若我们把力定义为决定加速度的东西的话。达朗伯(D'Alembert)(*Traité de Dynamique*, 1743, pp. 4—6)的叙述同样在惠威尔的 p. 218 中讨论了，该叙述除非在形式上加以根本改变，否则完全无法理解。设一个物体(通过推动?)处于运动。或者该原因足以使物体运动一呎(原文如此!)，或者甚至对于这个距离也需要持续的作用。在两种情况中，就运动而言相同的理由对于第二英尺、第三英尺等等继续存在。现在，很清楚，对所经过的路程的这种考虑不能导致该结果，只要没有就作为时间函数的路程作出假定。无论如何，如果我们假定，运动在推动后只是在时间微分上是均匀的，那么我们已经本能地确立起惯性定律，并能够容易地把它哲学化为悬而未决的东西。达朗伯的叙述是机灵的诡辩。普莱费尔(Playfair)(惠威尔引用，p. 219)说，我们必须反驳惯性定律，并假定速度 v 按照时间的某一函数 $f(t)$ 减小，较简

单的是$v=c(1-kt)$，此处 c 是初始速度；但是，他发现没有理由偏爱任何 133
函数或常数值 k。惠威尔正确地评论道，我们缺乏洞察力，无法就经验裁决。

【8】$M5$，尤其是 pp. 267f.

【9】除了在 M 中所说的话外，让我们指出，从力的平行四边形原理（系定理Ⅰ），人们能够导出在第二定律中阐明的比例，但是我们必须分开建立在系定理Ⅰ中所假定的力的独立。

【10】这一进路进而使牛顿法则发挥作用：在说明任何事物时，尽可能只使用实际观察到的原因（vera causa）。

【11】迪昂（Duhem，*La Théorie physique*，pp. 84－167）区分了两种理智类型：综合的心智和深刻的心智。前者（esprits amples）具有活跃的幻想、敏锐的记忆、精确的判断，能够把握事物的广泛多样性，但却没有显示出对逻辑准确性和纯粹性的感觉。深刻而狭窄的心智（esprits profonde étroits）具有较狭窄的眼界，就其本性而言适合于用简化的抽象方式设想一切事物，能够估价智力经济以及逻辑关联和可靠性，并且能够应用它们。他说，前一种类型尤其在英国人中能找到，后一种类型在法国人和德国人中能找到。著名科学家的名字、科学成就、英国和法国的法律等等，都以十分引人注目的方式显示出这个观念。迪昂完全清楚，这些特征只是一般地有效，仅仅不能适用于个别的案例。不过，我认为，不仅存在这两个极端之间所有中间程度的案例，而且每一个个人按照理智倾向和手头任务，将时而趋向一种方式，时而趋向另一种方式。例如，迪昂把威廉·汤姆孙（开耳芬勋爵）划分到第一种类型，因为他拥有许多依赖于各种各样的原理的模型，为的是阐明物理学定律。但是，如果我们考察一下他的热力学方面的工作，我们毋宁应该说，他属于第二种类型。至于笛卡儿，迪昂把他排在第二种类型；但是，如果我们考虑一下笛卡儿为折射定律寻找理由时的广泛的非逻辑尝试——在这里他

假定光传播无需时间，还考虑两种介质中的时间和速度。如果我们把这与建立在那个定律本身之上的《屈光学》中的杰出的逻辑推导比较一下，那么我们很难相信，它是同一位作者讲的。我认为，我们必须把包含在从给定原理推导中的理智工作与寻求作为推导起点的原理区分开来。从后一种观点来看，如果我们考虑麦克斯韦的著作——迪昂和彭加勒(Poincaré)对它们作了相当粗糙的判断，那么它们是至上的。如果全体人员在追求知识领域的新基础中特别健全，而另一些人更为健全地把逻辑秩序、关联和统一引入这个领域，那么我们确实会庆幸我们自己。

【12】请注意，针对角 A 所画的三角形显而易见全等。

【13】Fries, *System der Logik*, Heideberg, 1819, pp. 282f.

【14】Drobisch, *Neue Darstellung der Logik*, Leipzig, 1895, 附录。

【15】参见 Schuppe, *Erkenntnistheoretische Logik*, Bonn, 1878; *Grundriss der Erkenntnistheorie und Logik*, Berlin, 1894.

【16】对照地参见来自像 F. 曼(Mann, *Die logischen Grundoperationen der Mathematik*, Erlangen & Leipzig, 1895.)这样的专家的许多建议。

【17】Boole, *An Investigation of the Laws of Thought*, London, 1854. E. Schroeder, *Algebra der Logik*, Leipzig, 1890—1895. Russell, *The Principles Mathematics*, Cambridge, 1903.

【18】Couturat, *La logique de Leibniz*, Paris, 1901.

【19】F. E. Beneke, *System der Logik als Kunstlehre des Denkens*, Berlin, 1842. 他的逻辑恰恰不是形式逻辑，而包含着重要的心理学研究，不幸的是，它们受到的注意比它们应得的要少。

第十一章 论思想实验[1] 134

第 一 节

人通过观察在他周围的变化收集经验。不过，对他来说最有趣和最有教益的变化，是那些他通过他自己的干预和审慎的动作能够影响的变化。关于这样的变化，他不需要依然是纯粹被动的，他能够主动地使它们适应他自己的要求；此外，它们对他来说具有最高的经济的、实践的和理智的重要性。这就是使实验变得如此有价值的东西。如果我们观察一下，儿童在独立的第一阶段如何细查他自己的肢体的灵敏性，他如何为他的镜像或在阳光下的影子惊奇，并通过做动作试验它们的行为怎样，他如何实践击中靶子，那么我们被驱使得出结论：人具有天生的实验倾向，在没有更多地察看的情况下，他在他自身之内发现基本的实验变异法。假如成年人暂时丧失了这些宝藏，以致他仿佛必须重新发现它们，那么要说明的是，他的社会教养使他的兴趣圈子变狭小，并把他局限于其内，而与此同时，他却获得了大量的现成观点，即使说不上偏见，他没有假定这些观点需要审查。

在实验中，理智可以在各种程度上被卷入其中。多年前，我能够观察到这一点，当时我一只手偏瘫，如果我必须避免不

断地依赖外部帮助的话，我不得不用一只手做人们通常用两只手做的许多事情。由于改变动作方向以达到某一目标，尽管随意地且没有耐性，我不久还是作出了形形色色的小发现，不是借助许多反射努力，而仅仅是借助保留有用的东西和对它的适应。不过，发现代替残废的手，用圆规、直尺和镇纸完成几何学绘图的步骤，需要许多思考；对于所有超出唯有我的手的动作范围之类的操作来说，情况都一样。我们几乎不能怀疑，在
135 本能的实验和思想指导的实验之间不存在明显的分界线。大多数史前发明，例如纺绩、打褶、编织、打结等等，也许主要由前者引起；它们给人以自始至终彻底思考的印象，它们的生物学前例可在鸟和猴子筑窝中看到。大多数这样的发明也许是由女人半游戏地发明的，一些东西是通过偶然事件发现的，只是在较晚时期才蓄意保留下来。一旦有了开端，比较立即导致比较精细的实验。【2】

第　二　节

实验并非毫无例外地是人类的特征。也可以观察到动物在各种发展水平上作实验。仓鼠闻到在盒子内的食物，它急躁的动作终于把盒盖掀下来，虽然没有包含计划；这代表某种最低水平一样的东西。较有趣的是C.劳埃德·摩根的狗，它在数次尝试带走一端有严重疤节的棍棒后，不再在中点处、而在重心处靠近沉重的一端咬住棍棒，在证明横越带走不可能通过狭窄的门时，它咬住棍棒的一端拖曳它。不过，这些动物没有

表现出把先前场合的经验应用于后来的相似场合的能力。我看见聪明的马用它们的蹄子轻敲地面，仔细地检验一条危险的路径，看见猫把爪子伸进提桶又缩回，以检验冒热气的牛奶的热度。从仅仅通过感觉器官检验、转动身体或改变位置到从根本上改变条件，从被动的观察到主动的实验，存在着十分渐近的过渡。[3]把人和动物在这方面区分开来的东西尤其是兴趣的狭窄范围。一只年幼的猫在察看它的镜像时表现出好奇，它甚至可能看一下镜子背后，但是，只要它注意到图像不是另一只有肉体的猫，它就变得漠不关心了。雄斑鸠甚至达不到这个水平：正如我经常观察到的，它能够在它的镜像前咕咕叫传情，一次达十五分钟，并以习惯的两个步调表示问候，而觉察不出骗局。当人们观察四岁的儿童自发地怀着惊奇和兴趣注意到，放在水中冷却的酒瓶似乎变短时，存在多少水平差异啊。当另一个相同年龄的儿童在糊墙纸前偶尔眯着眼看时，他为立体的外观惊诧不已。[4]

受思想指导的实验处在科学的基础上，并有意识地以扩大经验为目的。人们还必须不要低估本能和习惯在实验结果中的功
能。要对介入实验中的所有条件获得即刻的理智概观是不可能 136
的。有些人缺乏抓住异常的东西不放、在必要时迅速地使手的动作适应的能力，这些人在需要实践所计划的实验的任务中将不会成功。在通过连续地关注它而变得熟悉的领域中，人们截然不同地从事实验。如果在某一时间间隔之后人们重返这样的领域，那么人们发现，通常必须重新获取人们在概念上没有确定的大多数东西，并更精细把握附属条件的联系。

第　三　节

除有形实验(physical experiments)外,还有在较高理智水平上使用的其他实验,即思想实验(thought experiments)。计划者、空想家、小说家,[5]社会乌托邦和技术乌托邦的作者都用思想作实验;精明而讲究实际的商人、严肃的发明家和探究者也这样做。他们都想像条件,把他们的期望与条件联系起来,并推测某些结果:他们获得思想实验。不过,前者在幻想中把某些从未在现实(reality)中、从未一起出现的条件结合起来,或者想像这些条件被与它们无关联的结果伴随着,而后者的观念则是事实的可靠表象,他们在其思维中将保持与实在(reality)的十分密切的联系。事实上,正是在我们观念中的事实的或多或少非任意的表象,才使得思想实验成为可能的。因为我们能够在记忆中找到我们在直接观察事实时未注意的细节。正像在记忆中我们可以发现突然揭示一个人的迄今为止看错的个性特征一样,记忆也提供了迄今未注意的物理事实的特征,并帮助我们作出新的发现。

我们的观念比物理事实更容易在手头:思想实验可以说花费较少。正是这样的小小的奇迹,使得思想实验往往在有形实验之先,并为其作好准备。例如,亚里士多德的物理研究,他在思想实验中利用保持在记忆中,尤其是保持在语言中的经验贮藏。思想实验在任何情况下都是有形实验的必要的先决条件。每一个实验者和发明者在把有形实验转化为事实之前,都必须在他的头脑中
137 进行有计划的安排。斯蒂芬森(Stephenson)从经验中可能熟悉车

箱、铁轨和蒸汽机，但是，正是通过第一次把它们在思想上组合起来，他能够接着进而在实践中建造机车。同样地，伽利略在能够实现研究自由落体的实验安排之前，他必定在他的幻想中看见它被充分地描绘出来。每一个初学者都认识到，先前不恰当的估价、没有考虑误差的来源等等，对他来说都能够导致悲喜剧的结果，其程度不亚于在实际生活中的格言式的先行动、后思考。

第　四　节

当物理经验变得充裕，所加入的感觉要素的给定范围变得更多样，因而较微弱的心理联想、幻想能够开始时，在其中实际上出现的游戏种类能够由此刻的思维的模式、条件和趋势决定。如果物理学家询问他自己，在各种各样的组合条件下必须期待什么，倘使人们尽可能密切地固守物理经验，那么结局不能是崭新的、不能与特殊的物理经验提供的东西大相径庭。由于物理学家总是把他的思想转向实在，因此他的活动有别于自由的虚构。可是，即使物理学家关于某些个人的物理经验的最简单的思想，也不完全与实在重合：思想通常包含比经验要少的东西，仅仅是带有偶然的未事先考虑条件的、对于实在的图式描述。通过概观人对经验的记忆，通过形成新的记忆的组合，人们从而将能够获悉，思想多么准确地描述了经验，思想在多大程度上相互一致。在这里，我们拥有阐明逻辑经济的过程，而逻辑经济则适用于经验内容的理智转化。什么将决定成功，什么结合在一起，什么是独立的，这一切通过这样的概观比它通过个人的经验能够变得更为清楚。这使我们很明

白，我们如何把方便与公正对待经验的需要结合起来，能够最综合地相互一致以及与经验一致的最简单的思想是什么。我们通过在思想中改变事实达到这一点。

思想实验的结果和我们在心理上与各种各样的条件联系的推测，能够是如此确定和明确，以致作者正确地或错误地感到，能够用有形实验实施任何进一步的检验。[6]不过，他们的结局越不大肯
138 定，思想实验便越强烈地敦促探究者进行作为自然的后续的有形实验，从而完成和决定该结果。让我们首先考虑一下前一种类型的一些案例。

第　五　节

被认为对于某一结果不重要的条件，能够在思想中随意变化而不改变那个结果。通过敏锐地掌握这个步骤，我们可以达到乍看起来似乎是相当不同的案例，这就是观点的概括。斯蒂文和伽利略在处理斜面问题时，显示出他们极为精通这种手段。普安索(Poinsot)[7]在数学中也使用这一方法。对于一个力的系统 A，他添加了另外两个力 B 和 C，C 被选取平衡 A 和 B 的每一个。由于观察者的观点是不相干的，我们被导致把 A 和 B 看作是等价的，尽管它们在其他方面大为不同。惠更斯关于碰撞的发现依赖于思想实验：从认识其他物体的运动与撞击的物体不相干，就像它与观察者不相干一样开始，他改变观察者的观点和相关的背景运动——他用这种方式从最简单的特例开始，达到重要的概念。另一个例子发生在屈光学中，在该处光线被视为时而属于这一束已

知性质、时而属于那一束性质。

第　六　节

在心理上改变那些对结果来说是决定性的条件是进一步有用的，最富有成效的进路是连续的改变，这产生了所有可能案例的一览表。这类思想实验无疑导致我们思维的巨大变化，并开辟了探究的最重要的新路线。即使牛顿和苹果的故事不必按照字面看待（尽管欧勒还确认有其事），不管怎样，它是欧勒[8]和格鲁伊图伊森(Gruithuisen)[9]如此机灵提出的从哥白尼观点导向牛顿观点的那类思维过程，这些过程的要素能够在历史上被证实，虽然是在不同的人中和广泛分隔开的时期内被证实。

一个石块落向地面。增加石子距地球的距离，它也许与期望这一连续的增加会导致某种不连续性格格不入。甚至在月球的距离，该石块也不会突然丧失它的下落倾向。而且，大石块像小石块一样下落：月球倾向于落向地球。如果一个物体被吸引到另一个物体，而不是相反的话，那么我们的观念可能失去需要的决定性，139
因此吸引是相互的，对于不相等的物体依然如此，因为这些案例连续地相互结合。不仅逻辑要素在这里起作用——在逻辑上不连续是完全可以得到的，而且极为不可能的是，它们的存在不会因某一经验而暴露出本来面目。此外，我们偏爱引起较少心理劳顿的观点，只要它与经验相容。

两个同时下落的石块一起相互并排运动。月球由石块构成，地球也是如此，每一部分吸引每一部分，这就是质量相互影响的方式。月球和地球本质上与其他天体没有什么不同:引力是万有的。开普勒的运动是抛射体,但是具有依赖于距离的下落加速度。所有这样的加速度依赖于距离以及地球。开普勒定律只是理想的实例,忽略了摄动。在这里,我们具有思想之间相互一致的逻辑的概念的要求。正如我们看到的,思想实验的基本方法正如有形实验的情况一样,是变异法。通过改变条件(若可能则连续地改变),与它们联系的观念(预期)的范围被扩大了:通过修正和特化条件,我们修正和特化观念,从而使它们更决定,使两个过程交错进行。

伽利略是这类思想实验的大师。他说明这样的事实:通过想像一个立方体被三个截量分割为八个更小的立方体,具有高度特殊的重力的粒子飘浮在空气和水中,除了双重截面从而还有阻力外,小立方体听任重量相同,这由于重复切割立即变得数量庞大。类似地,伽利略想像动物按比例在所有维度增大,从而保持几何学的相似性,为的是表明该创造物必定会在它的重量负荷下崩溃,因为它的重量按照三次方增大,比骨骼的强度急剧得多地增大。

思想实验凭借自己的力量足以化归为荒谬,归谬经审查似乎是起作用的法则。假如较大重量的物体具有较快下落的性质,那么,尽管较重的物体还下落得较快,可是轻物体和重物体的组合却下落得较慢,因为被较轻的组分阻碍。由于自相矛盾,所假定的法则因而是靠不住的。这样的考虑在科学中起到巨大的历史作用。

140

第 七 节

考虑一个这一类型的过程:具有相同温度的物体通过相互作

用不改变这一点。热物体 A(比如说灼热的铁球)即使在一段距离也通过辐射加热较冷的物体 B(温度计),例如在众所周知的带有共轴凹面镜的实验中。如果我们和皮克泰(Pictet)一道用装有冷混合物的金属盒代替 A,那么 B 将冷却下来。这是一个有形实验,它引起思想实验。存在冷辐射吗?由于 A 和 B 相互交换,第二个案例不仅仅与第一个案例相同吗?在两个案例中,较热的物体加热较冷的物体。设 A 比 B 热,接着具有相同的温度,最终 A 比 B 冷。在相等的情况中,哪一个物体辐射热到另一个物体呢?在那一点存在着突然的转换吗?两个物体独立地相互辐射和吸收,这是普雷沃斯特的动力学的热平衡。同一温度的不同物体按照莱斯利(Leslie)和朗福德(Rumford)的实验辐射不同的热量:因为动力学平衡像它实际进行的那样继续着,辐射多两倍的物体必定吸收多两倍。

重要的过程在于在心理上缩减为零过程,或者缩减为在数量上影响结果的几个条件,以致唯有继续存在的因素必须被看作具有影响。在物理学上,这样的过程往往是不可能实施的,以致我们可以把它说成是理想化或抽象。通过考虑对于在平面上被推动的物体的运动的阻力,或者考虑向稍微倾斜的平面上运动的物体随角度逐渐减小的延滞,我们达到无阻力均匀运动的观念。在实践中,这个案例不能实现。因此,阿佩尔特正确地说,惯性定律是通过抽象发现的:思想实验和连续变异必定导致它。所有普遍的科学概念和定律,诸如光线概念、屈光学定律、波义耳(Boyle)定律等等,都是通过抽象得到的。这就是给予它们以普遍的非特殊的形式的东西，它使得有可能借助这些概念和定律的综合组合甚至重构任何复杂的事实，从而理解这些事实。这样的理想化发生在卡诺的工作中：绝对的绝缘体，接触物体的绝对等温可逆过程；在基尔霍夫（Kirchhoff）的理想黑体的概念中等等，情况也是如此。

第　八　节

无心地和本能地获得的未加工的经验，给我们以相当非决
141 定的世界图像。例如，它告诉我们，重物不会自然而然地上升，同等热的物体在相互存在时依旧同等热等等。这似乎是贫乏的，但都是比较牢靠的、有广泛基础的。所计划的定量实验产生许多细节，但是实验教给我们的定量观念得到它们最确实的支持，倘若我们把它们与那些未加工的经验联系起来的话。因此，斯蒂文借助示范的思想实验使他的关于斜面的定量观念适应于那种关于物体重力的经验，伽利略针对关于自由落体的这一观念也同样照此办理。傅里叶（Fourier）选择那些符合上面提到的关于热的普通经验的辐射定律，基尔霍夫也如此选择那种吸收和辐射之间的关系。

借助尝试性地使定量的观念适应于物体在重力下的概括的经验（永动机不可能），S. 卡诺发现了他的导致如此之多推论的热定理，在这样做时实施了漂亮的思想实验。自从 J. 汤姆孙（Thomson）和 W. 汤姆孙采纳它以来，他的方法结出了无穷无尽的硕果。

第　九　节

像这样的思想实验能否达成确定的结论，取决于所同化的经验的种类和范围。较冷的物体从与它接触的较热的物体接受热。熔化的或沸腾的物体处在这个条件下，但是没有变得更热。因此，布莱克确信，热在状态变为蒸汽或液体时变成潜伏的。迄今只是思想实验：但是，为了决定潜伏的热的量，布莱克必须依赖有形实验，即使在形式上这直接从思想实验而来。迈尔和焦耳通过实验发现热的力学当量的存在，但是焦耳不得不借助有形实验决定它的数值，而迈尔仿佛能够从所记忆的数中甚至推出这个值。

如果思想实验没有确实的结局，也就是当某些条件的观念未导致确凿的和毫不含糊的结果期望时，那么在思想实验和有形实验之间的时期，我们无论如何倾向于猜测，即我们尝试性地假定关于结果的近似充分的条件。这种猜测并不是不科学的，而是能够用历史例子阐明的自然过程。较仔细的考察甚至表明，仅仅这样的猜测就能把一种形式给予作为思想实验的自然继续的有形实 142
验。观察和思考仅仅告诉伽利略自由落体的速度增加，而在他审查该运动前，他就试图猜测增加的比率，通过检验出自他的假定的东西，他能够首先设计他的实验。这是因为，从距离定律到决定它的速度定律的分析推理比相反的综合推理更困难。作为不确定的分析推理往往十分困难，伽利略的立场常常在后来的探究者身上再发生。首先猜测、后来用实验确认的定律的其他例子是，里奇曼(Richmann)的混合法则，光的正弦曲线周期性和许多其他重要的

物理学概念。

第　十　节

让人们猜测实验安排的结果的方法也具有教导的价值。我已在两个案例中看到这种操作方法：其一是我自己的高等学校的教师 H. 菲力浦(Phillipp)[10]的案例，其二也是在访问另一位令人赞美的教员 F. 皮斯科(Pisko)的学校时的案例。不仅学生，而且教师也通过这种方法获得了无法计量的好处：它是达到了解一个学生的最佳途径：一些学生将猜测最明显有希望的事物，而另一些学生将推测异常的和陌生的结果。大多数人将通过联想去找最显而易见的东西：正像在柏拉图《美诺篇》中的奴隶孩子认为加倍的边将使正方形的面积加倍一样，初等学生将乐于说加倍摆长将使振动周期加倍，而比较高级的学生将较少犯明显的但却类似的错误。不过，这样的错误砥砺人对于被逻辑地、物理地或联想地决定了的或明显的东西之间的差异的感觉，人们最终学会把可猜测的东西与不是可猜测的东西区分开来。在这里分开描述的过程和在实践出现的案例以千变万化的序列，甚或组合在一起同时发生。回想一下在建造知识时有多少东西是由记忆贡献的，我们便能够理解柏拉图的观点：所有探究和学习都是(来自较早时期生活的)回忆。不用说，这种观点极大地夸大了一些方面，同样地也低估了另一些方面。每一个目前的个人经验可能是十分重要的，即使不把它的痕迹强加于肉体的较早时期的生活(用近代术语讲，是部族的历
143 史)算作无，个人目前生活的记忆无论如何也要重要得多。

第 十 一 节

在思想中做实验不仅对于职业探究者来说是重要的，而且对于心理发展本身来说也是重要的。它是怎样开始的？它如何能够发展为供深思熟悉的和有意识的理智使用的方法？正如任何动作在它能够变成自愿的之前，必定是由反射偶然地产生的一样，在这里情况本质上也是如此：适宜的环境一旦在思想中开始了预先未曾考虑的变异，这样的变异就能够被发现，并转化为持续的习惯。这最容易通过悖论情境发生：由于悖论是造成问题的东西，因此这些悖论情境不仅使我们对问题的本性有最好的感觉，而且矛盾的成分将不容许思想安宁下来，从而启动了我们称之为思想实验的过程。当我们初次听到时，我们只需要记住众所周知的欺诈疑问之一。一只盛水的在一个天平盘上处于平衡的烧杯，从分离的立场看它的重量低于它处于悬置时的，该天平盘下降还是不下降？一只苍蝇正停歇在天平上平衡的封闭的瓶子中，如果它开始在瓶子内的空气中飞旋，会发生什么情况？一个在历史上重要的案例是卡诺的和迈尔的热定理之间表面上自相矛盾的对立；或者是色偏振和干涉之间的关系大体上一致，但在某些情况中似乎不相容。各种预期与在不同情况下以各种方式组合在一起的条件相联系，这些预期必定造成不安，正是由于这一事实必定有助于阐明和推进课题。克劳修斯和 W. 汤姆孙在一个案例中，扬和菲涅耳在另一个案例中，都感受到悖论的冲击。通过分析人们自己的和其他人的工作，人们变得深信，所有成功或失败如何依赖于是否以最充

沛的精力对付悖论的特征。

第 十 二 节

在上述思想实验的某些之中出现的特有的连续变异，使人们生动地回想起J.米勒描述的视觉幻想的连续变异。[11]与他的观点相反，这些连续的变异与联想定律是相容的，事实上人们可以认为它们部分地是记忆现象，是知觉变异在图像上的模拟。如果音调、旋律与和声的序列在幻想中的显现既未使联想定律感到陌生，也
144 未使之感到矛盾，那么它对于视觉幻象来说必然是相同的。人们不能否认在所有这些案例中的自发的、幻觉的要素：生活和感官的相互刺激在这里联合起作用。即便如此，我们也必须在幻觉和艺术家或探究者的创造性的幻想之间作出区分。在幻觉中图像将追随依赖于未加工的感觉的激励状态，而在创造性的幻想中，它们将围绕顽强复发的主导观念集拢。正如前面陈述的，艺术家的幻想比探究者的幻想更接近幻觉。[12]

第 十 三 节

我们几乎能够毫不怀疑地说，思想实验不仅在物理学中是重要的，而且在每一个领域里都是重要的，甚至在非入门者可能最少期望它的数学中也是如此。欧勒的方法给予首次探索新领域的实验家以程序的印象，该方法的富有成效远远胜过批判性的评价。甚至在科学的展示是纯粹演绎的地方，我们必须不要受形式的欺

骗。我们正在处理思想实验，此后结果对作者而言变得完全通晓和熟悉了。每一个说明、证明和演绎都是这个过程的结局。

科学史毋庸置疑地表明，数学、算术和几何学都是在从收集有关可数的和可度量的物体的单纯经验的机遇中开始发展起来的。通过对这样的物理的经验频繁地作心理对照，它们的相互关联首次变清楚了。不管这种洞察何时碰巧缺乏意识，我们的数学知识都具有所获得的经验的特征。任何一个致力于数学探究或力图解决诸如积分微分方程问题的人都将承认，思想实验肯定在思想建构之先。历史上重要的和有成效的不定系数法实际上是实验方法。在确立 $\sin x$，$\cos x$，e^x 的级数时，人们发现，把符号表达式 e^{ix} 和 e^{-ix} 展开为级数的尝试自动地给出表达式 $\cos x=\frac{1}{2}(e^{ix}+e^{-ix})$，$\sin x=(1/2i)(e^{ix}-e^{-ix})$，尽管这在计算上是有用的，但是在有可能指明它们的真实含义之前，它们长期以来只具有纯粹符号的意义。

在画圆时，人们观察到，对于每一个已知初始位置左边的半径，总是在右边的相同的角距离存在一个半径，以致圆关于初始位置为对称，因此在所有方向，每一个直径都是对称轴。被它一分为 145
二的所有弦，包括长度为零的极限弦（切线），都与它成直角。两个相等但相对地与轴倾斜的半径总是与圆在对称画的矩形的四个角相交。古代的探究者，甚至近代的初学者，对于以这种方式获悉半圆上的角总是直角，可能惊奇不已。一旦我们注意到圆周角和圆心角之间的关系，我们通过沿弧运动的顶点发现，在它的每一点同一弦出现在同一角下，这甚至在顶点趋向无论哪个边的弦的一端

时也有效:圆周角的一个边此时变成弦,另一个边变成在它的端点处的切线。如果容许割线之一的两个交点相互运动直到它们重合,那么关于从一点到圆的两条割线的线段的比例的定理便过渡到关于切线的对应的定理。依赖于我们认为圆是用圆规画出的,还是用它的边总是通过两个固定点刚性角产生的,或者我们是否观察两个圆总是能够被视为类似的和处于类似的境地,总是存在着出现的新性质。图形的变化和运动、连续的变形、特定要素的消失和无限的增加,在这里也是使探究富有生气的手段,告诉我们新性质,并促进对于它们的关联的洞察。必须假定,有形实验和思想实验的方法首先只是在易接近的和有成效的领域中得以发展,并由此传播到自然科学。如果在数学中,尤其是在几何学中的初等教学处于这样僵化的教条形式中不运动,如果展示处于脱离内容的孤立定理中不继续行进——这导致畸形地交织的批判和不负责任地隐藏启发式方法,那么这种观点确实是比较共有的。在实验和演绎之间的巨大而明显的裂痕事实上并不存在。这总是思想与事实和思想相互协调的问题。如果实验没有产生预期的结果,那么对于发明家或工程师来说它可能是相当大的退却,但是探究者将认为它是他的思想与事实未准确符合的证据。恰恰是这类明确表达出来的不适合,能够导致新的阐明和发现。

146

第 十 四 节

思想与实验的密切结合建立了近代自然科学。实验产生思想,思想接着进而转向与实验再次比较并被修正,这样便产生了新概念，如此反复不已。这样的发展在达到相对完备的阶段之前，可能要花费数代人的时间。

常听人说，探究是无法教给的。在某种含义上这是正确的：形式逻辑的三段论法，甚至归纳逻辑，都不会有多大帮助，因为理智情境从来也不会重复它们自己。然而，伟大探究者的榜样是十分富有启发性的，正如上面简短指出的那样，在他们的典型之后进行思想实验必定是有利的。正是运用这种方法，后来的数代人体验到探究中的进步，因为对早期探究者来说具有巨大困难的问题现在容易解决了。

注　　释

【1】本章的有关部分先前已发表在 *Poskes Zeitschr. f. Physik. u. chen. Unterricht*，January，1897 中。

【2】纯粹的试验往往产生十分合适的手段。我观察过一个佣人姑娘，她必须把大地毯铺在餐桌下，餐桌太重，一个人搬不走。在不移动桌子的情况下立即把桌子放在地毯上，这位姑娘坚持说她没有想到该方法。把几乎充分滚动的地毯对着桌子一侧摆放，抬起该侧，用一只脚托住地毯的未滚动的一端，用另一只脚踢卷轴，它摊开向另一侧，类似的操作在此处完成了工作。当我一度只能使用一只手时，我想打开窗帘，由于绳子的长度，我不得不以几个阶段完成它；但是，我突然在没有有意识地或审慎地思考它的情况下发现了较好的步骤。我的手通过交替地用拇指和食指抓住绳子，用其余的手指夹住它，使它徐徐上升某一距离。在达到最大的可能高度时，我把绳子向下拉，重复该操作。

【3】我妹妹的狗曾经因新气垫的冰冷而沮丧地跳起来，自此以后总是用它的

爪子试验气垫，等到气垫达到适宜的室内温度。

【4】依我之见，甚至与最聪明的动物的理智对照，形成三四岁的儿童的优越理智的，尤其是兴趣的广度。我几乎无法理解，一个熟悉儿童和动物的人怎么能够真的认为，马具有数字概念并且能够运算。参见在第五章注释【3】中提及的 Th. 策尔的书。

【5】参见 E. Zola，*Le Roman expérimental*，Paris，1898.

【6】迪昂（*Théorie physique*，p. 331）正确地告诫，不要把思想实验描述为仿佛是有形实验，这是正在伪称公设是事实。

【7】Poinsot，*Éléments de Statique*，10th ed.，Paris，1861.

147 【8】Euler，*Lettres à une Princesse d'Allemagne*，London，1775.

【9】F. Gruithuisen，*Die Naturgeschichte im Kreise der Ursachen und Wirkungen*，Munich，1810.

【10】不幸的是，所述的那位出色教师由于他的有缺点的教学法和无比的急躁，几乎完全糟蹋了他的成就。

【11】J. Müller，*Die phantastischen Gesichtserscheinungen*，Koblenz，1826.

【12】在没有低估联想定律对于心理学的价值的情况下，人们能够公正地怀疑唯有它们适用。与在个体身上获得的暂时的感官小径并行，神经系统也具有天生的和持续的小径（至少不是被个体获得的），反射动作表明了这一点，对于非个体的功能而言，后者的确重要得多。在感官内部的过程可借助邻近的感官以两种方式划分，但是它也许可以自发地在感官内部出现。如果该过程特别强有力，那么它大概将借助所有合适的手段从它的起源地传播。在我看来似乎是，这一切也必须具有心理对应物。

第十二章　有形实验及其主要特征 148

第　一　节

实验能够被描绘为对新反应或它们的相互关联的自主探求。前面提到的有形实验是思想实验的自然继续，它出现在后者不能容易地决定结果，或不能完备地决定结果，或根本不能决定结果的地方。甚至对某一引人注目的事物的偶然观察也能本能地激起运动神经反应的特殊模式，从而给我们以关于新反应或它们之间的联系的知识。如果我们充分注意的话，这样的案例能够在动物身上，甚至在我们自己身上观察到：我们可以称这一点为本能地做实验。不过，如果碰巧的观察以某种异乎寻常的方式使我们想起某一已知的关联，尤其是，如果该观察与已知的或熟悉的东西形成明显的对照，那么结果必定启发思想，可以把这些思想看作是在现在随之而来的有形实验背后的特殊原动力。在许多这种类型的案例中，我们回想起伽利略的悬挂的灯，格里马尔迪的阴影边缘上的有色条纹，波义耳和胡克的玻璃锋利裂缝中的和肥皂泡上的颜色，伽伐尼(Galvani)的蛙，阿喇戈(Arago)的用铜盘使磁针减幅以及他的色偏振的发现，法拉第的感应发现等等。每一个实验者将熟悉来自他自己的经验的相似的例子，尽管它们之中没有几个像提到的例子那样在历史上将是必不可少的和富有重要意义。我对感觉

器官的研究开始于对照，当边或对角线是垂直之时正方形的样态。我发现亮度对照定律的扩展开始于偶然观察到带有弯曲边缘的旋转扇形的现象，这借助塔尔博特（Talbot）和普拉蒂奥（Plateau）定律是无法理解的。偶然观察不仅能够促动理论上的重要发现，而且也能促动实践上的有价值的发明。据说，塞缪尔·布朗（Samuel Brown）通过观察蜘蛛织网导致他建造悬索桥，詹姆斯·瓦特（James Watt）通过观察蟹壳导致他计划供水系统。[1]我在其他地方讨论了，这样的案例在多大程度上依赖于机遇，它的功能是什么。[2]

第　二　节

149

因此，通过有形实验和系统的观察审慎地、自主地扩展经验，总是受思想的引导，而不能截然限制和割断思想实验。[3]这就是现在要讨论的有形实验的必不可少的主要特征对于思想实验、一般地对于探究来说也是重要的原因。这些主要特征能够从探究者的工作中抽取出来；迄今，它们从未停止作用，以致我们如果注意它们，我们能够期望进一步的成功。当然，我们的叙述不是毫无遗漏的。

第　三　节

我们能够从实验获悉的东西，整体地和唯一地寓居于现象的要素或条件的依赖或独立之中。通过任意地改变某个要素群或单个要素，其他要素也将变化，或者也许依然不变。实验的基本方法是变异法。如果每一个要素只能独自变化，那么事情会是相对容易的：系统的程序会立即揭示出存在的依赖。然而，要素通常是通过群结合在一起的，一些要素只能随另一些要素变化：每一个要素通常以不同的方式受几个其他要素影响。因此，我们不得不组合变异，随着要素数目的增加，要求检验实验的组合数目也急剧增长（简单的计算表明这一点），以致问题的系统处理变得愈加困难，以至最终在实际上不可能进行。在大多数案例中，审慎的实验在没有来自偶然观察的在先经验的情况下，恐怕是无能为力的。在生物学的需要中获得的经验使任务变得比较容易，因为它能够给我们以依赖和独立的最强烈的关系的粗糙图像，不过这必须针对科学的新意图而显著矫正。因此，当我们开始一系列实验时，我们至少大略知道，在当时可以忽略什么条件。较仔细地决定这样的独立，无论如何是十分重要的。例如，事实上，其他物体在一个物体上产生的各种加速度是相互独立的，对于同时的辐射和稳恒的电流和热流而言同样如此，我们能够借助隔离原理进行，并针对它们的组合利用叠加原理。

第　四　节

要决定现象的相互依赖，我们必须把定性的依赖与定量的依
赖区分开来。例如，如果实验告诉我们，在仅仅被看作是通过聆听 150
发现的全音阶的音调中，C 和 G 是和声，而 C 和 B 是不和谐，那么我们决定定性的依赖。另一个例子是这样的事实：某种红和绿组

合为白,而红和蓝产生紫。进一步的定性案例是,化学家审查具有某些特殊的可感觉的质的实物的相互关系,或者药理学家试验某些植物对于动物机体的有毒的或麻醉的效应。不过,如果我们力图决定折射角对于入射角的依赖,或下落距离对于下落时间的依赖,那么我们正在对付定量的问题。个别的角度并非像红和绿那样如此相反不同,如此不可能比较:前者能够被分割为相等的要素,一个角度与另一个角度仅仅在这样的要素的数目上不同;对于下落距离和对应的时间及空间要素来说也是一样的。定量依赖是定性依赖的特别简单的实例。此外,如果我们能够找到不变形式的法则,容许我们从时间要素 t 的数计算空间要素 s 的数即 $s=gt^2/2$,或者容许我们从入射角 i 计算折射角 r 即 $\sin i/\sin r=n$,那么我们就能够用有用得多的计算法则、公式或定律代替或表示在某种程度上笨拙的表格。附带的好处是,我们借助数,在没有发明新术语的情况下,能够像我们乐意的那样推进区分的细微程度。定量依赖呈现出案例的明晰而直观的连续统,而定性依赖总是导致个别案例的离散集合。[4]无论在哪里有可能,人们将力图引入定量处理的简单性、均匀性和明晰性:只要我们能够找到在量上类似的标志的集合,这些标志完全概括了在量上无联系的要素的特征,我们就能够做到这一点。[5]如果人们借助振动的频率概括音高的特征,以代替用耳朵区分音调的质,那么人们会直接辨认出和声,因为和声与频率的最简单的整数比有联系。各种有色光如何在三棱镜中折射,必须详细加以描述,但是,如果人们用波长(在某些条件下是干涉带的宽度)代替颜色,那么我们容易借助波长发现产生折射率的公式。自然科学显示出用定量的依赖尽可能地代替定性

的依赖的决定性的趋势。 151

第　五　节

如果我们首先消除对要素——这些要素对其他要素的依赖必须受到检验——没有影响的一切事物，从而限制相关的领域，那么实证的审查就变得容易多了。这个特征的出名的历史事例是由接近屏幕边缘的折射提供的，牛顿打算把这还原为屏幕对光微粒的质量效应。不过，斯格拉夫桑德(S'Gravesand)和菲涅耳表明，屏幕的厚度和材料对这种折射没有影响，仅仅光的分界线的种类有影响。布鲁斯特(Brewster)成功地在封蜡的印痕上得到珍珠母的亮度和有颜色的光泽，这表明唯一的决定因素是表面的形状。勒·莫尼埃(Le Monnier)证明，同一形状的中空的和实心的导体对电荷而言其行为等价，从而限定了审查电荷对表面的大小和形状的依赖的问题。

第　六　节

消除隐藏或扰乱正在研究的依赖是极其重要的。为了观察光在棱镜中折射的纯粹案例，牛顿在暗室中工作，让太阳光细束进入，致使较粗的光束的部分不会干涉和重叠。他声称小光孔径是透镜，以便一个接一个地得到不同颜色光线的图像。在审查平面镜和透镜的误差时，傅科(Foucault)和托普勒(Toepler)隔绝了规则地反射和折射的光，以致余下的东西明确地归因于误差，这是光学中最精致的方法之一。

第　七　节

伟大的实验家总是以这样的方式简化他们的安排:仅仅所讨论的因素依然是明显的,而所有其他影响变得微不足道。例如,请目睹一下拉姆斯登(Ramsden)决定杆的热膨胀的有独创性的方法,以及杜隆(Dulong)和珀替(Petit)利用流体静力学原理测量水银立方体的绝对热膨胀的同样机智的程序。伟大的探究者的论著充满了这样的例子。这些论著是无法替代的。伽利略在没有空气泵的情况下演示空气具有重量,在他的落体实验中借助水的流出测量短时间
152 间隔,用在斜面上滚下的物体代替自由落体。牛顿通过把磁体封闭在飘浮的小玻璃瓶内检验它们的相互作用;他也把他的声速计算值与实验比较,该实验利用可变长度的振子坠摆观察空回廊中的多重回声。安培、法拉第、本生(Bunsen)的仪器是简单和效用的典范。无论如何,我们不仅应该把目标指向实验中的简单性,而且也要从这些巨人那里学会在十分普通的事件中看到比平常的样态更多的东西。如果人们的注意力通过某种兴趣变得敏锐起来,那么人们在不费尽气力的情况下便能识别在人们的日常环境中具有重要关联的东西。没有获得这种能力的人,都不可能做出许多实验发现。惠更斯在观察一些被吸引到水漩涡的旋转轴的封蜡时,在这个过程中发现导致他达到引力思想的东西。用单色光照明,苍蝇细长的足的轮廓十分分明的影像不经受棱镜的进一步分解。对帕斯卡(Pascal)来说,水平推进的宽边帽紧贴它到达其上的平坦表面的方式,是显示空气压力的流体力学现象。胡克通过观察玻璃裂缝中的颜色的

踪迹，导致他把两个目镜一个放在另一个之上，这显示出完备的环现象，牛顿后来定量地研究了该现象。在酒瓶顶部的锡箔盖中，大多数人将看不见任何特别的东西，但是，如果人们通常观察热现象，那么就立即注意到托住瓶颈而没有接触它的手指的反射辐射。振动弦的音域似乎没有显露出任何值得注意的东西，但是有经验的声学学生能够从该领域的细微差别中察觉泛音。弓弦具有均匀的音域，从而显示出每一个要素都以不变的速率穿过它的音域：只要移开弓，音域的边缘变得更加显著地发出音，显示出自由振动的弦在边界依然相对较长。急速地观看弦上偶尔闪亮的光斑，产生揭示出振动形式的余像。正如G.蒂桑迪尔（Tissandier）[6]描述的，用最普通的器皿的实验是最有利的，因为它们使我们以比较敏锐的眼光注意通常被忽略的事物。

第　八　节

如果在条件集合中一个条件 B 由另一个条件 A 决定，那么我
们可以预期，当 A 出现或消失时，B 也将如此，对于相对的增大和减 153
少而言情况类似。A 可能是温度、磁极强度或压力的升高，B 可能是气体压力、感应电流或透明体的双折射。J. F. W. 赫歇耳（Herschel）[7]已经提到的这一平行特征对实验者来说是可靠的指导。

第　九　节

如果 A 和 B 的影响很小，使得 B 中的变化难以观察，那么人们必须扩大这些事实。伽利略用笨重的铃的案例阐明了总和效应的过程，这通过同时协调地有节奏地轻击使整体处于强有力的运动状态，他用这种方式说明共振。借助所谓的冲击法，这种方法现在通常用来获得微弱电流的电流计大偏转。通过增加传导线圈的数目，使偏转增加到某一点。伏打(Volta)的起电盘表明，借助两个电容器验电器，几乎不可察觉的电荷如何能够被反复加倍地增加：仪器利用这个过程的影响自动产生大量电荷。为了使压力对双折射的影响变得可以看见，菲涅耳把几个棱镜放成一排；为了得到在干空气和湿空气中的可察觉的程差，他在他的干涉折射计使用长路径；为了清楚地表明偏振面如何在他的重玻璃中旋转，法拉第使偏振光线在磁力的方向上多次来回反射；所有这些都是累积效应的例子。麦克斯韦通过黏滞流体中的摩擦拖拉观察暂时的双折射，我通过所施加的压力观察在半流体的塑性材料中的同一现象，但是二者均仅仅持续片刻时间。孔脱(Kundt)把这样的流体封闭在两个长同轴圆筒之间，其中一个急剧地旋转。这便产生了长路径和不变的拖拉，以致该现象清楚而持久地显现出来，而且容易测量。

第　十　节

要决定一个直接估价它不方便、很困难或不可能的要素，我们时常能够用另一个已知的等价要素代替它。例如，为了找到电的阻力，我们可以用标准化的电阻箱的线的量这样代替它，使得所有现象依然是相同的。当赫恩(Hirn)进行人在工作和休息时所产
154 生的热的检验时，他把一个人放在大量热器中，这个人在其中能够

骑上自行车或下车，或者依然不动；但是，所产生的热难以测量，因为热从量热器的房间散失了。因此，在另外的试验中，他用在相同时间产生相同热效应的煤气灯头代替人，在这里热的产生容易计算。[8]焦耳把借助泵压缩的空气密封在插入量热计的压力容器内。由于泵的摩擦热不可避免地添加进来这一事实，与功对应的压缩热变得更难以测量；但是，让泵在相同的时间内以相同的速率空转，压缩热便容易间接地找到。[9]

第十一节

间接决定的另一个方法是补偿。某一条件或另一条件使难以决定的要素 B 发挥作用：通过把容易决定的要素 $-B$ 包含在内，B 的影响由于补偿而被消除，事实上被决定了。如果我们在两个干涉光线中产生显著的程差，那么干涉光带的体系消失，以致不再能够由光带的位移测量程差。由于把可决定厚度的玻璃板放在未受妨碍的一侧，借助抑止程差，我们能够补偿且间接决定程差。用类似的方式，人们能够通过把已知的辐射引入另一侧，消除来自温差电堆的未知辐射产生的电流计偏转，从而决定未知辐射。

第十二节

补偿原理在其他方面也是重要的。如果条件 A 引起 B 发生，但是也引起 N 发生，而 N 反过来又影响 B，那么 A 和 B 之间的简单关联变得模糊不清了。因此，我们必须补偿 N。杰明(Jamin)引导两条干涉光束通过相等长度的充水管。如果我们在一根管子施加压力，那么其中的光束立即受到延滞，但是比总是相应于密度的增加要多，因为该管子变得稍长一点。这能够通过把两个管子放进没有压力的大充水管加以补偿(除了容易最后矫正之外)。补偿原理在工程和实际科学方面也是重要的，在这里必须保持某些条件不变，例如测时的摆的长度。

155

第 十 三 节

当置换尤其是补偿被精炼时，便导致所谓的零方法(null method)。当必须研究微小的 B 依赖于 A 的变化时，通过补偿阻碍 B 得到最大的灵敏度，以致在改变 A 之前它不出现。设 A 是温度，B 是依赖于它的电阻。我们现在借助相等的电阻补偿 B，直到在场的电流计的偏转被消除(惠斯通电桥)。当 B 随温度增加而补偿电阻依然不变时，电流计立即偏转(电阻测辐射热计)。如果我们在载流板的两个等势点把电流计的引线连接起来，那么它将不偏转；但是，等势的最轻微的不对称变化，譬如说由于电阻中的磁变化，立即引起偏转(霍尔(Hall)效应)。利用索累(Soleil)双石英片检验旋转面的转动，是零方法的另一个例子。

第 十 四 节

对于直接观察来说太急剧的过程，当然必须间接地获得。为此目的，人们使用作图方法。所研究的未知过程提供了一个分量，它与第二个已知的分量一起产生了可观察的合量。竖直下落在把下落与已知的不变的水平分量组合起来的抛射体的抛物线中显露出来，如果我们使用简谐振动的水平分量，这出现在莫林（Morin）的众所周知的装置中或利皮希（Lippich）的器械中，或者最简单地出现在水喷头中。对于发展这一方法的强有力的冲动来自惠斯通，当时他利用旋转镜寻找放电的传播速率的时间间隔。费德森（Fedderson）对这种程序的精炼导致我们关于电振动的精密知识。另一个精炼导致傅科决定光速的方法。此外，还有诸多声学上的应用。

利用作为已知分量的光学运动已被接受，因为这不影响所审查的过程。斐索测量光速的程序是一个杰出的例子，这种方法在此处被机灵地应用。另一个例子是急速旋转的圆盘和圆筒，为的是呈现时间测量的光信号，否则时间测量会是很困难的，例如在关于抛射体、声音和放电、频闪观测方法、惠斯通的示振器、利萨儒（Lissajou）的调谐方法、亥姆霍兹（Helmholtz）的振动显微镜等等的实验中。把爆发气体的 156
外流速率与爆炸速率结合起来，能使我们决定后者。利用声速测量其他速度变得十分普通，没有理由认为还不可能类似地利用光速更为精确地测量时间。就所陈述的理由而言，利用运动作为一个分量似乎是最佳的，但是没有理由认为，仅仅假定它们是相互独立的或以已知方式联系的，这对于把任何两个过程——其中之一是已知的，而另一个是所研究的——结合起来随时都可能有用。

第 十 五 节

特殊的兴趣归于下述的实验：它们不仅产生一对关联条件的相关值，而且提供了对这样的值的整个体系的概览。一个例子是胡克和牛顿的玻璃组合。当牛顿利用这个组合及谱线并表明从红到紫的环收缩时，他进而安排这样的实验。通过按光谱用十分短而窄的竖直狭缝在其方向（即在与折射方向成直角的方向）上分解折射，[10]我们得到一个在另一个之下的各种单色折射。进一步的这种类型的实验有晶体面色偏振的轴成像——偏振器械由斯波蒂斯伍德（Spottiswoode）和我本人设计，孔脱把红铅和硫黄粉末沉淀在热电晶体上的方法，克拉德尼（Chladni）的共振板上的沙子图样，众所周知的磁力曲线；赫歇耳[11]称它们为"集合的例子"（collective instances），W. S. 杰文斯（Jevons）[12]称它们为"集合的实验"（collective experiments）。

第 十 六 节

为了不曲解实验，我们必须始终注意可能的误差，尤其是在所期望的结果十分微小时。当法拉第在研究强电磁铁对于顺磁质和抗磁质的影响时，他仔细地试验悬置以及纸和其中放入试验材料的小玻璃器皿的磁行为：只有在悬置没有给予磁响应时，他才信赖关于实物本身的实验。这种类型的预备试验是所谓的"盲实验"（blind experiment）。在倍增微小的电荷时也要求同样的谨慎，从而才能够比较精确地观察它们:我们必须确保,电容器验电器没有来自早先实验的残留电荷,倍增程序不引入外来电荷。在化学家利用马什(Marsh)的仪器检验一种实物的砷含量之前,他要确保,没有迹象表 157
明先前引入该样品;也就是说,他要查明,仪器本身的物质没有砷。

第 十 七 节

科学史表明,永远不必把具有否定结果的实验看作是判决性的。胡克借助他自己的天平无法证明地球的距离对物体重量的影响,但是用今天极其灵敏的天平容易证明这一点。J. F. W. 赫歇耳不会观察到偏振面的电旋转和磁旋转,但是法拉第却能够做到。J. 克尔(Kerr)关于电介质中的双折射实验以前常常被完成,但是具有否定的结果。贝内特(Bennet)徒劳地试图演示在被照射的表面有光压;克鲁克斯(Crookes)用他的辐射计获得成功,但是 A. 舒斯特(Schuster)表明,这种压力是由仪器内部的力引起的,不能用入射的粒子来说明。于是,否定实验的结果和诠释二者依然是成问题的。

第 十 八 节

在这里描述的实验的形式特征,是从实际完成的实验中抽象出来的。一览表不是完备的,因为有独创性的探究者继续把新的项目添加其中;它也不是分类,因为不同的特征一般不相互排斥,以致它们之中的几个可以在实验中结合起来。例如,斐索和傅科测量光速的方法包含着把已知的东西和未知的东西组合起来的特征，从而产生可观察的结果，该特征也是累积效应的特征以及稳定短暂现象的特征：用两种方法分别决定的要素是影像亮度和位移的极大值和极小值，二者都依赖于速率。[13]

第 十 九 节

至于观念通过实验在扩大我们知识中的作用，一切观念必定出自过去的经验，并将借助已经到来的经验进一步发展。行动在经验之先的思想和实验预示的期望只能够涉及新东西和已知东西之间的一致和差异。我们在多大程度上可以认为实验结果是可靠的，我们必须在多大程度上在变化了的条件下限制它？这些问题限定了探究者关于实验的主要观念。至于比较特殊的观念，让我
158 们再次考虑一下历史的实例。

第 二 十 节

假定我们了解实验的结果，就我们从纯粹集合的观点能够做的而言，我们现在力图扩展它。那里有磁铁矿：还有其他磁体吗？长石是唯一的双折射物质吗？什么物体能够通过摩擦起电？哪些东西是导体，哪些东西是绝缘体？磷光现象达到什么程度？[14]其他案例是探求一个现象在其中出现的所有例子，假定它已被单一的观察发现。奥斯特(Derstedt)在观察到单一的偏斜例子后，力图决定磁针和电流导体的所有相对位置及其行为，从而得到有关导体磁场的完备知识。

第二十一节

把研究从已知案例扩展到类似的案例，尤其具有吸引力。热、电、磁过程和扩散之间的类似导致了许多实验；请目睹一下菲克(Fick)对于扩散流的探求吧。磁体相互影响，电流和磁体也是如此影响：电流像某个另外的磁体一样作用于一个磁体；电流像磁体一样相互作用吗？阿喇戈指出，在使用类比的隐喻时，我们也必须准备发现差异。磁体和软铁相互吸引；软铁的行为在这里像磁体那样，但是两块软铁却不相互影响。不用说，电流和软铁的行为在某种程度对磁体而言也不相同：前者显示出极性，后者则没有。

第二十二节

在现象以不同程度发生的地方，我们可以构想是可能的对照。磁的不同强度启示对立的观念，即抗磁行为的类型。如果我们了解双折射的一个种类，比如说负双折射，那么我们力图寻找对照的正双折射。可以这样寻找的一切事物事实上并非都是如此找到的：发现往往通过机遇而来，例如迪费(Dufay)就是这样与已知的种类对照，发现相反的电的类型。乍一看，好像是对照的一切事物并非必定是对照。于是，顺磁性和抗磁性不再被视为对照，而是被视为相对于无孔不入的媒质的程度的差异，正像我们把在空气中
上升的物体不再看作是轻性(levity)或负引力，而宁可看作是单位 159
体积的重量比空气小。对于热和冷、正电和负电等等而言，情况也

相似。这样的改变附属于理论场。

第二十三节

对应于条件的连续变化，就实验结果来说也存在着期望的连续性。在不同方向上的不相等的压力在固体中引起双折射。从固体到液体的转变在刚性和黏滞性方面是逐渐的转变，我们可以期望，借助适当的压缩或张力，也能够使塑性的固体和黏滞性的流体成为双折射的，事实上这一点已被观察到。由于液体并非完全缺乏刚性和黏滞性，不管双折射是否将变得可以察觉，它将仅仅依赖力的大小和形变的速率。在气体和蒸汽之间，性质也连续地变化，由此十分自然地产生了使气体在适当的温度和压力下液化的观念。存在着使偏振面旋转的刚体和液体，从而人们可以猜测，在气体和蒸汽中也发生相同的现象。针对每一种聚集态，最近针对气体，孔脱和利皮希在 1879 年独立地用实验证明了磁旋转。存在聚集体的第四态吗？（克鲁克斯）

第二十四节

当现象随条件变化时，我们会针对后者的极值要求前者的形式。于是，我们在可以达到的最高和最低温度，就硬度、弹性、电阻等等，审查物体的行为。熔化的、凝固的和蒸发的物体都受到最高的压力。我们研究完全真空的性质，力求得到最大的电张力和电流，审查最短的和最长的光波。这样的尝试总是可能产生许多新颖的东西。

第二十五节

正像实验通过探求尽可能广泛的一致被增进一样，当环境可以在每一个案例中支配时，相同的情况可以通过限制、特化和个体化发生。如果我们了解双折射是在介质的每一转变中发生的普适现象，那么我们还必须决定每一对介质的特征性的折射率，或每一介质中的传播速率。这样的限制能够产生伟大的发现，正像起因 160
于概括的发现那样伟大；请目睹一下牛顿的色散发现：他赋予各种颜色以特定的折射率，借助周期的长度分类颜色，定量地决定各个实物的不变的特性，诸如密度、比热、膨胀系数和弹性模数、电阻、电介常数、磁化强度等等。

第二十六节

富有成果的引导特征，是组合作用和对立作用的特征。更恰当地讲，若条件 A 决定条件 $+B$ 的显现，则条件 $+B$ 决定 A 的反面即 $-A$ 的显现。例子是力学中的压力和反作用；受热的气体膨胀，反抗压力膨胀的气体冷却下来；电流使磁极运动，反之亦然，但却在相反的方向上；电流加热电阻，加热的电阻减小电流。直流电使铁磁化，被拿近的磁铁或具有增加强度的磁铁在变化持续时产生电流，在倾向于移开或减弱的方向上接近磁铁。塞贝克(Seebeck)热电流在通过加热的接点从 M 流向 N 时，将使该接点冷却，佩尔蒂埃(Peltier)[15]证明了这一点。用这种方法可以发现的现象再次并非都是以这种方式找到的。作为用电流激励电磁铁的配对物，法拉第通过把磁铁芯引入线圈力图激励电流，但是，当他实际上引入或移开磁铁时，他仅发现短暂的“感应的”电流。佩尔蒂埃也寻找塞贝克效应的逆现象，他考虑到对金属的热传导性的影响：借助电流通过加热温差电堆的金属，他发现焊接点按照电流的方向不等地被加热。通过把两个粗[16]棒——一个是铋棒而另一个是锑棒——封入空气温度计的容器中，我们发现，从铋流向锑的正电流产生热，而对于流向另一方向的电流来说存在未曾料想的冷却。如果我们针对给定的现象寻求逆现象，那么上述准则能够给我们以暗示，但是不能独自指导我们。直流电确实能够产生磁，但是稳恒的磁却不能产
161 生电流——这实际上会使人认为在不耗费能的情况下做功。在我们把能量原理与感应定律组合起来之前，我们无法得到效应和逆效应的完备的和融贯的体系。因此，上述准则是借助特殊的发现完成的，因为在观察现象时，我们很少处理简单的、纯粹的和非中介的关联。在两个直接相互作用的物体中，人们只能在牺牲其他东西的情况下获得动量、热、电荷等等。如果所有关系像这一样简单，那么该准则可以是纯粹的指导：当相互关联是居间的，事物就不如此简单，直接倒转是不许可的。[17]

注　释

【1】G. A. Colozza, *L'Immaginazione nella scienza*, Turin, 1900, p. 156.

【2】*P*3，1903，pp. 287f.

【3】克劳德·伯纳德(Claude Bernard)的劝告是在实验时忘掉所有理论。迪昂正确地反对说，在物理学中，没有理论的实验是不可思议的，这是不可能的。我认为，它在生理学中没有什么不同。事实上，人们能够做的一切就是建议仔细估价一下，实验结果是否与先前明晰的理论完全相容。参见 Duhem，*La théorie physique*，pp. 297f.

【4】*P*，p. 263f.

【5】*A*4，1903，p. 209.

【6】Tissandier，*La physique sans appareils*，Paris，7th ed.

【7】J. F. W. Herschel，*A Preliminary Discourse on the Study of Natural Philosophy*，London，1831，pp. 151f.

【8】Hirn，*Théorie mécanique de la chaleur*，Paris，1865，pp. 26—34.

【9】Joule，"On the Changes of Temperature Produced by the Rarefaction and Condensation of Air"，*phil. Mag.*，1845.

【10】Fraunhofer，*Gesammelte Schriften*，Munich，1888，p. 71.

【11】Herschel，在上述引文中，p. 185.

【12】W. S. Jevos，*The Principles of Science*，London，1892，p. 447.

【13】Foucault，*Recueil des travaux scientifiques*，Paris，1878，p. 197. 他把他的方法描绘成"固定的影响和可动的影响之观察"，这似乎捕获了本质之点。

【14】J. P. Heinrich，*Die Phosphoreszenz der Körper*，Nuremberg，1820. A. E. Becquerel，"Sur la phosphorescence par insolation"，*Ann. chim. phys.*，22，1848.

【15】*L'Institute*，1834. 4 月 21 日(实际上是 26 日)和 8 月 11 日(实际上是 16 日)。

【16】因为这清楚地阐明了与焦耳热相对照的在焊接点的佩尔蒂埃效应。

【17】参见 *A*，pp. 69—76.

第十三章　作为探究的主导特征
162 的相似和类似[1]

第　一　节

相似(similarity)是部分的等同:相似的对象的特征是部分等同的和部分不同的。一个对象的单一可观察的标记不需要与另一个的重合,可是一个的诸种标记可以与另一个的诸种标记以严格相同的方式相互联系。杰文斯[2]称类似(analogy)是更为根深蒂固的相似;人们可以说,抽象的相似。类似可能在某些环境中依然完全向直接的感官观察隐蔽着,只是通过比较一个对象的标记与另一个对象中的相应关联之间的概念上的相互关联,才揭示出类似本身。麦克斯韦[3]不仅定义了类似,而且也强调了它的对科学探究来说是最重要的特征,当时他把类似描绘为一个领域中的定律与另一个领域中的定律之间的部分相似,以致每一个都可以阐明另一个。不过,我们将看到,麦克斯韦的进路与我们的并非不同。霍普(Hopp)[4]认为,类似概念是多余的,因为像就相似而言一样,一般地,类似只不过是在其间找到类似的对象中的某些标记在概念上一致的问题。虽然这是正确的,但是有健全的根据把类似看作是相似的特例,并把它与一般概念区别开来。尤其是,正是自然的探究者，被驱使到这个观点，因为对类似的注意大大推进了他的工作。而且，很清楚，要素之间的关系的类似或同一，可以出现在其相似是感官直接可观察的对象之中，这也许是如此明显，以致类似被忽略了。

第　二　节

被感官察觉的相似已经决定在对相似的对象的行为和运动神经反应中的无意识的、未事先考虑的相似；正如施特恩[5]就流行思想详细地表明的，当理智变得有意识时，事情还是一样地进行。此外，泰勒（Tylor）的著作[6]提供了足够的证据。随着概念的思想变得愈强烈，使自己摆脱了实际的或理智的不适意的深思熟虑的和有意图的努力，将同样地受相似引导，宁可说也受更为根深蒂固的类似引导。 163

第　三　节

我在另外的地方[7]把类似定义为概念体系之间的关系，我们在其中逐渐清楚地意识到，对应的要素是不同的，而要素之间的对应的关联是相同的。

情况似乎是，事物在其中实际上是最简单的数学，是类比首先在其内清楚地揭示它的阐明、简化和启发作用的第一个领域。无论如何，亚里士多德就他所讲到的而言，把类似与定量的比例关系联系起来。一些简单的类似甚至在古代必定震撼了探究者。例如,欧几里得(第 7 编,定义 16)称两个数之积为“面积”,称因子为“边”,称三个数之积为具有作为“边”的因子的“立体”(定义 17),称两个或三个相等因子之积分别为“平方”和“立方”(定义 18,19)。[8]在柏拉图触及几何学概念的地方,他使用了相似的术语。代数的发明依赖于看见算术运算的类似,而不管数有什么不同:于是,在这里,在概念上等同的东西将一下子被一劳永逸地处理。在数量类似地进入运算之处,我们于是从一个结果通过简单的类似的符号交换得到所有其他结果。笛卡儿的几何学广泛利用了代数和几何学之间的类似,格拉斯曼的力学或矢量理论广泛利用了线和力、面积和力矩等等之间的类似。数学的每一个物理应用都依赖于注意到事实和数学运算之间的类似。

第　四　节

开普勒[9]明确认识到类似对于认知的巨大价值。在就它们的光学性质处理圆锥截面时,他说:“圆的一个焦点是 A,即处在中心;在椭圆中,有两个焦点 A 和 B,它们以比较突出的作用距图形中心等距离。在抛物线中,一个焦点在截面内,另一个焦点必定处在距第一个焦点无限远的轴上的外侧或内侧,以致从这个盲焦点到截面的任一点 G 所画的线段 HG 和 IG 平行于轴。在双曲线中,外焦点 F 距内焦点 E 较近,是较钝的曲线;在相对的分支无论哪一个之外的焦点处在另一个之内且相反。借助类似可得,在直
164 线上,无论哪一个焦点(按通常的方式我们并未如此之多地论及直线,而宁可说是讨论完全类似)落在该直线上:像在圆上一样,仅仅

有一个焦点。在圆上，焦点这样在中心，距圆周尽可能远，在椭圆上已经较少，在抛物线中更少，最后在直线中它处在最小的距离，也就是说它落在该直线上。因此，在圆和直线的极端案例中，焦点结合在一起，在前者距曲线尽可能地远，在后者完全落在它之上。在居间的案例中，两个焦点在抛物线中相距无限远，距双曲线和椭圆的侧边是有限远；在椭圆上第二个焦点在内部，在抛物线上在外部，由此比率具有相反的符号……。类似的几何学表达应该供我们使用；我的确十分热切地爱恋类似，我的忠诚的大师们，意识到自然的所有秘密：我们尤其必须在几何学中探求它们，就处于极端案例之间的无数多的案例而言，此时不管我们用荒谬的片语推出的居间案例有多少，类似都把任何对象的全部本质明晰地呈现在我们眼前。"

第　五　节

在这里，开普勒不仅强调类似的价值，而且也正确地强调连续性原理，唯此才能够导致他达到这样的抽象程度，以致容许他把握如此根深蒂固的类似。至于古人的科学的创作法，我们所知甚少，我们罕有他们最重要的探究结果。不管怎样，呈现的形式往往如此隐藏了实际的探究路线，欧几里得的例子显著地表明了这一点。不幸的是，在最近的时期常常模仿古人的范例，这是由于严格性被高估了，有损于真正的科学兴趣。当导致并确认思想的所有路线和动机清楚地展现出来时，思想便被最完备地和最严格地创立了。与先前比较熟悉的和无争议的思想的逻辑联系只是这个基础的一部分。只要思想产生的动机继续有效，这些动机被完全澄清的思想就永远不会丧失，不过当辨认出动机衰朽时，便能够立即放弃思想。

第　六　节

研究来自文艺复兴时期的自然科学的经典著作，是如此令人愉悦和富有持久的、不可替代的教益，恰恰因为那些伟大而朴素的人物详尽无遗地告诉我们，他们发现了什么，他们在探究和发现的适度的享受中如何找到它们，而没有任何职业上的和学术上的故
165 弄玄虚。

哥白尼、斯蒂文、伽利略、吉尔伯特（Gilbert）、开普勒提供了科学探究的最伟大的成功范例，这些范例毫不浮夸地告诉我们，探究的主导动机是什么：例如有形实验和思想实验的方法[10]，简单性原理和连续性原理等等，以最简单的方式使我们熟悉。

第　七　节

除了这种世界主义的开放特性而外，那个时期的科学由于在抽象方面异乎寻常地增长而卓尔不群。正是摆脱了个人经验才使科学发展了，而古代科学普遍停滞不前恰恰是由于停留在个人经验的水平上。不过，如果人们借助继承的丰富储备起步，那么人们便处在比较有利的位置上，从而能够以比较为目的频繁地、多变地和急剧地瞥见特定发现的整个范围，由此即使在离得很远的东西

中发现共同的特征，而原来的发现者或初学者却因差异而扔掉这些共同特征。尤其是，当变化连续地或以小步骤发生时，系列的遥远成员的类同变得显而易见，从而使人意识到，不管变化如何，什么依然是相同的。例如，一对相交的线可能看来像是双曲线，一条直线可能看来像是两个折叠的双曲线分支，一个线的截段可能看来像是椭圆等等。对开普勒来说，平行线和相交的线的差别仅仅归因于它们的交点的距离。在他的较年轻的同代人德扎尔格(Desargues)[11]看来，线是其中心处在无限远处的圆，切线是具有重合的交点的割线，渐近线是在无限远点处的切线等等。所有这些到现在为止是明显的步骤，却对古代几何学家设置了难以克服的困难。借助连续性原理，我们达到较高水平的抽象，从而达到较高水平的把握类似的能力。以我们的几何学直觉，连续变化的数量的类似导致在牛顿形式和莱布尼茨形式二者中的微积分，把代数符号表示与日常语言作比较，给予莱布尼茨以普适特征或概念记号的观念，从而导致好容易才回归生活的逻辑发现。[12]拉格朗日(Lagrange)以高水平的抽象，能够看穿起因于独立变数的变化的小增量与起因于函数形式的变差的小增量之间的类似，这导致变分法的创立。

第　八　节 166

如果对象 M 具有标记 a,b,c,d,e，另一个对象 N 就 a,b,c 而言与它一致，人们倾向于期望它将在 d,e 也一致，这一期望在逻辑上未受到辩护。逻辑仅仅保证与被固定的东西一致，只要把它保留下来，这就不能遭到反驳。不过，我们的期望依赖于我们生理的和心理的组织。出自相似和类似的推断严格说来不是逻辑的事情，至少不是形式逻辑的事情，而仅仅是心理学的事情。若上面的 a,b,c,d,e 是直接可观察的，则我们涉及相似，若它们是标记之间的概念关系，类似则更接近正规的用法。如果对象 M 是熟悉的，那么对 N 的考察将通过联想使我们想起与所观察的 a,b,c 并列的 d,e，倘若 d,e 是无关紧要的，这便终结了该过程。当 d,e 具有强烈的生物学的利益时，因为它们具有有益的或有害的性质，或者它们对某一应用的或纯粹科学的及理智的意图特别有价值时，情况就不是如此了。在这种情况下，我们感到不得不寻求 d,e，以密切的注意力等待结果。这将借助简单的感官观察，或借助复杂的技术的或科学的概念反应而达到。无论结果是什么，我们还将通过得到相对于 M 的新一致或新差异，扩大我们对于 N 的知识。两种情况同等重要，都包含着发现，但是就一致而言，我们具有把一贯的概念扩展到较大领域的更加显著的特征；这就是我们对寻求一致特别热心的原因。就我们为什么重视从相似和类似推断而言，这相当于作了简单的生物学的和认识论的叙述。

第　九　节

相似和类似的考虑在几个方面是扩展知识的富有成果的动机。一个还相当不熟悉的事实范围 N，可以显示出与另一个比较熟悉的、直接的直觉较为可以达到的事实范围 M 的某种类似：我们感到立即被驱使以思想、观察和实验在 N 中寻求与 M 的已知特征或这些特征之间的关系对应的东西，通常这将揭示出关于 N 的迄今未知的事实，从而发现这些事实。即使我们的期望受挫，我们发现了 N 和 M 之间的未曾料到的差异，我们也不是劳而无功：我们最终更充分地了解 N，从而丰富了我们对它的概念上的把握。促动我们使用假设的，恰恰是简单性和类似的这种吸引力：假设使我们的直觉和幻想活跃起来，从而激发有形的反应。此外，假 167
设的功能部分地被加强和被砥砺，部分地被消灭，无论在哪种情况下，这都扩大了我们的知识。[13]

第　十　节

几个同样已知的范围 M,N,O,P 可以以两个或更多的群进入类似。不用说，这些范围具有差异以及一致，否则它们会是等同的。因此，在类比(analogizing)时，我们可能时而偏爱从一个范围开始，时而宁可从另一个范围开始，这将揭示出不同的类似，每一个都在它的背景中受到辩护：很清楚，这个过程将表明，什么在我们的概念中是偶发的和任意的，它们中的哪一个是最广泛和最一贯地适用的，因而是最符合科学的理想的。

第　十　一　节

并不缺乏类似重要性的例子；事实上，在自然科学中怎么高估它都不算过分。即使在古代时期，直接可见的水波阐明了声音传播的过程，并使之变得易于理解。[14]至于光，合适的观念是从声音的案例中发展起来的。[15]伽利略发现木星的卫星，比其他论据更为强有力支持了哥白尼体系：我们在这里有太阳系的小尺度的模型。惠更斯高度评价这一支持。

第 十 二 节

法拉第在 1845 年用实验证明，电流使光的偏振面转动，这是通过类比(analogy)作出伟大发现的最引人注目的例子之一。早在二十年前，J. F. W. 赫歇耳已经猜测到光和电之间的这种关系，他在他的实验中受到正确观念的指导，尽管结果是否定的，因为所施加的力太小(1845 年 11 月 9 日致法拉第的信)。[16]偏振面的转动随着光线在某些刚体和流体介质中行进，给赫歇耳以螺旋的印象。因此，他在石英中寻找螺旋面的不对称，确实发现了它：光学的螺旋面的不对称从而对应于介质中的同一特征。现在很清楚，直线电流在它联合的磁场中表现出这种螺旋结构，以致赫歇耳期望它像石英那样影响偏振光：为检验这一点，他首次使光线通过载流线圈(正如法拉第后来做的那样)，然而在另一个实验中，使光线平行于两条带有相反电流的平行导线并在其间通过，但没有肯定
168 的结果。

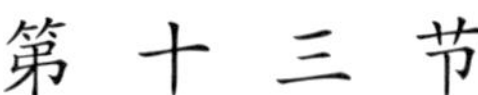

第 十 三 节

另一个类似在已知范围起作用的例子是傅里叶的热流理论，这显然是通过与水流的类比提出的。从他的热传导理论中，其他

理论依次也通过类比得以发展，例如电流理论和扩散流理论。与这些独立和并行，在这里还发展了对应的力超距吸引理论。在把这些给出了广大事实范围的综合阐明的理论加以比较时，许多类似浮现出来。W.汤姆孙[17]（开耳芬勋爵）把热传导理论和引力理论作了比较，他发现，如果我们分别用势和力的概念代替温度和温度梯度的概念，第二个的公式便过渡到第一个的公式；要注意，这是一个引人注目的关系，因为热传导被看作是建立在邻接作用的基础上，而引力却被视为以超距作用为基础，原来的领域似乎是如此大相径庭。这些思想必定激励了麦克斯韦，由于他以相同的方式辨认出，法拉第建立在邻接作用基础上的电和磁的理论像当时数学物理学家承认的超距作用理论一样可靠；这样一来，他终于把注意力转向前者的巨大优点。[18]以相似的意向，通过识别光传播方程和电磁振动方程的类似，他最终发现了光的电磁理论[19]，赫兹用后继的实验确认了它[20]。

第 十 四 节

麦克斯韦[21]有意识地把类比的使用发展成一种表达十分清楚的物理学方法：如果我们只用数学公式描述我们的结果，那么便过多地忽略了现象。然而，如果我们使用假设，那么我们透过有色眼镜观察，从片面的观点说明事物使我们对事实视而不见。在他看来，静电学、磁、电流等等的现象揭示出使人联想到流体之流的共同特性。为了完善类比，他把流体理想化：它没有惯性（无质量），不可压缩，认为在通过有阻力的媒质时，其阻力与流速成正比。该图像是想像的,建立在类比之上,但无论如何是直觉的:我们没有把它看作是实在的,我们精确地了解,它在概念上如何与所描述的事实重合。流体的压力对应于各种势,液流的方向对应于力和流的方向,压力梯度对应于力等等。在没有放弃直觉的情况下,麦克斯韦如此成功地呈现出他的开放的心智和概念的纯粹,从而把假设的优点和数学的公式化结合起来。[22]采纳赫兹的用语来讲,他的图像是这样的:它的心理的结果是事实的结果的图像。就这样,麦克斯韦接近科学探究的理想方法:他的非同寻常的成功由此而来。

第十五节

在结束时,我们再次强调,通过揭示所比较的领域中的差异,不完备的类比也能够促进探究。例如,纯粹依据能量一致的能量理论会依然存留在热力学定律的界限内,而我们达到对耗散的重要认识,恰恰是通过注意到差异。[23]一个早熟地落下的富有成果的类比的例子是十分有教益的、在历史上是十分重要的,它出现在牛顿的《光学》中,在其中(疑问 28)他讨论了笛卡儿的压力理论和惠更斯的波动理论[24]:他不理睬第一种理论,同时断然反对第二种理论,因为他没有发现光折射到阴影中;虽然他知道水波比声音更强烈地受到折射,但是他的实验是这样的,以致甚至光进入阴影的较轻微的折射能够容易地被忽略,而仅仅注意到相反的类型,他偏爱把这最后的东西归因于由被擦伤的物体放射出的偏离力。这个假定阻止对惠更斯工作的任何理解,从而牛顿墨守他的微粒抛射理论,力图由光线的固有的和永远不变的性质说明一切事物,他认为按照实际情况来说,这是一个相当困难的任务。

注　释

【1】由奥斯特瓦尔德的《自然哲学年鉴》(*Annalen der Naturphilosophie*)第一卷翻印,有所扩大。

【2】Jevons,*The Principles of Science*,London,1892,p. 627.

【3】Maxwell,*Transact. of the Cambridge Philos. Soc.*,Vol. X,1855,p. 27.(奥斯特瓦尔德的《精密科学的经典作家》,No. 69)

【4】Hoppe,*Die Analogie*,Berlin,1873.

【5】W. Stern,*Die Analogie im Volkstümlichen Denken*,Berlin,1893.

【6】Tylor,*Die Anfänge der Kultur*,德译本,Leipzig,1873.

【7】*P*3,1903,p. 277. 170

【8】欧几里得的《原本》(*Elements*),由 J. F. Lorentz,Halle,1798 年的版本以德文引用。

【9】Kepler,*Opera*,ed. Frisch,Vol. II,p. 186. 相关的简图将是明显的,被删去了。

【10】参见第十一章。

【11】*Œuvres de Desargues*,ed. Poudra,Paris,1864.

【12】参见 Couturat,*La logique de Leibniz*,Paris,1901.

【13】Mach,"Bemerkungen über die historische Entwicklung der Optik",*Poskes Zeitsch. f. physik. u. chem. Unterricht* XI,1898.

【14】Vitruvius,*De architectura* V,Cap,III,6.

【15】Huygens,*Traité de la lumière*,Leiden,1690.

【16】Bence Jones, *The life of Faraday*, London, 1870, Vol. II, p. 205.

【17】W. Thomson, *Cambridge math. Journal* III, Feb. 1842.

【18】Maxwell, *Atreatise on Electricity and Magnetism*, Oxford, 1873, Vol. Ⅰ, p. 99.

【19】Maxwell, "Dynamical Theory of the Electromagn. Field", *London phil. Trans.*, 1865.

【20】Hertz, *Untersuchungen über die Ausbreitung der electrischen Kraft*, Leipzig, 1892.

【21】Maxwell, *Trans. Cambr. Phil. Soc.* X, p. 27, 1855. 当我本人以相似的方式在布拉格的期刊 *Lotos*(1871 年 2 月)和在《能量守恒》(布拉格,1872 年)中提及这些分析时,我还不知道,也难以得到汤姆孙和麦克斯韦的论著。情况似乎是,S. 卡诺首次有意识地采纳了这一思维模式。

【22】参考马赫在第十一章注释【1】提到的文章。

【23】参考 *W*2, 1900.

【24】Newton, *Optice*, ed. Clarke, London, 1719, p. 366.

第十四章　假设 171

第　一　节

只是因为我们有局限的感官和理智的特征，孤立的事实才存在。思想本能地和自行地进一步编撰观察，并就事实的部分、结局和条件完善事实。猎人发现禽类，他的幻想立即产生未曾抓住它的整个鸟的形象。海流携带着奇异的植物、动物尸体、精致的木雕物品，哥伦布(Columbus)想像这些东西发源的遥远的、迄今未知的土地。希罗多德(Herodotus)(Ⅱ，19－27)观察到尼罗河规则的洪水，并设想这些事件的最陌生的原因。甚至较高等的动物也习惯于以这种方式延伸所观察的事实，尽管是以十分原始的形式。猫在镜子背后寻找它的影像，它就它的身体特征系统形成了一个假设，尽管是本能地和无意识地形成的，于是开始核验它；但是，在这一点上猫停止了，恰恰在这里，人在类似的情况下开始惊奇和思考。

第　二　节

事实上，科学假设的形成只不过是本能的和原始的思维的进一步的发展阶段，能够证明它们之间的所有过渡。[1]在众所周知的事实范围内，仅有明显的和习惯的猜测呈现出来，它的假设的性质将几乎无法觉察，尽管不能说这里有质的差异。这就是上述例子中的情境。不管哥伦布是猜测西方的大陆，还是勒维烈(Leverrier)猜测在给定的方向施加吸引力的扰动的行星，在两个案例中，观察只不过是以习惯的方式按照观察者的每日经验完成的。初始观察愈新颖、愈奇特、愈非同寻常，猜测也愈如此。不过，在这里，不管猜测可能多么奇异地结合在一起，它们也必定从经验素材推出。闪电的一击以及较罕见的陨星的下落，都产生泰坦[①]猛掷霹雳的想法。在西伯利亚发现的猛犸的遗体导致常住居民猜想，这些是在地下掘洞的巨鼠，在与空气首次接触时死去的。在富蕴黄金的不毛之地中的犀牛角被认为
172 是鸟的爪子，这产生了保护黄金的鹰头狮身带有翅膀的怪兽(griffin)的观念。在高海拔处的贝壳沉积使人联想到大洪水的观念。[2]

第　三　节

科学观点直接出自大众的观点，它们起初与后者不可分开，然后逐渐发展而远离后者。由于生理学的缘由，天空看来好像是具有某一适度半径的球：这是大众的观点，也是最初的科学观点。它的夜间的外观导致我们赋予这个球的转动，星星固定于其上从而防止它们下落。更仔细地察看时，我们然后观

① 泰坦(Titan)是希腊神话中统治世界的巨人族中的任何一员。——中译者注

察到行星、月球和太阳的不规则运动，这导致相互在内部不同地转动的几个透明球的观念。由此逐渐地出现本轮理论、托勒密(Ptolemy)体系、古代日心观点和哥白尼体系月球与潮汐有关这一点甚至也没有逃脱一般人的眼睛：只要探究者只知道压力和冲力是运动的原因，他们就相信月球在它自身下面向前驱动的空气压力波，但是当他们逐渐熟悉超距作用时，压力便被拖拉代替了。

第　四　节

事实在思想中暂时完成的结果，首先是更迅速地扩展经验。在海员的幻想中，海岸上掠过的对象激起遥远土地的图像，他将要去寻找它。不管他是否找到它，不管它的位置和特点是否符合他的观念，即使不是所猜测的印度或中国的海岸，他还是发现了新土地，他无论如何扩大了他的经验。某人追踪镜像，期望它具有物质性，但没有找到它，从现在起他知道一种新的视觉对象，该视觉对象缺乏肉体，但其出现却要求其他肉体的对象存在。即使在通过思想的完成不能引起新经验的那些案例中，它至少也使旧经验处于更明晰的透视之中。以猛犸的案例为例子：它是在地里找到的，它的肉体还是新鲜的，尽管从未存活下来，这一切均出自人们就它形成的观念。关于天文学的例子也类似。如果这种完成以生动的可感觉的直觉发生，而且人们认识到在思想中添加的东西能够被
发现，那么这个过程特别适合于激发将扩展经验的必不可少的能 173
动性：在思想中的完成是一种理智的经验，该经验将驱动我们继续

进行有形实验。

第　五　节

现在，在比较仔细地考察自然科学时，我们首先注意到，任何迄今还未通过观察可能直接弄清的事物，都能够变成在思想中完成的对象，变成推测、假定或假设的对象。我们可以假定，没有直接观察到的部分实际上存在着，正像地质学家和古生物学家常常有机会做的那样。当事实的结果未同时伴随发生或逃避直接观察时，我们能够就它们作假定。真实的定律的形式往往被假定，由于被排除的干涉，提供定律实际上需要不计其数的观察。这些假定或假设与使事实变得可以理解的条件有关系，即它们必须是说明的。“假设”按照惯例意指条件的总合，在这些条件下数学命题或论题是可靠的，能够由它们演绎出来或证明。假设是给予的，除了数学条件和逻辑条件外与其他条件没有联系，而论题则是被推导的。在自然科学中，我们必须颠倒进行，从给定的、牢固的事实开始，反过来推断不确定的条件。这提供了许多可能性，愈是如此，我们目前的经验愈是不那么完备，在这里比在数学中甚至有更重要的超逻辑的因素。迄今还未确立、但却帮助我们理解一系列事实的暂定的和尝试的假定，我们称之为假设。[3]至于它的暂定的特征，这可能仅仅持续一会儿（像在镜像的例子中），或者持续一百年或一千年（分别像在光的微粒说和托勒密体系中）：持续时间并未改变假设的心理的和逻辑的性质。

第　六　节

牛顿明确地厌恶假设。[4]他关于探究的第一个哲学准则说，为了说明自然，我们必须仅仅承认是实际的、诸如足以阐明现象之类的原因——这是一个清楚的暗示：如果事实上已知的东西提供了合适的理解，那就毋需发明说明。他后来在某种程度上特别补充说，他不能从现象推导引力的理由，不会杜撰任何假设：必须把不能从现象推导出的东西称为假设，这些东西在实验哲学中没有位置，不管它们是形而上学的、物理学的、具有隐秘的质的还是力学 174
的；在实验哲学中命题是从现象中推导的，用归纳概括的。[5]经常被引用的“不杜撰假设”在这里恰恰可以应用于引力：牛顿从现象推出实际起作用的反平方定律，这不是假设。然而，他不知道造成吸引这个特征的东西，不能从现象推导出来，他拒绝提供任何发明的说明。这是他的观点，从致本特利(Bentley)(1692/1693 年 1 月 17 日，1692/1693 年 2 月 25 日)的两封信中可以十分清楚地看出，他在信中确实宣称非中介的超距作用是荒谬的，并暗示引力必定是由某种物质性的或非物质性的动因引起的，但是他就此没有提出看法。[6]“你有时把引力说成是物质的本质的和固有的东西。请不要把那种概念归于我。至于重力的原因是什么，我不能不懂装懂，因此可能需要更多的时间考虑它。”(1692－1693 年 1 月 17 日)

“不可思议的是，有没有另外一些非物质的东西作媒介的情况下，无生命的、呆钝的物质能够不相互接触地施加作用于其他物质

并影响其他物质;如果引力在伊壁鸠鲁(Epicurus)的含义上在物质中是本质的和固有的话,那么它必然如此作用和影响,这是我要求你不要把天生的引力归于我的一个理由。至于引力对物质而言应该是天生的,固有的和本质的,以致一个物体可以通过真空超距地作用于另一个物体,而没有任何其他事物作媒介——凭藉并通过该媒介可能把作用和力从一个传递给另一个,这一切在我看来荒谬透顶,我相信在哲学问题上具有足够思考能力的人,永远也不会陷入其中。引力必定是按某一规律不断作用的动因,但是这个动因是物质的还是非物质的,我把它留给我的读者去考虑。”(1692—1693 年 2 月 25 日)

第　七　节

牛顿的态度和行进方式似乎如此清楚,从而导致质量按照反平方定律从远处相互作用(犹如地球作用于朝它下落的物体)的假定;他通过数学研究发现,这说明了地球上的和行星系统中的所有
175 运动,以致该假定对他来说已不再是假设:它变成现象分析的结果。他把这与超距作用本身是否也能用还原为某种更简单的东西说明的问题泾渭分明地区分开来:最后一点依然只是思辨或“假设”的目标。把这两个问题混淆为等价的,或者因为超距作用的假定确实或明显无法说明而制止讲出它,这肯定会大大损害科学的进步。无论如何,我们不能坚持把牛顿拒绝假设局限于力学和引力的观点,因为他在光学中也稍微谈到假设[7],即使他本人还提出了许多假设(虽然总是留心假设本身并仔细地把它们与事实区别

开来)。他的“分析的”方法是进行实验和观察现象,从而借助归纳对它们概括,而无视一切假设。[8]

第　八　节

人们花费了许多努力,力图把牛顿的说教与他的实践协调起来。即使这不是完全可能的,也没有什么关系。甚至伟大的人物也可能以欣快的基调说出或写出超出它们承担的功能的事情。几个这样的案例发生在牛顿身上,许多案例出现在笛卡儿那里。然而,作为一个探索者的所言和所为是完全可以理解的。如果人们无条件地理解“不杜撰假设”,那么它也许意味着:“我不猜测超越于我看到的东西,我从来也不思考观察彼岸的东西。”这种观点在牛顿著作的每一页上受到驳斥:把他与其他人分开的恰恰是猜测的丰富,他在其中迅速地通过实验把那些无用的、经不起检验的东西分拣出来。他把不能从现象推导出的东西称为假设。因此,能够这样被推导的东西在他的含义上不会是假设,用他的思维模式来说,而是分析的研究的结果。他实际上利用形象使他的思想更直观,但是他并未把任何特殊的价值附属于图像。假如我们要问他,他认为在他的光偏振观念中什么是基本的,他也许回答光线的不同方面,因为它们都是分析的研究的结果,而具有磁性的微粒是不重要的直觉图像,它们恰恰也可以用某种其他图像代替。在牛顿那里,处处可以找到肯定确立的知识和纯粹猜测或直觉表象之间的原则上的截然区分,以及迥然不同的估价。与这种普遍倾向相对照,细节上的错误是不重要的。

176
第　九　节

不同的作者力图阐明在自然科学中好假设必须满足的条件。J. S. 穆勒(Mill)【9】详细地讨论了该问题。他要求，假设必须依据说明原因的假定，该原因已知被呈现出来，是牛顿含义上的真实的原因，F. 希勒布兰特(Hillebrand)【10】详尽无遗地表明，这是站不住脚的：人们不能遵循穆勒的原理而又不持续地与它们矛盾，因为只要有意识的研究开始，它就不得不持久地说明现时知识缺乏的东西，进一步的基本发现恐怕就不可能了，至少借助思想的发现不可能了。【11】杰文斯发现自然探究者是某种充分精通该话题的人，他认为，如果假设与事实一致，那就足够了。【12】实例证明该观点比抽象说明更好。

第　十　节

假设的基本功能是，它导致新的观察和实验，这些观察和实验确认、反驳或修正我们的猜测，从而扩大经验。普里斯特利(Priestley)在他的光学史中就此提出了十分健全的观点【13】：

> 这个时期的哲学家的十分不完善的观点和结论显露出娱人的和有启发性的景象；因为它们证明，为了做出实在的发现，拥有正当的观点和真实的先验假设绝不是必要的。真正有缺陷的和不完善的理论对于启发有用的实验是充分的，这些实验有助于矫正那些理论，产生其他更完善的理论。这些

接着又引起进一步的、促使我们更接近真理的实验，如果我们用这种缓慢的方法作出任何真实进步的话，我们就必须满足于以这种近似的方法行进，我们应该认为我们自己是幸运的。

这一点也许用方程根的近似能作出最佳说明。设我们希望解 $f(x)=x^4+ax^3+bx^2+cx+d=0$，我们首先尝试值 x_1，该值给出 $f(x_1)=+m_1$ 而不是 0。现给出另一个代换 x_2，比如说 $f(x_2)=-m_2$。然后，我们能够寻找 x_1 和 x_2 之间的根。如果我们找到这样的值 x'，使得 $f(x')=\mu$ 很小，那么我们能够取 $x-x'$ 作为 μ 的近似值，从而无限期地趋近根的真正值 x。【14】

第 十 一 节

考虑一下热质假设，它包含着具有想像的心理特征的直觉观念。该特征是通过联想添加到物体的热的可感觉的特性中的。通过观察火以及一个物体被另一个比它热的物体在后者消耗时加温的方式，我们以十分朴素的、自然的和不自觉的样式提出了实物或 177
流体的观念。这个观念以逼真的图像描绘了诱发它的事实，而且通过在半途满足观察，它促进了新事实的发现，例如里奇曼的混合法则、比热之间的差异、汽化和液化的潜热。以十分相似的方式，我们受有关电状态的传递、火花形成等等事实的指导，形成电流体的观念。在导体中流动、在绝缘体中保持、产生引力和斥力的流体的观念，不仅直观地阐明了已知的事实，而且促进了新事实的发现；例如，导体上的电荷存在在表面上，电荷分布是曲率的函数，感应电荷，甚至库仑的定量定律。在这样的观念被取代和不再被认

真对待之后很久，它作为一种间接描述[15]在多么大的程度上继续有价值，例如能够从下述事实看出：按照法拉第电解定律，我们还认为电的一定的量的产生与所离解的物质的量成正比。

第 十 二 节

光的发射说是另一种材料假设(stuff hypothesis)。在观察光线及其随亮度的增加和减少的集中和稀疏时，我们完全习惯地被导致认为光线是流体、粉尘或微粒的喷射，正是光的稍纵即逝，才最终处在这个假设的路线上。假设对事实的巨大适应性本身在这里显示出来，在今天似乎如此愚笨的光的材料假设，并没有妨碍马吕斯(Malus)发现所谓的偏振光线分裂为两个成直角的分量的平方正弦定律：菲涅耳从光的动能守恒演绎出的东西，马吕斯恐怕借助一个心照不宣的观念得到，即光材料的量在分解时依然不变，这再次要求那个定律。杰文斯[16]在把这样的材料假设与严格作为仅仅描写的说明假设分离开来是错误的。每一个假设必定是由描述事实开始的，而它正是针对该事实被构造的：这甚至几乎出自杰文斯本人拟定的一个要求。假设在多大或多小的程序上超过产生它的事实，它在新发现方面多么多产，这是一个运气问题。

260

178

第 十 三 节

在构造假设时，人们力图公正地对待在观察揭示的特殊限制的条件下事实状况的性质，而未预先知道这些性质在其他更普遍的条件下是否将继续有效；也就是说，不了解假设是否将继续适用，它一般将在多大程度上适用。关于假设性的观念的素材或要素，我们只能通过注意提供与通行的案例相似或类似的案例，从我们目前的可感觉的环境中借来。可是，相似不是等同，而是部分相同、部分不同。这只是保证，基于类似的假设将与较广泛的经验一起适用于某些案例，肯定不适用于其他案例。因此，在探究的过程中改变假设，使之适应新的经验，甚或丢弃和用新假设或仅仅用事实的完善知识取代它，正在于假设的本性之中。记住这一点的探究者在构造假设时将不会过分胆怯：相反地，大胆的程度是完全有益的。惠更斯的波动假设不是十分合适的，它的辩护还有许多有待改进之处，但它甚至对许多后来的追随者也未造成些许烦恼；不过，假使他丢弃了它，对杨和菲涅耳来说，许多根据都会是无准备的，他们也许不得不把他们自己局限于预赛的起跳线。

第十四节

光学中的发射说逐渐地使自己适应日益增长的经验领域。格尔马尔迪不再满足于均匀的喷射。也许在与压力波的类比中，他的折射带导致他达到像波一样的光流体流出的观点。牛顿不再借助一种简单的喷射，而是借助许多质上不同的相互合并的喷射思考；他甚至设法阐明光的周期性，即使是不恰当地和笨拙地、且部分地在虚假的事实前提的基础上阐明的。最后，波动假设公开地代替了发射说。首先，在惠更斯的形式中，它无视周期性和偏振。胡克的确引入周期性，但是没有把这以恰当的方式与颜色联系起来，没有在他的叙述中提及其他瑕疵。最终，杨和菲涅耳在他们的假设中把惠更斯和胡克的优点结合起来；菲涅耳特别地设法消除二人的瑕疵，并引入有关偏振的新性质。就这样，经验不断地在转变和完善我们的观念中起作用。【17】

179 第十五节

然而，我们形成的观念反过来也把它们的影响施加在经验的进程上。格里马尔迪的条带导致我们把周期性归因于每一个单独的光线，虽然我们直接地且只能在特别有利的条件下在光线的结合中观察到这一点。借助于波动假设，这个观念变得十分活跃，在直观上十分明晰。由于坚持在一个特殊的例子中发现的周期性观念存在于有光线的所有案例中，我们借助这种添加丰富了每一个光学事实。对每一个案例，我们在思想中添加的东西比在它之中，即在格里马尔迪的观念的内容之中能够看到的还要多。这样作好准备的物理学家从今以后将针对个别的案例采取不同的行动，正像任何一个具有高度经验的人在日常生活中会做的那样。他将期望更多的其他事物，以不同的方式组织他的经验。于是，不断地意识到格里马尔迪的经验的菲涅耳，以不同于牛顿、惠更斯和马吕斯的方式就折射、薄板的颜色、反射和偏振思考和实验，就变得可以理解了。

第十六节

撇开对描述假设从中被推导出来的事实来说必不可少的要素

不谈，假设总是包含或至少通常包含其他未容纳的要素。假设是由类比形成的，而类似的等同和差异之点不完全已知，因为其他方面对这里探究也许不是必须的。例如，鉴于只有周期性对于理解光理论是需要的，光理论才谈到波动。这些超越必需的进一步的要素，恰恰是在思想和经验的相互反应中经受变化的要素，直到它们逐渐地被消除，以利于必需的要素为止。因此，在发射观念中，除了在一条光线内具有不同周期性的光的许多不同类型的传播之高速度外，没有剩下什么东西。这个观念在基本的方面与终于取代它的波动假设恰好重合，尽管它本身最后不得不丢弃从声学类比中推导出的纵振动的必需要素。

第 十 七 节

我们在我们的观察的基础上形成的观念激起期望，催促我们朝向新的观察和实验。这增强了站得住脚的要素，逐出站不住脚的要素，从而修正它们，甚或用新要素代替它们，而特别的重要性属于下述实验：这些实验迫使我们在两个都描述了事实的观念或
观念群之间裁决。颜色是通过折射引起的，还是预先已经存在，并 180
且由于它们的不同的折射率才变得可见，牛顿在一个“判决实验”(crucial experiment)中解决了这个问题。该术语是由培根(Bacon)引入的，牛顿采用了它，因为实验是在两个这样的观点之间裁决的。一个重要的例子是傅科实验，该实验表明光速在水中比在空气中小，这使发射说站不住脚了，并作出有利于振动假设的裁决。伽利略关于金星周相的发现决计支持哥白尼体系，因为这些

现象能够从哥白尼体系推导出来;关于胡克对预期的自由落体偏离竖直方向的观察以及傅科的摆实验,情况也相似。

第十八节

假设可能在十分不同的方面和程度上是成问题的。为了说明泵的吸力,人们想出众所周知的自然厌恶真空的假设。假如我们无论在何处、在任何环境下遇到真空,都可以维护这个观点。另一个假设把同一现象建立在归因于空气重量的压力的基础上。虽然空气的重量到那时已被证明,但是在托里拆利(Torricelli)实验和帕斯卡的工作之前,尤其是在法国多姆山省的检验之前,这个说明无论如何依然是假设,因为只有那些事件表明,上述一切现象能够毫无例外地被说明,既不存在对另外的平行说明的要求,也不存在这样的余地。虽然直率提出的一个说明是自由的发明,另一个说明只是由于真实的要素而奏效,但是二者在初次提出时都是假设性的。另一个例子是借助重力说明宇宙的运动。事实上给定的重力加速度的观念经适当概括被引入天文学。我不能同意F.希勒布兰特[18]的看法:假设在牛顿的重力理论中未起作用。真实的情况确实是,在完成的叙述中,一切都借助加速度化归为宇宙运动的近似描绘,接近地球表面的粒子加速度作为一个特例平滑地过渡到地上的重力加速度,以致我们不需要假设。在逻辑上可以想像的是,某个分析开普勒运动的动力学的人,应该采纳借助与太阳半径的平方成反比、且沿着太阳半径的向心加速度描绘它们的概念,但是在我看来,这在心理学上似乎是不可思议的。在没有指导的

物理学观念的情况下，某人将如何正好跌入加速度，为什么没有偶 181
然碰到一阶或三阶微分系数呢？任何人将如何在把运动分解为两个方向的无限多的方式中选择恰恰产生如此简单的结果的方式呢？甚至抛物线的抛射运动在没有重力加速度的指导观念的情况下也难以分析，这个观念只能从简单得多的案例中得到，而且在这里依然被使用着。

第十九节

科学在它的发展中在猜测和比喻之间运动，这一点在此无法否认；但是，科学愈趋向完美，它就越是转向仅仅对事实描绘。一个事实和其他事实之间的类似帮助我们寻求新性质。在这方面，不管我们发现新的一致还是差异，在无论哪种情况下我们的经验都被提高了：二者在相等的程度上指明事实的性质的新的概念决定。探究者应该在他的前辈停止的地方开始，从而避免丧失先前获得的经验，这在此处恰恰像正在探究的个人、人群和种族的转变一样重要，这种转变保证了多方面的和无偏见的视野。

第二十节

这样一来，假设由于它的自我消灭的功能，最终导致事实的概念上的表达。让我们回顾一下导致光作为横振动观点的漫长的假定和矫正的系列，这种观点乍看起来是十分冒险的和没有类比，因此被视为可疑的。可是，辨认光线的周期性质像二维空间（与光线方向成直角的平面)中的可求和的截段的行为一样,只不过是该事实的概念表达。以相同的方式,其行为部分像流体、部分像刚体的以太或光传播的空间的性质,也逐渐地在概念上被决定。于是,最终的观点不再是假设,而是事实的可理解性的预设和分析研究的结果。我们能够把这些作为确凿无疑的东西保留下来,即使我们未能找到类似,从来也没有碰到任何横振动或可以支撑它们的流体。假若杨和菲涅耳因为假定的横波难以说明而对它们保持平静,那么科学就会遭受严重的损失,犹如牛顿的重力定律因为类似的疑问而受到压制一样。我们不必避开异常的观点,如果它们有
182 健全的基础的话。须知发现崭新事实的可能性不仅仅存在于较早的探究时期,它继续存在,从未中止过一天。穆勒的限制假设(restricting hypothesis)的准则隐含着,与依然被研究的东西对照,大大高估了已经被发现的东西。

第二十一节

如果我们的思维是充分抽象的,那么我们应该把它必须具有的概念标记仅仅归于事实。于是,我们从来也不应该被迫消除任何东西,除非由于相同的标志而缺乏通过直觉类比寻找新经验的灵感。这样的纯粹概念的表象能够用来完成部分科学,在这里,没有为仅仅在日益增加的范围内起有益作用的假设留有余地。审慎使用的图像在此处不仅未被排除,而且是极其恰如其分的。存在着我们通过感官直接知觉的事实,仿佛放眼一瞥俯瞰它们似的。另一些事实在我们应用复杂的观察系统、概

念和反应之前，是不会显现出来的。人们并未直接看到光是周期的；确实，极短的周期使得千方百计地对付该事实变得很困难。同样地，偏振也不是直接可辨认的。由于与抽象的概念——这些概念无论如何最终建立在直觉观念的基础上——相比，我们更为熟悉直觉观念，更为熟练地运用它们，因此唯有本能告诉我们把光线想像为在直观上相当大的波长的波动，该波动具有与偏振镜的反射面相关的确定的振动平面，以致在类似的试验的指引下，波动的行为会像光线一样。借助这样的观念，我们比借助抽象概念更迅速地获得了光现象的概览。为了适应赫兹的短语，这些观念是事实的图像，而事实的心理结果是事实的结果的图像。我们一旦准确地在那里决定了在概念上与事实重合的图像，它便把直觉的明晰性的优点与概念的纯粹性结合在一起。它现在适宜于毫不勉强地采取新事实可能要求的那样的进一步证明，比如说电动力学或化学的新事实。

第二十二节

虽然存在着一种广为流传的看法，即假设在数学中不起作用，
但是让我们强调一下，相反地，它们在任何成长的科学领域中都起 183
作用。产生这种观点在于这样的事实：只要数学家表述他们的发现，他们比其他人更多地倾向于消除所有的发展痕迹。绝不可能一下子十分明确地认识数学命题，而要事先通过伴随的观察、猜测、思想实验和有形实验以及计算和几何构造，并作好准备才行，这一点早先已经提到了，并被进一步讨论过。[19]

注　释

【1】参见 *P*3,p. 256.

【2】参见 Tylor,*Urgeschichte*,pp. 398—403.

【3】这被 P. Biedermann,*Die Bedeutung der Hypothese*,Dresden,1894,p. 10 给予的系统说明稍加修正。在这部杰出的专题著作中表明,在科学思想中所谓假设的东西和在日常思维中所谓猜想的东西,是密切相关的。无论如何,我们能够说用想像或思想增补事实;即使审慎地和有意识地这样做,表达"猜想"和"假定"也是比较适合的。

【4】*Philosophiae naturalis Principia mathematica*,Lib,III Regulae philosophandi,reg. 1.

【5】出处同上,Lib III,Sect. V.

【6】*Newtoni Opera*,ed. Horsley London,1872,Tom,Ⅳ,pp. 437—438,在他与本特利的通信中,牛顿的目的是从宇宙的有序得到神圣智慧的证明。他的表达"无生命的、呆钝的物质"清楚地表明,牛顿把有生命的物质视为某种完全不同的东西,认为它比前者活动。这种从我们的未开化的祖先以降就如此根深蒂固的二元论,甚至在今天也未被克服。W. 汤姆孙在他的《论热的动力学理论》(*On the Dynamical Theory of Heat*,1852)中也不得不说:"借助无生命的物质的动因,不可能从任何一部分物质通过把它冷却到周围物体最冷的温度之下推导出力学效应。"甚至假定能够把全部物理学放在力学—原子论基础上的 H. 赫兹(*Die Prinzipien der Mechanik*,1894),在牛顿之后的二百年也认为,明确地把这个观点局限于无生命的自然界是必要的(p. 165)。最后,玻耳兹曼(Boltzmann)(1897)讨论了"无生命的自然中的过程的客观存在"问题。我坦白地承认,在我看来,"无生命的"物质并不比有生命的物质少一些困惑,我认为相反的观点是某种古老的迷信的残余。只要相信全部物理学能够毫无

遗漏地用力学处理,以至认为后者本身能够用直到现在发现的学说竭尽,生命事实上必然看来好像是某种超越物理学的东西。无论如何,我拒斥这两种观点。

【7】如果牛顿对假设的反对似乎是言过其实的,那么从它们在笛卡儿时代的研究中误用来看也许更容易理解。

【8】*Newtoni Optice*,London,1719,pp. 412,413.

【9】J. S. Mill,*Induktive Logik*,ed. Gomperz,1885,pp. 208—225.

【10】Hillebrand,“Zur Lehre von der Hypothesenbildung”,*SB. d. Wieney Akademic*,*philos.-histor. Cl.* 134,1896.

【11】也可参见 A. Stöhr,*Leitfaden der Logik*,pp. 172f.

【12】Jevons,*The Principles of Science*,1892,p. 510.

【13】Priestley,*History and Present State of Discoveries Relating to Vision, Light and Colours*,London,1772,Vol. Ⅰ,p. 181.

【14】G. 瓦伊拉蒂(Vailati)教授在《列奥纳多》(*Leonardo*)中对本书的评论使
我注意到 G. L. 勒·萨热(Le Sage)三篇小专题论述:“关于假设方法” 184
(Sur la méthode d'hypothèse)以及两个论类比和排除的附录,由普雷沃斯特重印在他的《哲学论文》(*Essai de philosophie*,Genève,An. XIII,pp. 253—335)的第二卷中。勒·萨热确实以数学例子十分充分地说明了假设使用的逻辑方面。不过,假设的心理学的重要性似乎未得以充分承认。而且,对德国读者来说,有趣的东西是普雷沃斯特哲学的谨慎小心的特征,在德国当放纵的思辨恶魔占据了所有学术席位时,他的哲学从未丧失与实证科学的接触。我感谢日内瓦的 Th. 弗卢努瓦(Flournoy)教授让我看这部现在无法得到的书。

【15】参见 *P*3,pp. 267f.

【16】Jevons,在上述引文中,pp. 522f.

【17】迪昂(*La Théorie Physique*,p. 364)坚持认为,探索者并未这么多地随意

选择任意的假设,而是在历史发展的进程中,在逐渐发现的事实的影响下,假设硬要强行干预探索者。这样的假设通常由整个观念的复合构成。如果现在与假设不相容的结果伴随发生——例如通过判决实验,那么我们起初只能认为这个结果与整个复合矛盾。关于这后一点,参见迪昂的上述引文,pp. 311f.

【18】Hillebrand,在上述引文中。

【19】关于与特定的科学及其发展程度密切相关的假设的详细阐述,请参看 E. Naville,*La logique de l'hypothèse*,2nd ed. ,Paris,1895.

第十五章　问题

185

第　一　节

当部分的心理适应的结果陷入这样的对立，以致思想在不同的方向被驱动，并打搅得达到我们有意识地和深思熟虑地寻求引导我们通过这一混乱的线索的境地时，于是问题便出现了。思想本身已经适应的稳定而习惯的经验范围，罕见产生问题；如果在这里也有问题产生至少需要对差异有极大的心理敏感性。然而，如果经验的范围由于某些境况变得比较广阔，思想与迄今未知的、它们不充分适应的事实处于接触，如果被新的适应修正的思想反作用于较早适应的结果，那么大量的新问题便提出来，一般而言文明史，特殊而言科学史，都表明了这一点。当思想和事实，或思想和思想不再一致时，问题就出现了，我们没有能力引证迄今未知的事实，这些事实以未知的方式依赖于我们领域内的环境；它们在我们没有预期或与我们期望对立的情况下违背我们的意志与我们相遇，虽然它们处在我们的工作或研究的视界之外，但是它们还是因机遇而出现，这是由于可能不是没有准则、而是超越于我们的认识范围和影响的环境引起的。而且，正是心理机遇，把思想汇集起来，这些思想在从未进入相互接触的情况下长期存活在个人身上，从而

没有接近得足以引起反应，并由此足以创生问题。在大多数案例中，机遇揭露思想和事实、或思想和思想之间的不调和，从而通过使这些裂痕黏合而促进进一步的适应。[1]因此，形成和解决问题不是以较小的作用把机遇卷入其中，而是把机遇作为案例本性的中心方面包括在内。

第二节

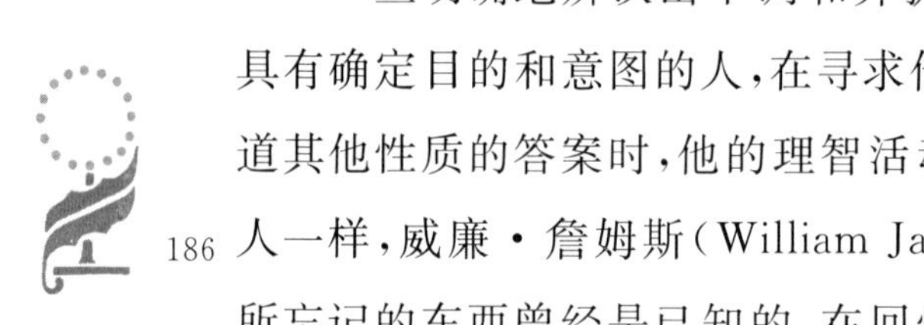

一旦明确地辨认出不调和并提出问题，我们必须寻找答案。具有确定目的和意图的人，在寻求他仅知道它的某些性质，而不知道其他性质的答案时，他的理智活动像回忆某种被忘记的东西的
186 人一样，威廉·詹姆斯(William James)[2]贴切地评论了这一点。所忘记的东西曾经是已知的，在回忆后立即正确地被识别。相比之下，寻求的答案是新的，它要求特别的检验，以表明它是正确的：这是两个案例的差异。如果人们正在回忆忘记的答案，比如说数学代换，那么第二个案例变成第一个比较容易的案例。设我想在此处和现在回忆一个对我来说重要的引文，此时我忘记了精确的词语或来源：我思索我首次获悉它的时间和场合，在当时使我专心致志的内容和我可能阅读的有关著作，其思维方式大概符合引文的作者，我研究所在的地点，我的环境给予的手段和激励等等。倘若我寻找我丢失的长期未使用的工具，我恰恰正是这样行动的。使其导致遗忘的可以得到的联想越众多和越强烈，它将越容易运用它们之中的一个或数个联想，从而把被遗忘的东西显露给意识。[3]

第　三　节

与此相当密切的是跟踪其存在消息的发明的再发现之案例，引人注目的历史例子将说明这一点。在威尼斯，伽利略获悉荷兰人发明了一种光学仪器，使遥远的天体显得更近、更大、更清楚。[4]在他返回帕多瓦后的夜晚，他利用一根铅管和两个透镜成功的改进了望远镜，他把这个刻不容缓的消息寄给他在威尼斯的朋友，他与他讨论了那天前的事情。六天后，他能够在威尼斯展示一个更加完善的仪器。伽利略承认，没有来自荷兰的消息，他永远也不可能想到如此的构造，但是他辩驳这样的反对意见，即仅仅了解荷兰人的仪器存在便大大贬损他自己的发明，因为他的反对者萨尔西(Sarsi)想使人相信：让他们尝试再发明阿契塔(Archytas)的飞鸽或阿基米德的取火镜等等吧。他通过描绘导致他再构造的思想路线诉诸舆论：仪器可以由一片或多片玻璃构成；平玻璃片是无效的，凹玻璃片缩小，凸玻璃片在放大时给出模糊的像；因此，一片玻璃是不充分的，增到两片，撇开平玻璃片，他通过尝试剩下的两种类型的组合获得成功。他似乎以完全摸索的方式迈出了最后一步，
这在当时是很自然的。开普勒[5]确实是在1604年就发现了眼 187
睛的正确理论，但是比较完备的屈光学叙述，尤其是关于透镜性质的系统概观，直到1611年即伽利略的发明之后两年，也许借助它的帮助，他才能提供出来。[6]至于其余的，伽利略的思想路线没有摆脱主观的机遇因素，它完全可能以另外的方

式，特别以比较普遍的和综合的方式出现。设想我们只知道凸透镜的实像，阅读镜和放大镜、凸透镜和凹透镜的经验性质，这一切东西当时也都已知。这些对于下面的思考来说是充分的：一个具有长焦距的凸透镜，它的实像能够从比这小的距离清楚地看见，这已经构成了（开普勒）望远镜，它的目镜被眼睛本身代替。如果我们进一步趋近像，并通过在眼睛前面使用放大镜使像避免变模糊，那么我们就拥有实际的开普勒望远镜。如果我们越过像接近物镜，在人眼前的凹镜能恢复清楚的视觉，我们就有荷兰人的望远镜。因此，倘若我们认为像的大小和明晰是构造的目的，我们便达到所有可能的答案。伽利略的路线也许由于他在发现中过于仓促而依然受到限制；由于他把它用来观察天体的机灵观念，他的幸运的、当然也是拘泥于荷兰人的形式的偶然发现变得极其有价值。

第　四　节

我们在这里使发明和科学问题的解决处于一个水准，这不需要引起诧异：事实上，它们之间的唯一差别——这并非总是容易坚持的——是与理论目的相对照的实际目的。在科学和技术的历史中有许多例子，在那里关于先辈的成功的信息引起同一问题的等同的或不同的解答。如果再发现者较少遮掩，它们甚至会被更充分地了解，这无疑地是因为它们遇到的怀疑。一个问题的多种解答也不是多余的；相反地，它是十分有益的，因为它通常从不同的角度阐明同一问题。例如，荷兰人利珀希(Lippershey)的偶然发现激起伽利略更多的科学发现和开普勒的截然不同的进路。第二个或和第三个发明者是否具有关于它的比较适意的时机,这取决于他碰巧具有的科学眼力、188
理智工具和经验。[7]即使在没有答案的情况下从不同的方面提出同一问题,对科学而言也不是无关紧要的,尤其是在问题产生时,倘若它到目前为止一直被视为不可解决的或荒谬的话。在这样的案例中,竞争者相互促进,这绝不是成功的最小的先决条件。[8]

第　五　节

在考虑进一步的特例之前,让我们一般地考查一下问题解决的方法。古希腊哲学家在与简单的和表达清楚的几何学课题的关联中发明和发展了普遍适用的方法,这些方法在科学探究的方法中依然起重要的作用。普罗克洛斯(Proclus)在他对欧几里得的评论中,把主要功绩归于柏拉图。所提及的三种方法是分析方法(从结果开始,反过来逐渐行进到所承认的前提)、综合方法(从所承认的前提开始,并向结果逐渐行进)和间接证明法或归谬法(证明与结果矛盾的东西是不可能的)。[9]我们不必假定柏拉图单枪匹马地发明了这一切方法,因为它们部分地在他的时代之前就使用了,但是第欧根尼·拉尔修(Diogenes Laertius)明确认为他[10]引入了分析方法,并把它继续传给几何学家萨索斯的拉奥扎蒙斯(Laodamus of Thasos)。这三种方法能够用于探究以及证明什么是已知的。而且,虽然分析方法和综合方法相互排斥,但是每一个

189 能够直接或间接地使用。

第　六　节

一个简单的例子将阐明综合方法：作一个圆，它与两条相交的共面线 G，G' 切触，它们中的一个处在点 P（图 3）。因为对称，与这

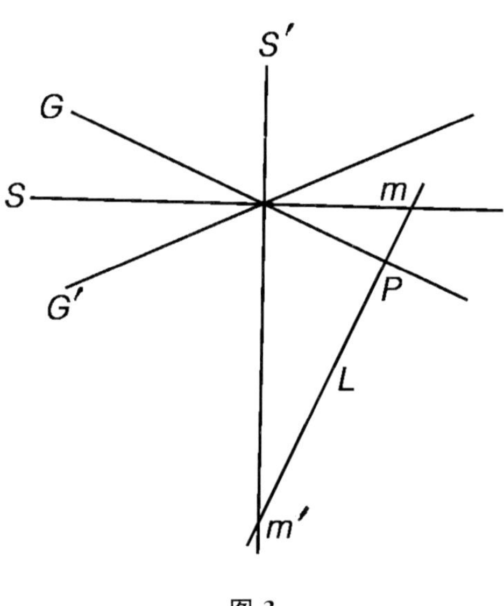

图 3

样两条线切触的圆的中心必然位于等分线 S，S' 的一个或另一个之上。由于 P 是切触点之一，中心必须位于与 G 在 P 正交的线 L 之上，这决定了独有的两个中心 m，m'，即 L 与 S，S' 的交点。各自的半径是 mP，$m'P$。该例子表明，解必须服从的各种条件是如何被分离的，以便从每一个条件引出解需要的结构。而且，我们看到，科学的程序不同于纯粹的试错法，试错法至少可以近似地解决问题，我们在其中以计划好的方式前进，从而仔细地利用已经了解

的或一劳永逸确立的东西。我们仅仅留意已经满足分离的条件的圆族。最后，我们注意到，科学的程序与日常的解难题本质上不同，除非在后一个案例中该领域通常较广阔、较少充分了解或预先探索，以致计划的搜寻更困难。任何几何学作图问题能够容易地以难题的外衣呈现出来，对于甚至以诗句讲出他们的问题的印度数学家来说，充分地了解这一点。

第　七　节

设我们在对使用的定理没有先验知识的情况下，不得不解决这同一问题。按照被来自牛顿[11]的某些暗示扩大的古人的实践，我们于是用分析方法着手，认为该问题已被解决，从画具有两条切线 G，G' 的任意圆开始，并把与 G 的切点标记为 P。通过审查中心 m 和半径 mP 与切线和切点的关联，我们被导致给予我们从 G，G' 到 m 和 mP 的相反程序以及如此作图的定理。

为了阐明分析方法的价值，考虑一下多少较为困难的例子：作 190
一个与线 G，G' 切触的圆，并通过任意一点 P（图 4）。[12]设与 G 触切的该圆被给定，它的中心 C 因而在平分线 S 上，线 CP 必定等于在上面垂直于 G 的垂线 CH，这等于半径 r。如果我们由此能够找到 C，H 或 r，那么问题将被解决。通过使 CH 运动通过 P，我们看到，存在两个解。让我们把条件表达为方程利用 G 作为横坐标轴，使 $\tan SOG=a$，用 x 和 $y=ax$ 表示 C 的坐标，用 m 和 n 表示 P 的坐标。于是，

$$a^2x^2=(x-m)^2+(ax-n)^2$$

或者

$$x=(m+an)\pm\{(m+an)^2-(m^2+n^2)\}^{1/2},$$

这给出了 $x=OH$ 的作图。在不计算和不利用古代的绘图法的情况下，我们能够这样找到解：考虑与 P 关于 S 为对称的点 P'，画线 $P'PQ$（图 5），然后按照定理 $\overline{QH}^2=QP\cdot QP'$ 作切点 H。第二个解可通过取 $QH'=QH$ 得到。不过，最简单的和最雅致的解从下述简单的观察可以推出：存在无限多的作图，这些作图关于 O 与所要求的作图处于相似的位置。因此，如果我们画线 OP（图 6）和其中心在 S 上且与 G，G' 切触的任意圆 K，那么它与 OP 的交点可以被视为与 P 同系的点，通过 P 与两个半径的平行线从而导致所要求的中心 C，C'。

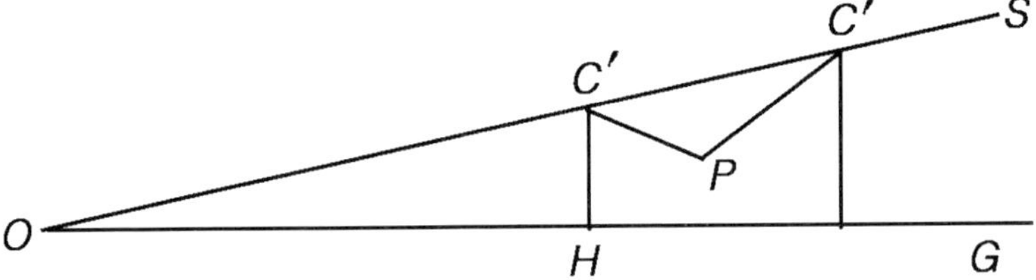

图 4

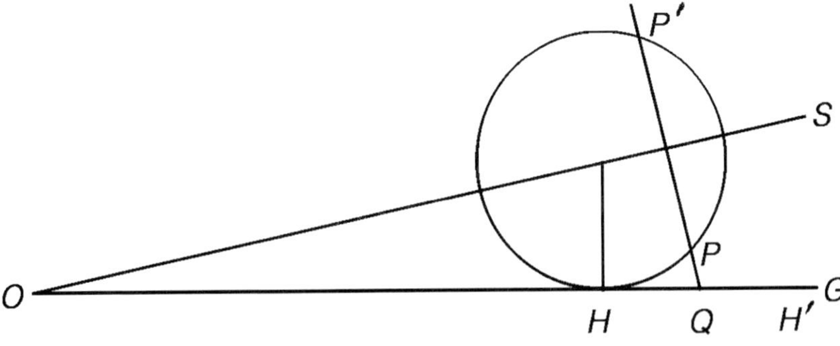

图 5

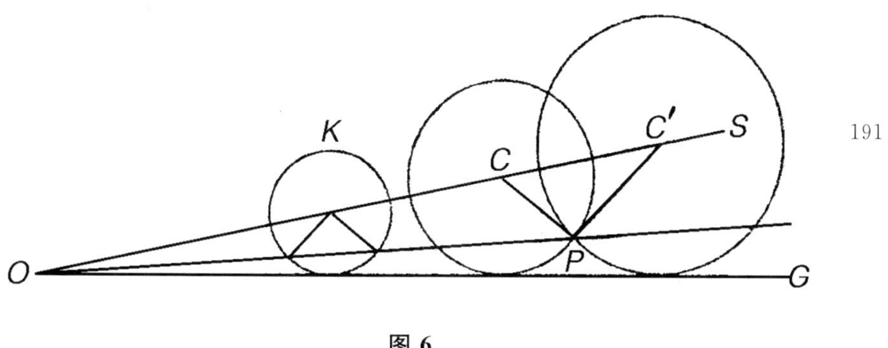

191

图 6

第 八 节

导致柏拉图发现分析方法的，必定是有独创性的理智独具的幸运的心理本能。人们只了解以前通过感官或在思想中偶然经验过的东西。在没有经验的领域，人们不能解决问题。为了把未知的东西减少到最小，没有比下述方法更好的方法了：想像在已经熟悉的案例中结合起来的已找到的和已知的东西，然后在建构时再追溯现在更容易看见的、从后者到前者的路线。它不仅仅对几何学有效。知道你想把树干横放在溪流上以便走过去，那么你想像已解决的问题：由于考虑到必须把树干拖到特定的地方，但是首先必须把树砍倒等等。你踩出从已找到的东西到给定的东西的路线，在实际的建桥中他不得不在相反的方向横越该路线，从而颠倒操作顺序。[13]这是一个十分普通的实际思维的案例。最伟大的工程发明就其不是逐渐地由机遇提供，而是迅速地由自发的努力形成而言，它们似乎依赖于这个过程。富尔顿(Fulton)想像快速运动的船，该船带有连续转动的明轮推进器(通过与地上的车辆类比)，而不是有节奏的作用的桨，还带有驱动明轮的蒸汽机等等。人们同样能够证明，最伟大的和最重要的科学发现把它们的起源归因于分析方法，尽管我们不能完全排除综合程序的参与。探究者和发明者的理智活动本身再次表明，它与普通人的理智活动并
192 无本质上的不同。探究者把普通人通过本能解答的东西提升为方法。不过，这种方法已经在最古老的和最简单的精密自然科学即几何学中变成有意识的。

第　九　节

在进入自然科学中探究的类比方法的例子之前，让我们进一步考察一下几何学。头一批几何学洞察，甚至比较复杂的洞察，肯定不是通过演绎得到的，演绎属于科学的比较发达的水平，以牢靠的知识本体或对简化、程序和体系的要求为先决条件。确切地讲，这样的洞察像在自然科学中一样，是通过精密观察的实际需要，借助测量、计算、权衡和评估得到的；是通过直觉、只是后来才通过从先验知识的演绎在比较、归纳、相似和类似的指导原则下，借助思索或思想实验得到的。在这里，相对较迟的古代探究者阿基米德[14]的著作是十分富有教益的。他告诉我们，他和其他人在他们发现精密的形式和证明之前，就了解各种定理。例如，求抛物线的面积可以借助用切割和称量的薄片覆盖图样近似地获得。从该结果，阿基米德猜中精确的定律，后来成功地证明了它。即使在近代，这样的问题首先在经验上发现，通过近似解决，后来才精确地加以处理。在 1615 年，默森(Mersenne)把数学家的注意力引向

生成旋轮线的方法。伽利略只能用称量表明，该曲线的面积近似地是生成圆的面积的三倍，1634 年罗贝瓦尔（Robeval）证明，这严格地如此。

第　十　节

如果我们形成关于某一命题 C 的存在的猜测，我们能够力图通过迅速的综合从已知的命题推导它，但是这需要相当牢固的有关基础的信息。要不然，我们可以尝试反过来分析地行进到 C 的邻近条件 B，接着行进到 B 的邻近条件 A。若 A 是已知的或自明的，则我们发现推论“A 承担 B，B 承担 C”。若非 C 来自 B，B 来自 A，A 原来是不可能的，则 C 再次被证明。这个最后的结果是无条件的。另一方面，如果分析被理解成为了直 193
接证明的缘故，那么我们必须保证，命题“C 以 B 为条件”、“B 以 A 为条件”等等都是可改变的，因为只有此时才能够把颠倒的顺序看作是 C 的恰当证明。并非所有命题都是可改变的：M 制约 N 无法从 N 制约 M 得出。举例：在正方形中（M），对角线是相等的（N）。反题：两个相等的对角线 N 确定正方形（M），这显然为假。为了得到反题，或者我们将不得不扩大概念 M，用 M' 代替它，M' 把迄今还没有发明出名称的许多具有相等对角线的四边形统统包括在内，或者我们可以把 N 的范围限制为某个 N'。这样最后的步骤会导致可以改变的命题：在正方形中（M），两个相等且相互垂直的对角线在它们的中点相交（N'）。全等的图形是相似的，但是相似的图形必须在面

积是全等的情况下才相等。三角形中的两个相等的边与相等的角相对,反之亦然。这些例子将足以表明,在应用理论分析或盖然性分析时需要谨慎小心。

第十一节

人们往往正当地感到遗憾,古代的探究者如此之少地告诉我们他们发明和研究的方法,确实用综合的说明把研究小径隐蔽起来。以此为背景,奥夫特丁格尔(Ofterdinger)强调,综合描述在系统化方面有某些长处。例如,仔细检查欧几里得的毕达哥拉斯定理的证明向我们表明,它的组成部分容许我们像在第一卷中那样,以它们在它之先的秩序构造所有的说明和定理。汉克尔(Hankel)、奥夫特丁格尔和曼关于几何学方法的评论[15]完全值得一读。

第十二节

我们可以通过消除挡道的和导向死胡同的偏见,准备自然科学中的问题的答案。这样的境况的例子是从古代传下来的偏见:颜色是由冲淡的白光通过它与黑暗混合产生的。波义耳反对这种观点,从而为牛顿正确地解决颜色问题铺平了道路。赫林解决三维视觉问题需要预先消除许多古老的偏见:心理空间必定有别于几何学空间,定向线理论被消除了,认为视觉感觉不同于其他心理形式。约翰·米勒、帕努姆(Panum)和赫林

本人准备了基础。[16] 194

第 十 三 节

而且，问题的解决基本上是通过伴随的悖论的出现促进的，在悖论被消除之前，它们将不让理智平静下来。悖论出现的历史考察或从冲突的观点到最后的结果紧随的一切的研究，导致通向这样的要害的这条或那条道路：该要害的去除消解了悖论，通常解决了或至少澄清了问题。因此，如果我们深入到笛卡儿和莱布尼茨之间关于用 mv 或 mv^2 测量力而争论的根源，我们辨认出，我们在这里仅仅有约定，我们能够按照约定或者借助时间，或者借助反抗另一个我们宁愿选择的无论哪一个力越过的距离，来测量运动物体的力。[17] W. 汤姆孙和 J. 汤姆孙利用处于凝固点的水的悖论的循环过程——如果在它的所有方面和结果来考虑——导致发现，凝固点由于压力而降低。[18]

第 十 四 节

并非所有在科学发展进程中出现的问题都被解决了；事实上，许多问题作为空洞的问题被丢弃了。通过表明建立在错误提问的问题是不可解决的，因为它们不可能感觉到甚或不能有任何答案，对这样的问题不予考虑，代表了科学本质上的进步。这样一来，由于科学放下了无用的和有害的负担，它获得了能够指向新的和富有成果的任务的更深刻和更清楚的视野。我们大家容易看见，不能通过四个任意点作圆，因为三个点已经决定了它；但是，如果我们能够证明，只能近似地求圆的面积，[19]五次方程没有代数解，[20]多代人徒劳地追求的形形色色的问题是不可解的或无意义的，那么这些是无论怎么估计都不过分的成就。例如，最有价值的证明，是表明永动机不可能，从而暴露了我们最牢固确立的物理学知识和这样一种设计之间的矛盾的证明。问题的这种取消导致能量守恒原理的发现，该原理是进一步的较特殊发现的最强大源泉。在每一个领域，我们都发现被抛弃的问题，或者例如被如此彻底地修正、以致与原来的问题几乎不再相似的问题。在古老含义上的宇
195 宙起源学说不再被提出。没有人在一百年前还在这样做的含义上寻找语言的起源。不久，不再有人将被诱使把心理现象。还原为原子运动，或者用特殊的实物、质或能量的形式说明意识。

第 十 五 节

自然科学中的命题像几何学中的任何命题一样，也具有“若 M 存在则 N 存在”的形式，在这里 M 和 N 是或多或少复杂的现象的特征群；一个群决定另一个群。这样的命题可以直接来自观察，或者间接地通过已知观察的思考和心理比较得到。如果命题似乎与观察或观察伴随的思想不一致，那么它就提出了能够用两种方式解决的问题。命题“若 M 存在则 N 存在”可以借助一系列中间命题，从表达已知事实的命题中推导或说明。在这个案例中，我们的思想已经比我们假定的或知道的更适应事实，更相互适应，

我们也符合新的命题，除非我们不能立即看到它。这种解答在于从已知的原理演绎地、综合地、几何学地推导新命题。所有较容易的、较次要的问题都在这里。我们起初为了交好运总是必须尝试这种方式。我们是否成功地解决问题当然取决于我们已经了解的东西。伽利略说明十分重的粉尘在水和空气中飘浮，借助的是因为纤细分布产生的巨大阻力而引起下落的低速率。惠更斯从伽利略的力学原理完备地导出摆的运动。相似地，谢格奈(Segner)、欧勒、达朗伯和其他人致力于给清楚的和显著的陀螺现象以力学说明。在水压千斤顶中，水向上流动就像玻璃边缘上的链条因为悬空部分的较大重量向下滑动一样，以相同的方式可以理解，除非链条的环节自动地被连接起来，而水却通过压力，或者像先前假定的由于厌恶虚空而保持接触。布鲁斯特用两个具有相同厚度的平行玻璃板观察到颜色现象，尽管令人惊讶，但是也能够以同一方式从已知的光学原理中推导出来。阿喇戈的旋转磁性用法拉第的感应 196
定律说明。然而，比较仔细的思考揭示出，在科学的早期阶段，这些问题和相似的问题不能以这种方式解决，事实上一些问题也不存在。这十分自然地把我们引向第二种方式。

第　十　六　节

假定我们未能找到观察事实及其结果与之一致的已知原理。在这种案例中，我们只好借助思想的新适应，寻求新原理。[21]新进路可能直接地与所讨论的事实相关，或者我们可能分析地行进。我们寻找事实的最接近的条件，然后寻找条件的条件等等。选取这些条件中的一个或另一个的新方式通常将使陌生的或表面上太复杂的事实变得可以理解。虽然几何学是众所周知的、大量被研究的领域，但是分析方法还是导致新概念，这些新概念容许我们比从其他观点可能作的容易得多地推出新定理和解决问题。例如，目睹一下相似的和具有相似境况的图形，像射影关系的丰富性吧。自然科学的领域一般地比几何学无比地丰富和广泛，它几乎是无穷无尽的和差不多未探索的。因此，我们可以期望，分析方法还将产生全新的原理。如果我们注意一下构成这种新适应或引导我们的新概念的东西，我们发现它的独特性在于注意到先前未注意的条件或特征。考虑几个例子，由一个容易的例子开始：我们看见物体从顶向下施加压力并下落。这个从顶到底的方向(direction)和向指(sense)对于我们向地性地组织的人类来说在生理上被决定。就处在一个地方的人而言，这变成物理的取向(orientation)(天上，地下)，我们认为该取向对于整个世界而言是绝对的和可靠的。当天文学的和地理学的探究揭示出地球是处处可居住的球时，我们起初无法理解，地球上正对面的可动物体为什么没有掉落。我们在儿童时代都以这一方式行动，我们之中的极少数人有意识地审查了这一巨大的、在历史上必不可少的变化，该变化在于把重力看作是由地球中心的方向决定的，而不是由我们当地的天空和地面决定的。我们之中的大多数人在学校教给我们的东西的影响下，臆想从一种观点到另一种观点的道路。

我们不久变得熟悉孤立重物的运动，但是，较轻的物体像在滑
197 轮上那样被较重的物体升起，我们便学会注意几个物体及其重量
之间的关系。如果我们增添来自不等臂的杠杆或来自其他机械的

发现，那么我们就被驱使不仅考虑重量，而且考虑它们在重力方向上的对应的位移，同时被驱使到它们度量的积即所做的功。如果我们看见浸入的物体下沉、依然被悬浮或漂浮，那么我们为清楚而确凿地理出这些事实的秩序的欲望，导致我们注视相等体积的重量。水在活塞下反抗重力而上升，产生了机灵的厌恶虚空的思想。这个概念提供了一个原理，该原理乍看起来使一切事物，尤其是令人惊奇的重力完全无力变得可理解了；但是，我们接着发现该原理失败的案例。托里拆利借助各种液柱测量厌恶真空，发现一个确定的流体压力足以使所有案例变得明白易懂。就这样，他和帕斯卡把分析过程看作是更进一步返回较遥远的条件的一个步骤。重物体在被抛出时可以上升或下落，亚里士多德的物理学把这两个案例作为不同的东西处理。伽利略注意到运动的加速度，而加速度使所有这些案例变成相似的和同样明白易懂的。于是，机遇不断地揭示不合适的适应，这驱使我们达到新的分析步骤，为的是注意到新的条件、概念和适应，从而妥善对待比任何时候都更为广泛的经验领域。自然向我们提供命题，这些命题类似于几何学命题而没有推导，类似于被解决的问题但没有答案，听任我们寻求推导和解答的原理，这是极其困难的，与纯粹空间相比，这种困难给出了整个世界的无比的复杂性。[22]

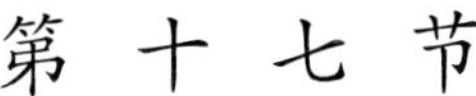

第 十 七 节

这几个例子已经表明，最伟大的和最重要的发现是用分析的方式发现的。关于进一步的证据，举一下先前提到的牛顿发现普通力学、天体力学和光学的原理。与从给予的前提出发的演绎相比，对被给予的东西的前提之分析的追求是一个很少确定的任务，因此只是借助假设以尝试性的步骤取得成功，而假设则可能把正确猜想的项目与虚假的或无关紧要的项目结合在一起。因此，不同的探究者采取的思想路线，在这里受到偶然的特征的许多影响。光的行为和水波或声波的类似，导致惠更斯[23]达到他的光理论，而它与抛射体的类似以及暗示缺乏这种现象的折射的不完善的观
198 察，导致牛顿[24]达到他的发射说。胡克[25]注意到光的周期性，惠更斯完全不管它，而牛顿则以不同的方式诠释它。不管怎样，这些探究者之中的每一个在这个问题上都赢得了巨大的声誉。机遇在不同的方向引导他们之中的每一个人，所有三者现在都结合到一个完备的分析中。

第 十 八 节

借助柏拉图和牛顿就分析方法说过的话，假设的功能被进一步阐明了。设想我们希望找出事实的未知条件。然而，对于未知的东西，我们无法形成充分明晰的思想。因此，我们暂时性地想像我们了解的类型的直觉条件，尝试性地认为等待解决的问题已被解决了。从假定的条件到事实的路线现在变得相当容易审视了。接着，我们修正假定，直到该路线准确地引导到给予的事实为止。通过倒转观念的进程，我们发现从事实到条件的路线。在从假定中消除了所有多余的和想像的特征后，我们完善了分析。至于方法，分析在自然科学和几何学中是相同的，二者都使用假设作为工

具。不管怎样,在较广阔的、较少探索的和较少完备已知的自然科学领域,假设的选择在方法上较少受限制,以致它为狂想、机遇和幸运留有较多的余地,因此也更多地面临错误。

第 十 九 节

特别在考虑牛顿对光的分析时,我们看到,它是由当时与所假定的棱镜折射定律不恰当的定量一致促动的。在色散方向出现的有色光线的发散度大约是在给定的太阳高度下能够期望的五倍,而在与这个方向成直角处,散播与理论一致。马尔楚斯·马尔齐(Marcus Marci)已经注意到,当光线通过棱镜时发散度增加,但是,由于在折射定律给予他的不恰当的知识,他无法从这个事实引出合适的结论。为了使这个差异变得可以理解,牛顿假定不同折射率的光线:取红光线具有最小的折射率,紫光线具有最大的折射率,对于在同一材料中的一切折射来说,每一种光线折射率不变,这使得所有现象变得明白易懂了。此外,人们不需要假定颜色是
由折射引起,或者由光与暗的混合引起(波义耳和格里马尔迪已经 199
怀疑这一点)。牛顿能够就它这样宣布:颜色是白光的恒定的独立的组分,它们是实物或"材料"(stuff)。由于特征性的周期长度,他在这个假定方面变得坚定了,该长度本身是在分析薄平板的颜色时被揭示出来的。今天依然确定的是,有色光是白光的独立的、恒定的和不变的组分,只是把它们视为"材料",在生理化学的意义上是专断的和片面的。实际上,这意味着,牛顿虽然辨认出光线的叠加原理,但是他未识别出周相叠加原理,该原理是由胡克和惠更斯

的进路产生的。为了充分评价牛顿分析的含义，我们必须记住，与彩虹、肥皂泡、珍珠母的短暂的颜色相对照的颜料的恒久性，必须思考所有这一切多么不同地出现，以及在什么不同的条件下出现。在牛顿之后，这一切能够从一致的观点来看待，这一现象系列的最远离的成员也通过选择吸收原理联系起来。

第二十节

让我们重构揭示永动机不可能性的思想路线。斯蒂文已经知道这一点，并从它推出许多困难的静力学和流体静力学定理。而且，证据毋庸置疑地指出，斯蒂文从他的先驱那里接过了静力学中的命题的许多特例；而他的滑轮组的描述表明，他的目的是把对所有这些案例来说共同的一切事物引入在一个表达之下。他以这种关联表达了关于简单条件的竖直位移定理。请猜想一下，当时他问他自己，什么对静力学的所有案例是共同的，什么原理会有效地包容这一切各种不同的现象。由于给出当时用重量测量力的熟悉方法，他无疑会辨认出，平衡的扰动或运动的开始只是发生在重质量的超额量向下运动之时。质量分布在其中依然相同的运动不会发生。斯蒂文此时通过表明，在平衡的分布中没有变化的情况下，它们的不存在会导致无限运动的荒谬，以此推导出平衡定律的特例。就这
200 样，特殊的调查把他导向普遍的平衡条件。一旦识别出这一点，它反过来作为其他特殊研究的后盾服务，而这些研究构成对计算的一种类型的检验。在这方面，他为所有伟大的探究者

提供了范式(paradigm)。我们关于斯蒂文思想路线的假设是正确的,这似乎被下述事实确认了:伽利略在处理斜面时,他几乎是以同一方式思考的。像斯蒂文原理这样的普遍原理具有优于可推导的命题——它的矛盾命题与我们所有本能的经验形成十分强烈的对照——的长处。当伽利略开始建立他的重物的动力学时,他通过各种思索和试验发现,落体达到的速率取决于下落的距离,以致速度的增加和减少分别意指较低的和较高的位置。著名的摆实验尤其导致他明确认识到所有这些特殊特征的普遍条件。重物在无论什么路程上都可以运动,它从静止下落在某一水平达到的速率能使它至多重新获得那个高度。惠更斯把这个概念推广到重物系统;他得到了个后来称为活劲(*vis viva*)守恒原理的特例,而该原理的矛盾命题再次与我们本能的经验形成强烈的对照。这个原理用惠更斯明晰的词语可如下陈述(像伽利略原理一样):重物不自行上升。惠更斯满怀信心地应用它,解决振动中心的困难问题,恰如伽利略借助他的概念解决特殊的问题一样。用惠更斯的比较精确的术语,斯蒂文原理可以这样阅读:重质量只有在它们的平均高度减小时才能变得加速。通过明确地假定力学的活劲守恒原理不能被非力学的迂回违背,S 卡诺首次开辟了通向所谓的能量守恒原理的道路。这个再次与我们的本能十分密切的普遍观点,原来在解决特殊问题时是极其富有成效的。当探究者这样把比以往任何时候都多的经验细节引入有意识的概念思考的眼界时,大多数普遍原理都锻造了与我们心理生活的本能基础愈益。密切、愈益强烈的联系。[26]

201 # 注　　释

【1】*P*3，p. 287.

【2】James，*Psychology*，Vol. Ⅰ，pp. 585f.

【3】关于个人的例子，参见 *P*，pp. 303f.

【4】Galileo，*Sydereus nuncius*. 由来自荷兰人的内情的叙述开始重新构造，决定用双目镜考虑放大等等。*Opera di Galilei*，Padova，1744，Ⅱ，pp. 4，5. 再次部分地较为详细的：*Il saggiatore*，*Opere* Ⅱ，pp. 267，268. 最重要的段落在 p. 268，内容是这样的："因此，我的论述如下：该装置或者需要一片玻璃，或者需要一片以上的玻璃。它不能仅仅是一片玻璃，因为它的形状或者是凸的（在中间比在边缘厚），或者是凹的（在中间比较薄），要不然它处在平行的平面之间。不管怎样，最后这一点根本不改变可见的对象，既不放大也不缩小它们，但是它使它们显得相当模糊和炫目。因此，仅仅一片玻璃不足以产生该效应。接着，继续到两个，由于已知平行平面像提及的那样不改变任何东西，我得出结论，该效应不会利用它以及其他两个中的任何一个产生。此后，我把我自己限制在通过实验寻找，在把其他两个即凸玻璃片和凹玻璃片组合时会出现什么，我怎样看见给我以我寻找的东西。就这样，我的发现取得了进展，其中结论为真的概念上的见解对我来说是无用的。"

【5】Kepler，*Ad Vitellionem paralipomena*，1604.

【6】Kepler，*Dioptrice*，1611.

【7】当我在大街上散步时，一位同事告诉我爱迪生（Edison）发明留声机的第一个报道，他怀疑该消息。"为什么不相信它？"我回答说："请想像一下首先由声音形成的带有鼓状共鸣器的手摇风琴，然后在旋转时第二次产生声音。"甚至在快到家前，我几乎可以肯定，留声机是柯尼希的声音亲笔石版复制术的稍加修改，这种复制术不是在鼓状共鸣器的圆筒表面的

书写运动，而是利用与鼓状共鸣器成直角的方向上的运动。对我来说，猜想这一点也不困难，因为我曾经致力于声学，尤其是致力于柯尼希的仪器，因而常常演示，当指甲在有肋状纹的书的封皮上滑动时，听到像说话一样的声音。我觉得，构造的最困难的部分是选择鼓状共鸣器的材料，该材料必须足够柔软，以便记录下还有反抗力的压痕，从而足以复制压痕。没有特殊的经验，人们无法正确地作出这一选择。高斯不仅是发明电磁电报的人，而且也是把它带入最高程度的技术完善的人，尽管他向他自己完全提出的是纯粹技术的问题。当威廉·韦伯（Wilhelm Weber）在决定电磁单位中使用载流振荡线，以便在第二条线中感应周期电流时，假如他在技术上留心的话他能够容易地发明电报。但是，这两个人通过对准纯粹科学，把技术的基础提高得多么高！只存在各种不同的进步方式，没有什么东西比理论家对工程的狭隘的和片面的骄傲自大更令人遗憾的了，反之亦然。

【8】因此，我以为，费希纳的最大功绩是他提出心理学问题的方法。

【9】Bretschneider，*Die Geometrie und die Geometer vor Euklid*，Leipzig 1870，p. 146.

【10】出处同上，p. 147. 关于分析和综合，请参见 Euclid，*Elements*，XIII，在 J. F. Lorenz 的版本 Hall，1798 中。

【11】Newton，*Arithmetica Universalis*，1732，p. 87.

【12】在图 4 中，只画出了直线 G 和角平分线之一。

【13】*P*3，p. 296.

【14】阿基米德的 *Werke*（Nizze 的德译本，Stralsund，1824）。尤其是参考抛物 202
线求面积上的部分。

【15】Hankel，*Geschichte der Mathematik*，Leipzig，1874，尤其是 pp. 137—156. Ofterdinger，*Beiträge zur Geschichte der griechischen Mathematik*（Programmahandlung），Vlm，1860. Mann，*Abhandlungen aus dem*

Gebiet der Mathematik（维尔茨堡大学三百周年纪念文集）1883，*Die logischen Grundoperationen der Mathematik*，Erlangen & Leipzig 1895.

【16】参考 *A*，pp. 101f.

【17】参考 *M*5，p. 322.

【18】参考 *W*2，pp. 234f.

【19】F. Klein，*Ausgewählte Frogen der Elementargeometrie*，Leipzig，1895. F. Rudio，*Geschichte des Problems der Quadratur des Zirkels*，Leipzig 1892.

【20】Abel，"Démonstration de l' impossibilité de la résolution alébrique，des équations générales qui dépassent le quatrième degré"，*Grelles Journal* I，1826.

【21】人们当然必须谨慎小心，不要安排比必需的多的原理。参见 Duhem，*La Théorie Physique*，pp. 195f.

【22】*M*5，1904.

【23】Huygens，*Traité de la lumière*，1690.

【24】Newton，*Optice*，1719.

【25】Hooke，*Micrographia*，1665.

【26】参见 *M* 和 *W*.

第十六章　探究的预设 203

第　一　节

在某一有限的环境里成长和生活的人，一而再地碰到具有完全恒久的大小和形状、颜色、味道、重量等等的物体。在他的环境和联想能力的影响下，他变得习惯于发现在一个地点和时刻结合在一起的相同的感觉。通过习惯和本能，他预设这种对他的生物学的福利来说变成重要条件的恒久的结合。这种恒久的结合聚集到一个地点和时间，以致必定作为绝对的恒久性或实物的观念的基础起作用，但它们并非是唯一的恒久结合。一个被强使的物体开始运动，它强使另一个物体并使之开始运动；倾斜的容器中的容纳物从中流出；松开的石头下落；盐溶解于水；正燃烧的物体点着另一个物体，加热金属直至它发红和熔化等等。在这里，我们也遇到恒久的结合，除非存在较大的空时变化范围。

第　二　节

我们物理经验和心理经验的暂定终极的共同组合，是我们称之为要素的东西。我们观察它们的分离的恒久性，它们之间在一个地点和时间的关联的恒久性,以及这些关联的更普遍的恒久性。反复的和仔细的观察表明,分离的要素事实上并不是恒久的:如果它们似乎如此(比如说,在不变的照明下的颜色,在相对于地球不变的位置的重力),这仅仅是因为其他的相关要素的偶然的恒久性。甚至在一个时间和地点的关联也不是绝对恒久的,先前的例子证明了这一点,物理学、化学,尤其是感性知觉的生理学每日表明了这一点。因此,我们被留下和关联的普遍恒久性在一起,其他两个只是它的特例。如果我们把空间和时间的感觉计入要素之中,那么所有的恒久的关联都在于要素的相互依赖。[1]当然,生物学的需要指引我们以观察感官直接可以达到的最简单的依赖开始,这一点已经被恰当地证明了。只是在后来,我们才成功地审慎查明复杂的和较普遍的
204 案例,这些案例需要它们的表象的概念,要素本身在这里隐藏在概念之中。

第　三　节

正如我们通过反射和本能在我们的特质的影响下学会把握我们的生物学的需要和环境,然后在日常生活中有意识地和深思熟虑地练习这种技艺一样;在探究中也是如此,在这里它是在理智方面、在成功的期待中把握的问题,正如我们在以往常常经历的那样,我们学会有意识地和深思熟虑地坚持预设,这些预设本能地起因于我们通过联想的心理特质,起因于我们环境的影响。[2]

第　四　节

经验要素相互依赖的预设不需要是天生的，相反地，我们能够看到它的逐渐发展。在人群以及个人的生活和语言发展，诸如“因为”、“由于”、“所以”之类的概念在获得附有条件的和因果的意义之前，必须长期依旧保持在空时重合的水平上。同样地，在更综合地和更正确地考虑要素之间相互依赖的关系之前，也要花费相当长的时间。这确实是十分容易理解的；如果一切事物都像黑夜紧随白天那样十分规则地进行而无干扰，那么我们应该完全不假思索地使我们自己适应这个进程。[3]直到存在从法则到缺少法则的机遇，我们才由于直接的或间接的生物学利益的缘故，被迫询问：事件为什么时而这样时而那样，哪些事物恒久地关联，哪些事物仅仅是因偶然性关联。借助这一区分我们完成原因和结果的概念。我们称原因是恒久地与另一个事件（结果）连接在一起的事件。确实，人们发现，这个关系大半以相当不完备和肤浅的方式被看待。通常，被视为原因和结果的，恰恰是过程的两个特别惹人注目的标志。仔细分析总是揭示出，所谓的原因只不过是决定所谓结果的整个条件集合中的一个条件；以致依据这些被注意到的或被忽略的条件中的哪一个，所讨论的条件可以大相径庭。

第　五　节

一旦要素的恒久关联的预设或以本能的习惯、或以有意识的

205 方法特征铭刻于我们的思维，我们立即寻求任何新的和未曾料到的变化的原因。迄今观察到的东西为什么未继续存在？某个被忽视的或未注意的条件变化了吗？每一个改变都表现为打破稳定性、分解直到当时一起存在的东西、废除已习惯的条件，从而扰乱我们并提出问题，这一切驱使我们寻求新的关联，探究原因。[4]

第　六　节

在比较高度发达的自然科学中，原因和结果的概念在它们的使用中正在不断地变得较为稀罕、愈受限制。对此存在着健全的理由：这些概念至多相当暂时地和不完备地描述了事态，因为它们不像预先指出的那样是充分精确的。只要我们借助可测量的量——这直接地对空间和时间、迂回地对感性知觉要素是可能的——能够概括事件的要素的特征，那么要素的相互依赖用函数概念[5]比用原因和结果的概念可以更完备、更精确地表示出来。这不仅在两个以上的要素处在直接依赖时成立（例如气体定律 pv/T=常数），而且更重要的是，当要素通过要素的几个链条间接依赖时也成立。具有它的方程的物理学与语词能够做的相比，可使这一点变得更清楚。

第　七　节

对于全都通过方程关联起来的两个或多个直接依赖的要素来说，每一个都是另一个的函数。在旧表达模式中，我们不得不说，在这个案例中原因和结果的概念能够相互变化。例如，如果我们有两个孤立的引力质量，或者两个接触的传热导体，那么一个质量的加速度是另一个质量的加速度的原因，反之亦然，对于导体的温度变化而言也一样。如果一个热物体 A 借助 B，C……把热传递给 N，那么仅仅 A 不再决定 N 中的变化了，而且所有中介物体及其配置也决定 N 中的变化。仅仅 N 的变化也不能决定 A 的变化：我们不再能颠倒该关系。即使在所有物体能够被看作是点的简单案例中，我们也需要像存在物体那么多的联立微分方程。每一个方程一般地包含与所有物体联系的变量。如果我们能够得到包含仅仅一个物体的变量的方程，那么我们能够积分它。这也导致其他积分，在积分中常数是由初始条件决定的。甚至通过这样 206
的最简单的例子说服，也足以表明，由于给出了函数概念，通常的原因和结果的概念是多么不恰当，确实是多余的。[6]

第　八　节

细心考察一下物理学过程，情况似乎是，我们能够认为所有直接的依赖都是相互的和同时的。就通常的原因和结果概念而言，对立面也有效，因为它们被应用于多重中间依赖的完全未分析的案例。结果“跟随”原因，关系是“不可逆的”。以枪中火药的爆发和炮弹的冲击为例，或者以发亮的物体和光的感觉为例：在两个案例中，都存在着与不计其数的环节相连的中间依赖的链条。被击中的靶子并没有归还火药所作的功，敏感的视网膜也没有恢复光所作的功；二者都只不过是依赖链条中的环节，依赖继续因它们开始的方式不同而不同。靶子可以产生纷飞的碎片，感知的人可以了解发亮的物体。过程作为一个整体不需要是瞬时的和可逆的，因为它建立在同时的和可逆的依赖的多重链条的基础上，关于这一点容后涉及。[7]

第　九　节

原因概念并非总是相同的，而是在历史进程中变化的，在未来也可能如此变化。由于我在其他地方讨论了休谟(Hume)和康德的问题，[8]几个较次要的条件可以在这里满足。心理的个性通过主体和环境之间的相互关系而发展。有机体肯定对天生的特性有贡献，也许比康德设想的还要多，尤其是就反射能够被激起这一事实而言。天生的特性不仅包括空间和时间的感觉，而且也包括所有感官的特殊能力以及它们包含的可能感觉的系统。[9]情况变得很清楚，物理经验独力完成的生理的空间和时间还不能产生几何科学和数学科学的基础。因此，康德的问题——纯粹数学如何是(先验地)可能的？——无疑包含着探究的有生命力的创新观念，但是也许更重要的是，不能预设数学知识是先验地获得的：只有实证的生理—心理学探索，而不是哲学的判决，才能决定什么是天生的。至于因果观点，天生的东西至多包括使联想即器官的关联成
207 为可能的基础，因为能够表明联想本身是以个体获得的(参见上面的 p. 24)。天生的因果观的观念把像惠威尔这样著名的探究者都误导入最奇怪的曲解，尽管我们必须实际上称他是一位相当自由的康德主义者。在自然科学的理性方法论的基础方面，我们把许

多东西归功于弗里斯及其学派，尤其是阿佩尔特，他们使尽气力想摆脱康德的脚镣而没有挣脱出来（参见上面在 pp. 100－101 给出的例子）。贝内克是第一个作出本质上的进步的德国人。他直率地说："在先前的东西中，我们把这样一个原则贯彻到底，即所有的概念，包括康德的范畴在内，都毫无例外地由观念的联想引起，以致在这个项目中，我们不能采纳惠威尔的观点。"【10】……"从这个观点来看，科学的最普遍的部门是归类于由外部印象构想的东西的部门和归类于内部地预先决定的东西的部门。可以说，后者实际上包含着在我们自身之内先于所有经验给定的东西的知识。可是，比较仔细地确定这种关系的尝试，在它们预设下述说法时失败了：在充分形成的心灵中突出的形式甚至是在经验之前，或者宁可说在心灵发展之前，就作为天生的东西给定了。这是错误的：乍看起来适用于知识的形式仅仅是在心灵的发展进程中出现的，可是在此之前它们就在天生的性情和显示截然不同的形式的状态中被纯粹地预先决定了。"【11】对于这些出色的一般性的评论，我无法添加任何有意义的东西。

第　十　节

与这种环境相互作用的主体，以对恒久性本能的期望的方式逐渐形成某种东西，他最终把这种东西作为公设、作为审慎地意识到的方法论预设留传给探索，这些预设常常被过去的成功和对它的更多的允诺所检验，因而这一切都是自然发展的事情。事实上，除非我们假定一个领域是可以调研的，否则我们不能决定去探究它，[12]这便预设了恒久性；因为如果没有恒久性，在那里调研什么呢？这些恒久性是给定要素的相互依赖，是它们之间的函数关系和方程。如果方程被满足，那么这相当于一个被拓展的和被概括的实质性观点，而且也相当于一个比较发达的、被加强的和被阐明的因果观点。一般地，它与我们认为物理学方程是表达实物、定律，还是在特例中表达力没有关系：在所有事件中，它们表达函数依赖。考虑能量定律这个简单、明白易懂且又能够作各种诠释的
208 例子，于是我们确实不能像这些诠释往往表面看来所是的那样，把它们视为如此大相径庭的。[13]

第十一节

没有办法证明“决定论”或“非决定论”的地位的正确性。只有假定科学是完备的或经论证是不可能的，我们才能决定这样的问题。这些是我们导致考虑事情的预设，它们取决于我们对过去探究的成功还是对过去探究的失败给予较大的权重。不管怎样，在探究时，每一个思想者必然是理论上的决定论者，即使它涉及的仅仅是概率。雅科布·伯努利(Jacob Bernoulli)的大数定律[14]只能在决定论预设的基础上推导。即使像拉普拉斯(Laplace)这样的拥有他的宇宙公式的令人信服的决定论者，也可能偶尔导致如下评论：偶然事件的组合能够产生最令人惊异的规则性，[15]我们不必认为这意味着，例如统计现象与免除所有定律的意志是相容的。只有当偶然事件是概率所掩盖的规则性时，概率计算的命题才有效。[16]只有此时针对某一时间间隔得到的平均值才能够获得任何

含义。[17]

第十二节

在假定恒久性时，一般而言我们没有排除在个别例子中失败的可能性。相反地，探究者必须始终准备失望，因为他从来也不知道他是否考虑了在特例中可应用的所有依赖。他的经验在空间和时间上受到限制，给他仅仅提供了事件总体的小片断。没有一个经验事实以绝对的准确性重复自己，每一个新发现都暴露出洞察的缺陷，并揭示出如此之多的未曾注意的依赖的残余。因此，甚至极端的理论上的决定论者，在实践中必然依旧是非决定论者，尤其是，如果他不希望使极其重要的发现因思辨变得不可能的话。[18]

第十三节

科学是一个事实，但是没有事实的确定的——尽管是最不完美的——稳定性以及相应的思想（通过适应）的稳定性，它也是不可能的：从后者我们能够推知前者，这必须被预设；事实上，思想的稳定性是事实的稳定性的一部分。也许不存在完美的稳定性，但 209
是关于它所存在的东西，足以提供一个有用的科学的理想。

第十四节

一旦我们甚至注意并考察要素的相互依赖，探索的方法便自动产生了。相互依赖的事物通常一起变化：伴随的变异的方法是普适的指导，亚里士多德对探究者不足的暗示以及培根的比较广泛的叙述以此为基础。J. F. W. 赫歇耳考虑到原因和结果及其在那种秩序中的顺序的不可解开的链环，并注意到前者的增加、消失或颠倒制约后者中的相同变化，从而确立了探究的指导原则。[19]他发现他本人被迫作出的许多附带条件清楚地表明，他作为一个有经验的探究者强烈地感到两个概念不恰当。实验者不会不了解，对于比较复杂的居间的依赖，不能无条件地预设在简单的依赖案例中普遍[20]适用的平行变异。以图式的形式对探索者指导的最详尽的陈述归功于J. S. 穆勒。[21]如果把原因和结果看作可测量的并可以有全部值，那么穆勒的方法是伴随变异法的特例。若在 $ABCD$ 中，A 是 D 的原因，则 A 在包含 A 的所有复合中存在（一致法）。若 A 消失，则我们得到 D 在其中也消失的复合 BC（差异法）。其他的特殊化给出下余的方法。指导思想以及困难和纠缠在赫歇耳和穆勒那里本质上是相同的，惠威尔[22]恰当地批判了穆勒的叙述和例子。使探究者的思想过程图式化，并且这样使他有意识地想到它们的形式，肯定不无用处，但是我们没有必要期望这使探究在任何特殊情况下都变得更容易。困难宁可说在于发现复合中的重要的要素，而不在于推理的形式。不过，如果在借助或不借助穆勒图式的情况下我们发现一个要素依赖另一个要素，那么这是纯粹的预备步骤，正如每一个科学探究者了解的，因为主要任务只是刚刚开始：即要发现 D 如何依赖于 A。在大多数案例中，只要 A 和 D 二者都被看作是要素的整个复合时，穆勒的图式才有意义。在给定探究的目的和意图后，探究者将力图尽可能地审查

这样的复合:它们毫不含糊地相互决定。只有他了解这样的复合, 210
它才能在思想中完成在事实中仅仅部分地给定的东西;或者,才能预言完成的东西是否符合未来。在这方面,穆勒的指导将不会帮助他。

第十五节

用函数概念和变异法装备起来,探究者便可出发踏上他的旅途。无论他可能需要什么,他必定能从他的领域的特定获得物中学到。对此,无法确立特殊的规则。变异法是定量和定性调研的基础;它以相同的方式被用于观察和实验,同样指导导致理论的思想实验。

注　　释

【1】*Erhaltung der Arbeit*, Prague, 1872, pp. 35f. *A* 4, p. 258.

【2】Geiger, *Ursprung und Entwicklung der menschlichen Sprache und Vernunft*, Stuttgart, 1868.

【3】J. F. W. Hersched, *The Study of Natural Philosophy*, London, 1831, p. 35.

【4】*A*4, p. 249.

【5】出处同上, pp. 74—78; *Erhaltung der Arbeit*, pp. 35f.

【6】我在某处读到,我正在领导反对因果概念的“苦斗”。并非如此,因为我不是宗教信仰的创立者。就我自己的需要和目标而言,我用函数概念代替这一概念。如果一些人没有发现这样作更精确、更解放、更富有启发

性，那么他就只能保留旧概念。我既不能够，也不希望使每一个人都转向我的观点。据说，腓特烈二世(Frederick Ⅱ)在获悉一些人不相信上帝审判时全体死者复活一事而遭到控告时，他颁布敕令："如果在上帝最后的审判日他想长眠不起的话，那么听任他留下不动好了，这与我毫不相干。"这种诙谐和宽容的混合总的来说是值得欢迎的。我们的后继者将在有一天为我们争吵的事情感到惊愕，更为我们在争吵中逐渐变得多么激动而惊愕。

【7】通过本能经验的小事导致我达到这个最后的说明。一个显然不是科学家但在哲学和诸方面却极有天赋的人逐渐认为，正像视网膜上的图像必然如此诱发感觉一样，生动的视觉观念必定也如此可逆地在视网膜上产生图像；这必然能够用某种方式加以证明；他请求我实施这个无希望的实验。函数概念不会像因果概念在这里那样如此糟糕地误导他。

【8】*W*2, pp. 432f.

【9】参见 F. J. Schmidt, *Grundzüge der kostitutiven Erfahrungsphilosophie*, Berlin, 1901.

【10】Beneke, *System der Logik als Kunstlehre Des Denkens*, Berlin, 1842, p. 23.

【11】出处同上, II, p. 282.

【12】参见 Oelzelt-Newin, *Kleinere philosophische Schriften*, Vienna, 1901 "Naturnotwendigkeit u. Gleichförmigkeit des Naturgeschehens als Postulate", pp. 28—42. 他的说明与我本人的观点十分接近。

【13】*W*, p. 423f.

【14】Jac. Bernoulli, *Ars conjectandi*, *Basle*, 1713.

211 【15】Laplace, *Essai philosophique sur les probabilités*, 6th ed., Paris, 1840.

【16】*A*4, p. 65.

【17】Fries, *Kritik der Prinzipien der Wahrscheinlichkeitsrechnung* Brunswick,1842.

【18】参见 *Erhaltung der Arbeit*,p. 46. 也可参见 Petzoldt,"Das Gesetz der Eindeutigkeit",*Viertelj. f. wisswrsch. Philos.* XIX,pp. 146f. ;*A*,p. 274.

【19】Preliminary Discourse,pp. 151f.

【20】如果人们使用函数概念而不是因果概念,那么问题立即很清楚,两个函数相关的变量不需要一起消失,一个实际上可以在没有另一个的情况下变化。以两个金属之间的接触点的温度和电动势为例:随着温度的上升,电动势首先增大,然后下降通过零,最后变为负的。

【21】J. S. Mill,*System der deduktiven und induktiven Logik*,Th. Gomperz 的德译本,Leipzig,1884.

【22】Whewell,*On the Philosophy of Discovery*,London,1860,pp. 238—291.

212 第十七章　探究的小径

第　一　节

使自然的探究者满意的努力、活动和目标的简要而普遍适用的记述(description)也许相当于这样：他想使他的思想尽可能地与事实一致且相互一致。相同的观念也可以用稍微变化的语句来表达，诸如："完备而最简单的记述"（基尔霍夫，1874），"事实的经济的描述"（马赫，1872），"思想与存在的一致和思想过程在其自身之中"（格拉斯曼，1844）。向其他人传达思想对事实的适应就是把它转化为记述，如果这种记述是完备的和尽可能简单的，那就是经济的描述。记述思想的每一个可以避免的不协调或不完备、逻辑的差异或多余，都包含着损失，都是不经济的。尽管探究的这一特征也许是普遍的和非决定的但是与对它的较专门的从而较片面的叙述相比，它很可能更有助于理解探究者的活动，一些例子将表明这一点。

第　二　节

科学的天文学观念是从朴素的和模糊的观点发展起来的。地球周围的恒星的天穹或天球的旋转是观察的直接表达。希帕克(Hipparchus)[1]首次尝试借助本轮描述太阳运动和太阴运动，从而成功地由许多比较简单的几何学观念推出运动的不规则性。托勒密(Ptolemy)[2]把本轮方法推广到行星运动。菲洛劳斯(Philolaus)[3]、阿契塔[4]和阿利斯塔克(Aristarchus)[5]准备了日心观点，该观点由于对哥白尼(Copernicus)[6]有用而获得惊人的进展。正如开普勒[7]在1596年表明的，这使几何系统的十一种运动成为多余的。从行星系统必须受神秘的数值关系和几何关系支配的预设开始，开普勒努力借助高度幻想的、运用五种规则的固体的结构探索它们。[8]不过，在二十二年之后，这些思索导致他发现，距离的立方除以轨道周期的平方对于所有行星是相同的(他的第三定律)。他用地球和土星的案例说明了这一点。[9]基于第谷(Tycho)的观察对火星运动的研究，产生了作为物理学假设的面积定律[10]，该假设在回溯时被证明为真(1609)。他构想出“运动风”，这种风驱动中心天体周围的天体，随着中心距离的增加而减小。这个观念大概导致他得到第三定律和第二定律(面积定律)。[11]在许多无结果的尝试之后，他找到了椭圆行星轨道[12]，太阳处在一个焦点上。他于是把这二个定律推广到其他行星。[13]牛顿的成就在于，使这些数目众多的个别记述可以从下述假定推导出来：行星以它们离太阳的距离的反平方被加速。他认为这些加速度是质量相互加速的特例，地球附近的重物的自由下落是其中最熟知的特例。因此，牛顿使天文学运动变成一般的物理力学的问题。但是，这一步也在哥白尼[14]的尤其是开普勒[15]的观点中已经准备好了，他们二人认为重力是质量的普适的相互吸引：开普勒不仅利用运动风说 213

明圆周推动力，而且进而提到，假如不用某种像风一样的力或用某种其他相等的重量在月球轨道某处阻止月球，那么月球会落向地球。[16]可是，二人还缺乏也使这一步发挥作用的伽利略和惠更斯的洞察。

第　三　节

这一发展清楚无误地表明日益准确的天文学事实的心理重构起初，天体在恒星的天球上的表观运动必定是以粗糙的术语考察的，接着不规则性吸引我们的注意力，最后距地球的可变的距离也引起我们注意。今天，恒星的天球不再能够被视为球或固定的了。该过程未完成，也许从来也不能充分完成。[17]与此同时，我们看见心理重构或记述不断变得更简单和更经济，以致它最终不再局限于它最初针对其被创造出来的事实，但是它却在更广泛的领域上有效。导向简化的步伐没有依据当时可以借助公式得到的推理，这从所需要时间流逝可以看出。开普勒因为对他的错误路线的承认和坦率陈述，他的《新天文学》格外在这里富有教益。在他成功
214 之前，花费了二十二年的工作。关于牛顿，我们也知道，在他的观念的诞生和完成之间搁置了多年。丰富的幻想在一个或另一个被识别是通向简化的正确途径并被实验确认之前，产生了各种类型的夭折的观念。如果人们还没有发现提出正式意见的观念——这种观念在它本身向惊奇的探究者呈现出来之前必须进行猜测，那么所计划的探查可能毫无用处。在这里，最好在幻想的产物中发掘，同时使人们的眼睛盯住目标。开普勒的《宇宙的奥秘》(1596)

和《宇宙的和谐》(1619)在这方面是十分有教益的。天文学的发展在数千年间在各种各样的头脑中吐丝结网,天文学十分生动地表明,科学不是个人的事情,而只有作为社会的事情才能生存。

第　四　节

对厘清和简化思想的需要不用说必定源于处于调研之下的领域,但是观念本身完全可以来自不同的领域。本轮很容易被任何有经验的几何学家或实践的技工掌握。[18]哥白尼显然受到关于表观运动和透视图位移的日常经验的影响,这一点在开普勒那里被神秘主义的和万物有灵论的思想伴随。最后,作为物理学家和杰出的几何学家的牛顿添加了他自己的工作,消除了当时是多余的东西。在解答这样的问题的竞赛中,理智的视野的广度对于胜利来说是必不可少的,就像对于碰巧被选择、并被交付检验的观念的经济的批判性判断之敏锐性须臾不可或缺一样。当然,被选择的路线必须在心理学上是可能的,甚至对最伟大的天才也是如此——否则智力正常的凡人如何追随他呢?如果要把动力学应用于天文学,那么它必须被准备好而且已经在手头。下面的细致考虑表明,个人心理发展依然具有多么大的影响。惠更斯这位天文学家和物理学家本人提出了说明行星系统所要求的一切工具,但是依旧没有解决该问题,他也未能唤起对已完成的解答作任何恰当的评价。实际上,任何思考作为天文学运动的决定因素的重力的人,必定立即发现问题的实质:重力不能独立于距离,因为要不然甚至地球附近的石块也不会落向地面,开普勒第三定律不能存

在。于是，人们不得不寻找落体的加速度对于距离的其他依赖，第
215 三定律明确地指向反平方。事实上，胡克虽然与作为数学家的惠更斯未处在同一级别，但是他因引力辐射的思想进一步赢得赞同，并以这种方式把握有生命力的观点，从而获得了甚至超过牛顿的优先权。然而，牛顿是唯一制服整个数学问题的人。

第　五　节

考虑一下另外的例子。自古代以来，已知的电现象和磁现象被十分肤浅地看待，经常被混为一谈，直到吉尔伯特[19]尖锐地强调了差异、居里克(Guericke)[20]开始更精确地研究电以来，情况才有所改观。迪费(Dufay)[21]的两种不同的电状态的发现、导体和绝缘体之间差异的辨别和逐渐出现的丰富现象，使库仑[22]能够找到与艾皮努斯(Aepinus)[23]较古老的一元论的数学理论相对照的比较完备的二元论的数学理论。至于磁现象，库仑能够以十分相似的样式处理它们。泊松[24]进一步发展了两种理论，电和磁之间的类似再次出现了。这一纯粹的类似足以暗示两个领域之间的关联，这个猜测由于机遇强化了诸如通过放电使铁针磁化之类的观察，尽管这还没有导致实质性的结果。当伏打[25]建造他的电堆时，他给电的研究以新的冲击，为追踪这一关联，人们进而作出了不成功的尝试。奥斯特最终幸运得足以发现该关联：也许是出于偶然，他在讲课时注意到，磁针被接近的伏打电堆的电流扰动。突然，他抓住了他和其他人在整个这一时期正在寻找的线索，此时问题在于不丢失它。他把磁针相对于接近的导线放到所有可能的位

置，能够给出一切相关现象的综合记述，这种陈述是完全正确的，尽管由于它的难以对付和不熟悉的术语很难吸引现代读者。[26]安培把事实总结成下述定则：磁针指北的极（北极）转向充溢正电流且面对该极的观察者的左边。“电流”（current）的表达是安培首先使用的，而奥斯特讲的是“电冲突”（electric conflict）。奥斯特认识到，电冲突没有决定任何吸引，它通过玻璃、木头、金属、水等等 216
引起磁针相同的运动，以致它没有激发任何静电吸引或排斥，没有被局限于导线，而在导线周围的空间中传播到远处。他想像，一种电实体在使北极与它一致的一个向指上绕导线回旋，而另一种电实体相似地在使南极与它一致的相反的向指上绕导线回旋。正如我们知道的，对于适当的安排，磁极将绕电流载体回旋。这些朴素的观念比十九世纪中期的正式的学院观点更为接近今日的观念，它们被 Th. 塞贝克[27]和法拉第[28]在这个方向进一步发展了。塞贝克实际上描述了磁力的环形线，认为负载环行的电流是一类环形的磁体。事实上，这个案例表明，幸运的偶然性揭示了人们正在寻求的某种东西；不管是否寻找，它都会被留意的观察者接受，例如 X 射线和其他许多发现就是如此。然而，有两种境况是无法预料的，从而排除了任何按照计划的发现：首先，没有一个人能够知道，决定静态的磁状态需要动态的电状态。奥斯特提及的发现开回路在磁体上的效应的许多不成功尝试，盖出于此。那些只了解静力学现象的人如何能够发明包含动力学状态的实验呢？其次，静电学[29]和静磁学中的大多数现象都关于正的和负的为对称。谁能够永远期望，北极会不对称地屈服于来自由磁针和平行于它的载流导线决定的平面的一侧呢？至于按照公式或法则的发现，

我们在这里只不过是重复先前发生的理智境遇，这些实际上不是发现。每一个在精神上经历了奥斯特实验的人必定受到强烈的震撼，因为它突如其来地瞥见到新的和直到那时未曾料的世界。当对称表面看来是不那样完善时，对称激荡的这种奇怪的物理动因是什么呢？

第　六　节

奥斯特的发现，极大地刺激了由于缺少成功日益疲倦的探究者的幻想和渴望，重要的发现迅速尾随而来，从而进一步地揭示了
217 电和磁之间的关联。人们会期望，奥斯特也表明，磁体能够通过力学的反作用使可动的载流导体处于运动。安培猜想电流相互反作用，因为电流具有像磁体一样的行为。他本人认为这个猜测是大胆的，由于一块软铁对于磁体来说行为有磁性，但是相互之间却是中性的，然而实验证明他是对的。他的数学理论[30]受到牛顿基本的超距力观念的强烈影响，虽然该理论经受不住今天的批判性审查，但是他无论如何表明，就它们的效应而论，可以认为所有电流能用磁体代替，反之亦然。他在最短的时间内并以最出色的方式，为他的时代的物理学创造了进一步探究的卓越工具。

第　七　节

如果对磁体而言电流行为像磁体的话，那么我们可以期望，它们对铁和钢来说行为也一样。不过，情况似乎并非只是如此，

而且也是把阿喇戈[31]引向电磁发现的偶然观察。放入铁锉屑中的载流导线本身被这些铁锉屑包裹达到羽毛管的厚度，当电流停止时，它使铁锉屑再次掉下来。这导致他托住载流导线在细铁棒和铜针之上和横越它们，使它们磁化，前者暂时磁化而后者永久磁化。在安培的建议下，阿喇戈[32]然后把棒放入载流线圈内。他把进一步的发现归功于偶然观察到，在铜盘上振动的磁针强烈减幅。由于假定反作用，他被诱导使圆盘急剧旋转，这引起磁针也旋转起来，以致铜似乎显示出“旋转的磁性”。使用电流使一片软铁转向磁体的问题被解决了。法拉第[33]长期徒劳地力图利用磁体产生电流，直到一个幸运的偶然事件才帮助他找到行动路线。当插入和抽出线圈的磁芯时，他观察到与线圈相接的电流计显示出瞬时的偏转。这促成了感应的发现，他不久了解它的所有形式和法则。此时，他能够很容易地表明，在阿喇戈圆盘中存在电流，该电流当然具有磁效应。先前没有一个人这样试验，尽管研究给定的安培电磁等价原理似乎是显而易见的事情。这证明，所有可能的，甚或明显的思想路线绝不是都被穷追到底的；但是，探究者越多，他们作为个人的差异将更有把握保证所有可能的心理路线将被追踪，科学将更迅速地进步。218
不用说，假若所有重复者彻底地调研阿喇戈圆盘的话，那么感应早在它被发现的七年前就该发现了。而且，感应在另一方面是稀奇古怪的，因为我们在这里几乎重复奥斯特的理智境况，在回顾时很容易看到这一点。A 与 B 无关紧要，但是 A 并非与那个 B 的变化无关紧要。在一种情况下 B 是静态，在另一种情况下 B 是稳恒电流。像法拉第这样的天才当然很少有可能按照这样

的公式思考问题，这个公式此后总是容易抽象出来的。

篇幅不容许多言，在这里简要地提一下麦克斯韦和赫兹[34]的方程，该方程仅仅包含电和磁之间的关系的比较完备的阐明，它当时形成一个不可分割的整体，处在同化光学领域的过程中，这是从古代达到近代的科学发展的第二个例子。

第　八　节

在起电机作用时，尤其是当电从试探电极流出时，放射出一种特殊的气味，范·马吕姆(Van Marum)观察到这一现象。1839年，舍恩拜因(Schönbein)在形成蓝色烟雾所伴随的放电中，后来在电解水提供的氧中，数次闻到这种气味。这位化学家的活跃的和充足的幻想把这种气味与类似气体的实物联系起来，因为只有那种实物才能影响嗅觉。这是十分容易得到的，因为浸入散发气味物质中的金或铂迅速地变成负极，而银和其他金属迅速被它氧化，从而揭示出在加热时再次消失的化学性质。同样自然的是，舍恩拜因认为这种与氧结合的实物是化合物；他称它为臭氧。在空气中缓慢燃烧磷产生相同特性的气味，这一观察导致离解臭氧的化学实验，从而激起了许多争论。[35]在1845年，德拉里弗(De la Rive)证明，臭氧是氧的同素异性体形式，马里尼亚克(Marignac)猜想到这一点。这个例子清楚地表明，在发明的过程中幻想的作用是多么重要，另外它把感觉与在
219 不同条件下获得的经验(记忆)比较并使前者适应后者。[36]对臭氧问题的比较细心的研究进而揭示出，同一事情在不同的头脑

中的反映是多么不同，不同理智倾向的个人参与处理一个问题是多么重要和有益。[37]这里有触动个人好奇心的偶然观察如何能够开辟探究的新小径的典型例子。

第九节

当达盖尔（Daguerre）试图在照相暗室中照亮被氧化的银底板以产生图像时，尽管他作出了许多尝试，但还是失败了。他于是把底板存放在小橱内，当他在数周后再次取出它们时，他发现在它们之上有最漂亮的图像，但是不能说明它们如何可能出现。从小橱中移走机械和药剂并无什么变化：放在其中的暴露的底板在几小时后总是显示出图像。最后，情况变得很清楚，余留下来的水银定影液是奇迹的原因，因为水银蒸气在某种程度上以莫泽尔（Moser）的烟雾影像（breath-images）的方式沉淀在暴露的部分。他成功地借助镀金过程固定下可抹去的图像。[38]就这样，偶然事件导致了所寻找的东西的发明和未找到的发现。不管过程的决定性的伴随条件是通过物理条件发觉的，还是通过思想实验——如果思想是充分适应的话——发觉的，它都未造成差异，这在于变异法的本性。为了认清物理的和心理的偶然事件以多少方式介入发现和发明，人们只需要列举一下一些著名的人名就行了，诸如布拉德雷（Bradley）、夫朗和费（Fraunhofer）、傅科、伽伐尼、格里马尔迪、赫兹、胡克、基尔霍夫、马吕斯、J. R. 迈尔、罗麦、伦琴（Röntgen）等等。几乎任何探究者都经历过机遇的影响。

第　十　节

植物的茎干在整体上反抗重力向上生长，而根却与重力一致向下生长。给出这两个事实的恒久的结合，思想自然地想到，重力是生长方向的条件。而且，迪·阿默尔(Du Hamel)[39]进行了特殊的实验，表明正在生长的植物总是通过弯向反面补偿强加给它的方向的任何变化，从而在正常的方向生长。奈特(Knight)[40]添加了一些十分重要的实验。他在小竖直水轮的轴上固定了直径为11 英寸的第二个轮子，轮子每分钟转 150 周。在其上容许蚕豆以最多变的位置发芽和生长。重力相对于植物的方向迅速而规则地
220 变化，以致它不再会有决定性的影响：取而代之的是，植物此时与离心加速度的方向成一线，根背向轴而茎朝向轴，超过轴然后转向轴。[41]在同一直径和每分 250 转的水平轮上，离心加速度和重力加速度结合为合加速度，它的方向现在决定生长。[42]萨克斯(Sachs)[43]的回转器比较小，以十分缓慢旋转速度抗衡重力，没有任何可察觉的离心加速度，它容许固定在它之上的植物在任何方向生长。不过，我认为他的错误在于没有估价这样的实验。[44]对于毫无偏见的观察者来说，也许极为可能的是，重力决定生长的方向，不过这大概是由迄今忽视的十分不同的境况造成的。直到奈特实验，由于它们的质量加速度的大小和方向的变化，才清楚地表明，后者是决定的因素。此外，需要实验能够使我们把其他因素(光、空气、土壤的湿度)的影响与重力分开。穆勒已充分表明，一致法从来也不能像变异法或共变法那样是可靠的向导。尽管当时

已知重力是生长方向的决定因素，但是这种效应的本性对于几乎另一个世纪来说依然是神秘的。诺尔（Noll）[45]第一个猜测，像动物的 statholiths 一样，重力也以相同的方式刺激植物的向地性的适应。哈贝尔兰德特（Haberlandt）和内梅克（Nemec）的调研（1904）表明，在植物中 statholiths 被淀粉的细粒承接下来，这通过特殊的器官或感知和释放，决定向地性的适应。[46]

第十一节

自太古以来，使人烦恼的最奇怪的问题之一是有机生命的起源问题。亚里士多德相信有机体来自无机物的原始发生，中世纪后期还赞同他。范·海尔蒙特（Van Helmont，1577－1644）还讲授如何生成老鼠。他关于在曲颈瓶中创造侏儒的设想，当时似乎不可能是如此冒险的。雷迪（Redi，1626－1697）这位西芒托学院 221
（Accademia del Cimento）的成员表明，如果用一片网纱挡住产卵的苍蝇，那么在腐败的食物肉类中就不会出现“蛆”。当接着的显微镜帮助发现了在细节上难以追踪的许多微小的有机体时，这样的问题再次变得难以裁决了。尼达姆（Needham）[47]首次想出这样的观念：加热玻璃容器中的有机物，以便杀死所有的微生物，然后密封该容器。不过，在一段时间之后，被密封的液体看来好像因新的纤毛虫而有生命。斯帕兰扎尼（Spauanzani）[48]认为，他用这个实验能够证明相反的结论，而尼达姆反驳说斯帕兰扎尼在他的步骤中抽掉了动物生命所需要的空气。虽然阿珀特（Appert）为了保藏成功地应用了斯帕兰扎尼的方法，虽然其他探究者参与了调

研(诸如盖—吕萨克(Gay-Lussac)、施旺(Schwann)、施罗德、杜施(Dusch)等人),但是该问题依然悬而未决,因为在这个困难的实验中错误的来源完全没有被揭露。巴斯德(Pasteur)[49]在研究发酵时被引向生命起源问题,他在研究中认为,他明确地认识到有机生命。通过远端被用一团棉絮阻挡的管子吸出大量的空气,他截住了灰尘,然后用乙醚和酒精把棉团中的灰尘溶解出来,从而得到灰尘显微镜检查显示出有机微生物的内容在类型和数量上有差别,这取决于空气是城镇、乡村还是山区的空气。如果把含有糖和蛋白的水在曲颈瓶中煮沸几分钟,在冷却后让空气通过灼热的铂管进入,在铂管处曲颈瓶被密封,它能够在25—30℃保持数月而不在液体中产生任何生物体。如果我们此时引进携带灰尘的棉团,同时保证在操作时只让通过灼热管的空气进入,那么在重新密封曲颈瓶后,生物体的形成物经常在24—48小时后出现。只有使处于灼热点的石棉起初和空气一起被吸出,它才在曲颈瓶中产生生物体的形成物。在细颈处有几个弯曲的敞开的曲颈瓶中,煮沸的液体即使在冷却后依然无变化,因为灰尘在潮湿的弯管中被止住;但是,如果人们力图通过颠倒敞开的曲颈瓶并把它浸入水银中,那么在水银表面和内部的微生物立即苏醒过来。

第十二节

这些实验也像正在揭示的错误来源一样是有价值的,它们结论性地证明,我们了解的有机体仅仅是从有机胚原基发展而来的。不过,普遍的生命起源问题通向太遥远、太深奥之处,以致用简单

的物理学实验无法裁决。人们可能赞同费希纳[50]的看法：与其说 222
无机的东西、还不如说有机的东西是原初的，后者能够过渡到作为它的最终的和最稳定的状态的前者，但是反过来则不能。自然并非必须从对我们的理解力而言的较简单的东西开始。即使借助其他宇宙天体的流星碎片把有机胚原基传送到地球，也只不过能够就最低等的生物体构想生命的转移。只有高度发达的遗传理论才能解决这个困难。那么，什么迫使我们假定有机的东西和无机的东西之间的差异如此断裂，迫使我们相信从前者向后者的过渡是绝对不可逆呢？也许没有截然分明的分界线。化学和物理学确实距离理解有机的东西还很遥远，但是已经达到了某些成就，而且每天都添加更多的东西。巴斯德还认为，所有发酵都是有机的。今天，我们知道，类似于可能的化学反应的催化加速（奥斯特瓦尔德）的相似过程也必定能在有机领域中发现。想像一下我们直到那时对火的本性还相当无知的文明状态：只会熄灭而不会产生火，从而被迫利用天然发生的火。在那种情况下，我们应该正确地说，火只能从火传下去。可是，我们今天知道得更多。[51]人们怎么能够设想这样的概念，即关于生命起源与能量守恒原理相关的问题是十分难以理解的呢。

第十三节

上述的科学发展大都是由史前深处的十分原始的观念开始的，但是今天绝没有结束。为数更多的和通常愈加困难的问题出现了，取代了已被解决的问题或被鉴别为假的问题。知识是在十

分曲折的路线上获得的，单个的步骤尽管以先前的步骤为条件，但
223 是也部分地由纯粹偶然的物理的和心理的境况决定。近代天文学必须在古代天文学止步的地方继续前进。后者从几何学借用了许多东西，前者从物理学，尤其是从动力学那里获得帮助，动力学像技术光学和理论光学一样碰巧十分独立地发展了，而技术光学和理论光学二者进而对近代天文学有所帮助。后来，我们甚至发现化学与天文学处于相互有用的关系之中。没有玻璃和金属技术的帮助，没有空气泵和没有化学，我们的近代的电理论怎么能够存在呢？可是，伟大的历史上偶然的思想和万有引力——潜在的理论正是由此开始的——的贡献何其之多！把认知阶段图式化在相似的境况复现时也许会有益于进一步的探究，但是对于用公式探究而言不存在广泛有效的指导。不管怎样，我们的目的在于思想对事实的适应以及思想的相互适应，这依然总是正确的。在有机体发展的案例中，与此对应的是有机体对环境的适应和有机体各部分的相互适应。

注　释

【1】诞生于约公元前 160 年。

【2】约在公元 125—150 年注意到。

【3】约公元 410 年。

【4】约公元 400 年。

【5】约公元前 310—前 250 年。

【6】Copernicus, *De revolutionibus orbium coelestium*, 1543.

【7】Kepler,*Mysterium cosmographicum*,1596,ch. Ⅰ.

【8】出处同上。

【9】*Harmonice Mundi*,1619,Lib. Ⅴ,pp. 189,190.

【10】*Astronomia Nova*,*De Motibus stellae Martis*,1609,p. 194.

【11】*Mysterium cosmographicum*,2nd ed. ch. II,p. 75.

【12】出处同上,pp. 285f.

【13】*Epitome astronomiae Copernicanae*,1619.

【14】在上述引文中,Lib. Ⅰ,ch. 9,在那里引力已被赋予所有天体。

【15】*Astronomia nova*,尤其是引言 p. 5,在那里他谈到地球和月球的相互引力,陈述了假如地上的水没有朝向地球的重力,月球就会吸引它,等等。

【16】这一点在上面的注释【2】中。

【17】由于我们知道,恒星的天球是可变化的,恒星处在无比大的距离,所以原来的哥白尼坐标系再次受不确定性支配;但是,甚至纯粹地上的坐标系也不能足够精确地固定。

【18】任何一个数学家将注意到,借助本轮描述任意的周期运动依赖于与傅里叶级数的应用相同的原理。因此,近代数学物理学与古代天文学具有接触点。

【19】Gilbert,*De Magnete*,1600.

【20】Guericke,*Experimenta Magdeburgica*,1672,pp. 136,147.

【21】*Mém. de l'Académie de Paris*,1733.

【22】Coulomb,*Mém. de Paris*,1788.

【23】Aepinus,*Tentamen theoriae Electricitatis et Magnetismi*,1759.

【24】*Mém. de Paris*,1811.

【25】*Philos. Transact.*,1800.

【26】Oerstedt,*Gilberts Annalen*,1820.

【27】Th. Seebeck,"Über den Magnetismus der galvanischen Kette",在柏林 224

科学院宣读,1820—1821.

【28】Faraday,"Electro-magnetic Rotation Appratus"(*Experimental Researches in Electricity*,Vol. II,p. 147);"On the Physical Character of Lines of Magnetic Force"(出处同上,Vol. III,p. 418,n. 3265).电磁旋转是重要的,因为正是从它们之中,安培明确认识到,电流的可估计的超距作用不能还原为静电作用,而是包含某种崭新的东西。参见 Duhem,*La Théorie Physique*,pp. 203f.

【29】如果我们不顾单方面的放电、利希滕贝格(Lichtenberg)图等的话。

【30】Ampère,*Théorie des phén. électrodymamiques*,Paris,1826.

【31】*Ann. de chimie et de physique*,1820,T. XV,p. 94.

【32】出处同上,1825,T. XXVIII,p. 325.

【33】*Philos. Transact.*,1832.

【34】Hertz,*Werke*,Leipzig,1895,I,p. 295;II,pp. 208—286.

【35】Van Marum,*Description d'une très grand machine électrique*,1785.

【36】参见在 Kahlbaum & Schaer,*Ch. F. Schönbein*,*Ein Blatt zur Geschichte des 19. Jahrhunderts*,1901 中的详细叙述。

【37】在同一著作中表明,与其他科学家比较,舍恩拜因处于多么不利的地位,因为他摒弃了原子论观念的帮助。

【38】节略自 Liebig,"Induktion und deduktion",*Reden und Abhandlungen* 1874,pp. 304—306.

【39】Du Hamel,*La physique des arbres*,Paris,1758,Vol. II,p. 137.

【40】*Philos. Transact.*,1806.

【41】以不变的转动周期的离心加速度与轴距成正比。在植物的质量加速度达到临界值之处,颠倒现象也如此发生。

【42】为了用轮子的尺度和转动周期($\phi=4\pi^2 r/t^2$)来判断,奈特利用在轮子外缘等于重力 3.5 倍和 10 倍的离心加速度。若周期不变,则比率随轴距

变化。

【43】Sachs,*Vorlesungen über Pflanzen-Physiologie*,1887,pp. 721f.

【44】出处同上,p. 719.

【45】Noll,“Über Geotropismus”,*Jahrb. f. wissensch. Botanik*,XXXIV,1900.

【46】Haberlandt,*Physiologische Pflanzenanatomie*,1904,pp. 523—534.

【47】Needham,*New microscopical discoveries*,London,1745.

【48】Spanllanzani,*Opuscules de physique animale et végétale*,1777.

【49】Pasteur,*Ann. de chimie et de physique*,3rd series,LXIV,1862.

【50】关于费希纳和玻耳兹曼在热力学第二定律方面的观点之比较,请参见*W*,p. 381.

【51】紧接着冈比西斯(Cambyses)的罪行,我们能够从希罗多德(bK. III,ch. 6)的记载中看到,生命和燃烧之间的关系是多么古老和本能地显而易见:“埃及人认为火是吞没一切的充满生命力的动物,它能够延伸,并随着它毁灭的东西而消亡。”参考在奥斯特瓦尔德(*Vorlesungen über Naturphilosophie*,1902,pp. 312f.)中生命和火焰的自我保存之间的详细的平行性。也可参考W. Roux(*Vorträge und Aufsätze über Entwicklungsmechanik*,1905,pp. 108f.),其中有火焰以及有机生命的最初发生和比较的特别有吸引力的叙述。

225 # 第十八章　从心理学上看演绎和归纳

第　一　节

按照亚里士多德的学说，存在着两种推理类型或无矛盾地从一个判断推导另一个判断的模式：从较一般的判断到较特殊的判断，用三段论；从特殊判断到包含它们的一般判断，用现今所谓的归纳。如果形成科学或体系的判断能按照这些模式相互推导出来，那么它们便完全彼此适应而无矛盾。仅仅这一点就表明，新的知识源泉的开发不能是逻辑法则的任务，确切地讲，逻辑法则只是有助于审查从其他源泉引出的发现是一致还是不一致，若不一致则指明需要保证充分的一致。

第　二　节

首先利用一个方便的例子，理解一下在图7中图示的三段论：凡人皆有死（一般的大前提），凯厄斯是人（特殊的小前提），故凯厄斯有死（结论）。

J. S. 穆勒[1]指出，三段论不能产生人们原先没有的洞察，因为人们除非也确定了结论的特例，否则人们不能一般地说出大前提。

除非有死包含有凯厄斯有死，否则它不能就所有人断言。为了确立大前提，纯粹逻辑学家必须等待任何未来的凯厄斯死去，而依赖

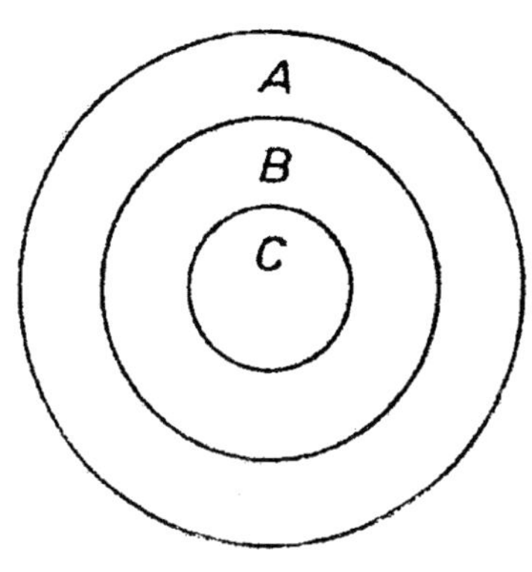

图 7

三段论的凯厄斯却无法经验他自己的有死的确凿性。确实， 226
没有几个人相信知识的创造唯有通过逻辑的功能，但是正如附随的讨论表明的，穆勒的批评有用地厘清了要旨。[2]事实上，自从康德辨认出算术和几何学之类的科学并非仅仅由逻辑推导建立，而且也需要知识的来源以来，他就阐明了这一点。[3]不过，纯粹的先验直觉原来不是这样的来源。贝内克[4]也十分明白，三段论绝没有超越被给予的东西。它们只是使我们更清楚地意识到判断相互依赖的方式。对于不仔细的心理过程的观察来说，三段论当然可以产生较广泛的洞察的外观。例如，让我们从下述命题开始：三角形的外角 u 等于两个相对的内角 $a+b$ 之和。若现在在外角顶点相交的两边相等，则 $u=2a$。若以这个顶点为中心我们画一个圆通过另外两个顶点，则新作的图表明，圆心角是周缘角的两倍，即是 $2a$。然而，如果我们细心地消除附加的作图和用三段论

来引入的特殊化的所有观念，那么我们没有发现比原来的关于外角的命题更多的东西。

第　三　节

探究这个命题的终极来源，我们发现它是一个经验事实[5]，按照这个经验事实，我们能够测量的任何平面三角形的角之和未显示偏离两直角。在较长的推导中，新奇的外表甚至更强烈地出现了。以欧几里得对毕达哥拉斯定理的证明为例。在 ab 上的正方形是 acf 的面积的两倍，而 acf 与三角形 aeb 全等；但是，两倍的那个三角形等于从 b 到 ac 的垂线形成的矩形 $agde$。同样地处理在图 8 中没有表示出来的右边的部分，便完成该定理。在这里，我们利用了简单的全等定理（借助边和角决定三角形的大小和形状）和图形等面积定理。边的平方之间的奇异的和未曾料到的关系这一结果将使任何初学者感到惊讶不已，但是新奇性再次仅仅依赖于作图，而不依赖于推导的形式。请回忆一下，除了作图以外，所使用的定理建立在不改变大小和形状的情况下可以替代的图形的事实之上，这就是我们在毕达哥拉斯定理中看到的一切。[6]

初学者也许从斜角的图形中获悉有关平行四边形的命题，并
227 把它应用到矩形，他可能从未在与那个命题的关联中想到矩形。如果他为该结果感到惊奇，那么他便不能在不涉及邻边的角的情况下以充分抽象的方式考虑对边的平行。请关注抽象并把注意力

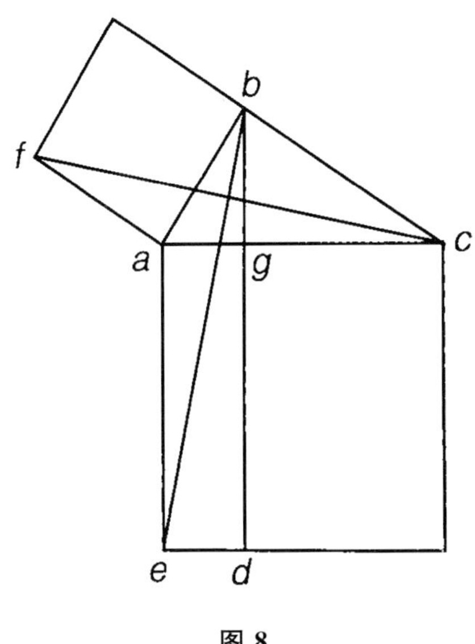

图 8

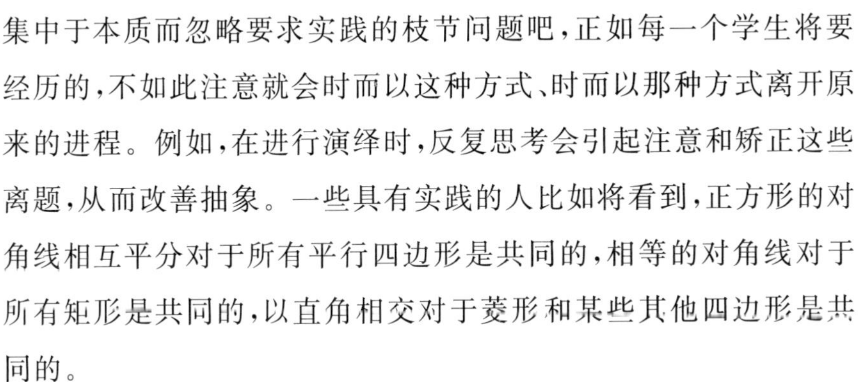

集中于本质而忽略要求实践的枝节问题吧，正如每一个学生将要经历的，不如此注意就会时而以这种方式、时而以那种方式离开原来的进程。例如，在进行演绎时，反复思考会引起注意和矫正这些离题，从而改善抽象。一些具有实践的人比如将看到，正方形的对角线相互平分对于所有平行四边形是共同的，相等的对角线对于所有矩形是共同的，以直角相交对于菱形和某些其他四边形是共同的。

从较一般的命题（在它们的特殊化的形式中罕见地明确设想过）开始、推进的较特殊的命题的三段论演绎，借助改变和组合各种观点，通过一些中间环节，在这里能够使我们误以为看到未包含在前提中的新洞察。然而，相同的命题能够直接被看见，即使通过建立分离的要素更容易把握它们。演绎的恰当价值正是在这里，而不在于创造新知识。

228 # 第　四　节

如果把成功的案例用语言固定在定义和命题中，以便存储在记忆里的话，那么抽象[7]的弱点便可大大地得到补救。这解脱了思维并使它免去疲劳，因为它将不必每次面临相同的努力。尽管必须从其他地方获得三段论藉以操作的基本知识，但是逻辑操作并非没有用处。它使我们清楚地意识到各种洞察相互依赖的方式，把我们从不得不寻求已经包含在其他一些命题中的特殊基础中拯救出来。即使我们在逻辑上由以开始的命题不是绝对可靠的，它们依然在逻辑上还是合用的。假定我们有未被确立的大前提 B 是 A，那么它还会是这样的格：若 B 是 A 且 C 是 B，则 C 是 A。当我们把当代科学甚至数学的所有命题应用于不管是自然的还是人工的实在对象时，我们实际上应该正是在这一含义上看待它们的，因为它们从来也不是完全对应于抽象的理想的。[8]

第　五　节

现在，让我们考察一下三段论的配对物归纳，设 C_1，C_2，C_3……是其概念为 B（图 7）的类中的成员。我们观察到，每一个都落在 A 的概念之下。若 C_1，C_2，C_3……穷竭了 B 的外延且一切都归入 A 之下，则 B 作为一个整体也同样进行，归纳被称之为完备的。若我们不能证明所有 C 的成员落在 A 之下且我们在没有穷竭 B 的外延的情况下还推断 B 是 A，则归纳是不完备的。在这个案例中，推论在逻辑上得不到辩护[9]。不过，由于联想和习惯的功能，我们能够发现我们自己在心理上处在这样的状态中：期望所有 C、从而还有 B 将原来是 A。[10]为理智的优势和实践的成功起见，我们能够想望它是如此，并尝试性地假定它是如此，不管在期望可能的或有希望的成功时我们借助本能还是借助审慎的方法论规定的方式。

第　六　节

完备的归纳与三段论一样不提供经验的拓广。通过把个别判断集中到类判断中，我们只不过使我们的知识更简明、只不过更扼要地表达了它。另一方面，不完备的归纳先于知识的拓广，但是由此包含错误的危险，从一开始就注定要受到检验、矫正甚或拒斥。我们比较容易得到的一般判断，绝大多数都是通过不完备的归纳获得的，通过完备的归纳获得的极少。用这种方式 229
形成一般判断不是片刻的事情，也不是仅仅发生在单独的个人身上。所有当代人，所有阶层，事实上整整几代人，都协同起来强固或矫正这样的归纳。经验在空间和时间中传播得越广泛，对归纳的控制也就变得越敏锐、越综合。我们可以回忆一下世界史中的重大事件：十字军东侵、航海大发现、加强的国际交流、技术的发展以及这导致观点和见解变化的方式。抵制矫正时间最长的归纳是延伸到主观领域里的错误的归纳，在此处检验是困难的或不可能的。我们可能记得彗星作为灾祸预兆的观点、占星术、相信女巫、唯灵论以及其他形式的正式的和私人的信仰和迷信。除了用经验直接检验归纳外，还有并非不怎么重要的

各种间接的检验：归纳满足归纳，它们或即时地或非即时地通过导出的结论证明自己相容还是不相容。例如，在非决定论的含义上，自由意志如何适合于统计学的结果呢？包含在保险公司死亡数表中的归纳与包含在“凡人皆有死”的命题中的归纳，在价值上是多么截然不同啊。

第　七　节

三段论的大前提可以用形形色色的方式得到，恰如归纳所依据的个别判断一样。这些前提本身可以是归纳的结果，或者是直接的发现或者甚至是演绎的结果。在希腊的几何学家可能由以开始的命题，将无疑是直接归纳的结果。因此，情况似乎是，“直线是两点之间最短的距离”之命题，是直接从观察拉紧的绳子中获得的。对于阿基米德来说，它依然是基本的原理。然而，我们同样可以从这样的命题开始：它难以用经验精密地检验，但是它的结果处处与经验一致。牛顿力学正是从这样的命题开始的，实际上应该称其为假设。

第　八　节

在推导的数学命题中，例如在几何学中，完备的归纳常常起着中介的作用。在欧几里得的与圆心角和周缘角有关的定理的证明
230 中，三个案例凸显出来，推导在其中是不同地进行的。只是在证明命题在所有三个案例中成立后，他才一般地宣布它。此外，在这里

有心照不宣的归纳，或者至少有未明确提及的归纳。比如，如果我们特地考虑案例之一，那么我们观察到，周缘角的顶点能够在某些限度内移动而不改变所应用的推理模式。最后，我们可以认为中心角是连续地贯穿所有值而不必改变我们的进路。简而言之，我们正在使用完备的归纳作为证明的工具。与其他的推导类似的是，人们总是必须对可能的案例、被经验和实验促进的过程获取完备的概览。当一般地认为来自特例的推导是可靠的时候，在这方面的缺陷间或导致严重的数学错误。在把数学应用于物理学、化学或其他科学的地方，自动地包含着这种心照不宣的归纳，因为在数学中，由于它的对象的均一性和连续性，相对容易达到所有可能案例的完备概览；而且，我们在这里涉及的是我们自己熟悉的、常常在实践中检验的有序活动。

第　九　节

为了启发的目的，甚至在数学中也往往使用不完备的归纳。沃利斯(Wallis)[11]利用它推导按照某一规律形成的级数的一般项与和。这些研究可以看作是卡瓦列里(Cavalieri)[12]关于求面积和求体积的思想的算术化，也就是积分运算的开端。雅科布·伯努利[13]接着发现了把这样的不完备的归纳转变为完备的归纳的漂亮方法。他首先借助十分简单的例子说明它。设我们必须形成包含零在内的直到 n 的自然整数之和，简单的归纳产生 $\frac{1}{2}n(n+1)$。为了表明这一般地对任何 n 均为真，我们添加一个额外的整数，并

发现

$$\frac{1}{2}n(n+1)+(n+1)=\frac{1}{2}(n+1)(n+2)$$

因此，相同的求和公式依然是可靠的，因为这个过程能够无限地反复，所以该公式一般地是可靠的。

第　十　节

这个例子是如此简单、直观和明白，以致它几乎不需要特别证明。[14]接着，伯努利提及，这一程序能够用来估计平方和、三角形

231 数等等。关于前者，例如我们通过归纳得到

$$\sum_{1}^{n}n^2=\frac{n^3}{3}+\frac{n^2}{2}+\frac{n}{6}$$

这借助伯努利程序原来对 $n+1$ 也成立，因此对任何 n 成立。[15]该程序的更一般的图式是这样的：若 $f(n)$ 是级数的一般项，$F(n)$ 是通过归纳得到的和，则 $F(n)+f(n+1)=F(n+1)$，求和公式一般是可靠的。

第　十　一　节

雅科布・伯努利的方法对于探究自然来说也是重要的，因为它告诉我们，在 B 概念的成员 C_1，C_2，C_3……上通过不完备的归纳发现的性质 A，能够把它归于 B，只要辨认出它与 B 约束在一起，因而独立于 B 的成员的变化。

第　十　二　节

因此，三段论和归纳都不能创造新知识，而只不过保证在我们的各种洞察之间没有矛盾，清楚地表明这些洞察如何关联在一起，并把我们的注意力引向某个特定洞察的不同方面，从而教给我们在不同的形式中辨认它。于是，显而易见，探究者获取知识的真正源泉必然处在其他地方。有鉴于此，下述情况是相当不可思议的：涉及探究方法的大多数探究者仍然认为归纳是主要的探究方法，仿佛自然科学无所事事，只不过是直接分类敞开摆在周围的个别事实而已。并非我们希望否认也是重要的东西，而是它并未穷竭探究者的任务：他尤其必须发现相关的特征及其关联，这比分类已经知道的东西更为艰难。对自然科学来说，“归纳科学”的名称因此是没有正当根据的。

第　十　三　节

只是从早已过时的传统和还在坚持的习俗来看，该名称才是可以理解的。考察一下培根的关于假定的赞成或不赞成的例子的一览表，或者穆勒的一致和差异的纲要，我们看到，比较能够使我们意识到迄今未注意的概念，即使它并非显著得足以吸引即时的注意力。如果我们专注于相互依赖的要素，同时把注 232
意力从较少重要的要素分散开，这就是所谓的抽象。[16]于是，我们产生了可以导致发现的激励，但是，如果注意力被误导，也可以产生导致错误的刺激。这种操作与归纳毫不相干。然而，如果我们考虑到，观察或枚举许多一致的例子而不管某些特征的变异，比考察单一的案例更容易导致关于稳定特征的抽象观点，那么我们实际上想起了这一程序与归纳的相似。这也许是该名称如此长期幸存的原因。

第十四节

至于不同的科学方法论的阐释者关于应该把什么称为归纳的观点，在一般的应用和特殊的应用二者中存在着巨大的变化。对穆勒[17]来说，归纳是在某些特征一致的基础上从特殊到特殊的推理。另一方面，对惠威尔[18]而言，只有产生比在特例中包含更多新的一般的命题的推理才是归纳推理。与穆勒相对照，他将不容许借助类比从特殊到特殊的推理——例如动物也可以引出的推理，例如指导日常实践活动的推理是归纳推理。在这里，似乎很难画出泾渭分明的心理分界线。在穆勒看来，开普勒关于火星椭圆运动的发现是纯粹的记述，这一成就在某种程度像绕海岛航行，以便决定它的形状一样；而惠威尔则认为，该发现正像牛顿的发现一样是归纳，并补充说，不同理论可以视为相同事实的不同记述[19]：在归纳中本质的东西是新概念的引入，例如开普勒的椭圆、笛卡儿的漩涡、牛顿的引力反平方定律。按照阿佩尔特[20]的观点，开普勒的发现建立在真正的归纳的基础上，因为它相当于找到火星处在一个椭圆上的所有位置。不过，阿佩尔特把伽利略的落体定律看作是演绎的结果。对我来说，我能够在开普勒和伽利略的发现

之间看见的唯一差别是，前者只是在观察之后猜测到有用的概念，
而后者在观察之前就猜测到了。惠威尔认为，在归纳中存在某种
神秘的东西【21】，某种难以翻译为言语的东西，我们将返回这一点。
从这些观点的差异中，我们至少得知，在那里或多或少缺乏术语的
精确性。由于术语归纳在形式逻辑中获得了固定的意义，在自然
科学的方法论中用来表示像刚才勾画的许多大相径庭的活动，因 233
此，我们今后将不再使用该名称。

第 十 五 节

现在让我们尝试分析一下探究的程序，而不让任何命名迷惑我们。逻辑没有提供新知识。因此，知识是从哪里来的呢？总是来自观察，这能够是通过感官的“外部的”观察或通过观念的“内部的”观察。依赖协调我们的注意力的方式，它将时而专注于要素的一种关联，时而专注于要素的另一种关联，从而把它在概念中固定下来：如果这原来是站得住脚的，并对于其他发现经受检验，那么它就构成知识。若不是如此，则构成错误。【22】因而，所有知识的基础是直觉【23】，直觉可能与感性知觉和直观观念二者有关，以及与潜在地是直观的和概念的东西有关。逻辑知识仅仅是特例，它纯粹关心的是发现一致或矛盾，除非存在感性知觉或来自先前确定的发现的观念，否则它不起什么作用。不管把我们导向在感性知觉或观念中的新事实的发现，是纯粹的物理机遇或心理机遇，还是通过思想实验有计划的经验的扩展，然而只有这种发现，才产生新知识。一

旦激起我们对新发现的兴趣——因为它在生物学上可能直接或间接地是重要的，或者因为它与其他发生一致或不一致——那么唯有联想的心理机制将使我们的注意力集中在这一发现中关联的两个或几个要素：存在着不自觉的抽象和忽略表面上不重要的要素，从而把代表许多相似特例的一般案例的特征赋予个别案例。如果几个相似的发现积累起来，这种心理境况更容易产生，但是，如果我们兴趣盎然，一个发现可能足矣。不过，有经验的探究者可以做出尝试性的抽象，审慎而充分地意识到包含的大胆，在展望可能的成功中忽略次要条件。接着，比较普遍的思想必须经受观察和实验的检验，以便变得能站住脚。还有，在尝试性地把特例的观念扩展为较一般的思想时，我们在暂定的完成的过程中有某一任意性的范围。就扩展的部分而言，一个或几个特例就可以提供出发点。因而，显而易
234 见的是，对开普勒来说火星在闭合的卵形轨道上运动，对伽利略来说落体的速度和距离增加，对牛顿来说热物体的环境越冷，它冷却得越快；不过，其余的必须通过他们自己的努力，从他们的思想贮存中添加。因此，对火星尝试性地假定的椭圆是开普勒本人的建构，就伽利略的假定即落体的速率正比于时间而言，就牛顿的假定即冷却的速率正比于温度差而言，情况也一样。与他们本人的概念活动有关的经验，尤其是关于排序、计算和建构的经验，必定帮助探究者用概念系统阐明他们的普遍思想；仅有观察不能做到这一点。我们就假设、类比和思想实验所说的一切，在这里都可以适用。这样形成的思想是否足够准确地描述事实，现在能够详细检验了。

第 十 六 节

仅仅准确地查明事实和在思想中描述它们，就需要比通常设想的要多的首创精神。为了能够宣称一个要素依赖于另一个要素以及如何(按照什么函数关系)依赖，探究者必须超越直接观察到的东西，贡献出他自己的一些成分。认为人们能够通过把它称为记述而贬低这一点，也许是一个错误。

第 十 七 节

事实的发现在多大程度上使探究者满意，完全取决于他的观点和视野以及他的时代的科学水平。笛卡儿满足于把漩涡作为描述行星运动的工具。对开普勒而言，他是从万物有灵论的观念开始的，他最终发现的定律是巨大的简化。[24]牛顿首先从伽利略和惠更斯的力学中了解许多相对简单的成果，这种力学教给他如何决定物体在空间和时间中的任何一点运动的条件。对他来说，在每一个这样的点，在速度和方向上发生变化的运动从表面上看必定是某种十分复杂的事情。在他极力主张超越观察到的东西完成这些事业时，他猜想在这里可能存在较简单的、也许已知的、但却忽略了的事实。实践的力学告诉我们如何使绳子末端的物体旋转，而理论告诉我们如何把这个过程简化成最简单的事实。这是牛顿贡献的附带的经验。他遵循柏拉图的教诲，采取了相反的路线，设想问题被解决了，认为行星运动恰恰是这样的旋转。他通过

分析发现，绳子张力的类型会满足问题的条件。较简单的新事实
235 的发现存在于这最后一步，关于它的知识能够代替开普勒的所有
记述。可是，注意到这个事实本身只不过是记述某一真实的东西，
尽管它要基本和普遍得多。

第十八节

对于其他领域而言情况也相似。光的直线传播、反射和折射以与开普勒定律相同的方式被注意到。惠更斯受到他的关于声波和水波的经验的支持，尝试性地把这些复杂的和孤立的事实化归为几个波动的事实，这一步类似于牛顿的步骤。牛顿对于声波和水波的调研在十八世纪延续下来，最终能够使杨和菲涅耳仿照惠更斯的模型把握光的周期性和偏振。在这里像在其他地方一样，通过综合在一个领域获得的发现能够被用来分析另一个领域。柏拉图的方法在这方面总是有用的，尽管它们在此处是不很保险的指导，与在比较熟悉的几何学领域相比也不大容易应用。通过逐渐地引用比以往任何时候都广泛的经验领域，以便说明目前正在调研的一个领域，我们发现，所有领域最终变得相关，进入相互阐明的关系，这一点甚至现在在物理学和化学中是十分明显的。

第十九节

如果人们借助尝试性的分析程序发现了根本的观念，该观念

为较简单、较容易和较完备的事实或事实集合的观点提供了前景，那么从这一基本观念演绎的这些事实以及它们的所有细节都可以用来检验该观念的价值。如果人们能够证明——这只有在最罕见的案例中才可能——这个观念是事实能够从中演绎出来的唯一可能的假定，那么这便相当于充分证明了该分析是正确的。惠威尔指明这样地与他称为归纳的东西结合在一起并相互支持的演绎的必要性。作为演绎出发点的普遍命题反过来是归纳程序的结果；但是，演绎是有条理地一步一步行进的，而归纳则跳跃地发生，处于方法所及的范围之外，因而，归纳的结果以后必须用演绎来辩护。

第二十节

藉以获得新洞察的心理操作从这一切中浮现出来，通常用不恰当的名字“归纳”称呼的这种心理操作不是一个简单的过程，而是相当复杂的过程。尤其是，它不是逻辑过程，尽管逻辑过程可以 236
作为辅助的中间环节出现。抽象和幻想活动在发现新知识中起主要作用。惠威尔[25]强调过，方法在这里不会有所作为的事实清楚地表明，他认为是神秘的特征依附于所谓的“归纳的”发现。探究者力图厘清思想，但是起初，他既不知道它，也不了解能够保险地在其中找到它的途径。然而，当通向它的目标或道路变得显现出来时，他为他的发现惊奇不已，就像某个人在森林中迷路，突然走出丛林，获得自由的前景，看见一切都清楚地呈现在他面前一样。直到发现原理之后，方法才能以有序化和调整的资格介入。

第二十一节

如果人们受对事实之间的关联的兴趣指导，并听任注意力的焦点反复在事实上漫游，而不管事实呈现在感性知觉中还是仅仅固定在观念中，抑或在思想实验中变化和结果，那么在幸运的时刻，人们也许有可能窥见推进探究的简化的思想。这就是人们一般地能够说的一切。在这里，通过仔细分析成功思考的例子，通过从目的和手段都已知的问题开始，然后转向这个或那个较少截然分明地界定的问题，人们将获悉许多东西。由于在此处没有合适的方法指导我们接近科学发现，成功的发现好像要借助艺术家的成就，这一点对约翰内斯·米勒[26]、李比希[27]等人来说是完全了解的。

注释

【1】J. S. Mill, *System der dedutiven und inductiven Logik*, translated by Gomperz, 1884, I, pp. 209f.

【2】出处同上，p. 235.

【3】Kant, *Prolegomena zu einer jeden künftigen Metaphysik*, Pt. 1.

【4】Beneke, *System der Logik als Kunstlehre des Denkens* Ⅰ, pp. 225f.

【5】参考本书第二十一章。

【6】出处同上。

【7】舒佩在他的认识论著作中常常使用的一个表达。

【8】参考上面的注释【1】。

【9】阿佩尔特已经充分地说明了这一点(在上述引文中，pp. 37f.)，但是他认为，每一个不完备的归纳都建立在对普遍的因果定律先验洞察的基础上。然而，由于他本人承认，这种知识一点也没有告诉我们在特例中的可应用性，因此，它是无用的，正像它能够表明正确路线那样多地误入歧
途。任意的方法论的预设在这里也许同样有用，甚至更为有用，因为它 237
是从经验获得的，因此具有主要的经验特征。

【10】A. 斯托尔(*Leitfaden der Logik* 在“Erwartungslogik”(＝期望逻辑)一节 pp. 94f)中处理了归纳，在我看来这似乎标志着恰当的一观点。

【11】Wallis，*Arithmetica infinitorum*，Oxford，1655.

【12】Gavalieri，*Geometria indivisibilibus continuorum nova quadam ratione promota*，Bologna，1635.

【13】Jac. Bernoulli，*Acta Eraditorum*，1686，pp. 360，361.

【14】伽利略在几何学上讨论自由落体时推进了相同的思考。

【15】这个例子是孔策(Kunze)在魏玛作出的，阿佩尔特在 *Theorie der Induktion*，pp. 34，35 中提及它。我们容易看到，这如何导致积分运算。取 n 十分大，与较高次幂比较取较低次幂变为零，该表达式仅仅在记号上不同于 $\int x^2 dx - x^3/3$。在正文的公式中，dx 是用 1 表示的。

【16】惠威尔已经强调了比较的重要性，阿佩尔特别强调了抽象的重要性，但是我感到，与归纳相对照，二者的意义未受到充分评价。

【17】J. S. Mill，*Logik* Ⅰ，pp. 331－367.

【18】Whewell，*Philosophy of Discovery*，pp. 238－291.

【19】因此，我们看到，即使在当时，人们也正在接近基尔霍夫的观念。

【20】Apelt，*Theorie der Induktion*，pp. 62f.，143f.

【21】Whewell，在上述引文中，p. 284.

【22】单独的个人发现始终是事实，像这样的东西既不能称之为错误，也不能

称之为知识。

【23】继康德之后,我认为叔本华最正确地评价了直觉的重要性。

【24】开普勒乐于把地球视为有生命的东西,以致想像它是动物。

【25】Whewell, *The Philosophy of the Inductive Science* II, p. 92.

【26】J. Müller, *Phantastische Gesichtserscheinungen*, pp. 95f.

【27】Liebig, *Induktion und Deduktion*, 1874.

第十九章　数和测量 238

第　一　节

科学知识起源于在对象或感觉要素的相对稳定的复合中发现某些反应或反应群 A 和 B 之间的关联。例如，如果我们发现，由叶和花等等的某种形状和位置（反应 A）系统决定的植物的种，此外显出某些受刺激的运动即向地性和向日性现象（反应 B），那么这便构成了自然科学中的发现。不顾简化的分类术语的发展，通过排除误解的记述把这样的知识固着在可交流的形式中，依然是一项尴尬的事务。相同的尴尬也在与植物种密切相关的行为的记述中自我重复，这将再次具有许多必须特别留意的独特性。在考虑这些个别特征时，甚至更困难的事情在于，用综合性的记述确定较广泛的洞察群。对于胎生的哺乳动物群来说，依然可以证明共同的生理的和解剖的反应，诸如较高的血液温度、通过肺呼吸、双循环系统等等。然而，如果我们就“哺乳动物”考虑一下有袋动物、单孔目动物、卵生动物、鸭嘴兽、食蚁动物巨大的解剖的和生理的差异——它们在其他方面完全接近“哺乳动物”，那么我们明确认识到，要用综合性的记述传达动物学发现的广泛的群是多么困难。因此，要针对某些环境条件从细胞的特征和胚原基细胞的配置推导发展和生命循环，这个目的至多能够被看作是在遥远的距离徘

徊的理想。

第 二 节

在物理学中，图像似乎与刚刚勾画的图像形成显著的对照。如果两个重物从绳子末端挂在滑轮上，那么我们只需要用若干较小的重物代替每一个，就能够说由较多数目的较小重物组成的重物将阻止另一个重物。如果重物由杠杆的不等臂悬吊，那么我们可以把它们的长度分成较小的相等部分，形成每一个臂
239 和相应的重量的数之积：杠杆在较大乘积的一边失去平衡。因此，特定事实的记述容易从计数能够把分量项目分割的相等部分得到。这样一来，在该领域（比如说，杠杆的领域）的所有案例的差别仅仅在于有关特征的单位的数目，从而是如此相似，以致我们能够容易地通过指明从这些数推导或计算的结果的恰当法则而给出综合性的记述。为此理由，对于相当广泛的事实范围，综合性的叙述将是可能的，例如对于整个力学借助功的概念。相似地，自由落体或折射能够通过表上计数和记录的结果以最简单的形式记述，对这样的表幸运一瞥，可能导致人们发现代替它们的简明的推导法则。空间、时间和强度的大小的分度，可以依据任意小的相等部分借助计数（测量）实施。这能够使我们把可测量的东西视为由任意小的要素（“无穷小”）构成的，并把它们的进程还原为在无限小的时间间隔内的无限小的要素的行为。就此而言，我们能够以微分方程的形式建立普遍的计算法则。少数这样的方程在原则上足以描述力学、热力学、电动力学

等等中的所有可以想像的事实。当然，这些方程的应用也能够在特例中呈现出显著的差异。在上面提到的生物学领域中，类似的步骤迄今还做不到。化学迄今仅仅部分地服从定量的处理，像化学这样的领域处在两个极端之间的中途。

第　三　节

如果定量的反应 *abc* 显现出与另一个 *klm* 联系在一起，那么这个反应充其量只能够被注意到，并用语言确定下来。对另一对定量反应 *def* 和 *nop* 而言，情况也一样。即使两个事实是接近的，要使它们在单一的表达下就范，一般而言也将是困难的。然而，我们要是越广泛地把定性的差异化归为定量的差异，则就范将是比较容易的。例如，把定性的化学分析的事实与物理化学中的相律比较一下。在较近的距离内，我们注意到，定量的调研只不过是定性的调研的特殊而相当简单的例子。例如，物理学与生理学相比达到较高的水平，仅仅因为它处理较简单和较容易的问题，因为这些问题更多地属于一个类型，以致用综合表达较为容易给出它们的答案。事实上，计数描述是可以想像的 240
最简单的描述，并且能够借助预先掌握的数系，在不需要任何新发明的情况下，被推进到任何程度的精细而准确的区别。数系是一个具有不可穷竭的微妙性和广度的术语，迄今在明晰性上依然未被任何其他术语超越。[1]而且，借助计数，任何数都能够从任何其他数推出，这恰恰是使数如此极其适合于描述相依的东西。特定的依赖仅仅由于可计数的东西而相互不同，考虑到

这一点，我们同样达到更普遍的综合的相依法则。使用定量特征的这些明显的好处，必定激励我们考察，为了把所有调研逐渐地简化为定量的调研，对于可以与定性方面相关联的定量方面是否可能。于是，颜色的质变为折射率和波长，声音变成频率等等。它们中的一切都是定量特征。

第　四　节

而且，定量调研具有优于定性调研的特殊长处，在这里我们希望确定在感觉中给出的它们相互依赖的要素，这是我们身体外部的依赖，因此，在最广泛的涵义上属于物理学。为了使这些依赖变得纯粹，我们必须尽可能地排除观察者的影响和在他内部的所有要素的影响。通过下述事实可以达到这一点：所有测量仅仅在于比较什么在质上是相像的，在于注意什么是相等的和什么是不相等的，从而把诸如部分地依赖于观察主体的感性知觉的质从作用中除掉。内省心理学起初无法消除定性特征，测量概念迄今在那里几乎没有任何意义，但是通过把它建立在生理学上并间接地建立在物理学上，心理学家可以在未来改变这种事态。

第　五　节

让我们现在尝试从心理学的角度阐明，数的观念和概念如何起源于直接的或间接的生物学的需要。比如说，还没有获得计数概念的两三岁之间的儿童立即注意到，是否在未观察的时刻有人从一小

群同类硬币或玩具中取走某个东西，或者是否把某个东西添入其
中。甚至动物无疑受到生命需要的驱使，例如就内容区分相同的果 241
实的小群，偏爱较大的而不是较小的。数概念的起源正在于精炼这种分辨能力的需要。在不丧失对成员的一般观察和个体性的情况下，能够把越多的成员收集到群中，我们将越多地重视这种能力。首先，儿童驾驭 2，3，或 4 的群。在空间和时间中的邻近可能有助于形成群，而空时位置的差异可能制约区分成员的过程。第一个数的观念这样出现了，按照环境的影响具有或没有名称。这些观念通过视觉、触觉和听觉，在最后的情况下通过注意到节律而得以发展。[2]由于在对象变化时我们用数的观念工作，我们利用数的名称被导向独立于对象本性的反应的一贯活动之观点，即被导向数的概念。[3]为了得到相当大的群的数的明晰观念，我们把它们排列到清楚有序的、已经熟悉的部分之中。这一形成史具体体现在亚述人、埃及人、墨西哥人、罗马人和其他种族的数的符号中。[4]我们的扑克牌和骨牌也证明了这个历史。因此，我们必须通过用清楚有序的和细分的方式描述对象群本身，带领初级学校的孩子沿着全体原始人自发地选定的同一道路前进。[5]不过，这种维持一个群中成员的数目的明晰观点的策略，并没有把我们带到远处。

第　六　节

撇开这种使群的成员有序化的策略不谈，另一种方法会被人接受：人们把被审视的群的每一个成员分配给我们十分熟悉的对象群的成员。原始人利用他们的手指头，有时也利用脚趾，作为这

第二个群。[6]在儿时,我们也使用这种原始的手段,通过检查这些十分熟悉的对象,以增强我们的数的观念。如果此时在协调的过程中我们叫出手指的名字,而且我们完全非故意地、从纯粹的习惯出发,总是以相同的秩序贯穿它们,那么手指的这些名称通过频繁的使用失去它们原有的意义,变成数词[7]。由于固定的秩序,最后的名字决定了全体的内容,即被协调的、被计数的群的成员的数
242 目[8]。这就是数词的起源,人类文化史表明了这一点。当人们数朋友或敌人的数目时,或者分配战争的劫掠品或打猎的全部猎物等等时,往往足以出现这种发展的需要和诱因。

第　七　节

借助小小的和明显的策略,能够把该方法或协调给予不受限制的应用范围,即通过把十的群算作较高的群的成果,把十个这些群算作更高的群的成员,如此等等以至无穷。同样地,能够把任何成员看作是十个较小的相等成员的群,当计数(测量)像长度这样的无限可分的量时,这是一个明显的步骤,但却是能够设想在任何地方起作用的步骤。[9]

第　八　节

设群 A 和 B 的每一个都是由相同的成员组成的。把 B 的成员分配给 A 的每一个成员:若这穷竭二群,则我们说它们具有相同的容量,或更简明地说它们是相等的。若在 A 未被穷竭时而 B

被穷竭，则 A 的容量大于 B 的容量。我们把数命名为我们藉以就容量决定相似的成员的群和彼此区分它们的概念。在数概念代替数观念的地方，对于即时的直觉不存在进一步的需要，而仅仅对潜在的直觉有进一步的需要。数概念能让我们使群的容量至少变成间接地直观的，这无论在何处可能是必要的，我们要准备作出努力。是否必须把基数或序数看作心理上或逻辑上原始的需要，我们在这里不关心这个学术上的争论。在任何情况下，都不可能选择在事件后形成的这些系统之一，因为它对文化的发展来说毫无例外地是决定性的。小的数目的名字无疑可以在没有排序原则的情况下产生。然而，在数超过了直接直觉的地方，这样的原则对于形成数的概念是必不可少的，即使未明确地提到它。如果我们计数是恒等的对象，或者对我们而言被认为恒等的对象，那么我们把作为差异记号的数词附着于在其他方面几乎无法区分的对象上；但是，倘若这些名称还不是简单的和十分熟悉的排序记号系统的一部分，那么我们将立即再次失去对它们的控制。正是排序原则，由于每一个数藉以潜在地包含每一个在先的数的观念，同时明确地揭示出它在系统中两个确定的数之间的位置，因此它与通常的 243
名字相比有助于数的巨大优越性。每一个按字母顺序的登记、书的页码、每一个按数目排列的存货清单等等，都清楚地给我们以迅速取向的顺序之值的印象。

第　九　节

数常常被称为“人类精神的自由创造”。在这个短语中所表达的对人类精神的赞美是足够自然的，因为人类精神给出算术的庄严结构。不过，如果我们追踪一下这一创造的本能的开端，并考虑一下产生对它的需要的环境，那么对理解它会有帮助得多。也许这将导致我们洞察到，在这个领域中的头一批形成物是由生物的和物质的条件无意识地推动的，直到它们已存在并经常证明有用处，它的价值才能够被正确评价。只是在理智受到这样的相当简单的形成物训练后，它才能够逐渐地产生出比较自由和有意识的发明，以迅速地适应目前的需要。

第　十　节

社会交流和贸易、买和卖，都要求算术的发展。原始文化使用简单的器具或计算机器便利它的计算，例如罗马的算盘或中国的算筹，这经由俄国变得为人所知，并在我们的初级学校生根。所有这些器具使对象符号化，以借助像小的可动物体、小纽扣、小球或其他标记计数；这些标记而非重物，是人们用以操作的项目。数十、数百等等的群被特殊的标记代表，这些特殊标记具有在器具中赋予它们的特殊器件。[10]如果我们采取在某种程度上比较自由和比较广泛的器械（或辅助器具）的概念观，那么我们认识到，我们的阿拉伯数字或印度数字及其清楚的十进记数法——在这里碰巧无代表的群用零表示[11]——本身就是计算机器，是能够在任何时候借助铅笔和纸建造的计算机器。这进一步减轻了我们的注意，因为数字把我们从计数群的每一类的成员的麻烦中拯救出来。

第 十 一 节

现在，在社会交往中产生了形形色色的任务。例如，出现了把具有相似成员的两个或多个群结合为单个群并给出它们的数的需要，即出现了加法问题。最初的解决无疑在于数遍被结合的群，不 244
管单个群数过还是未数过。事实上，儿童对于小的数还这样做，在这样获得计数经验时，他们通过添加数个单位、数十个单位等等应用于加较大的用十进制写出的数，并拥有较高阶的合成的单位。这个简单的例子足以表明，运算在于用先前实施的计数操作尽可能简单地代替直接计数从而省却它，在于针对这样的操作利用已获得的经验。运算是非直接地或间接地计数。设想我们必须加 4 或 5 位数，我们首次用直接计数进行，然后用惯常的法则进行，我们认识到，用后者大大地省却了时间和精力。实践生活的任务同样快地引起了减法、乘法、除法等问题，人们能够再次表明，这些问题是利用先前的经验简化和缩短计数的案例；我们愿抑制进一步的细节。[12]

第 十 二 节

物质环境对于算术概念的发展并非像时常设想的那样单纯。如果物理经验没有告诉我们存在着恒等的、不可改变的和恒久的对象的多样性，也没有告诉我们生物学的需要迫使我们把这些对象汇集成群，那么计数也许是没有目的感的。如果环境像在梦中那样在总体上是非恒久的、在每个时刻不同的，那么为什么计数呢？为了确定较大的数，如果直接计算在实践中由于所需要的时间和精力并非不可能，那么运算或间接计数的发明从来也不会把它们强加于我们。通过直接计数，我们仅仅注意到在直接的感性知觉中给予的东西。由于运算是间接计数的形式，因此它不能告诉我们有关感觉经验范围的任何本质上新的东西，实际上不能告诉我们从直接计数中能够获悉的东西。那么，数学为何能够为自然规定先验的定律呢？事实上，它必须把它自己局限于证明运算的结果和起点之间的一致，同时在这一过程中利用与数学家本人的排序活动有关的经验：充分把握这种活动依然是极其有价值的，而且继续从各个角度阐明事实。

第 十 三 节

算术的最初开端是在为实践生活的服务中发展起来的。当算
245 术变得对生活有特别的要求时，便导致进一步的进展。不得不频繁地进行相似运算的人在这方面获得了特殊的眼力和能力，将最乐于考虑如何简化和缩短他的步骤。于是，出现了代数，代数的符号不代表特殊的数，而宁可说把注意力转向操作的形式。代数一劳永逸地解决了所有在形式上相似的操作，只留下在用特殊的数运算时的剩余努力。代数定理、实际上一般而言数学定理，也总是表达排序活动的等价。这对于表达二项式定理的方程的两边的例子也有效。如果我们在二次方程旁边写出根的公式，那么我们便确定两个操作的等价，恰如通过把微分方程和它的积分放在一起

一样。顺便说及，数学的符号语言再次是一类减轻大脑负担的机器，我们容易地和经常地依靠它完成在其他方面会使我们精疲力竭的符号操作。此外，数学书写符号是成功的万国语中的最漂亮、最完美的范例，尽管它应用于受限制的领域。

第 十 四 节

对等价对象的群的考察直接把我们导向整数的概念。如果对象是可以分为相等部分的个体，那么仅有整数就能够恰当地用来计数它们。然而，作为综合的乘法的对立面之分析的除法，导致我们在特例中把分离的对象或单位分割为分数，这当然仅仅对可分的单位才有意义；或者像求根这样的纯粹算术的操作，作为自乘幂的综合过程之对立面的分析的操作，导致杜撰无理数，这种数完全不能由有限的计数操作来决定。即使像加法和减法这样的最简单的操作，也为新概念的形成提供了诱因。操作 7＋8 总是可执行的，8－5 也是如此，但是，如果我们正在处理等价的对象而无相对的特征，那么 5－8 包含不可能的要求。不过，只要上述的单位处于诸如贷方和借方、向前数步和向后数步等等的对照之中，这最后的操作很快变得可能了，并获得可理解的涵义。就这样，我们得到正数和负数对照的概念，它们用通常的加法和减法的记号表示，在该操作中需要确定首先呈现出来的这种对照。严格地讲，我们对此必须使用特殊的符号。关于所标记的数的乘法的记号法则通过 246
下述介绍给出：积$(a-b)(c-d)$必须与通过插入简单值 m 和 n 代换因子所得的值一致。对于没有对立面的数而言，这样的法则没

有意义。事实上，负数和正数二者都有正的平方，这意味着乍看起来负数的平方根必须是不可能的或虚的。的确，它长期以来像负数一样被看作是不可能的；只要唯一的对照是在正的和负的之间的对照，情况必定依旧如此。沃利斯[13]受代数的几何应用的指导，首次把$\sqrt{-1}$看作是$+1$和-1之间的几何平均值，即$+1 : i = i : -1$和$i=\sqrt{-1}$。在阿冈（Argand）[14]以充分的普遍性精确地阐明它之前，这种观点或多或少地清楚地数次重现。通过把比例不仅与大小、而且也与方向联系起来，他把表达式$a+b\sqrt{-1}$描述为平面上的矢量：从原点起我们沿一个方向走一段距离a，然后成直角走一段距离b。于是，平面的点能够用复数描述。

第十五节

这样一来，算术实践有时导致乍看起来似乎是不可能的分析操作，或者导致在结果上没有意义的争端。然而，我们依据较仔细的审查发现，迄今可应用的算术概念经过稍微修正或扩展便消除了不可能性，结果容许完全清楚的诠释，尽管是在较广泛的应用领域。当数学家以这种方式被迫违背他们的意愿修正他们的概念，并获知这样的步骤的价值和优点时，听任自由的发明更迅速地满足需要，甚或走在需要的前头，就变得更为自然了，请目睹一下格拉斯曼、哈密顿（Hamilton）和其他人关于矢量运算发明的例子吧，在这里数概念是为了适应几何学、运动学、力学、物理学等等的需要。

第十六节

让我们也考虑一下把截然分明的概念形成不仅给予无限地增加和减少，而且也给予实无穷的近代尝试吧。伽利略在他的对话(1638)的第一天提及这样的悖论：整数的无限集合似乎比平方的集合更大，而后者的一个数都对应于前者的每一个数，以致集合必 247
定是相等的。他得出结论说，相等、较大和较小的范畴并不适合于无穷。这个思考的痕迹可以追溯到古代，它导致 G. 康托尔(Cantor)关于集合论的研究。伽利略的例子表明，人们如何可能达到如下的定义：如果一个集合中的每一个元素是另一个集合中的元素且是唯一的元素，那么这两个集合具有相同的势，反之亦然。两个这样的集合被称为等价的。若一个集合等价于它本身的部分，则它是无穷集合。[15]康托尔的研究表明，即使在实际上无穷的领域，恰当地构造排序概念，也能使人们依旧坚持一种概观。

第十七节

关于数论的逻辑—数学的描述，我们可以提到 L. 库蒂拉特(Couturat)[16]撰写的明晰而有趣的书。我们的观点符合心理学的和人类学的考虑，这些考虑在任何情况下都是对逻辑方面的必要补充。对主体发展的深入细致的历史研究，在这里可以具有与费利克斯·克莱因(Felix Klein)[17]的著名讲演相同的有益效果。

第 十 八 节

在从一开始我们正在处理就我们的实际兴趣而言是分立的对象之处，数论的应用是相对单纯的。许多探究对象，诸如广延和持续时间、力的强度等等，都不是即时地来自直接可数的等价成员的群。不用说，存在许多方式把它们分割为等价的可数的成员，对于这些成员中的每一个本身来说也同样，如此等等，但是必须使分割的极限人为地变得可感知和可区分，直到我们希望在其中止步的分割程度，因此最后单位的大小是任意的和约定的。然而，一旦我们以这种方式作出连续统，碰巧包含在进行的研究中的它的一部分能够由计数部分，即由达到任何期望的准确度的测量来决定。人为构造的数字连续统是在任何准确性水平上追踪自然连续统的条件的手段。可是在某处或别处，我们必须在一个极限上停止，因为感官即使在人为支持时也是不完善的。例如，我们不能以无限的准确性观察，量尺覆盖被测量的对象，或它们的末端重合。这一
248 相同的不确定性同样侵染了指明测量被测量的对象和量尺之间关系的结果之数值。事实上，相同的缺陷也与算术实际应用于分立地可数的对象有联系，因为它们预设的完美的等价实际上从来也没有被满足。

第 十 九 节

如果我们不得不把连续变化的物理条件或物理量化归为量

度，那么我们首先必须选择比较的对象或测量单位，并拟定如何判断另一个对象等于标准。倘若在不变的条件下对象能够相互代替而不损失结果，我们便认为对象在某些方面是相等的。两个重物相等，只要把它们单独地和分离地放在同一天平的同一盘子中时，它们引起相同的偏转；两个电流相等，只要在它们相继地通过同一不变的电流计时，它们确定指针相同的偏转；对于磁极、热的程度和量等等而言，情况也类同。如果把 n 个等于该单位的重物放在同一盘子，让 n 单位的电流通过同一电流计导线（或通过闭合的相邻导线）等等，那么，若该单位是完全可以相互交换的，则结果仅仅由数值的度量 n 决定。[18]

第二十节

如果借助数值量度确定了一系列相似的物理案例的决定性的条件，那么我们往往能够借助简单的推导法则、以对于描述事实来说充分的准确性，来描述它们相互依赖的方式。诸如折射定律、波义耳气体定律、毕奥—萨伐尔（Savart）定律这样的例子，都说明了这一点。当这样的定律一旦已知，它们常常能够在直接测量是困难的或不可能的地方促进间接测量。例如，连续地改变光源的强度是困难的，但是依据距光源等距离的、成直角被照明的两个接近的等面积的相等照明亮度，用眼睛判断两个光源相等则是容易的。如果现在我们能够表明，一个光源成直角地照明的面积恰恰像另一个相等的照明面积一样亮，而后者准确地收集的等于第一个的4，9，16……倍而却处在2，3，4……倍的距离处，那么能够把任何照明状态的测量化归为确定在相等亮度处的距离的关系，甚至通过眼睛把该测量限定为判断相等的和不相等的照度。

249

第二十一节

当我们把来自相似部分的物理探究构成整体时，我们必须总是当心，这种配合是否符合实在的添加物。例如，鉴于较强的光能够毫无保留地由相似的、独立的（不连贯的）光构成整体，而且总强度是各部分强度之和，因此众所周知，在某些条件下，我们对于一个小光源的光不再能这样做。同样地，同一音调的几个音叉的声音强度一般地不是各个强度之和，除非仅仅在周相重合的案例中。其他这样的告诫在 *W*2 的第 39—57 页中提过了。

注　释

【1】也可参考 Natorp，*Die Logischen Grundlogen wissenschaften*，Leipzig，1910.

【2】有视力的人和盲人，有听力的人和聋人，都同样学会计数。聋哑人马西奥伊（Massieu）本人说，他在受教育之前知道数，他的手指告诉他。（Tylor，*Einleit. i. d. Studium d. Anthropologie*，p. 372；也可参考 *Anfänge d. Kultur* Ⅰ，p. 241f.）

【3】数概念仅仅是通过在不同的情况下进行计数操作获得的。也可参考第八章注释【6】。

【4】查看一下 M. Cantor，*Mathem. Beiträge zum Kulturleben der Völker*，1863 中的表 1。

【5】G. Schneider, *Die Zahl im grundlegenden Rechenunterricht*, Berlin, 1900.

【6】细节在 Tylor, *Anthropologie*, pp. 372f. 中。奥里诺科河(Orinoco river)上的塔马纳卡斯人(Tamanacas)把五说成“整个手”,把十说成“两只手”,把二十说成“整个人”。这种原始的计数模式的痕迹在高度发达的文明中幸存下来,例如把八十说成“四个二十”(quatrevingts)。

【7】Tylor, *Anfänge* Ⅰ, pp. 248f.; *Anthropologie*, p. 373.

【8】A. Lanner, *Die wissenschaftlichen Grundlagen des ersten Rechenunterrichts*, Vienna & Leipzig, 1905. 该书包含着关于儿童学习计数、第一个数概念等等的十分丰富的心理观察资料。“单位”的概念只能作为从一般数概念而来的特殊化的抽象浮现出来。只有问题 2×2 或 3×2 被理解,问题 1×2 或 1×1 才能够被理解,对于 a^1 接着的 a^2, a^n 等也同样。类似地是, Ribot, *L'évolution des idées générales*, Paris; 1897, p. 160.

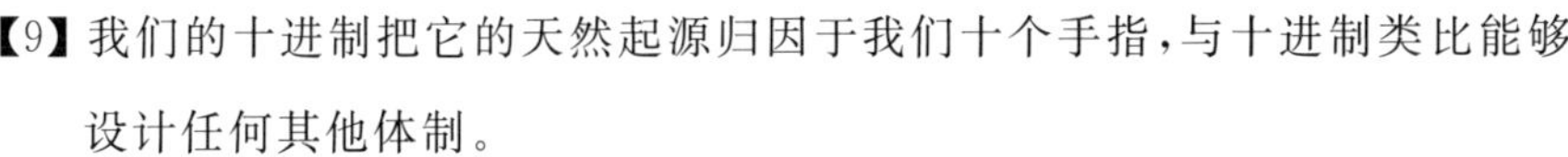

【9】我们的十进制把它的天然起源归因于我们十个手指,与十进制类比能够设计任何其他体制。

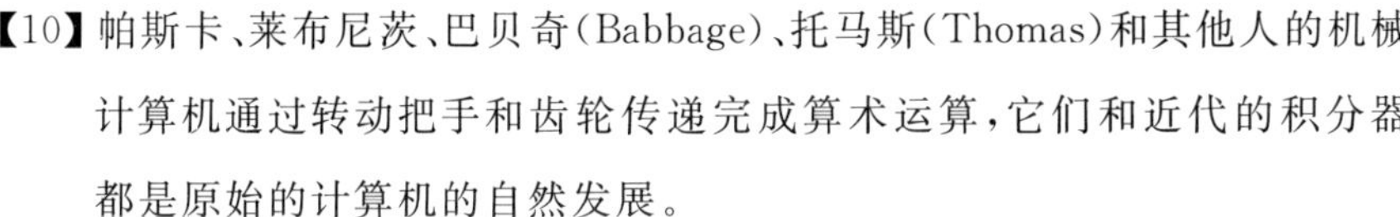

【10】帕斯卡、莱布尼茨、巴贝奇(Babbage)、托马斯(Thomas)和其他人的机械计算机通过转动把手和齿轮传递完成算术运算,它们和近代的积分器都是原始的计算机的自然发展。

【11】零的重要发明被归之于印度人。

【12】我在 1882(*P3*, p. 224)对这些问题的叙述与亥姆霍兹和克罗内克(Kronecker)在策勒(Zeller)的《纪念文集》(*Festschrift*)中报告的观点十分接近。我曾尝试在 *W2*, pp. 65f. 中解释其他各点。杰出的详尽的处理也在下述文献中: M. Fack, “Zählen und Rechnen”(*Zeitschr. f. Philos. u. Pädagogik*, Flügel & Rein 2, pp. 196f.)。也可参考 Czuber, “Zum Zahl- und Grössenbegriff”(*Zeitschr. f. d. Realschulwesen* 29, p. 257)。 250

【13】Wallis, *Algebra*, 1673, Chs. 66—69.

【14】R. Argand, *Essai sur la manière de représenter les quantitiées imaginaires*, Paris, 1806. 他的观点借助下述例子变清楚了。从原点画矢量 r，从同一原点以与第一个矢量成角度 ϕ 画矢量 nr，同样地以角度 2ϕ 在同一向指画矢量 n^2r。那么，在他看来，第二个矢量是第一个和第三个矢量之间的比例中项。他的尝试结果是描述新观念的典型例子。

【15】G. Cantor, *Grundlogen einer allgemeinen Mannigfaltigkeitslehre*, Leipzig, 1883. 也可参考库蒂拉特的下面的书，pp. 617f.；以及 A. Schönflies, "Die Entwicklung der Lehre von den Punktmannigfaltigkeiten", *Jahrb. d. Deutschen mathematiker-Vereinigung* 8, 2, 1900.

【16】Couturat, *De l'infinimathématique*, Paris, 1896. 关于数概念发展的慎重而简洁的概览在 O. 斯托尔茨(Stolz)的 *Grössen und Zahlen*, Leipzig, 1891 之中。

【17】F. Klein, *Anwendungen der Differential—und Integralrechnung auf Geometrie, eine Revision der Prinzipien*, Leipzig, 1902.

【18】参考 Helmoholtz, "Zählen und Messen", *Philos. Aufsätze, E. Zeller gewidmet*, 1887, pp. 15f.

第二十章 与度规空间对照的生理空间 251

第　一　节

当我们的意识被充分唤醒时，我们发现生理空间即我们的感性直觉的空间是现成的，它与作为概念的度规空间大相径庭。几何学的概念大都是通过深思熟虑的经验获得的。欧几里得几何学的空间处处且在所有方向上具有相同的性质，它是无界的和无限的。如果我们把视觉空间——约翰内斯·米勒和赫林的“看见的空间”，它尤其对于观看的观察者来说是熟悉的——与此比较一下，我们发现它既不处处且在所有方向上均匀，也不是无限的，亦不是无界的[1]。我在其他地方[2]讨论的事实告诉我们，“上”和“下”、“近”和“远”对应于迥然不同的感觉。对于“右”和“左”来说情况也一样，虽然在这里作为生理对称的事实的结果。[3]各向异性呈现在生理相似的现象中。[4]当列车驶入时进入隧道入口的界碑表观上增大，当列车驶离时界碑表观上缩小，这十分显著地使我们想到这样的日常经验：与对应的永远不变的几何学对象不同，视觉空间的视觉对象在不缩小或增大的情况下不能被移动。甚至从处于静止的熟悉的对象来看，这也是清楚的。把一个开口大且深的圆筒形玻璃杯放在人的面部

之上,或者把圆柱形的玻璃棒水平托住对着眉毛的弓形,它在这样一个不寻常的位置将显著地显现圆锥形,像喇叭一样地向着面部张开,或者在玻璃棒的案例中显得变粗了。[5]视觉空间类似于超几何空间而非欧几里得空间。它不仅是有界的,而且在这一点上是相当狭窄地有界。普拉蒂奥的实验表明,如果一个表面后退距眼睛超过三十米,那么投射到该表面的图像不进一步地显著缩小。任何必须依靠直接印象的朴素的人,包括古代的天文学家,都把天空大略看作是有限半径的球。事实上,托勒密已经了解的、欧勒在近代讨论
252 过的天穹的展平,告诉我们视觉空间在不同方向具有不相等的广延。O. 措特(Zoth)[6]开始给出这一事实的心理解释,他表明该现象取决于视域高度相对于头的角度。视觉空间的狭窄边界正是从全景绘画的可能得出的。最后,我们注意到,在开始时,视觉空间根本不是度规空间:它的位置、距离等等在质上而不是在量上可区分。我们称之为视觉度量的东西,只不过是在原初的物理经验和度量经验的基础上逐渐发展起来的。

第 二 节

皮肤这个具有复杂的几何形状的封闭表面也传达空间感觉。我们不仅区分刺激的质,而且也区分受附带感觉刺激的部位。如果这最后的东西的差别仅仅因位置不同而异,而且越是如此分离越远的话,那么我们的生物学的需要已被满足。E. H. 韦伯(Weber)[7]充分地阐明了与度规空间相对照的皮肤的空间感觉的巨大反常。这个范围的两点之间的距离——在此距离恰恰能够区

分出两个相邻位置的接触——在舌尖上比在脊背中部小 50－60 倍。皮肤的部位显示出空间感觉的巨大等级。其点紧夹它们之间的上唇和下唇的范围似乎显著地接近，倘使人们横向抚摸面部以及这个范围的话(图 9)。如果这个范围的点是处于两个相邻手指

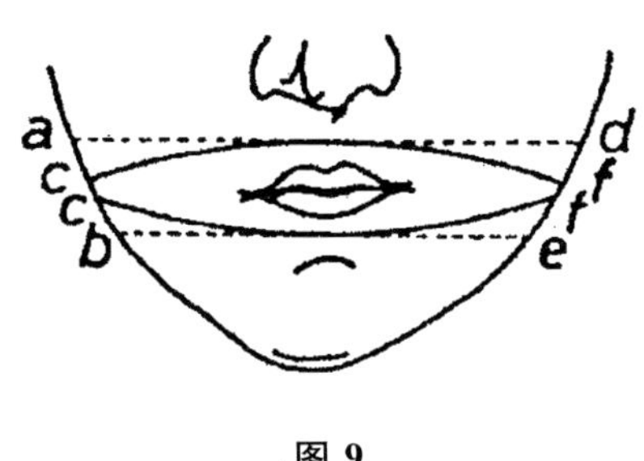

图 9

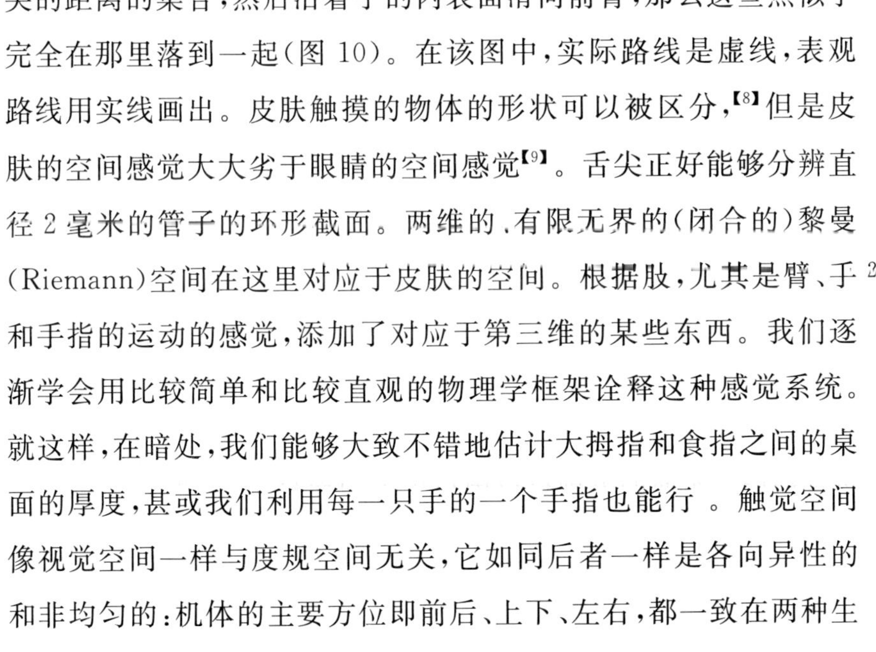

尖的距离的集合，然后沿着手的内表面滑向前臂，那么这些点似乎完全在那里落到一起(图 10)。在该图中，实际路线是虚线，表观路线用实线画出。皮肤触摸的物体的形状可以被区分，[8]但是皮肤的空间感觉大大劣于眼睛的空间感觉[9]。舌尖正好能够分辨直径 2 毫米的管子的环形截面。两维的、有限无界的(闭合的)黎曼(Riemann)空间在这里对应于皮肤的空间。根据肢，尤其是臂、手 253
和手指的运动的感觉，添加了对应于第三维的某些东西。我们逐渐学会用比较简单和比较直观的物理学框架诠释这种感觉系统。就这样，在暗处，我们能够大致不错地估计大拇指和食指之间的桌面的厚度，甚或我们利用每一只手的一个手指也能行 。触觉空间像视觉空间一样与度规空间无关，它如同后者一样是各向异性的和非均匀的：机体的主要方位即前后、上下、左右，都一致在两种生理空间中是不等的。

第　三　节

我们发现空间感觉在它不具有生物学功能之处没有发展，这并不会使我们诧异。由于我们对体内器官的功能没有影响，什么会成为告知它们的位置的要点呢？例如，空间感觉没有一直达到

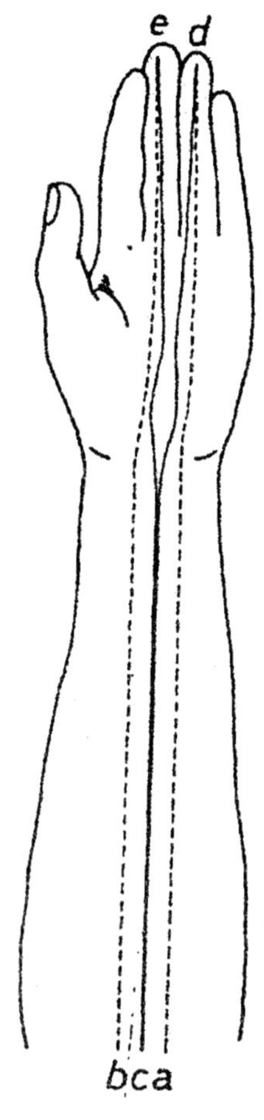

图 10

鼻子。人们无法区分,用两个小试管之一导入的气味是在左边被 254
感觉到还是在右边被感觉到[10];但是,按照E.韦伯的观点,触觉的灵敏性能够达到远至耳鼓[11],耳鼓决定较强的声音感觉来自右方还是左方。这有助于确定声源的位置,尽管十分粗糙,只是对比较精确的定向来说不合适。

第　四　节

尽管在某些感觉中,空间和定域的特征使其本身比在其他感觉中被更独特地感觉到,但是詹姆斯确实正确地认为,每一种感觉都有一定的空间性。[12]定域因为受刺激的要素在这里对应于每一种感觉,由于通常存在几个或许多要素,我们能够在某种意义上谈论感觉的容量。在他的叙述中,詹姆斯数次提及赫林,赫林表示灼热的表面或被照明的空间等等像类空间(space-like)的印象。通常把音乐的音调作为完全非空间的感觉的例子,但是赫林附带评论说[13],较深沉的音调比较高的音调具有较大的容量,在我看来这是恰当的。柯尼希棒的最高听得见的音调几乎给人以刺耳的印象,而深沉的音调似乎充满整个头脑,或者更恰当地讲,似乎充满整个声学空间。定域声源的可能性即使不完善,但同样使人想起音调感觉和空间之间的关系。斯坦豪塞(Steinhauser)的双焦点视力和两耳听力之间的平行不可能走得很远,但是存在着某种类似,定域化借助小容量的高音调最佳地达到了,并且比较分明地确定了位置。[14]

第 五 节

不同感觉包容的重量空间仅仅部分地是共同的物理领域。对于触觉而言,整个皮肤是可以达到的,但是只有它的一部分是可见的。另一方面,视觉作为距离的感觉本身在物理上达到更远的地方。空间定位用耳朵比用眼睛要不确定得多,被局限于更为狭窄的空间。不管怎样放松不同空间感觉之间的原来的联系,它们都会通过联想进入关联,不管在此时具有比较实际的重要性的系统
255 是什么,都准备好补充和代理其他感觉。不同感官的空间感觉可能是完全联系起来的,但是它们将是不等价的。不需要借助普遍的空间感官增强和完善明显的和适当的联想黏结剂。【15】

第 六 节

所有的空间感觉都具有正确地指导自我保存动作的功能。这个共同的功能构成了它们之间联想的黏结剂。用眼睛看的观察者主要由视觉空间的感觉和观念引导,因为这些对他来说是最熟悉的和最有用的。在暗处或当他闭上双眼时,在他的皮肤上缓慢地画出的图形,借助被感觉的动作,通过想像他自己完成这些动作,便被翻译为视觉图像。例如,如果某人在我的额头画一个图形,该图形对我而言好像是 R,那么,若他站在我的面前,他必定写的是 Я。在我头的背后,他必须写 R,在我的腹部,他必然写ᴚ,倘若我辨认出这些记号是他本人写的 R 的

话。[16]仿佛正是在头两个案例中，我想像我的头是透明的，我自己在同一方位正站在它的背后，正在完成书写动作。在最后的案例中，我想像我本人在我自己的腹部上书写并离开腹部阅读。有视力的人要到达盲人的空间观念是十分困难的。盲人几何学家桑德森的成就表明，盲人也能够达到高度明晰的事实。对他来说，要使他自己定位必定在某种程度上依然是困难的，他用来把他的黑板划分为正方形的十分简单的方法表明了这一点。他通常把大头针牢固地嵌入角落和中心，并用绳子把大头针的顶端连接起来。不过，恰恰因为这种简单性，初学者必然特别容易理解他的有独创性的讲解。就这样，他通过把立方体分割为六个全等的锥体，每一具有立方体的一个面作底并在立方体的中心具有顶点，证明锥体的体积是相等底和高的棱柱的体积的三分之一这个命题。[17]

第　七　节

我们可以假定，对于像人一样其身体具有三个主要方向的所有动物而言，空间感觉系统十分类似于人的系统，尽管不怎么发达。这些动物在上和下、前和后方面有差别。至于左和右，它们似乎是相同的，但是有助于行进速率的几何学和质量的对称不必使
我们对解剖的和生理的不对称感到失望：不管不对称可能多么轻 256
微，它都清楚地在这样的事实中出现，即与对称开头密切相关的动物常常呈现出十分不对称的形状；请目睹一下不对称的鲽，或无壳的蜗牛的对称和它们的有壳的亲属的不对称。

第　八　节

现在，如果我们询问，什么对生理空间和几何学空间是共同的，我们发现很少有一致之处。两种空间是三维流形。对应于几何学空间的每一点 A,B,C,D……，存在着生理空间的点A',B',C',D'……。若 C 处在 B 和 D 之间，则C'处在B'和D'之间。我们可以说：对于几何学空间中的连续运动，存在着与之对应的生理空间中的坐标点的连续运动。在其他地方[18]已经指出，我们出于方便的缘故假定的连续性对于两种空间中的无论哪一个不需要是实在的。如果我们进而毫不犹豫地假定，生理空间是天生的，那么它显示出与几何学空间过分微小的一致，以致无法认为它是康德意义上的几何学先验发展的合适基础。人们至多可以利用它作为拓扑学[19]的基础。那么，生理空间为什么如此不同于几何学空间？不过，我们如何设法从第一种的观念过渡到第二种的观念？这些是我们此刻将要尽可能尝试回答的问题。

第　九　节

让我们从简单的和普遍的目的论的反思开始。设想蛙的皮肤在各个地方受到酸滴的刺激。蛙将针对每一个刺激以相应于被刺激的部位的特定防卫动作做出回应。遇到不同的基本感官并沿不同路线进入动物身体的在质上等同的刺激引起反应，这些反应通过不同的路线返回到环境[20]。对皮肤有效的东西对视觉和每一种其他感觉也有效。不仅防卫或逃跑的动作，而且攻击的动作，都相对于受刺激的部位和受影响的感官的个性限定了范围。我们可以回想一下蛙抓捕苍蝇，或者刚孵出的小鸡啄食谷粒。迄今所说的东西也适合于纯粹反射的反应，对植物以及低等动物来说就是如此。然而，如果反射反应由于某种目的不得不受到影响和修正，自愿的动作不得不代替它们，那么刺激作为留下记忆痕迹的感觉必定变得有意识。实际上，正如自我观察表明的，我们不仅辨认出 257
刺激的质——例如燃烧，无论什么敏感的部位都可能受到它的影响——而且也辨认出不同的受刺激部位。两种因素决定我们反应的动作。我们可以假定，在这些案例中，易变的要素隶属于在质上相似的感觉，而这些感觉依赖于基本感官的特殊本性，依赖于受刺激的特定部位，或者用赫林的话来说，依赖于注意力的定域。在空间感知中，存在着基本感官多样性的最完美的生物学相互适应之间特别显著的表达。

第　十　节

我们可以想像，空间感知在生理学上是如下建立的。由基本感官提供的感觉部分地依赖于刺激的种类（质）；让我们称这部分为严格意义的感觉。再者，假定基本感官能动性的一部分仅仅由它自己的个性来决定，以致不管刺激是什么，它都是相同的，虽然它将随感官不同而变化；让我们称这部分为感官感觉，并认为它等价于空间感觉。我们设想感官感觉是共同遗传的基本感官的多变的、进一步的个体发育的关系。只有存在基本感官的刺激作用，感官感觉或空间感觉才能出现，无论何时使相同的感官或感官复合起作用，它依然是相同的。我们可以说，生理空间是分等级的感官感觉的系统，没有严格意义的感觉，该系统当然不会存在；但是，如果这个系统由变化的感觉引起，那么它就形成用来排列这些感觉的持久的登记簿。我们会很自然地发现，我们就基本感官是十分类似的所作出的唯一假定，在具有共同的遗传但却具有不同程度的姻亲关系的分离个体方面被经验确认。在这里我们正在尝试努力完成的东西依然不是真正的空间感知理论，只不过是观察到的心理特征的生理学释义。不过，这种释义似乎包含着某种能够与生理空间的天生观点、E. H. 韦伯[21]的观察资料以及他的感觉范围的理论、洛策（Lotze）[22]的就其是生理学而言的当地记号的学说、赫林的观点以及斯图姆普夫（Stumpf）[23]的批判性反思相调和的东西。这开辟了对空间感知的系统发育的理解和个体发育的理
258 解的前景，如果有一天厘清了这些事情，那么原则上就达到了对它的物理学的理解和生理学的理解。

第十一节

倘若空间感觉系统是回应即时的生物学的需要，并指导身体的自我保存动作，那么除了我们发现它之外不能设想其他东西。每一种感觉系统，包括空间感觉系统，都是天生的；不可穷竭的可感觉的质或强度的系列在生理学上是不可思议的。不同的身体器官要求不同的空间灵敏度指导它们的功能。因此，与视网膜的侧面部分和上臂或背部的皮肤相比较，视网膜的黄体素斑点、舌尖和

手指，都充分为空间敏感的器官提供了装备。如果身体的四肢必须满足生物学需要的话，那么空间感觉必定与它们相关，并向着它们定位。对我们来说重要的是区分上和下、前和后、左和右；也就是说，分辨相对于身体的关系。纯粹的相互之间的定域关系像在几何学中那样不会对我们有所帮助。而且，恰如其分的是，对于离得更远和不怎么重要的对象而言，存在着有限度的指标存储的较大经济，相比之下，就在生物学上更重要的、更接近的视觉对象来说，却存在着较丰富的立体的深度指标之等级。如果我们利用适当性标准不得不从几何学空间出发建构生理空间的话，那么它不能产生与我们发现它所是的东西大相径庭的东西。

第十二节

生理空间和几何学空间之间的不协调，从来也没有被未特别审查这个问题的人注意到，倘若几何学空间在他们看来好像没有可怕地证伪天生空间的话；比较仔细地考虑人类生活的条件和发展，将说明这一点。空间感觉指导我们的动作，但是我们罕有理由像这样准确地关注或分析它们。我们更多地对动作的目标感兴趣。在获得关于物体、距离等等的头一批原初的经验后，我们几乎充分地变得全神贯注于这些东西。假如人像不动的海洋动物一样，不能离开他的场所或大大改变他的取向，那么他永远也不会获得欧几里得空间的观念。于是，他的空间就像三斜等轴介质那样，粗略地与欧几里得空间相关，以致它也许依然总是各向异性的和有界的。作为一个整体的身体的任意移动 259

和定向促进了下述洞察：我们能够在各处和在所有方向运动，空间能够被描述为均匀的和各向同性的、无界的和无限的。几何学家说，从任何一点和在任何方向上，能够进行相同的建构。在均匀移动中，相同的空间变化持续地发生。对于取向的均匀变化，例如竖直轴的旋转，情况也相似。这不仅揭示了某些空间经验的均匀性，而且也揭示出它们是不可穷竭的、可重复的和能够被继续的事实。移动引入流动的空间值，代替了对象的固定的空间值，这就是只能运动他的肢体的人发现的一切。就这样，我们的空间经验逐渐地接近欧几里得空间，但是，沿着这条路线无法完全达到它。

第十三节

正像空间感觉决定个人肢体的动作一样，它们一般而言也可能时常导致移动。小鸡能够注视对象，并啄起它，甚或被这种刺激决定转身向它跑去。当婴儿注视并抓取目标时，他也同样地行动，若目标在能及的距离之外，他便爬到那里，最终有一天站起来，走几步到那里。必须以同一方面考虑所有这样的连续地相互碰见的案例。剧烈的移动和取向变化的诱因不仅出自光刺激，而且也能够由化学的、热的、声音的、电流的[24]以及其他的刺激仿效，甚至在盲动物身上也是这样。实际上，我们在蠕虫之类的天然盲动物和在因适应变盲的动物（鼹鼠、穴居动物）中，都观察到广泛的移动和再定向，除了由于目盲决定运动的距离感知局限于较小的区域之外。

第 十 四 节

分析生理空间的主要困难在于，当我们开始思索这些问题时，受过教育的我们已经太熟悉科学的几何学观念了，我们处处把它们作为自明的东西而引入。这方面的最好例子是众所周知的光的方位线的理论，从托勒密到开普勒和笛卡儿，该理论能够延续它自己，直到赫林之前还未确定地被消除。如果这个领域的探究者要获得清白的眼睛的话，那么他必须采取人为地朴素的态度，力图忘掉他学会的许多东西。在未进入生理学的细节的情况下，让我们 260
进而讲一个简单的普遍的思考。[25]

第 十 五 节

由反射决定的某些动作紧随某些刺激。这些动作反过来激起周围的刺激，从而在大脑皮层留下作为这些动作图像的痕迹。如果由于某种理由比如联想，这些图像再次活跃起来，那么它们易于再次唤起相同的动作。空间的点在生理学上是作为抓取、观看和移动的各种动作的目标而为我们所知。图像无疑地与或多或少分明地确定的大脑部位联结起来，也就是说，它们在某种程度被定域。未必可能的是，整个大脑同等地卷入它们的全体之中，这是根据刺激的离心流出和向心流入的条件得出的。于是，我们也许可以认为，各种目标是与在皮层中的图像群的中心协调的。只要从生理学上考察空间，那么它的点能够用大脑中的位置来描述。空间感觉能够对应于这些位置的感官感觉。人们当然将假定，空间观主要是由天生的组织预先形成的，但是，在这里依然为个体的发展留有广阔的余地，而个体发展对于盲人和有视力的人，对于雕刻家、画家、猎人或音乐家来说是十分不同的。[26]

第 十 六 节

康德宣称，我们从来也不能形成不存在空间的观念，尽管人们完全能够想像不存在在空间中被发现的客体。今天，任何人都不怀疑，严格意义的感觉和空间感觉只是一起进入意识，并且能够再次消失。对于相应的观念，大概同样有效。如果对康德来说空间不是“概念”而是“十足的(纯粹的)先验直觉”，那么探究者今天就倾向于认为几何学空间是通过经验获得的概念。纯粹的空间感觉系统不能被直觉到，但是我们能够把严格意义的感觉作为次要的东西忽略掉，如果我们不充分注意这个容易发生的和未被观察的过程，那么纯粹直觉发生的观念就很可能出现。倘若空间感觉独立于有助于激励它们的刺激的质，那么在早先提到的限度内，我们可以独立于物理经验就这些感觉作出陈述，对于任何感觉系统，例如对于颜色或声音的感觉系统，情况附带地也是这样。康德观点
261 中的这许多东西依然是正确的，但是这不足以形成发展几何学的基础，因为在这里我们明确需要进一步的概念，这些概念依赖于经验。[27]

第 十 七 节

几何学空间在概念上是清楚的，但是生理空间更接近感觉。这就是为什么当我们全神贯注于几何学时，生理空间的性质依然经常使它们自己被感觉到。在我们的图形中，我们按照生理因素把处在较近的点与处在更远的点区分开来，把位于右边的点与位于左边的点区分开来，把上面的点与下面的点区别开来，虽然几何学空间与我们的身体没有关系，而只是点相互有关。在几何学结构中，直线和平面是由它们的生理学性质标志的，实际上是第一批研究对象。对称尤其通过它的生理学优势被关注，从而吸引几何学家的注意力。而且，毋庸置疑，对称包含在空间分割为直角的选择中。在其他几何学的类同之间所研究的类似性，同样归因于生理的境况。笛卡儿的坐标几何学摆脱了生理的影响，但是残余依然留在正坐标和负坐标的区分中，这一点被分别看作是右和左、或上和下等等。这是方便的和直观的，但却是不必要的。第四坐标面或点通过它与两个非共面的基点的决定，使空间摆脱了生理因素的不断复发。指出“向右转”、“向左转”的需要以及在严格全等的和对称全等的图形之间的区分从而被消除了。当然，我们不能消除生理学的观点施加在几何学发展上的历史影响。

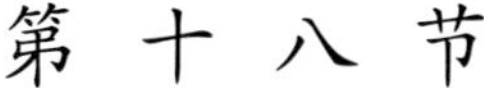

第 十 八 节

甚至在其与欧几里得空间最近似之处，生理空间依然是显著不同的。这也表现在物理学中。朴素的人容易学会克服左和右或前和后之间的差异，但是对于上和下却无法克服，因为他的几何学在把这最后两个方向永久交换的道路上设置了障碍。为了表示某种东西是不可能的，希罗多德很早就把天将在下面和地将在上面
262 (V,92)的意见归因于科林斯的索西泽斯(Sosides of Corinth)。拉克坦提乌斯(Lactantius)极力反对对跖理论，在该理论中人的头和树梢指向下方，这与奥古斯丁(Augustine)的观点格格不入，持续数世纪对朴素人来说似乎是不可思议的，可是借助生理空间的性质，拉克坦提乌斯的反对就变得完全可以理解了。与赞美塔伦通姆的阿契塔、萨摩斯的阿利斯塔克以及其他古代思想家的抽象能力相比，我们仅有较少的理由为反对对跖理论的人的狭窄心智惊异。

注　释

【1】这里是在黎曼的意义上理解该表达的。

【2】A4, pp. 86f.

【3】出处同上，p. 88.

【4】出处同上，p. 89.

【5】自那时以来，在这里触及该问题的详尽而彻底的阐述已经出版：F. Hillebrand, "Theorie der scheinbaren Grösse bei binokularem Sehen", *Denkschr. d. Wiener Akademie, math. -naturw. Cl.*, Vol. 72, 1902. 表达"表观大小"是在赫林的"看见的大小"的意义上被理解的。在正文中提及的现象与这位作者的巧妙的观察方法十分清楚而显著地凸显出来。R. v. Sterneck, "Versuch einer Theorie der scheinbarem Entfernungen", *Ber. d. Wiener Akademie, math. -naturw. Cl.* Vol. 114, A. IIa. p. 1685(1905).

【6】O. Zoth, "Über den Einfluss der Blickrichtung auf die scheinbare Grösse der Gestirne und die scheinbare form des Himmelgewölbes", *Pflügers Archiv*. 78,1899. 希勒布兰特关于视力方向的实验的扩大现在也许是合乎需要的。

【7】E. H. Weber, "Über den Raumsim und die Empfindungskreise in der Haut uud im Auge", *Ber. d. kgl. sächs. Gesellsch. d. Wissenschaeften*, *math-nature. Cl.* ,1852,pp. 85f.

【8】人们当然必须保证,皮肤和被强加的物体处于密切接触。当我把各种物体放在我的因中风瘫痪的手中时,我无法分辨它们之中的一些,我由此得出结论说,我的触觉被部分地弄乱了。不过,这个推断是错误的。因为在这一审查之后,我立即请求某人接近我的瘫痪的手,然后我一下子就分辨出放在它上面的所有物体。

【9】E. H. Weber,在上述引文中,p. 125.

【10】出处同上,p. 226.

【11】出处同上,p. 127.

【12】James, *The Principles of Psychology* II,尤其是 pp. 136f.

【13】我的记忆依据口头陈述,因为我在赫林的著作中无法找到这一点的出处。

【14】*A*,p. 206.

【15】无论如何要参考 E. H. Weber,在上述引文中,p. 85.

【16】出处同上. p. 99。

【17】Diderot, *Lettre sur les aveugles*.

【18】*W*,p. 76.

【19】参考 Listing, *Vorstudien zur Topologie*,Göttingen,1847. 263

【20】我在这里遵循 R. 弗拉萨克(Wlassak)的观点,尽管我的版本在某种程度被修正和扩大。参考他的出色的报告 Wlassak, "Die statischen Funktionen des Ohrlabyrinths", *Viertejahrschr. f. wiss. Philosophie*, X V II , I,p. 29.

【21】E. H. Weber,在上述引文中。

【22】洛策在几部著作中阐明了他的学说:*Medizinische Psychologie*,1852; *Mikrokosmos*,1856;在 Wagner 的 *Handwörterbuch der Psychologie*;在下面提到的 Stumpf 的书的附录中。

【23】Stumpf, *Über den physiologischen Ursprung der Raumvorstellungen*,

1873.

【24】Loeb, *Vergleichende Gehirnphysiologie*, Leipzig, 1899, pp. 118f.

【25】在细节方面，我必须一般地涉及生理学文献。也可参考 *A*4, pp. 137—146，以及在 *The Monist*(《一元论者》), XI, 1901 年 4 月, pp. 321—338 中的文章。

【26】在个体人的发展过程中，空间感觉也许经历了重要的变化。当我儿时乘火车旅行时，我几乎总是经历视物显小症(micropsy)现象。我看见遥远的山坡、山脉、建筑物和在它们上面的人像十分小的和十分近的模型，像引人入胜的小人国的风景，尽管我知道实际上并非如此。后来，我未能再经历这种印象。参考 *A*, p. 1944 关于时间感觉的类似观察。不过，我们的空间感觉也可以经受十分剧烈的暂时的变化。在儿童时代的一场重病之后，当我因在学校上课而疲劳时，我总会看见其他人很小很远。众所周知，某些药物，像用印度大麻的茎和叶制成的麻醉品，能产生空间感觉的强烈的暂时变化。这样的事件几乎无法与下述观点调和：空间感知仅仅取决于视觉器官和大脑的要素的排序，仿佛它仅仅在于器官的秩序和境况。我们宁可借助感觉的质的术语认为它对应于分级的化学过程，并可能受到化学的影响。参考 Veraguth, "Über Mikropsie und Macropsie", *Deutsche Zeitschr. f. Nervenheilkunde*(Strümpeli), 24, (1903), 453; Koster, "Zur Kenntnis der Mikropie und Makropie", *Graefes Archiv. für Ophthalmologie*, 42, (1896), 134.

【27】关于康德的立场的各种观点，参考 C. Siegel, *Über Raumvorstellung und Raumbegriff*, Leipzig, J. A. Barth, 1905.

第二十一章　论心理学以及几何学的自然发展* 264

第　一　节

对于动物机体来说，它自己的身体不同部位的相互关系以及物理对象与这些不同部位的相互关系，原来具有最重大的意义。它的生理空间感觉系统建立在这些关系的基础上。在比较复杂的生活条件下，简单的和直接的需要的满足是不会发生的，这些条件导致理智的增长。于是，相互接近的物理的，尤其是空间的物体行为可以获得超越于暂时感觉兴趣的非即时和间接的兴趣。以这种方式，世界的空间图像被创造出来，起初本能地被创造，接着在实践的艺术中被创造，最后科学地在几何学形式中被创造。物体的相互关系就它们由空间感觉决定而言是几何学的关系，或者在这样的感觉中找到它们的表达。正如没有热的感觉就不会有热理论一样，没有空间感觉也不会有几何学；但是，热理论和几何学二者附带需要关于物体的经验；这就是说，它们二者必须超越构成它们的独特基础的感觉域的狭窄边界。

---

* 托马斯·J.麦科马克(Thomas J. McCormack)为《一元论者》(*The Monist*，1902)译自马赫教授的手稿。

第 二 节

孤立的感觉只是在动物生活的最低级阶段才具有独立的意义；例如，像在反射运动中，在消除对皮肤某些讨厌的刺激中，在蛙的猛扑反射中等等。在较高级的阶段，注意不仅仅对准空间感觉，而且也对准与空间感觉合在一起的、我们称之为物体的其他感觉的错综的和密切的复合。物体引起我们的兴趣；它们是我们的活动的对象。但是，我们的活动特征巧合地由物体的位置决定，不管它是近还是远，不管在上还是在下等等，换句话说，是由概括其特征的空间感觉决定的。因此，反应模式由能够达到物体的无论哪些东西决定，不管通过伸展臂膀，通过几个或许多步骤，通过投掷物体，还是
265 其他别的什么。物体激起的易感觉的要素的量(数量)，它覆盖的位置数量，也就是说它的体积，在所有其他事情相同时，正比于它满足我们的需要的能力，因而具有生物学的重要性。虽然我们的视觉和触觉本来只是由物体的表面产生的，但是强大的联想尤其驱使原始人比他实际观察的想像得更多，或者像他以为的那样，察觉得更多。他想像，他仅仅察觉的表面包围的地方充满物质；当他看见或抓住他有几份熟悉的物体时，情况尤其如此。意识到我们只是察觉物体表面，需要显著的抽象能力——不能把这种能力归于原始人。

第 三 节

被捕食的和有用的对象的特别明显的形状，在这方面也具有

重要性。人通过与他的环境的交流学会了解某些确定的形式，即某些特殊的空间感觉的组合，甚至用纯粹生理的特征也能毫不含糊地刻画它们。直线和平面由于它们的生理学上的简单性被区分高于其他形式，圆和球同样也是如此。对称的和在几何学上相似的形式的密切关系，被纯粹的生理学的特征揭示出来。我们从我们的生理经验中获取的形状的多样性，绝不是无足轻重的。最后，通过使用身体的对象，物理经验也把它的丰富定额贡献给普遍的贮存。

第　四　节

粗糙的物理经验迫使我们把某种经久不变性赋予物体。除非有不这样做的特殊理由，也把同一经久不变性归于复合“物体”的个别属性。我们也认为物体的颜色、硬度、形状等是恒定的；尤其是，我们把物体视为相对于空间是恒定的、不可破坏的。空间的恒定性，空间的实质性的假定，在几何学中找到它的直接表达。我们的生理的和心理的组织独立地预先倾向于突出恒定性；因为普遍的物理恒定性必然地在我们的组织——这本身是物理的——中形成积淀，尽管在种族的适应中十分确定的物理恒定性曾起过作用。由于记忆在物体原来的形式和维度上复活 266
了以前感知的物体的图像，它为辨认相同的物体提供了条件，从而为恒定性的印象奠定了第一个基础。但是，几何学还需要某些独特的经验。

第　五　节

设物体 K 被突然从环境 FGH 运送到环境 MNO 而离开观察者 A 运动。对于视觉观察者 A 来说，物体 K 在大小上减小，并一般地呈现不同的形式。但是，对于和 K 一起运动并相对于 K 保持相同位置的视觉观察者 B 来说，K 依然是不变化的。触觉观察者经历类似的感觉，虽然各自的减小在这里正需要接触感觉不是传心术感觉的理由。A 和 B 的经验现在必须是和谐的，他们的矛盾必须被消除——当同一观察者交互地扮演 A 和 B 的角色时，这个要求变得尤为紧迫。他们能够是和谐的唯一方法，是把独立于它相对于其他物体的位置之恒定的空间性质赋予 K。在观察者 A 中由 K 决定的空间感觉，被认为依赖于其他空间感觉（K 相对于观察者 A 的身体的位置）。但是，在 A 中由 K 决定的这些相同的空间感觉，独立于表示 K 相对于 B 或相对于 FGH……MNO 的位置的其他空间感觉。我们在这里涉及的恒定性，正处在这种独立性中。因此，几何学的根本假定基于经验，尽管是理想化的类型的经验。

第　六　节

由于所考虑的经验采取明显的和完全决定的形式，因而物体 K 必须是所谓的刚体。如果与三种截然不同的感性知觉作用联系在一起的空间感觉依然是不改变的，那么针对空间感觉复合的不变性给出的条件就由刚体决定。从感官生理学的观点来看，对物体产生的空间感觉的这种决定借助三个空间感觉要素从而刻画了刚体的特征。这对于视觉和触觉感觉二者也有效。在使用这种 267
标示时，我们正在思考的不是刚性——在定义刚性时我们会被迫进入不同的感觉域——的物理条件，而是仅仅给予我们的空间感觉的事实。实际上，我们现在正在把每一个物体视为具有所分配的性质的刚体，甚至把流体也如是观，只要它们的部分彼此之间不相对运动。

第　七　节

尽管几何学不涉及有形的对象，而涉及理想的对象这一经常反复的争论是恰当的，但是依然不容怀疑，几何学起源于集中在有形物体的空间关系的兴趣。它拥有这一起源的最分明的标志，它的发展路线只有在考虑到这些痕迹时才是可以充分理解的。我们对于物体的空间行为的知识建立在它们产生的空间感觉的比较之基础上。即使没有人为的或科学的最小帮助，我们也能获得丰富的空间经验。我们能够近似地判断，我们察觉相互并排地在不同距离处于不同位置的刚体，当使它们相继处于同一位置时，它们将近似地产生相同的还是不相似的空间感觉。我们十分恰当地了解，一个物体是否将与另一个物体重合，平直地放在地上的杆子是否将达到某一高度。不过，我们对空间的感觉受生理环境的支配，生理环境对于被比较的成员来说，从来也不能是绝对等价的。在每一个严格检查的案例中，必然要把感觉的记忆痕迹与实在的感觉比较。因此，如果它是物体相互之间精密的空间关系问题，那么我们必须提供尽可能不依赖生理条件的特征，从而难以控制。这是通过把物体比较完成的。物体 A 是否与另一个物体 B 重合，是否能够使它精密地占据另一个物体充满的空间，也就是说，在相似的环境下两个物体是否产生相同的空间感觉，这一切能够以极大的精确性估计。我们认为，这样的物体是在空间上或几何学上在各个方面相等的——是全等的。感觉的特点在这里不再是权威的；它现在仅仅是感觉的相等或不相等的问题。如果两个物体都是刚体，那么我们能够把我们在与第一个比较方便的、比较容易移动的标准物体 A 相关联中收集的所有经验应用到第二个物体 B。我们
268 将把前者回复到环境，以致使用特殊的比较物体或标准物体对每一个物体来说既不必要，也不可能。最方便的比较物体——虽则仅仅勉强地可以应用——即我们总是在我们眼前具有移动时不变的物体，是我们的手和足(feet)、我们的臂和腿。最古老的度量名称清楚地表明，我们最初用一手之宽(handbreadth)、前臂长(forearms ells)、脚长(英尺)(feet)、步度(paces)等进行我们的测量。只不过较高的测量精确度是由引入约定的和仔细保存的物理标准开始的；原理依然是相同的。度量能使我们比较难以移动或实际不动的物体。

第　八　节

正如已经评论的，具有最强烈兴趣的东西，不是物体的空间性

质，而主要是物体的物质性质。这个事实甚至在几何学的开端肯定找到了表达。物体的容积被本能地作为描述物质性质的量来考虑，在它的几何学性质收到接近深刻思考的任何东西之前好久，就开始成为争论的课题。然而，正是在这里，比较即容积的测量获得它的最初的意义，从而在早期的几何学的主要的和最重要的问题中占据了它的位置。头一批容积测量无疑是液体和果实的测量，是用中空的量具进行的。目标是方便地确定同样的物质的量，或同类的、形状相似的（等价的）物体的量（数量）。因此，相反地，贮藏室（谷仓）的容积很可能起初就用它能够容纳的同类物体的量或数量来估算。用容积单位测量容积很可能是晚得多的概念，只能在较高的抽象阶段上才能得以发展。

第　九　节

面积的估计无疑也是由一块田地能够容纳的结果实的或有用的植物的数量，或由能够在其中播种的种子的量引起的；或者可能由这样的工作需要的劳力引起的。当相同大小和形状的田地彼此相处较近时，在这种关联中显然容易使人想到用一个面测量一个
面。在这里，人们几乎无法怀疑，由 n 个相同大小和形式的地块组 269
成的田地也具有 n 倍的农业产值。当我们考虑埃及人[1]甚至罗马农人[2]通常所犯的面积测量的错误时，我们不会倾向于低估这一理智步骤的意义。即使对于像希腊人这样的具有杰出的几何学天才的人来说，而且在后来的时期，我们也偶尔遇见具有相等周长的面在面积上是相等的观念的零星表达。当波斯的“超人”薛西斯[3]

希望清点军队——他必须“供养”它们，他在鞭打下驱使他们跨越赫勒斯滂进攻希腊人——时，他采取下述步骤：让 10000 人整队紧紧挤在一起。用围栏把他们覆盖的面积围起来，为了计数别的 10000，把军队的每一个相继的分队，或者更恰当地讲，把一群奴隶赶进并充满栅栏。在这里，我们碰到下述观念的相反的应用：用相等的、等价的、直接毗连的、覆盖面的物体的量（数量）测量面。在抽象中，起初是本能地，然后是有意地，从这些物体的高度过渡到借助面的单位测量面。类似的用容积测量容积的步骤要求更多实践的、受过几何学训练的直觉。它是在较晚达到的，甚至在今天对民众而言也不大易懂。

第　十　节

用一天的旅程、旅行的时间等计算的对长距离的最古老的估计，无疑建立在努力、劳作和为行走这些距离必需耗费的时间的基础上。但是，当用手、脚、臂、棒或链的重复应用测量长度时，那么准确地观察，测量是通过同类物体的计数进行的，我们实际上再次从事容积的测量。这一概念的奇特性在这种阐明的过程中将消失。现在，如果我们起初本能地、然后有意识地从物体的两个横向线度抽象，那么我们便达到用线来测量线。

第　十　一　节

通常把面定义为空间的边界。因此，金属球的面是金属和空

气之间的边界；它或者是金属的一部分，或者是空气的一部分。类 270
似地，一维的线是面的边界；例如，赤道是半球面的边界。无维度的点是线的边界；例如，圆的弧的边界。点通过它的运动生成一维的线，线通过它的运动生成二维的面，面通过它的运动生成三维的立体空间。这一概念根本没有把困难给予擅长抽象的心智。无论如何，它遭受了它并未显示出来的、但是相反地却人为地隐蔽起来的退却，即藉以达到抽象的自然而实际的途径。因此，在长度的测量被讨论之后，当从这种观点尝试定义面的度量或面积的单位时，便感到某种不便。[4]

第十二节

如果把每一种测量视为借助直接毗连的、在空间上等价的、或者至少假设性地等价的物体来计数空间，而不管我们涉及的是容积、面还是线，那么便达到比较同类的概念。可以把面看作是处处具有相同的恒定厚度的物质薄板，我们可以使厚度随意变小，变得逐渐消失地小；可以把线看作是具有恒定的、逐渐消失地小的厚度的绳子或丝线。于是，点变成我们有目的地从其广延抽象的小的有形的空间，不管它是另一个空间的、面的一部分，还是线的一部分。在计数中使用的物体可以具有符合我们需要的任何小东西或任何形式。没有什么事情妨碍我们以通常的方式把这些图像理想化，而这些图像只是由于不顾薄板和丝线的厚度，以所指明的自然的方式达到的。呈现出几何学基本概念的通常的和多少有些胆怯的模式，无疑归因于下述事实：使数学摆脱它的早期基本形式的历史的和偶然的镣铐之无限小方法，在稍后的发展时期之前并未开始影响几何学，几何学与物理科学坦白而自然的联盟也在较晚之前还未通过高斯恢复起来。但是，这些要素现在将不带有我们的较充分洞察的长处，其原因还没有清楚地看出。甚至莱布尼茨也提到这样的事实，即在我们的几何学定义中从固体开始也许是比较合理性的。[5]

271

第 十 三 节

借助固体对空间、面和线的测量，是一个我们精制的几何学方法变得完全与之疏远的概念。可是，这一观念不仅仅是目前理想化的方法的先驱，而且它在几何学的心理学中起着重要的作用，而且我们发现它在发展的后期还强有力地活跃在这个领域的研究者和发明者的工作室。卡瓦列里的除不尽法通过这一观念好像最能理解。采用他本人的说明，让我们把要比较的面（求面积）看作是仿照织物的经线的方式，用我们意欲的任何数目的等距离的平行丝线覆盖，把要比较的空间（求容积）看作是用平行的薄纸片充满。于是，丝线的总长度可以作为面的量度，纸张的总面积可以作为容积的量度，测量的准确性可以进行到我们希望的任何一点。如果相同的等距离的物体充分接近到一起且具有恰当的形式，那么其数目恰如绝对覆盖面或绝对充满空间的等价物体的数目一样，完全能够提供面和一致空间的数值量度。如果我们使这些物体收缩，直到它们变成线（直线），或者直到它们变成面（平面），那么我们将得到面分为面元和空间分为空间元，同时得到用面习惯测量面和用空间习惯测量空间。卡瓦列里的有缺陷的讲解不适应他的时代的几何学状况，它招致几何学史家对他的漂亮的和富有创见的步骤进行十分严厉的批评。[6]亥姆霍兹的批判性判断在易受攻击的时刻服从他的想像力，他在他的伟大的年轻时代的著作[7]中能够认为面是包含在它之内的线（纵坐标）的总和，这个事实只不过是这个独创性的自然的概念达到的伟大深度的证据，是它藉以再断言它自己的便利的证据。[8]

第　十　四　节

于是，我们首先具有可动物体存在的普遍经验，不管物体的可动性，必须把上面记述的感觉中的某种空间的恒定性、恒久地等价的性质归因于这一点——一种构成测量概念的基础的性质。但是，除此以外，还存在着在职业和艺术的追求中本能地收集的诸多形形色色的特殊经验，这些特殊经验把它们的份额也贡献给几何学的发 272
展。由于这些经验部分地以未曾料到的形式出现，部分地相互和谐一致，有时在不小心应用时，甚至变得卷入看来好像是自相矛盾的东西之中，因此它们扰乱了思想的进程，激励思想追求这些经验的有序的逻辑关联。我们现在将全神贯注于这些过程中的某一些。

第　十　五　节

即使希罗多德[9]的众所周知的陈述也是不够格的，他在陈述中把几何学的起源归之于在埃及人中的土地测量；即使该叙述也完全丢失了欧德摩斯(Eudemus)关于早期几何史留下的东西和我们所知的从普罗克洛斯那里摘录的东西,在我们看来,也许不可能怀疑几何学的前科学时期存在过。[10]第一个几何学知识是偶然地、在没有计划的情况下,在实践经验的路线上,在与最多变的使用的关联中得到的。它是在科学精神或对上述经验的相互关联的兴趣仅仅有点发展的同时获得的。甚至在我们的几何学开端的贫乏历史中,这也是明白的,不过在一般的原始文明的历史中更加如此,在那里众所周知,技术的几何学应用存在于如此之早的野蛮时代,以致绝对地排除科学努力的假定。

第十六节

所有原始部落都从事编织技艺,在这里像在他们的绘图、绘画和木刻中一样,出现了由最简单的几何学形式构成的更可取的装饰主题。因为这样的形式像我们的儿童绘图一样,符合他们想要模仿的对象的简化的、典型的、图式的概念,而用他们的原始工具和手工的灵巧最容易制作的也正是这些形式。由一系列类似形状的、相互颠倒的三角形或由一系列平行四边形构成的这样的装饰(图11),清楚地暗示出这样的观念:当把三角形三个角的顶点放

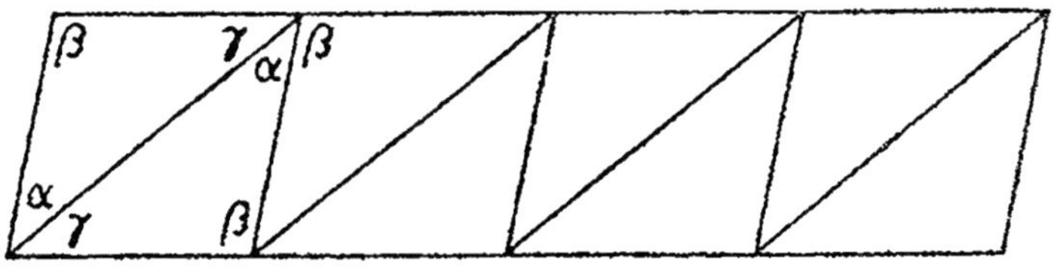

图 11

置在一起时，它们之和构成两个直角。在由相同形状的不同颜色的石料建造习惯的镶嵌图和铺路面时，这个事实也不可能逃脱亚述、埃及、希腊等地的陶工和石工。一点周围的平面场地能够被仅仅三个正多边形，即被六个等边三角形、四个方形和三个正六边形 273
完全填满，这个毕达哥拉斯学派的定理暗示出同一来源。[11]在早期希腊人证明关于任何三角形角之和定理的下述方法中，也揭示出相同的起源：把三角形分割（通过画高线）为两个直角三角形，并相应于这样得到的部分完成矩形。[12]同样的经验也发生在其他许多场合中。如果测量者绕多边形地块步行，那么他将在到达起点时发现，他转了由四个直角构成的一个完整的循环。相应地，在三角形的案例中，由于内角和外角由六个直角构成（图12），在减去

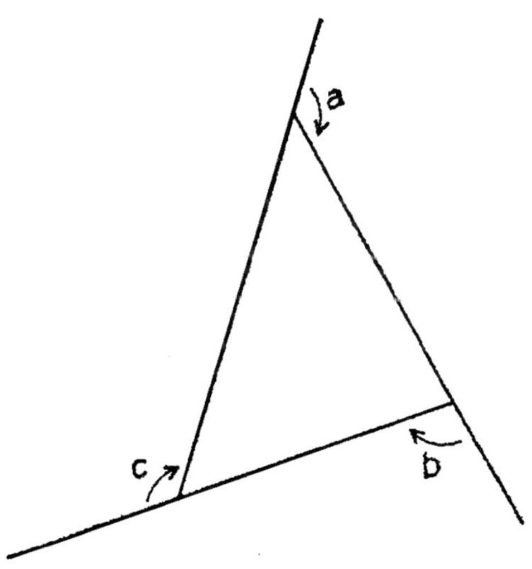

图 12

循环的三个外角 a，b，c 后，将依然有两直角作为内角之和。高斯的同代人蒂鲍（Thibaut）[13]使用了定理的这一推导。如果制图员

274 通过绕内角总是在相同的方向上转动他的直尺画三角形(图 13),那么他将在抵达第一个边时再次发现,若他的直尺的棱在开始时

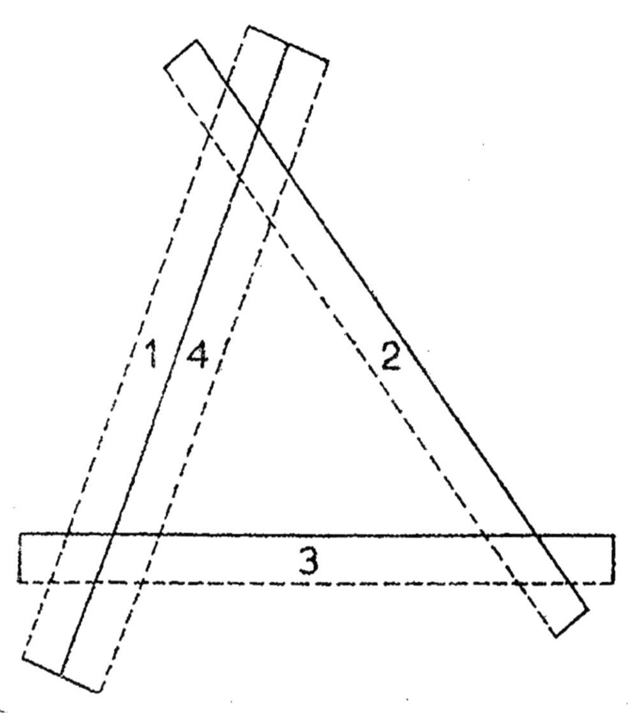

图 13

向着三角形外部放置,则三角形此时将处在内部。在这个步骤中,直尺在相同的方向扫过三角形的内角,在这样扫过时完成了半个循环。[14]泰勒[15]评价说,折布或折纸可以导致相同的结果。如果我们以图 14 所示的方式折一个三角形纸片,那么我们将得到在面积上等于半个三角形的双矩形,在这里将看到,在 a 处重合的三角
275 形的角之和是两直角。虽然通过折纸可以得到一些十分令人惊讶的结果,但是几乎不能假定,这些过程在历史上对几何学来说是十分多产的。该材料具有非常有限的应用,使用它的工匠一点也未

受刺激去进行精密观察。[16]

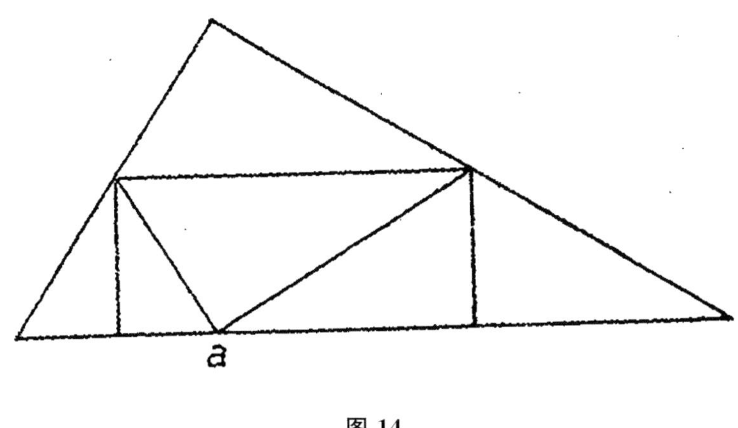

图 14

第 十 七 节

因此，平面三角形的角之和等于一个确定的量即两直角的知识，是通过经验达到的，这与杠杆定律及波义耳和马略特(Mariotte)定律没有什么不同。的确，无论无助的眼睛，还是用最灵敏的仪器测量，都不能绝对地证明，平面三角形的角之和严格地等于两直角。但是，该案例恰恰与杠杆定律和波义耳定律相同。因此，所有这些定理都是理想化的和图式化的经验；因为实际的测量将总是显示出与它们的轻微偏离。气体定律被进一步的实验证明仅仅是近似的，在不得不以极大的精确性描述事实时需要修正它，而杠杆定律和关于三角形的角之和的定理却像会导致我们预期的实验的不可避免的误差一样，依然精密地与事实一致；可以使建立在这两个作为初始假定的定律基础上的所有结果成为同一陈述。

第 十 八 节

处在同一直线上以它们的底相互并排地铺设的相等而且相似的三角形,也必定导致十分重要的几何学知识的片断(图 15)。如

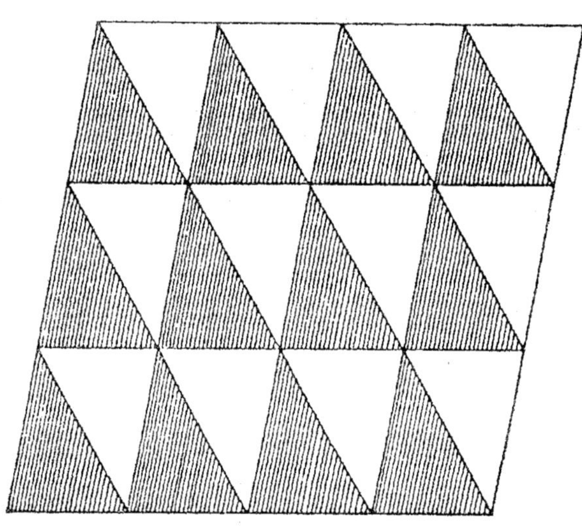

图 15

果把三角形沿直线移置在平面上(没有转动),那么它的所有点,包括它的边界线的点,将描绘相等的路线。因此,相同的边界线将在任何两个不同的位置提供在所有点彼此等距离的两个直线系统,该操作保证了由位移的线在两条直线的相应侧面形成的角相等。所以在位移的线的同一侧上的内角之和被决定是两直角,这样便达到了欧几里得的平行定理。我们可以添加说,扩大这类铺设的可能性无限制地、必然地把增加的明显性给予这个发现。直到今
276 天,三角板沿直尺滑动依然是画平行线的最简单、最自然的方法。

几乎没有必要评说，平行定理和三角形角之和定理是不可分割地关联的，只不过描述了同一经验的不同方面。

第 十 九 节

上面提及的石工必须无困难地做出正六边形能够由等边三角形构成的发现。这样直接产生了把圆分割为部分的最简单的例子，即用半径把圆分为六部分、把它分为三部分等等。每一个木工本能地、几乎在没有思考的情况下就知道，由于圆的完美的对称性，能够从圆柱形的树干以无限数目的不同方式切割出具有矩形对称横截面的桁木。桁木的棱都将处在圆柱的表面，截面的对角线通过中心。按照汉克尔[17]和泰勒[18]的观点，正是以这种方式，可能做出了在半圆上内接的所有角都是直角的发现。

第 二 十 节

拉长的线提供了直线的显著的形象化。直线是由它的心理学的简单性刻画出特征的。它的所有部分引起相同的方向感觉；每 277
一点都唤起邻近点的空间感觉的平均值；每一个无论多么小的部分都类似于每一个无论多么大的其他部分。虽然它影响了许多作者的定义[19]，但是几何学家用这种心理学的特征却无法完成定义。形象化的图像必定是被关于在几何学上合用的物质对象的物理经验丰富的。设把绳子一端扎在 A，设把它的另一端通过环形物扎在 B。如果我们在 B 处在终端拉绳子，我们将看到以前处于

A 和 B 之间的绳子的部分在 B 处通过，而与此同时绳子将趋近直线的形式。与组成曲线相比，较少数目的绳子的相似部分即等价的物体足以组成连结 A 和 B 的直线。断言直线借助纯粹的想像被认为是最短的线，这是错误的。就质而论，我们的的确确能够在想像中以完善的精确性和可靠性复制绳子经历的形式和长度的同时发生的变化。但是，这无非是关于物体的先验的经验——思想中的实验——的复活。对空间的纯粹被动的冥思从来也不会导致这样的结果。测量是包括物理反应、重合实验在内的经验。具有不同方向和长度的形象化的或想像的线不能即刻相互应用。必须用被认为是不可改变的物质对象实际地经验这样的程序的可能性。把直线作为两点之间最短距离的本能的知识赋予动物是错误的。如果刺激吸引动物的注意力，如果动物如此转动以使它的对称平面通过刺激的对象，那么直线是唯一地由该刺激决定的运动的路线。在洛布关于动物向性(tropisms)的调研中，明确地表明了这一点。

第二十一节

进而，仅有形象化不能证明三角形的任何两边在一起大于第三边。确实，如果把两边通过绕底角顶点旋转放在底上，那么只有通过想像行为才能看到，两边与它们在圆弧上运动的自由端点最
278 终将交叠，从而比填补底还要多。但是，我们不应该达到这一描述，倘若在与物质对象的关联中实际上没有目睹该程序的话。欧几里得[20]从每一个三角形的较大边与较大角相对的事实，迂回地

和人为地演绎这个真理。但是，在这里，我们知识的来源也是经验——物理的三角形的边运动的经验；然而，这个来源被演绎的形式吃力地隐蔽起来，这并没有伴随明白和简洁的增加。

第二十二节

但是，用在先的经验的真理并未穷竭直线的性质。如果把任何任意形状的金属线放在木板上与两个直立的钉子接触，并如此沿着滑动，以使它总是与钉子接触，那么在钉子之间的金属线的部分之形式和位置将不断地变化。金属线越直，变化将越轻微。弯曲的金属线在绕它自己的固定点中的两个转动时，它将继续不断地改变它的位置，但是直的金属线将依然保持它的位置，它将在它自身之内转动。[21]现在，当我们把直线定义为由它的点之中的两个完全决定的线时，在这个概念（concept）中，除了从所提到的物理经验推导出的经验概念（notion）——这种概念绝不是由想像的生理行为直接提供的——的理想化之外，不存在其他东西。

第二十三节

平面像直线一样，也是由它的简单性刻画其生理学上的特征的。它似乎在各个部分都是相同的。[22]每一点都唤起邻近点的空间感觉的平均值。每一部分无论多么小都与每一其他无论多么大的部分相像。但是，如果必须把这些性质表达为几何学的陈述，那么也需要在与物理对象的关联中获得的经验。平面像直线一样，在生理学上关于它本身为对称，倘若它与物体的中线平面重合或与同一平面成直角的话。但是，为了发现对称是平面和直线的恒久的几何学性质，必须把二者的几何作图作为可动的、不可改变的物理对象给出。生理上的对称与度规性质的关联也需要特殊的度规证明。

第二十四节

在物理上，平面通过把三个物体在一起摩擦来构造，直到得到
279 三个面 A、B、C 为止，每一个面严格地符合另一个，既没有凸面，也没有凹面，而只有平坦的面，正如图 16 表明的，这是一个能够完

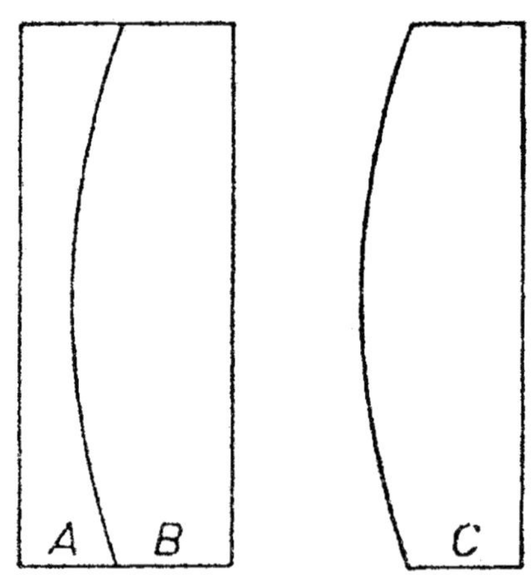

图 16

成的结果。实际上，凸状和凹状是通过摩擦去除的。类似地，比较真实的直线能够借助不完善的直尺得到：首先放置直尺使它的末端紧靠点 A、B，接着从它的位置转动它通过 180°的角度，再把它

紧靠 A、B 放置，此后把如此得到的两条线之间的平均值作为比较完善的直线，并用最后得到的线重复该操作。在通过摩擦产生平面时，也就是说，在通过摩擦产生在所有点和两侧具有相同形式的面时，经验提供了附带的结果。把这样两个平面一个放在另一个之上，人们将获悉，该平面到自身之上是可取代的，在自身之内是可转动的，正像直线那样。在平面上任何两点之间拉长的丝线完全落在平面内。横越平面任何边界部分的拉紧的布块与平面重合。因此，平面在它的边界代表面的极小值。如果把平面放在两个尖锐的点上，它还能够绕连结点的直线转动，但是任何在这条直线之外的第三点固定了平面，也就是说，完全决定了它。

在上面提及的给维塔莱·焦尔达诺(Vitale Giordano)的信中，当莱布尼茨把平面定义为把无界的固体分为两个全等的部分，
把直线定义为把无界的平面分两个全等的部分时，他最直率地使 280
用了这种关于物质对象的经验。

第二十五节

如果把注意力指向平面关于它自身的对称性，并且假定两点一个在它的每一侧，每一个关于另一个为对称，那么将发现，平面上的每一点都与这两点等距离，莱布尼茨的平面定义达到了。[23]直线和平面的一致性和对称性，分别是它们为长度和面积的绝对极小值之结果。尽管为给出极小值的边界必须存在，但却没有包含其他附属条件。极小值是唯一的，在它的种类方面是单独的；因此，它关于边界点为对称。由于极小值的绝对性，每一部分不管多

么小，再次展现出相同的极小性质；从而展现出一致性。

第二十六节

有机地相关的经验真理可以相互独立地造成它们的外观，无疑在已知它们相关的事实之前好久，这一点就被发现了。但是，这并没有妨碍它们后来被辨认出是包含在另一个之中并被另一个决定，是可以相互演绎的。例如，假定我们获知了直线和平面的对称性和一致性，我们乐于演绎，两个平面的交是直线，平面的任何两点能够用整个处在平面内的直线连结起来等等。只是难以觉察的和不引人注目的经验的极小值需要这样的演绎，这一事实不应该诱入下述错误：认为这个极小值是完全多余的，相信仅仅形象化和推理对构造几何学来说是充分的。

第二十七节

像直线和平面的具体的形象的图像一样，我们关于圆、球、柱等等的形象化也这样被物质的经验丰富，并以这种方式首次表示服从富有成效的几何学处理。促使我们的儿童在他们的概念和图画中仅仅保留典型特征的同样经济的冲动。也导致我们把从我们的经验中导出的图像图式化和概念理想化。虽然我们在自然界中
281 从未碰到完善的直线或精密的圆，但是在我们的思维中，我们却事先计划好从这样存在的偏离中抽象。因此，几何学涉及的是通过经验对象的图式化产生的理想对象。

第二十八节

我在其他地方评论说，在初等的几何学教育中，占支配地位地修习问题的逻辑方面，而忽视向青年学生打开包含在经验中的知识的源泉，确实是错误的。使人感到可喜的是，人们注意到，与我们相比较少囿于传统的美国人破除了这种体制，正在把一种实验几何学作为导言引入系统的几何学教育。[24]

第二十九节

在几何学概念的本能的、技术的和科学的获得物之间，无法画出一条截然分明的界线。一般地讲，我们也许可以说，由于在工业和经济领域里的劳动分工，由于日益增长的特殊对象的使用，知识的本能的获得物进入背景之中，知识的技术的获得物开始了。最后，当测量本身变成目的和职业时，在各种各样的测量操作之间得到的关联获得了强大的经济利益，我们达到几何学的科学的发展时期，我们现在继续向这一点行进。

第三十节

几何学的度量相互依赖的知识是用形形色色的方法达到的。在用面开始度量面之后，某种另外的进步几乎是不可避免的。在一个容许分为相等的部分的平行四边形域中，以致每一个包含 m

个域的 n 排部分域并排相互放置，计数这些域是不必要的。通过把测量边的数目在一起相乘，便发觉域的面积等于 mn 这样的域，而且很容易发现用画对角线形成的两个三角形中的每一个面积等于 $mn/2$ 这样的域。这是算术对于几何学的第一次和最简单的应用。同时发生的是，面积的度量依赖于其他度量即线和角的度量，也被发现了。人们发觉，矩形的面积比具有相同长度的边的斜平行四边形的面积大；因而，面积不仅取决于边长，而且也取决于角
282 度。另一方面，正如容易看到的，由平行于底的木条构成的矩形，通过位移能够转变为具有相同高和底的任何平行四边形而不改变它的面积。正像每一个木工知道的，具有它们的给定的边的四边形在它们的角方面还未被决定。他添上对角线，使他的四边形变成三角形，而三角形在边给定时是刚性的，也就是说，就它们的角而言也是不可变的。由于察觉到度量相互依赖，从而引入真实的几何学问题。施泰纳(steiner)贴切而公正地把他的主要著作冠以《几何学图形相互依赖的系统发展》的书名。[25]在施内尔(Snell)有独创性的、未受赏识的论基础几何学的专题著作中，上述问题甚至对初学者来说也变得显而易见。[26]

第 三 十 一 节

用金属线构造一个平面的物理的三角形。如果其边之一绕一个顶点转动，以便使在那点的内角增加，那么将看到运动的边改变它的位置，对边随角一起变大。金属线除了现在之前的那些以外，将需要新的片断完成最后提到的边。这个实验以及其他相似的实

验能够在思想中重复，但是心理实验从来只不过是物理实验的摹本。如果物理实验先前没有导致我们关于在空间上不可改变的物理物体的知识[27]——度量的概念，那么心理实验恐怕是不可能的。根据这种特点的实验，有助于我们达到这样一个真理：在三角形内可发现的六个度规量（三个边和三个角）中，至少包括一个边在内的三个度规量足以决定三角形。如果在决定三角形的组分中只给予一个边，那么所考虑的角或者必须是给定的边包含的角，或者是与较大的边相对的角——至少若决定不得不是唯一的话。在达到三角形由三边决定和它的形式独立于它的位置的洞察后，可以得出结论说，在等边三角形中所有三个角和在等腰三角形中与等边相对的两个角必定是相等的，不管角和边无论以什么方式相互依赖。这在逻辑上是确定的。但是，由于那个理由，它所依据的经验基础丝毫也不比它在类似的物理学案例中那样多余。

第三十二节 283

边和角相互依赖的模式首先在特殊的例子中被自然地辨认出来。在计算矩形和由它们的对角线形成的三角形的面积时，必定会注意到这样的事实：具有 3 和 4 个长度单位的边的三角形给出具有 3、4、5 个长度单位的边的直角三角形。因此，成直角性表明与边之间的确定的、有理的比率相关。关于这个真理的知识借助三个分别为 3、4 和 5 个长度单位的相连接的绳子，被用来标出直角[28]。等式 $3^2+4^2=5^2$ 现在引起注意，已证明它的类似物对于具有长度 a、b、c 的边的所有直角三角形都是有效的（一般公式是 a^2

$+b^2=c^2$)。众所周知,这一关系多么深刻地进入度规几何学中,距离的所有间接测量如何可以追溯到它。我们将努力揭开这个关系的基础。

第 三 十 三 节

首先必须评论一下,对于所谓的毕达哥拉斯定理,无论希腊的几何学演绎还是印度的算术演绎,都无法避免考虑面积。所有演绎依据的、在整个演绎中以不同形式本能地出现的一个本质之点如下:如果使三角形a、b、c(图17)在它自己的平面上滑动一个短

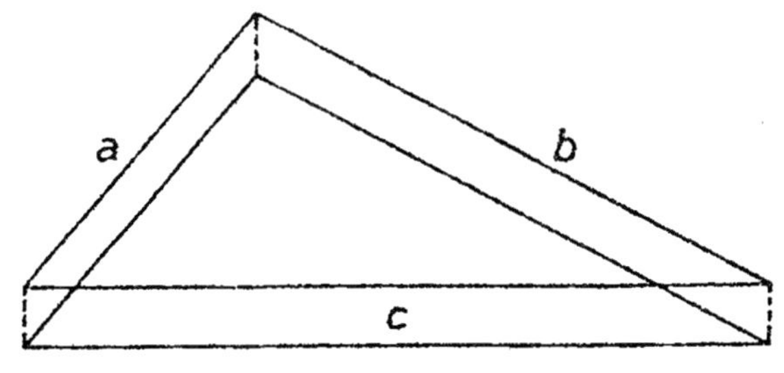

图 17

距离,那么可以设想,它留在后面的空间被它占有的新空间弥补或补偿。这就是说,边中的两个在位移时扫过的面积等于第三边扫过的面积。这个概念的基础是三角形面积守恒的假定。如果我们把面看作是十分微小的、但不改变第三维厚度(为此这在目前的关
284 联中不产生影响)的物体,那么我们将再次具有作为我们根本假定的物体体积的守恒。相同的概念可以应用到四面体的平移,但是它在这个例子中不导致新的观点。体积守恒是刚体和流体通常具

有的性质，被旧物理学理想化为不可入性。在刚体的情况下，我们具有所有部分之间的距离保持不变的附加属性，而在流体的情况下，刚体的性质仅就最小的时间和空间元才存在。

第三十四节

如果使具有边 a、b、c 的斜三角形在边 b 的方向上位移，那么根据上面叙述的原理，仅仅 b 和 c 将描绘出等价的平行四边形，这些平行四边形在相同的平行线上的相等的一对平行边方面是相同的。如果 a 与 b 成直角，且把三角形与 c 成直角地移动距离 c，那么边 c 将描绘出正方形 c^2，而另外两个边将描绘出平行四边形，其组合面积等于正方形面积。通过刚才在先的观察，两个平行四边

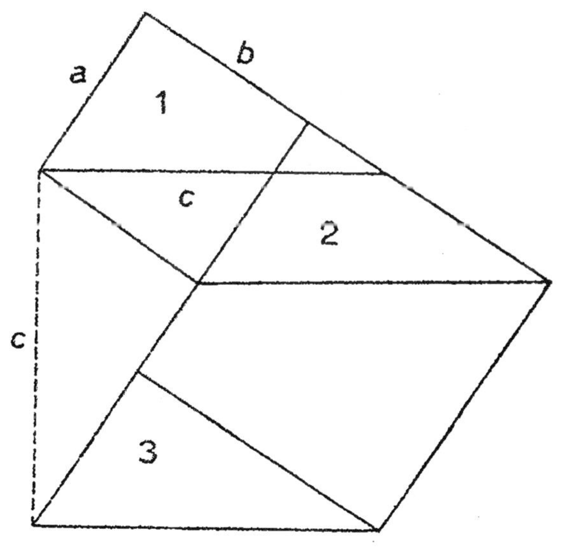

图 18

形分别等价于 a^2 和 b^2——以此便达到了毕达哥拉斯定理。相同的结果也可以通过下述程序得到(图 18):首先使三角形与 a 成直角地滑动距离 a,然后与 b 成直角地滑动距离 b,在这里 a^2+b^2 将等于 c 扫过的面之和,该和显然是 c^2。取一个斜三角形,与刚才完
285 全相同的程序容易且明显地给出比较普遍的命题 $c^2=a^2+b^2-2ab\cos\gamma$。

第三十五节

因此,三角形第三边对于另外两边的依赖由被围住的三角形的面积决定;或者,用我们的概念来讲,由包含容量的条件决定。也能直接地看出,上述的等式表达了面积的关系。确实,也可以把两个边之间所夹之角看作是对第三边起决定作用,在这个案例中等式将明显地呈现截然不同的形式。让我们略微仔细地考察一下这些不同的度量。如果两条长度为 a 和 b 的直线之端在一点相交,那么把它们的自由端连结起来的线 c 的长度将包括在一定的限度之间。我们将有 $c \leqslant a+b$ 和 $c \geqslant a-b$。仅仅形象化不能告知我们这个事实;我们只能从思想中的实验——基于有形实验并再现它的一种程序——获悉它。例如,这一点将通过抓牢 a 并转动 b,首先直到它形成 a 的延长部分为止,其次直到它与 a 重合为止。直线原本是由心理性质刻画特征的唯一具体的图像——我们能够从具有确定特点的物体中得到这一图像,它以具有无限小但却恒定的厚度的绳子或金属线的形式把容量的最小值插入它的端点的位置之间——只能够以一种唯一决定的方式完成它。如果几条直

线通过一点，那么我们用它们的方向从心理学的角度在它们之间进行区分。但是，在通过关于物理对象的度规经验得到的抽象空间中，不存在方向的差异。通过一点的直线在抽象空间中只能借助在它之上指定第二个物理点来完全决定。定义在方向上恒定的直线，或者把角定义为方向之间的差异，或者把平行直线定义为具有相同方向的直线，就是在心理学上定义这些概念。

第三十六节

当我们开始在几何学上刻画或决定被形象地给予的角时，各种不同的方法供我们支配。当距离在两个固定点之间被指定，而使每一点在交点之外置于角的分离的边之上时，角就被决定了。

为了使定义变得一贯，可以选择位于距顶点相同的和不变的距离 286
的点。于是，相互并排地处于与它们的顶点重合的同一平面的给定角之等倍数，不能用这些点之间的距离的相同等倍数来量度，这种不方便的理由在于，这种决定角的方法未被引入初等几何学。[29]当使角截取的圆周或圆面积的除得尽的部分与它在中心的顶点都处在圆的平面上时，通过选取该部分便得到更简单的度量、更简单的角的特征。在这里所包含的约定是比较方便的。[30]

在利用圆的弧决定角时，我们再次仅仅度量容量，即由具有简单的确定的形式之物体占据的容积，而该物体是在距顶点等距离的角的臂上的两点之间被引入的。但是，单纯的直线距离能够刻画圆的特征。两种量度，即长度的直线量度和角度的量度，原则上是作为基本的量度使用的，其他量度都由它们推导而来，这是一个

明白、直接的问题以及由此导致的简易和方便的问题。这绝不是必要的。例如(图 19),在没有特定的角的量度的情况下,可以用
287 下述途径决定直线与另一条直线成直角地相交:使它的距第一条直线上的两点等距离的所有点处在距交点相等的距离。能够以完

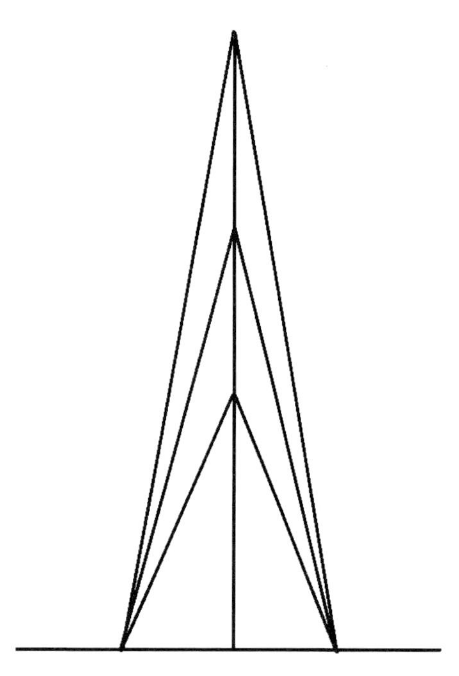

图 19

全相似的方式决定角的平分线,通过连续的平分能够得到我们希望的无论多么小的角的单位。与另一条直线平行的直线能够被规定为一条直线,通过全等的曲线或直线路线能够把另一条直线的所有点转化为第一条直线的点。[31]完全可能仅仅从直线段开始作为我们的基本量度。设给定一个固定的物理点 a。另一点 m 距第一个点的距离是 r_a。于是,这最后的点还能够处在围绕 a 以半径

r_a 描绘的球面的任何部分。如果我们还知道再一个点 b，并把 m 移动距 b 的距离为 r_b，那么三角形 abm 将是刚性的、被决定了的；但是，m 还能够在通过三角形绕轴 ab 转动所描绘的圆上旋转。如果现在把点 m 牢牢控制在任何位置上，那么上述三点 a、b、m 所属的整个刚体也将被固定。

第三十七节

因此，距空间中至少三个固定点 a、b、c 的距离 r_a、r_b、r_c 在空间上决定了点 m。但是，这一决定还不是唯一的，因为具有棱 r_a、r_b、r_c 的棱锥——m 处在这个棱锥的顶点上——也同样能够在平面 a、b、c 的一侧构造，就像在该平面的另一侧构造那样。如果我们必须固定该侧，比如说用特殊的记号，那么我们应该诉诸生理的决定，因为在几何学上平面的两侧并非不同。倘若点 m 被唯一地决定，它距位于平面 abc 之外的第四点的距离 r_d 必然附带地被给定。另外的点 m' 以相似的完成方式被四个距离 r'_a、r'_b、r'_c、r'_d 决定。因此，m 距 m' 的距离也由这一决定给出。像各自被四个距离决定一样，同样的结论对于任何数目的其他点都为真，在四点之间，$\frac{4(4-1)}{1\cdot 2}=6$ 的距离是可以料到的，要决定点的复合的形式，正好必须给出这个数。对于 $4+z=n$ 点，$6+4z$ 或 $4n-10$ 的距离需要决定，尽管更大的数即 $\frac{n(-1)}{1\cdot 2}$ 的距离存在着，以致距离的超过量也被同时决定。[32]

288
第 三 十 八 节

如果我们从三点开始，并规定要进一步决定的所有点的距离将仅仅对于由三点决定的平面的一侧有效，那么 $3n-6$ 的距离将足以决定 n 个点的系统相对于三个初始点的形式、大小和位置。但是，如果不存在关于所选取的平面之侧的条件，即包含感觉的和生理的特征但不包含抽象的度规特征的条件，那么点系统而不是预期的形式和位置，可能呈现对于第一个的点对称或者由二者的点组合。由于我们对称的生理组织，对称的几何图像很容易被认为是相同的，尽管它们从度规和物理的角度来看是迥然不同的。向右旋绕的螺丝和向左旋绕的螺丝、两个在相反方向旋转的物体等等，在我们的眼睛看来似乎是十分相像的。但是，我们为此理由都不容许把它看做是在几何学上或物理学上等价的。注意到这一事实会防止许多悖论问题。仅仅想一想这样的问题给康德带来的麻烦吧！感觉的生理属性由相对于我们的身体、特殊构成的肉体系统决定；而度规属性一般地由物理物体的世界决定。后者只能由重合实验即测量来确定。

第 三 十 九 节

正如我们看到的，每一个几何学的测量归根结底都可以还原为容量的测量即物体的计数。长度的测量像面积的测量一样基于每一个细绳、细棒和恒定厚度的叶片的容量的比较。这与下述事实没有不符之处：面积的度量在算术上可从长度的测量推导出来，或者立体的度量可仅仅从长度的度量或从与面积的度量结合的那些度量中推导出来，这只不过证明了，容量的不同度量是相互依赖的。断定这种相互依赖的形式是几何学的基本目标，正如断定各种计数操作或心智的排序活动关联在一起的方式是算术的本分一样。

第四十节

极其可能的是，视觉的经验是几何学发展急剧的原因。但
是，我们从目前光学技术的发达状态获得的对光线性质十分熟 289
悉，不应该误导我们认为我们关于光线的经验知识是几何学的主要基础。在充满灰尘或烟雾的空气中的光线提供了极妙的直线形象化。但是，我们不能从光线推导出直线的度规性质，恰如我们不能从想像的直线推导出它们一样，为此目的，与物理对象有关的实验是绝对必要的。实际几何学家的拉长的绳索肯定比经纬仪的使用要古老。但是，一旦已知物理的直线，光线便提供了达到新观点的十分清楚和近便的手段。盲人几乎不会发明近代的综合的几何学。但是，处在几何学基础的最古老的和最有力的经验恰恰是盲人通过他的触觉可以接近的，就像能够看见东西的人可以接近它们一样。不管物体的可动性，二者都了解物体的空间的恒久性；二者都通过把握对象获得了容量的概念。原始几何学的创造者起初本能地，然后故意地和有意识地忽略那些对他人操作来说是非本质的、他暂时不关心的物理性质。

以这种方式，通过逐渐的成长，理想化的几何学概念在经验的基础上出现了。

第四十一节

因此，我们的几何学知识来自各种源泉。我们在生理学上从直接的视觉和触觉接触中获得了许许多多和各种各样的空间形式。物理的（度规的）经验（包括在相同的环境下由不同的物体引起的空间感觉的比较）与这些形式联系在一起，这些经验本身也只不过是在感觉之间得到的其他关系的表达。这些形形色色的经验序列如此密切地相互交织，以致只能用彻底的细查和分析分离它们，有关几何学的广泛歧异的观点概源于此。在这里它基于纯粹的形象化（Anschauung），在那里它基于物理的经验，依据高估或忽略一个因素或另一个因素而定。但是，两种因素都进入到几何学的发展中，它们今天还在其中起作用；正如我们看到的，因为几何学绝不是全部使用纯粹度规的概念。

290

第四十二节

如果我们打算询问一个无偏见的、正直的人，他在什么形式下例如参照笛卡儿坐标系描绘空间，他无疑会说：我拥有刚性的（固定的形式）、透明的、可穿透的、邻接的立方体的系统的图像，这些立方体具有仅仅由朦胧的视觉和触觉标志的界面——一种幻影的立方体，遍及并通过这些幻影的构像，实在的物体和它们的幻影的配对物运动着，同时保持它们的空间的恒久性（正如上面定义的），不管我们正在追求实际的或理论的几何学还是运动论（phoronomy）。例如，高斯著名的关于曲线的研究实际上涉及无限薄的薄片，从而涉及柔软的物体的相互应用。不能否定各种经验序列在所考虑的基本概念的形成中协同作用。

第四十三节

然而，尽管几何学由以起源的特殊经验是各种各样的，它们仍然可以还原为事实的最低的限度：具有确定的空间恒久性的可动物体存在着，也就是说刚体存在着。但是，可动性是被如下刻画其特征的：我们从一点画三条并非在同一平面，但却在其他方面未被决定的线。根据平行于这些直线的三个运动，任何一点都能够从任何其他点达到。因此，在生理上和度规上作为最简单的东西刻画其特征的三个测量或维度，对于所有的空间决定而言是充分的。这些是基本的事实。

第四十四节

物理的度规的经验像所有形成实验科学基础的经验一样，是概念化的-理想化的。用简单的表达清楚的概念在容易的逻辑的控制下描述事实的需要是这一点的理由。绝对刚性的、在空间上不变的物体，完美的直线和面，像理想气体或理想流体一样不存在。不管怎样，我们更可取和更乐于用这些概念，而不是用与对象的性质更密切符合的其他概念工作，而延缓对偏离的考虑。理论几何学甚至不需要考虑偏离，因为它假定绝对满足理论要求的对象，恰如理论物理学所做的那样。但是，在实际几何学的情况下，我们在这里关注实际的对象，我们像在实际物理学中一样被迫考
291 虑与理论假定的偏离。但是，几何学有一个附带的长处，即它的对象与还可以受检测的理论假定的每一个偏离都能被消除；而物理学由于明显的理由不能构造比在自然界中实际存在的更完美的气体。因为在后者的案例中，我们涉及的不只是单独的任意可构造的空间性质，而涉及在自然界中发生的和独立于我们意志的压力、体积和温度之间的关系。

第四十五节

概念的选择受事实的启示；可是，由于看到这种选择是我们自愿在思想中复制事实的结果，因此在这件事情上留下某种自由的余地。概念的重要性由它们应用的范围来估价。这就是为什么直线和面的概念被置于突出的地位，因为每一个几何学对象都能够以充分的近似分成以面和直线为界的要素。我们决定强调的直线、面等等的独特性质是我们自己自由选择的素材，这个真理在就同一概念给出的各种定义中找到了表达。[33]

第四十六节

于是，几何学的基本真理无疑是从物理经验推导出来的，仅仅

是由于我们的空间形象化和感觉绝对达不到测量，不能成为度规实验的对象。但是，同样毋庸置疑的是，当有关我们的空间形象化与最简单的度规实验的关系变得熟悉时，于是就能够极为熟练、极为确定地仅仅在想像中摹写几何学事实，即用纯粹的心理经验摹写。正是在我们的空间感觉中的连续变化对应于物理物体中的连续的度规变化，才能使我们仅仅在想像中断定相互依赖的特定的度规要素。现在，如果观察到这样的度规要素以严格相同的方式进入具有不同位置的不同结构，那么将认为度规结果是相等的。上面提到的等腰三角形和等边三角形可以作为范例。几何学的心理实验只是在下述方面优于物理实验：能够以更简单的经验这样地完成它，仿佛它是更容易地、几乎是无意识地获得的。292

第四十七节

我们的感觉的空间相像和形象化是定性的，而不是定量的或度规的。我们从它们中推导广延的全等和差别，但从来不是实在的大小。例如，设想一下图 20，一个硬币顺时针向下滚动，围绕着另一个同样大小、没有滚动的固定硬币。即使我们的想像像它愿意的那样活泼，仅仅用摹写的意象（imagery）的纯粹技艺，也不可能在这里决定在转动整个一周时所描绘的角度。但是，如果考虑一下在运动开始时半径 a，a'在一条直线上，但是在绕转四分之一周后半径 b，b'在直线上，那么将立即可以看到，半径 a'现在竖直指向上方，从而完成了半周绕转。从把理想化的经验集中在确定的物理对象上的度规概念可得到绕转的度量，但是绕转的方向却保 293

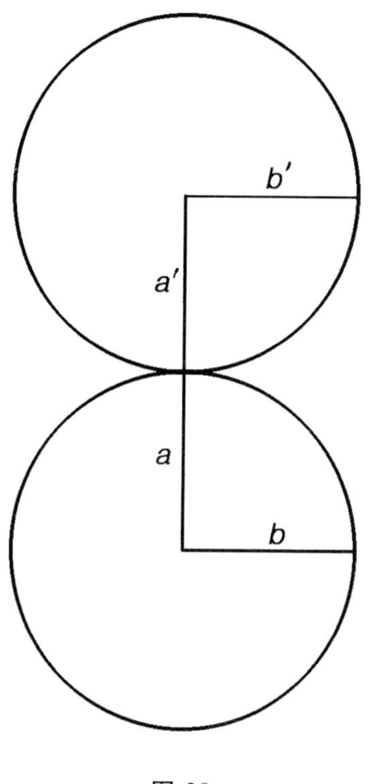

图 20

留在感觉想像中。度规概念仅仅决定,在相同的圆中,相等的弧对着相等的角,与接触点对应的半径处在直线上等等。

第四十八节

如果我想像随其角之一增加的三角形,那么我也将看到与该角相对的边增加。这样产生的上述那种相互依赖的印象,仅仅先验地出自想像的技艺。但是,想像在这里只不过是摹写经验事实,角的度量和边的度量是可应用于同一事实的两个物理概念——这个概念对我们来说变得如此熟悉,以致开始把它们只不过看作是相同的想象的事实群的两种不同的属性,从而好像是联系在一起的十足的必然性。可是,我们在没有物理的情况下从来也不能获得这些概念。比较一下第二十一节。

第四十九节

在每一个几何演绎中,感觉想像与从经验导出的理想化的概念结合的作用都是明显的。例如,让我们考虑这样一个简单的定理:三角形 ABC 的边的垂直平分线相交于一个公共点。实验和想像二者无疑都导致该定理。但是,越仔细地作图,人们越变得深信,第三条垂线没有严格地通过头两条垂线的相交之点,因此在任何实际的作图中,将发现三个相交点相互密切接近。因为在实际上既不能画出完美的直线,也不能画出完美的垂线;后者还不能严格地竖立在中点上;诸如此类,不一而足。只有在这样的理想条件的假定上,AB 的垂直平分线才包含距 A 和 B 相等距离的所有点,BC 的垂直平分线才包含距 B 和 C 相等距离的所有点。由此可得,这两个垂直平分线的交点与 A、B 和 C 等距,由于它与 A 和 B 等距,它也是第三条垂线即 AC 的点。因此,该定理断言,越准确地满足假定,相交的三个点将越接近地重合。

第五十节 294

感觉想像[即 Anschauung 或正如我们称之为的直觉]和概念的结合作用的意义通过这些例子将无疑变得很清楚。康德说:“没有内容的思想是空洞的，没有概念的直觉是盲目的。”（*KdrV*，*A*51/*B*75）也许我们可以更恰当地说：“没有直觉的概念是盲目的，没有概念的直觉是跛瘸的。”因为称直觉[即感觉图像]是盲目的和概念是空洞的似乎并非如此绝对正确。当康德进而说“在每一自然知识的部门中，仅仅存在与在其中包含的数学一样多的科学”（《自然科学的形而上学基础》，导言）时，人们大概也可以就包含数学在内的所有科学断言：“它们仅仅是达到它们用概念操作的程度的科学。”因为我们的逻辑控制只扩展到我们自己已决定其内容的那些概念。

第五十一节

物体是刚性的和可动的这两个事实，对于理解任何几何学事实都会是充分的，不管几何学事实多么复杂都会是充分的，也就是说，从提到的两个事实可以导出它。但是，几何学在它自己的兴趣和它作为辅助科学的作用两方面，或者在对实际目的追求中，都被迫回答以同一方式反复再出现的问题。现在，在这样的偶然事件中，每次都从最基本的事实开始，并推进到显示出来的每一个新案例的根底，也许是不经济的。因此，选择某几个简单的、熟悉的和明确的定理——在我们的这种选择中绝不排除任性[34]，并从这些定理中一劳永逸地为实际目的的应用系统形成回答最频繁重现的问题的普遍命题，则是更为可取的。从这种观点来看，我们立即理解了几何学假定的形式——例如，它把重点放在它的关于三角形的命题上。就所预定的意图而言，选择具有最广泛应用范围的、最普遍的可能命题是称心如意的。我们从历史了解，通过把各种知识的特例综合在单一的普遍案例之下，才能得到这种特征的命题。今天，当我们处理两个几何学图形的关系时，或者当形式和位置的不同特例迫使我们修正我们的演绎模式时，我们甚至不得不对这个程序再分类。作为在初等几何学中的这方面的最熟悉的例子，我们可以引用在圆心角和圆周角之间得到的关系的演绎模式。 295

克罗曼(Kroman)[35]提出这样一个问题：我们为什么认为用特殊图形(特殊的三角形)构成的证明对于所有图形是普遍可靠的？他发现他的答案在于假定，我们能够通过急剧的变化，在思想中把所有可能的形式传递给图形，从而使我们自己相信同一推理模式在所有特例中的可采纳性。历史和内省都宣布，这个观念在所有基本的方面是正确的。但是，我们不可以和克罗曼一起假定，在每一个特例中，每个个别的几何学学生都“以闪电般的迅疾”获得这个完备的概要的观点，并即刻达到所讨论的几何学确信的透彻和强度。频繁需要的操作是绝对不可实行的，误差证明，在其他案例中，它实际上不可实行，依然满足于猜想的探究者立足于类比[36]。除了个人马上达不到或不能达到之外，他可以在他的一生的过程中达到。整整多代人在几何学的确认上辛苦劳作。对它的确实性的确信无疑被他们的集体努力增强了[37]。我曾经了解，一位在其他方面出色的教师强迫他的学生用不正确的图形完成他们的所有证明，但是在理论上，正是概念的逻辑关联而不是图形，才是本质的东西。但是，嵌入在概念中的经验依附我们的感觉图像。只有实际上形象化的或想像的图形才能够告诉我们，在给定的案例中必须使用什么特定的概念。这位教师的方法令人钦佩地适应

于使逻辑操作在达到真理中分担的程度变得容易感觉到。但是，习以为常地使用它就是完全没有领会这样一个真理：概念从感觉的源泉获取它们的基本功能。

如果准确地观察事实，那么还不能坚持用幸运的三段论排列就能够一劳永逸地捕获新洞察的观点：该观点既对单个的初学者或探究者不成立，也对作为一个整体的人或人类不成立，既对几何学不适用，也对其他科学不适用。相反地，科学史表明，正确地还原为它的基础的正确的新洞察迟早在某种程度上可能变混乱，不完备地或以被曲解的形式出现，甚或完全不再为某些探究者所知，只是在以后才以充分的光辉重新显现。洞察的一次发现和表达是不够的。把一般的思维习惯发展到上述的洞察能够变成共同的特
296 性并持久地充满活力的地步，往往需要花费若干年和数世纪。迪昂[38]在他的关于静力学的历史的详尽调研中特别优美地表明了这一点。

注　释

【1】Eisenlohr, *Ein mathematisches handbuchder alten Aegypter: Papyrus Rhind*, Leipzig, 1877.

【2】M. Cantor, *Die römischen Agrimensoren*, Leipzig, 1875.

【3】Herodotus, VII 22, 56, 103, 223.

【4】Hölder, *Anschauung und Denken in der Geometrie*, Leipzig, 1900, p. 18; W. Killing, *Einführung in die Grundlagen der Geometrie*, Paderborn, 1898, II, pp. 22f.

【5】致维塔莱·焦尔达诺的信，*Leibnitzen mathematische Schriften*, ed. Gerhardt, Berlin, 1849, Section I, Volume I, p. 199.

【6】Weissenborn, *Principien der höheren Analysis in ihrer Entwickelung*, Halle, 1856; Gerhardt, *Entdeckung der Analysis*, Halle, 1855, p. 18; Cantor, *Geschichte der mathematik*. Leipzig, 1892, Vol. II.

【7】Helmholtz, *Erhaltung der Kraft*, Berlin, 1847, p. 14.

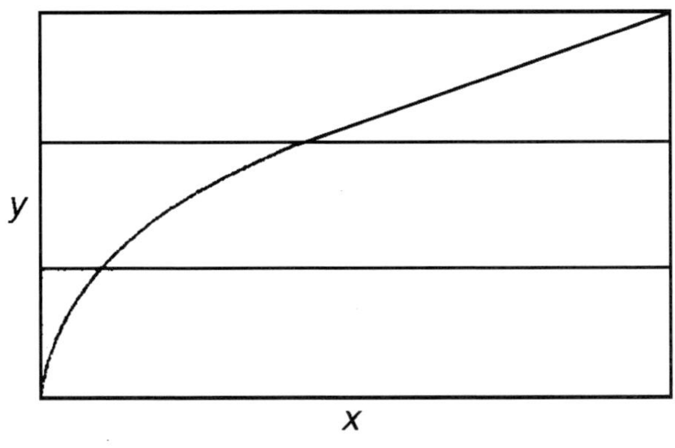

图 21

【8】卡瓦列里方法的上述简单的图解(图 21),可能有助于不彻底精通几何学的读者:设想一个具有水平底的直角圆柱切割搁在桌子上的大量纸张,并构想具有同一底和高度的圆锥在圆柱上相交。鉴于被圆柱切割的纸张都相等,形成圆锥的那些纸张在大小上随着它们距顶点的距离的平方而增加。现在,我们从初等几何学了解,这样的圆锥的体积是圆柱的三分之一。这个结果可以立即用来求抛物线的面积。设在抛物线的一
部分周围画一个矩形,它的边与轴重合,并且在与原点与该曲线相切。297
设想矩形用平行于 x 的跑来跑去的丝线系统覆盖,矩形的每一条丝线将被分为两部分,其中处在抛物线之外的部分正比于 y^2。因此,处在抛物线之外的面积对于矩形的总面积来说,恰恰像圆锥的体积对于圆柱的体积那样,即是 1 对 3。

表示卡瓦列里的观点的自然性的是,本书作者在作为高级文科中学的学生时听到较高级的几何学,但是在这方面没有任何训练,偶然碰到十分相似的概念——在十九世纪没有伴随任何困难地完成了。借助这些,他作出了若干当然是早就已知的小发现,找到了古尔丁(Guldin)定理,计算了一些开普勒的旋转立体等等。

【9】Herodotus, II, 109.

【10】James Gow, *A Short History of Greek Mathematics*, Cambredge, 1884,

p. 134.

【11】普罗克洛斯把这个定理归功于毕达哥拉斯。参考 Gow, *A Short History of Greek Mathematics*, p. 143 脚注。

【12】Hankel, *Geschichte der Mathematik*, Leipzig, 1874, p. 96.

【13】Thibaut, *Grundriss der reinen Mathematik*, Göttingen, 1809, p. 177. 对此可能提出的反对意见和接着的演绎将在以后考虑。

【14】作者在画图时也注意到了。

【15】Tylor, *Einleitung in das Studium der Anthropologie*, Brunswiok, 1883, p. 383(*Anthropology, An Introduction to the Study of Man* 的德译本)。

【16】例如参见 Sundara Row 的 *Geometric Exercises in Paper-Folding*, Chicago, 1901.

【17】Hankel, *Gesch. d. Mathem*, pp. 206—207.

【18】Tylor,在上述引文中。

【19】Euclid, *Elements* I,定义 3。

【20】Euclid, *Elements* I,命题 20。

【21】在致维塔莱·焦尔达诺的信(在本章注释【5】中引用的著作的 pp. 195—6)中,莱布尼茨为定义直线使用了上面提及的直线的性质。直线本身共同具有用圆螺线和圆柱螺线可取代的性质。但是,在它自身之内可旋转的性质和由两点决定的性质全部是它自己的。

【22】Euclid, *Elements* I,定义 7。

【23】莱布尼茨的"几何学的特征"在他 1679 年 9 月 8 日致惠更斯的信中(Gerhardt, Sec. II, Vol. I, p. 23)。

【24】W. T. Cambell, *Observational Geometry*, New York, 1899; W. W. Spear, *Advanced Arithmetic*, Boston, 1899.

【25】J. Steiner, *Systematische Entwicklung der Abhängigkeit der geometrischen Gestalten von einander*.

【26】Snell, *Lehrbuch der Geometrie*, Leipzig, 1869.

【27】欧几里得几何学的整个结构表明这个基础的痕迹。在早先提到的莱布尼茨的"几何学的特征"中,这一点更明显。我们将回到这个论题。

【28】Cantor, *Gesch. d. Math.*, Leipzig, 1880, I, pp. 53, 56.

【29】无论如何,一个在性质上有密切联系的测量原理应用在三角学中。

【30】被包含的平面截取的球的表面部分也如此被用来作为立体角的量度。

【31】如果采用这种形式，对于欧几里得平行定理的怀疑也许会更迟一些出现。 298

【32】把欧几里得几何学和非欧几何学二者建立在单一的距离概念基础之上的有趣尝试归功于 Tilly，*Essai sur les principes fondamentaux de la géometrie et de la mécanique*（*Mémoires de la société des sciences physiques et naturelles de Bordeaux*，1880）.

【33】例如，比较一下欧几里得和阿基米德给出的直线的定义。

【34】Zindler，“Zur Theorie der mathematischen Erkenntniss”，*Wiener Berichte*（phil.-hist. Abt.）118(1899).

【35】Kroman，*Unsere Naturkenntnis*，Copenhagen，1883，pp. 74ff.

【36】Hoelder，*Anschauung und Denken in der Geometrie*，p. 12.

【37】格肯(Gerken)在他的纲领性的专题著作《数学的哲学基础》(*Die philosophischen Grundlagen des Mathenatik*，Perleberg，1887，p. 27)中提出了类似于克罗曼的观点。他唤起贝内克这样做。后者在他的《作为思维艺术的逻辑》(*Logik als Kunstlehre der Denkens*)的几个地方详细地讨论了数学知识。例如 Vol. II，pp. 51f. 在 pp. 52、53，他争辩说，人们事实上能够把无限多的案例加以比较；他的例子是三角形的角之和，在具有固定底的三角形中沿外切圆的圆周取顶点。然而，贝内克没有讲到“闪电般的迅疾”的含糊概念。关于背离这一观点的说明，参考 C. Siegel，“Versuch einer empiristischen Darsteltung der räumlichen Grundgebilde etc...”(*Vierteljahrschr. f. wiss. Philosophie*，1900，尤其是 p. 203)。

【38】Duhem，*Les origines de la statique*，Paris，1905，尤其是 Vol. I，pp. 181f.

299 # 第二十二章　从物理探究的观点看空间和几何学*[1]

第　一　节

我们的空间概念根植于我们的生理构成。几何学的概念是物理空间的经验的理想化的产物。几何学体系最终源于如此收集的概念资料的逻辑分类。所有三种因素都在清楚明白的近代几何学中留下它们的痕迹。因此,关于空间和几何学的认识论探究涉及生理学家、心理学家、物理学家、数学家、哲学家,同样也涉及逻辑学家,他们只有考虑这里提供的广泛歧异的观点,才能够被带到它们的肯定的解答。

早在青少年时代醒悟到强烈的意识时,我们便发觉我们自己具有包围和环绕我们身体的空间概念,各种各样的物体在这样的空间中运动,部分改变和部分保持它们的大小和形状。我们不可能断定是如何产生这一概念的。只有在意图和方法上计划好的对经验的彻底分析,才能使我们猜想,身体的天生的特质与具有纯粹物理特征的简单的和粗糙的经验之配合可以达到这个目的。

---

* T.J.麦科马克为《一元论者》(1903)杂志由马赫教授的手稿翻译。

被看见或被接触的对象，不仅用感觉的质（如“红”、“粗糙”、“冷”等）区分，而且也用处所的质（如“向左”、“上”、“前”等）区分。感觉的质可能依然是相同的，而处所的质却连续地变化；即相同的感觉的对象可以在空间中运动。由于物理－生理的环境一而再地引起这类现象，人们发现，不管偶然的感觉的质可能如何变化，处所的质的相同秩序不变地发生，以致后者必然作为感觉的质所进入的和被分类的、固定的和持久的系统或登记簿而出现。现在，虽然这些感觉和处所的质只能够在相互联合中被激励，只能相伴地使它们呈现，但是无论如何容易产生这样的印象：处所的质的比较熟悉的系统先于感觉的质被给予（康德）。

第　二　节 300

视觉和触觉的扩大的对象由或多或少可区分的感觉的质构成，而感觉的质与邻近的可区分的，连续渐变的处所的质结合在一起。如果这样的对象运动，特别是在我们支配的范围内运动，我们觉察到它们（整体地或部分地）收缩或膨胀，或者我们觉察到它们依然是相同的；换句话说，刻画它们边界的处所的质的对照或变化，或依然恒定。在后一种例子中，我们称对象是刚性的。通过识别作为与空间位移重合的恒久性，使得我们的空间直觉的各种组分变得可以相互比较——至少在生理学的意义上。通过把不同的物体相互比较，通过引入物理测量，使得这种可比较性变成定量的，变得更精密，从而超过了个体性的限度。于是，对所有人都有效的普适的几何学概念代替了个人的和不可传达的空间直觉。每一个人都有他自己的个人直觉空间；几何学空间对大家则是共同的。我们必须明确区分直觉空间和包含物理经验的度规空间。

第　三　节

大约在上世纪中期，对几何学基础作彻底的认识论阐明的需要诱使黎曼[2]提出空间本性的问题；高斯、罗巴切夫斯基(Lobachevsky)和两个鲍耶(Bolyai)的注意力先前就被吸引到几何学某些基本假定的经验—假设特征。在把空间的特征刻画为多重广延的“量值”(magnitude)时，黎曼无疑考虑到可以同样地被想象为充满整个空间的某些几何学构象——例如笛卡儿坐标系。黎曼进而断言：“几何学的命题不能从普遍的量值概念演绎出来，空间藉以与其他可构想的三重广延量值的独特性质只能够从经验中推导。……这些事实像一切事实一样绝不是必然的，而仅仅具有经验的确实性——它们是假设。”按照黎曼的理论，像每一门自然科学的基本假定也是如此一样，经验把我们导向的几何学的基本假定只不过是经验的理想化。

在这种物理的几何学概念中，黎曼在与他的老师高斯相同的
301 立足点上采取了立场，高斯曾经表示相信，不可能完全先验地确立几何学的基础[3]，并进而断定：“我们必须谦卑地坦白，如果数完全是心智的产物，那么空间另外具有在我们心智之外的实在，我们不能充分地指明关于这种实在的先验定律。”[4]

第　四　节

第一个探究者都知道，他正在调研的对象的知识本质上是通过把它与有关的对象比较而增加的。因此，黎曼十分自然地在他周围寻找提供与空间某种类似的对象。他把几何学空间定义为三重广延的连续的流形（manifold），该流形的要素是由每一组可能的三个坐标值决定的点。他发现“感觉和颜色（原文如此）的对象的处所也许只不过是概念，它的决定的模式形成多重广延的流形”。黎曼的后继者把其他东西添加到这一类比中，他们还加以发挥，但是我认为措辞并非总是恰当的。[5]

第　五　节

把空间感觉和颜色感觉比较一下，我们发现，三个混合颜色的感觉系列黑—白、红—绿、蓝—黄对应于连续系列“上和下”、“右和左”、“近和远”。感觉的（看见的）处所的系统是像颜色感觉系统一样的三重连续流形。针对这种类比提出的反对意见，即在后一个例子中三种变化（维度）是均匀的和相互可交换的，而在前一个例子中它们是异质的和不可交换的，在把空间感觉与颜色感觉比较时是无效的。因为从心理—生理学的观点来看，“右和左”不容许与“上和下”交换，犹如红和绿与黑和白不容许交换一样。只有当我们把几何学空间与颜色系统比较时，反对意见才明显地受到辩护。但是，还大量需要确立直觉空间和颜色感觉系统之间完备的类似。在感觉空间中的近似相等的距离立即就辨认出是这样的，而就颜色的差异则不能作同样的评论，在这后一领域内，不可能在生理学上相互比较不同的部分。
302 此外，即使通过诉诸物理经验、在用三个数刻画系统的每一个颜色时不存在困难——恰如刻画几何学空间的处所一样，在创造相似于后者的度规系统时也是如此，那么无论如何，就颜色系统寻找对应于距离和容量、具有类似的物理意义的某种东西，将是困难的。

第　六　节

在类似中总是存在着任意的要素，因为类似关注的是把注意力对准的符合，但是在空间和时间之间，类似无疑被充分承认，不管我们在词汇的生理学涵义上还是在词汇的物理学涵义上使用这些词汇。在二者的术语的意义上，空间是三重的连续流形，时间是单一的连续流形。正好由其条件决定的、具有适度的即不太长或不太短的持续时间的物理事件，在我们从生理学的角度看来，在现在和其他任何时间似乎具有相同的期间(duration)。在任何时候在时间上同时发生的物理事件，同样地在任何其他时候也是同时发生的。因此，时间的重合存在着，恰如空间的重合存在着一样。因此，不可改变的物理的时间的对象存在着，就像不可改变的物理的空间的对象(刚体)存在着一样。不仅存在空间的实体化(substantiality)，而且也存在时间的实体化。伽利略为决定时间使用了像脉搏和呼吸的节拍之类的肉体的现象，正像在古代为决定空间使用手和足一样。

第　七　节

音调感觉的单一流形同样类似于空间感觉的三重流形[6]。音调感觉系统的不同部分的可比较性是由直接感觉到的音乐音程的可能性给予的。对应于几何学空间的度规系统最容易借助振动比率的对数由表达音调的音高得到。对于恒定的音乐音程来说，我们在这里有表达式

$$\log\frac{n'}{n}=\log n'-\log n=\log\tau-\log\tau'=\text{常数},$$

在这里，n'，n 表示比率，τ'、τ 分别表示较高的和较低的音调的振动周期。对数之间的差在这里描述位移上的长度的不变性。我们作 303
为音程感觉到的不可改变的、实质性的物理对象对耳朵来说在时间上被决定了，而类似的对象对视觉和触觉来说在空间上被决定了。在我们看来，空间度量似乎更简单，仅仅因为把距离本身选作几何学的基本度量，而距离对感觉来说始终是不可改变的，然而在音调领域，我们只有通过冗长的和迂回的路线才达到我们的度量。

第　八　节

在详细研究我们类比的建构物的符合时，对我们来说，现在依然要强调它们的差异。由于把时间和空间构想为感觉的流形，因而通过改变时间和空间的质使其运动变得可以察觉的对象，被其

他感觉的质特征化为颜色、触觉感觉、音调等等。如果把音调感觉系统看作是类似于视觉的感觉空间，那么奇怪的事实产生了，即在第一个领域仅仅出现未由对应于该对象的感觉的质伴随的空间的质，恰如人们在没有看见占据这个处所或延伸这个运动的对象的情况下，却能够看见处所或运动一样。由于把空间的质构想为只能与感觉的质相伴随而被激起的有机体的感觉[7]，因而上述类比看来好像不是特别有吸引力了。对于流形数学家来说，不管确定的颜色的对象是否连续地在视觉空间运动，或者不管在空间上固定的对象是否连续地通过颜色的流形，都呈现出本质上相同的案例。但是，对于生理学家和心理学家而言，两个案例则是大相径庭的，不仅因为上面所提出的理由，而且尤其因为这样的事实：空间的质的系统是我们十分熟悉的，而我们只能够借助科学的手段费力地和人为地想像颜色感觉的系统。颜色在我们看来是作为选录的流形的成员出现的，我们一点也不熟悉这种排列。

第　九　节

在这里与空间类比的流形像颜色系统一样，也是三重的，或者它们描述了较小数目的变化。空间包含作为两重流形的面和作为一重流形的线，数学家在概括时也可能把作为零重流形的点添加
304 其中。对于拉格朗日来说，在构想作为四维——时间被认为是第四个坐标——解析几何的分析力学时，也没有困难。事实上，解析几何的方程以其与坐标的一致，十分清楚地启发数学家把这些考虑推广到不受限制的较大数目的维度。相似地，在考虑推广的物

质连续体(continuum)——温度、磁势、电势和引力势作为多重流形的部分或截面归因于连续体的每一点——时，物理学也会受到辩护。正如科学史向我们表明的，绝不把使用这样的符号表示看做是完全无结果的。起初似乎没有无论什么意义的符号，在服从可以称之为理智实验的东西之后，便逐渐获得清楚的和精确的含义。只要想一想代数中的负指数、分数指数和变量指数或者下述案例就可以了：在这些案例中，重要的和必不可少的观念的推广占据了在其他地方完全丧失了的，或使它们在以后许多时期出现的位置。只要想一想所谓的虚量就可以了，在它们处在分配给它们以完全确定的甚至可以想象的意义的地位之前，数学家早就用它们运算了，他们甚至从中得到了重要的结果。但是，符号表示同样也有不利之处：容易丧失对所描述的对象的洞察，用频频没有任何对象与之对应的符号继续操作。[8]

第　十　节

很容易起来应付黎曼的 n 重连续流形的概念，甚至有可能使这样的流形的部分实在化和形象化。设 a_1、a_2、a_3、a_4……a_{n+1} 是无论什么要素(感觉的质、实物等)。如果我们构想这些要素以它们的可能的关系混合，那么每一单个的混合将用表达式

$$\alpha_1 a_1 + \alpha_2 a_2 + \alpha_3 a_3 + \cdots\cdots \alpha_{n+1} a_{n+1} = 1$$

表示，在这里系数 α 满足方程

$$\alpha_1 + \alpha_2 + \alpha_3 + \cdots\cdots + \alpha_{n+1} = 1。$$

因为这些系数 α 可以随乐意而选择，所以 $n+1$ 个要素的混合的总 305

体将描述 n 重连续流形[9]。我们可以把下述形式的表达式看作是这个流形的点的坐标：

$$\frac{\alpha_m}{\alpha_1}\text{或 } f(\frac{\alpha_m}{\alpha_1})\text{，例如 }\log(\frac{\alpha_m}{\alpha_1})\text{。}$$

但是，在选择距离或者类似于几何学概念的任何其他概念的定义时，我们将不得不十分任意地进行，除非上述流形的经验告诉我们，某些度规概念具有实在的意义，因此受到偏爱，关于具有针对距离元 $ds^2=dx^2+dy^2+dz^2$ 从物体容量的恒定性导出的定义[10]的几何学空间的案例是这样的，关于具有上面提及的对数表达式的音调感觉的案例同样也是如此。在大多数案例中，这样的人为的建构是这类正缺少的被包含、被固定的点，因此整体的考虑是理想的考虑。与空间的类比从而在完备性、多产性和激励功能方面受到损失。

第 十 一 节

可是，在另一个方向，黎曼发挥了高斯的观念；他由后者关于曲面的研究开始。高斯的曲面在任何点的曲率[11]的度量由表达式 $k=d_\sigma/d_s$ 给出，在这里 d_s 是曲面的面元，d_σ 是单位球的表面面元，而单位球的极限半径平行于面元 d_s 的极限法线。曲率的这种度量也可以用形式 $k=1/\rho_1\rho_2$ 来表示，在这里 $\rho_1\rho_2$ 是曲面在上述之点的主曲率半径。其曲率的度量对所有点而言有着相同值的曲面——恒定曲率的曲面——具有特殊的兴趣。在把曲面构想为无限薄的、不可膨胀的但却是固体的物体时，人们将发现，可以使相同曲率的曲面通过弯曲重合——例如平面纸张围着柱面或锥面缠绕就是这样的，但却不能使它们与球的表面重合。在这样变形时，甚至以弄皱的方式变形时，在曲面上所画的图形的成比例的部分就长度和角度来说依然是不变的，倘若我们在我们的测量中不超出曲面的两维的话。相反地，曲面的曲率同样不依赖于它在空间第三维中的构形，而仅仅依赖于它的内部的比例。当时，黎曼构想 306
了概括曲率度量的概念并把它应用于三维或多维空间的观念。与此一致，他设想具有恒定正曲率的有限无界的空间是可能的，它对应于无界但却有限的两维球面，而我们通常认为是无限空间的东西也许对应于曲率为零的无限平面，相似地，第三种空间也许对应于负曲率的曲面。正像在确定不变的曲率的曲面上所画的图形只能在这个曲面上无变形地位移（例如，球面图形只能在它的球面上位移，或平面图形只能在它的平面上位移）一样，类似的条件必然地对于空间图形和刚体也应该有效。正如亥姆霍兹[12]详细表明的，后者能够在恒定曲率的空间中自由运动。恰如平面的最短的线是无限的，而在球面上作为具有确定的有限长度、闭合的和复归为它们自己的大圆出现一样，黎曼同样地构想，在类似物的三维正曲率空间中，直线和平面是有限而无界的。但是，在这里存在着困难。如果我们具有关于四维空间的曲率度量的概念，那么转移到三维空间的特例就能够很容易合理地实行；但是，从特殊的案例向比较一般的案例的过渡包含着某种任意性，这是很自然的，不同的探究者在这里采取不同的路线[13]（黎曼和克罗内克）。对于一维空间（任何种类的曲线）来说，曲率的度量没有内部度量的含义，这样的度量首先出现在与两维图形的关联中，正是这个事实迫使我

们询问:某种类似的东西对于三维图形是否有任何意义,在多大程度上有意义?我们用没有实在的事物与之对应、至少用没有什么事物与感觉对应的符号操作,我们借助符号能够证实和纠正我们的观念,我们在这里没有遭遇上述的幻想吗?

这样便达到了关于空间及其与类似的流形的关系之最高的和最普适的概念,这些概念出自高斯对于几何学的经验基础的确信。但是,这个确信的起源具有两千年的预备的历史,我们也许能够从
307 我们现在达到的高度更充分地概览这一主要现象。

第 十 二 节

以手为尺的质朴单纯的人在获知我们的头一批几何学知识后,便把握了最简单的具体对象或图形——直线、平面、圆等等,并且借助能够被构想为这些简单图形的组合的形式研究它们的测量的关联。他们不会不注意到,当物体的一点、接着两点被固定时,它的可动性便受到限制,最后由于固定了它的三个点,它完全停止不动了。假定绕轴(两点)的旋转、或绕平面上一点的旋转像两点与直线和第三点与固定平面恒定接触的位移一样,都通过那条直线,即假定这些事实是分开观察的,那么人们会知道如何在纯粹的转动、纯粹的位移和由这两种独立运动合成的运动之间区分。第一个几何学当然不是建立在纯粹度规概念的基础上,而是对生理的感觉因素作出了许多显著的让步[14]。于是,外观用两种不同的基本度量来说明:(直线的)长度和角度(圆的度量)。直线被构想为刚性的可动的物体(量杆),角度被构想为一条直线相对于另一

条直线的转动(用如此画出的弧测量)。无疑地，人们从来也没有要求特别证明用相同的转动在原点画出的角度相等。很容易引出关于角度的附带命题。使线段 b 绕它与 c 的交点如此转动，以致画出角 α(图 22)，在与 c 重合后再使它绕它与 a 的交点转动，直到

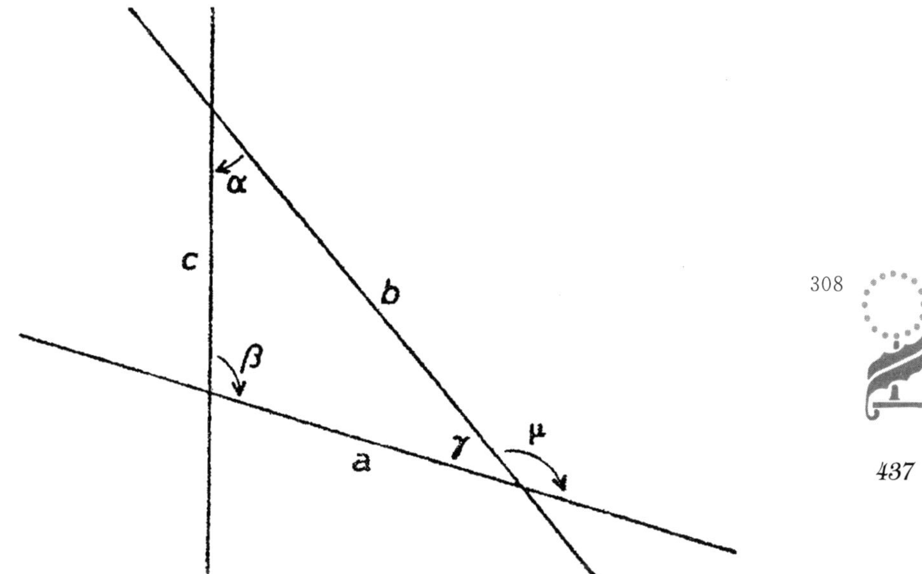

图 22

308

它与 a 重合为止，这样便画出角 β，我们将在同一指向通过角 μ 把 b 从它的初始位置转到它的最终位置 a 。[15]因此，外角 $\mu=\alpha+\beta$，因为 $\mu+\gamma=2R$，所以 $\alpha+\beta+\gamma=2R$。把在它们的平面内在位置 1 处相交的刚性的线系统 a,b,c 移动到位置 2(图 23)，线段 a 总是仍旧在它自身之内，纯粹的运动将不会引起角度的变化。如此产生的三角形 1,2,3 的内角之和显然是 $2R$。相同的考虑也免除了平行线的性质。关于绕几个点的相继转动是否与绕一点转动等价，

纯粹的位移是否完全可能的疑问——当用不同于零的曲率的曲面

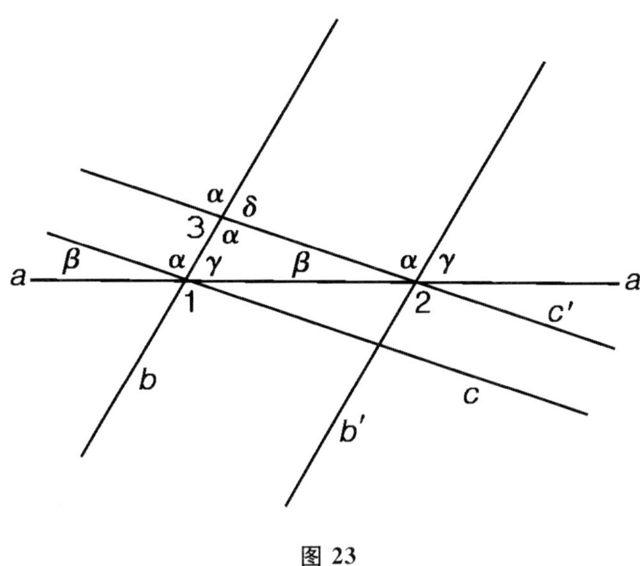

图 23

代替欧几里得平面时，这一点受到辩护——在正在考虑的期间从来也不会在纯朴和快乐地发现这些关系的心智中出现。欧几里得
309 在他的全等原理中刻意回避和隐蔽引入的刚体运动的研究，到今天还是最适合几何学基础教育的工具。借助发现观念的方法能最佳地使它为初学者拥有。

第 十 三 节

当几何学变成职业的和学者的沉思的科目时，事物的这种健全的和朴素的概念消失了，几何学的处理经历了本质的修正。该科目现在必须为个别的概观起见综合这个部门的知识，必须把能够直接辨认的东西与可以演绎和已被演绎的东西分开，必须明确减少演绎的头绪。为了教育的目的，人们把最简单的原理、最容易获得和明显地摆脱了怀疑和矛盾的东西放在开头，使余下的东西基于它们之上。人们竭尽全力简化这些初始原理，在欧几里得的体系中可以观察到这一点。通过这种用别的概念支持每一个概念，把尽可能小的范围留给直接的知识的努力，几何学逐渐离开了它从中起源的经验的土地。人们习惯于使自己认为推导的真理比直接知觉的真理更高级，并最终开始要求从来也没有人怀疑的命题的证明。就这样，具有其逻辑完美和优雅的欧几里得体系出现了——为了制止诡辩派的猛攻，以致按惯例也会这样进行的。可是，这种把一连串的命题放在任意选取的演绎思路之上的人为方法，不仅隐藏了研究的道路，而且也完全丧失了对几何学原理之间各种有机关联的洞察[16]。与富有成果的、多产的研究者相比较，这个体系更适合于生产心智狭窄的和缺乏独创性的学究。偏好对他人的智力成果作奴性评论的经院哲学，在思想者中几乎不培育对于他们的基本假定的合理性的任何敏感性，并且通过补偿的方式在他们中间鼓励对于逻辑演绎形式的夸大的尊重，这些条件并未得到改善。从欧几里得到高斯的整个时期，都或多或少地遭受了来自这种心智的影响。

第十四节

在欧几里得把他的体系建立于其上的命题中，可以找到所谓的第五公设（也称为第七公理，有人称为第十二公理）：“如果一条 310
直线与两条直线相交，以致在它的同一侧的两个内角合在一起小于两直角，那么这些直线在被连续延长时，最终将在其角是小于两直角的那侧处相交。”欧几里得容易证明，如果一条直线落在另外两条直线上时，它使错角彼此相等，那么这两条直线将不相交，而是平行的。但是，对于逆即平行使落在它们之上的每一直线的错角相等的证明，他却不得不诉诸第五公设。这个逆等价于这样的命题：通过一点只能画一条线与直线平行。进而，由于借助这个逆能够证明三角形的角之和等于两直角，以及从这个定理再次得出第一个定理的事实，赋予欧几里得几何学第五公设以独特的和基本的意义的、所讨论的命题之间的关系变得清楚明白了。

第十五节

缓慢会聚的线的相交处在作图和观察的范围之外。因此，可以理解，鉴于包含在第五公设中的断言的巨大重要性，欧几里得的后继者由于他习惯于严格性，竟然甚至在古代就绷紧每一根神经证明这个公设，或者用某个直接明显的命题代替它。为了把这个第五公设从欧几里得的其他假定中演绎出来，从欧几里得到高斯时代人们就作出了无数无效的努力。出于十足渴望科学的阐释，在追求潜藏的真理源泉中花费了诸多世纪的辛劳，正是这些人奉献的令人钦佩的场景，可是从来没有一个理论家或实践者实际上怀疑过这一切！我们以热切的好奇心追踪寓居于人类对知识这种追求中的道德力量的固执表达，我们满意地注意到，探究者的失败如何逐渐地导致他们察觉几何学的真实基础是经验。我们将使我们自己满足于几个例子。

第 十 六 节

在其对平行理论的贡献方面著名的探究者当中，有意大利人萨凯里（Saccheri）和德国数学家兰伯特（Lambert）。为了使他们的进攻模式变得可以理解，我们将首先谈到，我们相信我们经常观察的矩形和正方形的存在，在不借助第五公设的情况下无法证明。311
例如，让我们考虑两个在 A 和 D 具有直角的全等的等腰三角形 ABC，DBC（图 24），并设它们在它们的斜边 BC 处在一起，以致形

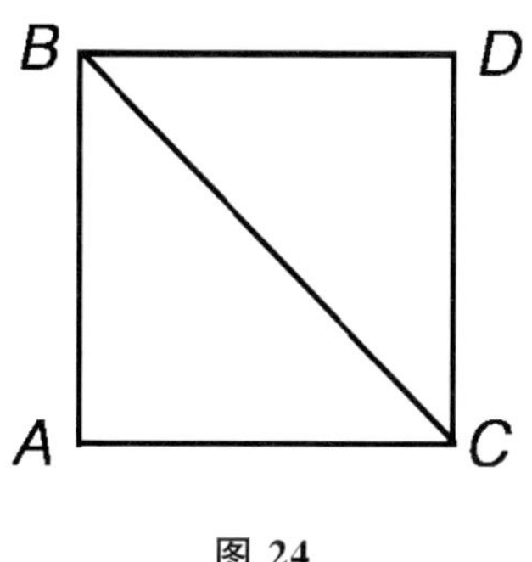

图 24

成等边的四边形 $ABCD$，欧几里得的头 27 个命题不足以决定在 B 和 C 处的两个相等的（直）角的特点和大小。因为长度的度量和角度的度量根本不同且不可直接比较；因此，关于边和角的相关的头一批命题仅仅是定性的，关于像角之和这样的角的定量定理的绝对必要性从而也是如此。进而要谈到的是，类似于欧几里得的 27 个平面几何命题的定理也可以针对球面和具有恒定负曲率的曲面建立，在这些案例中类似的作图分别在 B 和 C 处给出钝角和锐角。

第十七节

萨凯里的主要成就是他陈述这个问题的形式[17]。如果第五公设包含在余下的欧几里得假定中，那么就可能在没有它帮助的情况下证明，在A和B处具有直角且$AC=BD$的四边形$ABCD$

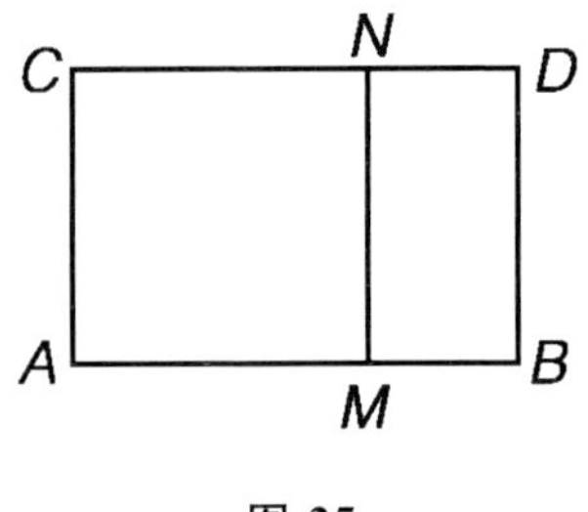

图 25

(图 25)中，在C和D处的角同样也是直角。另一方面，在这个项目中，C和D或是钝角或是锐角的假定将导致矛盾。换句话说，萨凯里力图从直角、钝角或锐角的假设引出结论。他表明，如果证明这些假设的每一个在一个案例中成立，那么它将在所有案例中都成立。为了证明锐角、直角或钝角的假设的普适有效性，仅仅必
312 须拥有一个其角$\leqq 2R$的三角形。值得注意的是这一事实：萨凯里也谈到支持直角假设的生理一几何学实验。如果线段CD(图 25)与垂直于直线AB的相等的垂线的两个端点连结，从第一条线的任何一点N出发在AB上终止的垂线即NM等于$CA=DB$，那么直角的假设被证明是正确的。萨凯里如实地不认为，与另一个直线等距的线本身是直线并非自明。只要想一想平行于球上的大圆的圆就可以了，该圆没有描绘球上的最短线，不能使它的两面

全等。

直角假设正确性的另一个实验证明如下。如果表明半圆中的角（图26）是直角，即$\alpha+\beta=R$，那么$2\alpha+2\beta=2R$是三角形ABC

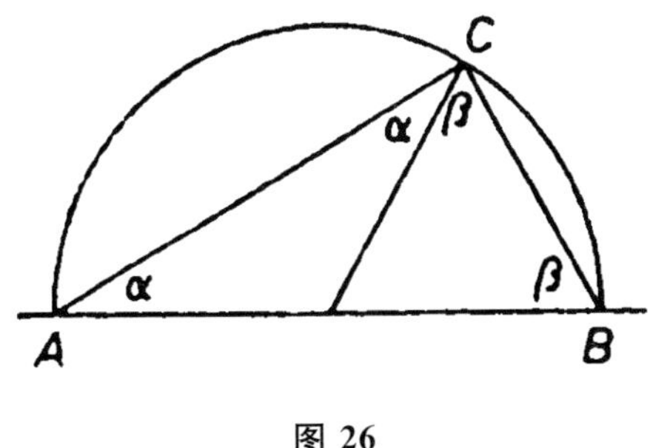

图 26

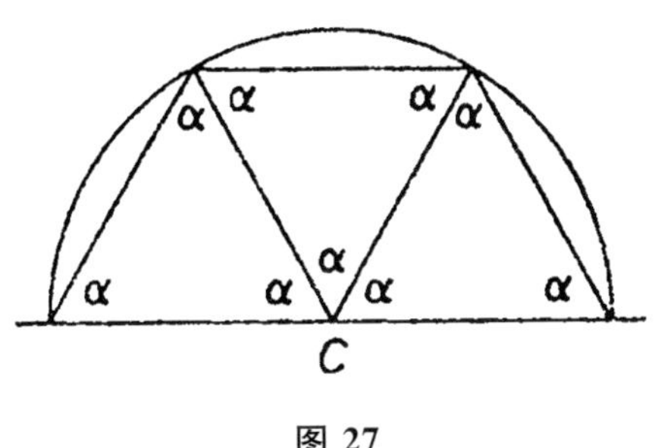

图 27

的角之和。如果使半径在半圆上三次对向(subtend)，且连结第个和第四个端点的线通过圆心，那么我们将在C处有（图27）$3\alpha=2R$，从而三个三角形的每一个将有角之和$2R$。不同大小的等角三角形（相似三角形）的存在同样有待于实验证明。就图28而言， 313
若在B和C处的角给出$\beta+\delta+\gamma+\varepsilon=4R$，则四边形$BCB'C'$的角之和也是$4R$。甚至沃利斯[18]（1663）把他对第五公设的证明建立在相似三角形存在的假定上，近代几何学家德尔布吕夫（Delboeuf）从相似假定演绎出整个欧几里得几何学。

萨凯里相信，他能够轻而易举地驳倒钝角假设。但是，锐角假设却把困难摆在他的面前，他在对所期望的矛盾的寻求中被带到一个意义最深远的结论，罗巴切夫斯基和鲍耶随后用他们自己的方法重新发现了这些结论。他最终感到不得不把最后命名的假设作为与直线的本性不相容的东西加以拒斥；因为它导致在无穷远处相交的，即在那里具有公共垂线的不同种类的直线之假定。萨凯里在预知和提升后继的阐明这些问题的劳动中没有做许多事情，不过显示出某种倾向于传统观点的偏见。

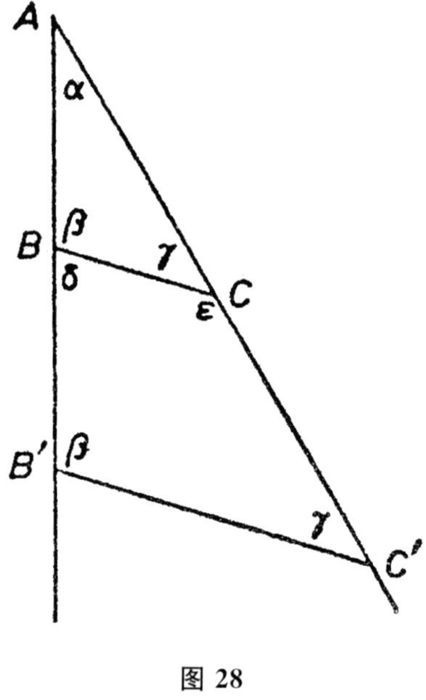

图 28

第 十 八 节

兰伯特的专题论文(1766)[19]在方法上与萨凯里的方法有关

联，但是它在其结论上更进一步，并且给出较少受约束的视野的证据。兰伯特由考虑具有三个直角的四边形出发，审查了从第四个 314
角是直角、钝角或锐角的假定中可能得出的推论。他发觉图形的相似与第二和第三个假定不相容。他发现，要求三角形角之和超过 $2R$ 的钝角案例在球面几何学中成为真实的，在球面几何学中平行线的困难完全消失了。这导致他猜想，在其中三角形的角之和小于 $2R$ 的锐角案例可能在具有虚半径的球面上实现。角之和背离 $2R$ 的量在两个案例中正比于三角形的面积，通过适当地把大三角形分为小三角形可以证明这一点，小三角形在减小时可以变得像我们乐意地那样趋近角之和 $2R$。兰伯特在这个概念上推进得十分接近现代几何学家的观点。人们公认，虚半径 $r\sqrt{-1}$ 的球不是可以具体化的几何构图，但是在解析上它是具有负的恒定高斯曲率度量的曲面。从这个例子再次显而易见，在完全缺乏其他支撑点，在有用的办法以其价值必须受到尊重的时期，用符号实验如何也可以把探究引向正确的路线。[20]甚至高斯也显露出具有虚半径球的思想，这一点从他的关于圆周的公式（致舒马赫（Schumacher），1831 年 7 月 12 日）来看是很明显的。可是，兰伯特实际上不顾一切地相信，他如此接近第五公设的证明，以致能够很容易地提供所需要的东西。

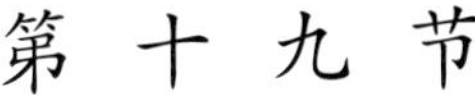

第十九节

现在，我们可以转向其观点对于几何学概念具有最根本意义，但却仅仅用口头或信件简要报告他们看法的研究者。“高斯认为几何学只不过是在逻辑上连贯的作图体系，它具有作为公理被置于顶点的平行理论；可是，他得以确信，这个命题不能被证明，尽管人们从经验——例如从连结布罗肯(Brocken)、霍恩哈根(Hohenhagen)和因塞尔斯堡(Inselsberg)的三角形的角度——知道它是近似正确的。但是，如果不承认这个公理，那么他坚决主张，由于不接受它便产生了不同的和完全独立的几何学，他曾经研究过这
315 种几何学，并用反欧几里得几何学的名字称呼它。”按照萨尔托里乌斯·冯·瓦尔特斯豪森(Sartorius von Waltershausen)[21]的看法，高斯的观点就是这样的。

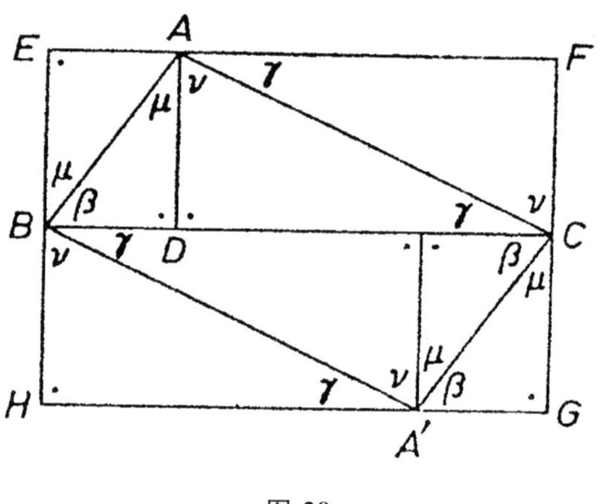

图 29

由这一点开始，O. 斯托尔茨在他的十分有教益的小册子[22]中，力图从纯粹可观察的经验事实中演绎欧几里得几何学的主要命题。在这里，设给出(图 29)一个具有角之和 $2R$ 的大三角形 ABC。我们在 BC 上画垂线 AD，通过 $BAE \backsimeq ABD$ 和 $CAF \backsimeq ACD$ 完成图形，并把全等图形 $CBHA'G$ 添加到图形 $BCFAE$ 之中。于是，我们得到单个矩形，因为在 E、F、G、H 处的角是直角，

在 A、C、A'、B 处的角是平角(等于 $2R$),因此边界线是直线且对顶角相等。通过与在矩形的边之一的中点垂直的垂线,能够把该矩形分为两个全等的矩形,继续这一程序,可以把平分线引到我们在被分割的边上乐意的任何点。相同的作法对于其他两边而言也为真。因此,从给定的矩形 $ABCD$(图 30)切出相互之间具有形成任 316

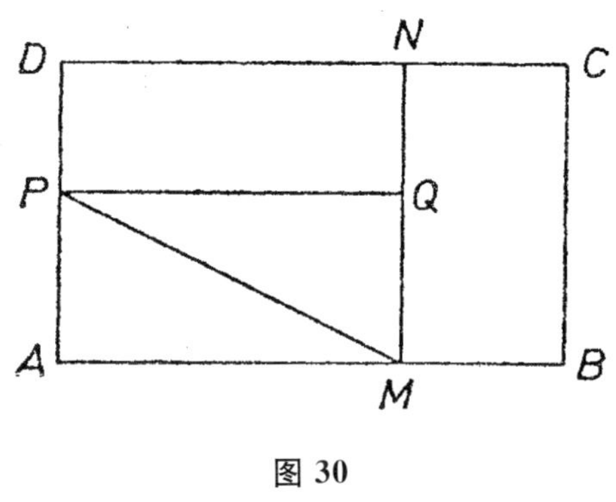

图 30

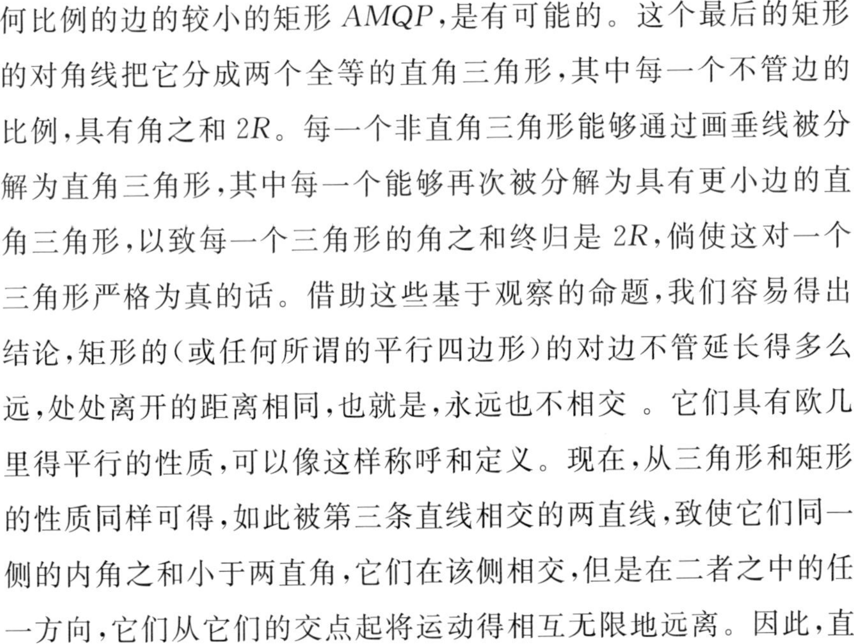
何比例的边的较小的矩形 $AMQP$,是有可能的。这个最后的矩形的对角线把它分成两个全等的直角三角形,其中每一个不管边的比例,具有角之和 $2R$。每一个非直角三角形能够通过画垂线被分解为直角三角形,其中每一个能够再次被分解为具有更小边的直角三角形,以致每一个三角形的角之和终归是 $2R$,倘使这对一个三角形严格为真的话。借助这些基于观察的命题,我们容易得出结论,矩形的(或任何所谓的平行四边形)的对边不管延长得多么远,处处离开的距离相同,也就是,永远也不相交 。它们具有欧几里得平行的性质,可以像这样称呼和定义。现在,从三角形和矩形的性质同样可得,如此被第三条直线相交的两直线,致使它们同一侧的内角之和小于两直角,它们在该侧相交,但是在二者之中的任一方向,它们从它们的交点起将运动得相互无限地远离。因此,直线是无穷的。是作为公理或初始原理陈述的无根据的断言的东西,作为推理的结果可以具有健全的意义。

第二十节

因此,几何学是由把数学应用于关于空间的经验构成的。像数学物理学一样,它只有在它描述经验对象的条件下,借助图式化和理想化的概念,才能变成精密的演绎的科学。恰如力学能够断定质量的恒定性,或把物体之间的相互作用仅仅在观察误差限度内还原为简单的加速度一样,同样地也仅仅能够在相似限制内坚持直线、面的存在,角之和的量等等。但是,正像物理学有时发现它自己被强迫使用其他比较普遍的假定代替它的理想的假定,用依赖距离的加速度取代落体的恒定加速度,用热的可变量而不是热的恒定量一样,当事实要求相似的程序或该程序对科学的阐明暂时是必要的时候,也同样容许它在几何学中存在[23]。现在勒让德(Legendre)、罗巴切夫斯基和两个鲍耶的努力将显示在他们的
317 新见解中,较年轻的那位鲍耶可能直接受到高斯的激励。

第二十一节

我们将不谈及也是高斯同代人的施韦卡特(Schweickart)和陶里努斯(Taurinus)的辛劳。罗巴切夫斯基的工作是变得为思想界的人所知,并且如此富有成果的第一个(1829)。此后不久,较年轻的鲍耶的出版物发表了(1833),它与罗巴切夫斯基的在所有基

本之点一致，只是在它的发展形式上有所偏离。根据原文(1899年出版)[24]，可以容许假定，罗巴切夫斯基也着手他的研究，以期望由于反驳欧几里得公理而变得陷入矛盾之中。但是，在他发现他自己在这一期待中犯了错误之后，他具有理智勇气从这个事实引出全部推论。罗巴切夫斯基以综合的形式给出了他的结论。不过，我们能够相当有理由地想像为构造他的几何学铺平道路的一般的分析思考。

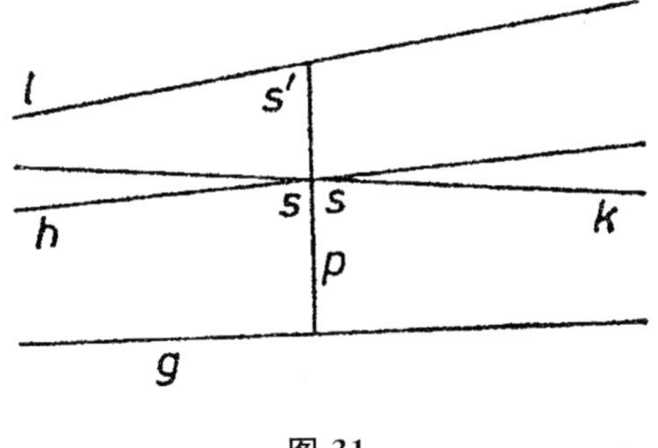

图 31

从处在直线 g(图 31)之外的一点向下引垂线 p，通过平面 pg 内的同一点画直线 h，使它与垂线成锐角 s。在作出 g 和 h 不相交、但在稍微减小一点点角 s 时它们会相交的假定时，空间的均匀性立即迫使我们得出结论：具有同一角 s 的第二条线 k 本身在垂线的另一侧举止相似。因此，通过同一点所画的所有不相交的线都位于 h 和 k 之间。后者形成相交的线和不相交的线之间的边界，罗巴切夫斯基称其为平行。

在《几何学的新原理》(1835)的引言中，罗巴切夫斯基证明他 318
自己是一位彻底的自然探究者。没有一个人会想到把下述未加工的观点甚至归因于有感官的普通人：“平行角”比直角小得多，当稍加延长时能够清晰地看到，它们能够相交。在这里所考虑的关系只容许在歪曲了真实比例的绘图中表示，相反地我们必须想象，由于截量（*cut*）的维度，s 偏离直角的变化如此之小，以致 h 和 k 表面看来难以区分地重合起来。现在把垂线 p 延长到超过它与 h 的交点的一点，并通过它的端点画新线 l 平行于 h，从而也平行于 g，由此可得，平行角 s' 必然小于 s，倘若 h 和 l 不再满足欧几里得案例的条件的话。以相同的方式继续延长垂线和画平行，我们得到不断减小的平行角。现在，考虑更远离的从而在收敛一侧更急剧收敛的平行，我们将在不与先前的假定抵触的情况下，被迫从逻辑的角度假定，在趋近或垂线的长度减小时，平行角将再次增大，因此，平行性的角是垂线 p 的反函数，罗巴切夫斯基用 $\Pi(p)$ 来标示它。平面上的平行群之排列在图 32 中用图解表示。它们都相互对称地趋近它们收敛的一侧。空间的均匀性要求能够使两个平行之间
319 的每一个“条带”与每一个另外的条带重合，倘若把它在纵向上移动所需要的距离的话。

第二十二节

如果设想圆无限地增大，那么当不断增加的弧达到圆的半径的收敛与平行一致的地点时，这些半径将停止相交。于是，圆通过所谓的“界线”。类似地，如果球面无限地增大，它将通过罗巴切夫斯基命名的“界面”。边界线与边界面具有的关系，类似于大圆与球面具有的关系。球面几何学与平行公理无关。但是，由于能够证明，由界线在界面上形成的三角形与在无限半径球上的有限的

三角形相比并没有显示出角之和的过量，因此欧几里得几何学的法则对于这些边界三角形也有效。为了找到边界线的点，我们在

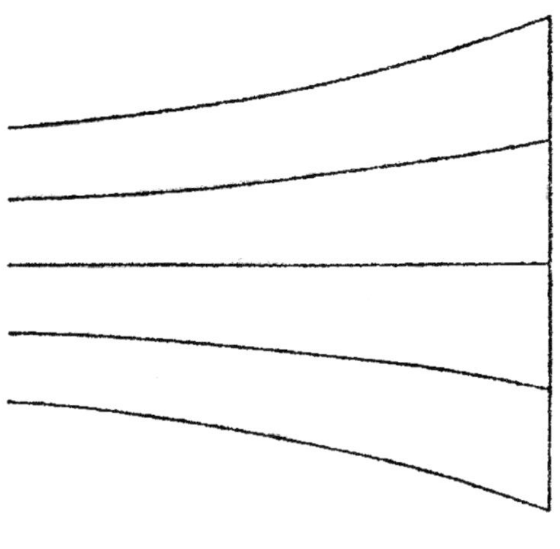

图 32

处于平面上的平行把(bundle)$a\alpha$、$b\beta$、$c\gamma$、$d\delta$……中决定这些平行中的每一个的点 a、b、c、d，这些点相对于 $a\alpha$ 中的点 a 如此定位，以至于$\angle \alpha ab = \angle \beta ba$、$\angle \gamma ca$、$\angle \alpha ad = \angle \delta da$……(参见图 33)。由

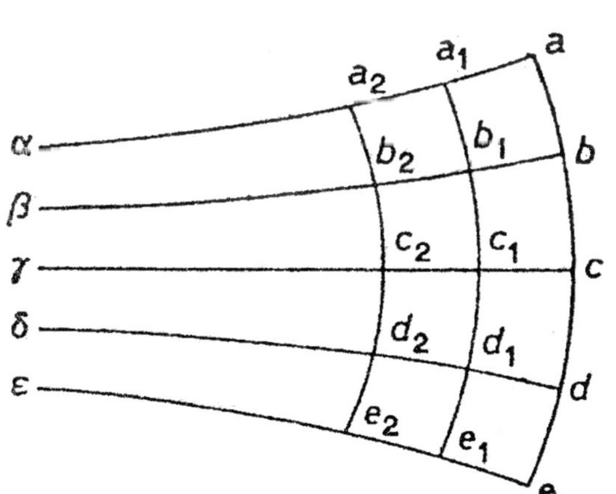

图 33

于整个构图的同一性，可以把每一个平行看作是界线的“轴”，当界线绕这个轴转动时，它将产生界面。同样地，也可以把每一个平行看作是界面的轴。出于相同的理由，所有界线和所有界面都是全等的。每一个平面与界面之交是圆；只有当割平面包含轴时，它才
320 是界线。在欧几里得几何学中，不存在界线，也不存在界面。在这里，它们的类似物是直线和平面。如果不存在界线，那么必然地，任何不在直线上的三点必定在圆上。因此，比较年轻的鲍耶能够用这最后的公设代替欧几里得公理。

第二十三节

设 $a\alpha$，$b\beta$，$c\gamma$ 是平行系，ae，a_1e_1，a_2e_2…是界线系，这些系中的每一个都把另一个分为相等的部分（图 33）。因此，在相同的平行之间的任何两个界弧的相互之比率，例如 $ae=u$ 和 $a_2e_2=u'$，仅仅依赖于它们分开的距离 $aa_2=x$。我们可以一般地提出 $\frac{u}{u'}=exp\,\frac{x}{k}$，在这里 k 如此选取，以使 e 将是自然对数系的底。以这种方式引入指数，并借助这些引入双曲函数。对于平行性的角来说，我们得到 $s=\cot\frac{1}{2}\Pi(p)=exp\,\frac{p}{k}$。若 $p=0$，则 $s=\pi/2$；若 $p=\infty$，则 $s=0$.

一个例子将阐明罗巴切夫斯基几何学与欧几里得几何学和球面几何学的关系。对于具有边 a、b、c 和角 A、B、C 的直线罗巴切夫斯基三角形来说，当 C 是直角时，我们得到

$$\sinh\frac{a}{k}=\sinh\frac{c}{k}A.$$

在这里，sinh 代表双曲正弦，$\sinh x=\frac{1}{2}(e^{x}-e^{-x})$，而 $\sin x=(\frac{1}{2i})(e^{ix}-e^{-ix})$，或者 $\sinh x=x/1!+x^{3}/3!+x^{5}/5!+x^{7}/7!$ 和 $\sin x=x/1!-x^{3}/3!+x^{5}/5!-x^{7}/7!+\cdots\cdots$。

考虑到在前述的公式中所包含的关系 $\sin(xi)=i(\sinh x)$ 或 $\sinh(xi)=i\sin x$，人们将看到，上面罗巴切夫斯基三角形给出的公式通过对球面三角形成立的公式，即 $\sin(a/k)=\sin(c/k)\sin A$，此时用 ki 代替前者中的 k，并像他那样把 k 看作是球的半径，而在通常的公式中假定它的值是一个单位。用同一方法把球面公式重新变换为罗巴切夫斯基公式是明显的。如果 k 与 a 和 c 相比十分大，那么我们可以把我们自己局限于在二者案例中得到的关于 sinh 和 sin 的平面欧几里得几何学公式的级数的第一项 $a/k=(c/k)\sin A$ 或 $a=c\sin A$，我们可以认为这是罗巴切夫斯基几何学和球面几何学二者对于十分大的 k 的值或对于 $k=\infty$ 的极限情况。同 321
样可以允许说，这三种几何学在无穷小的领域相符。

第二十四节

正如我们看到的，仅仅在平行线收敛的假定上，就有可能构造自我一致的，无矛盾的几何学体系。确实，不存在我们可以达到的几何学事实的单一观察，表明支持这一假定，人们公认假设随我们的几何学本能有如此大的变化，以致容易说明诸如萨凯里和兰伯特这样的早期探究者对它的态度。我们的想像因为被我们的形象化模式和熟悉的欧几里得概念统治着，只是零碎地和逐渐地有能力把握罗巴切夫斯基的观点。在这里，我们必须容许我们自己与其受源于单一的狭窄空间的部分的感觉图像的引导，还不如受数学概念的引导。不过，我们必须承认，我们通过我们的首创精神在某一任意范围内藉以描述几何学经验的事实之定量的数学概念，并没有以绝对的精确性复写后者。不同的观念能够以相同的精确性在观察可以达到的领域内表达这些事实。因此必须把事实与理智的建构仔细区分，事实启示了理智建构物的形成。后者即概念必须与观察一致，此外必须在逻辑上相互一致。现在，这两个要求能够以一种以上的方式付诸实现，不同的几何学体系由此而来。

第二十五节

显然，罗巴切夫斯基的工作是持久的和紧张的智力努力的成果，可以推测，在他能够综合地介绍它之前，他首先从一般的考虑并通过分析的（代数的）方法获得了他的体系的明晰概念。在这个麻烦的欧几里得形式中的说明绝不是诱人的，它可能主要由于这一事实：罗巴切夫斯基和鲍耶的工作的意义如此之迟地才得到承认。

第二十六节

罗巴切夫斯基仅仅发展了欧几里得第五公设的修正结果。但是，如果我们抛弃欧几里得的“两条直线不能封闭空间”的断

言，那么我们将得到罗巴切夫斯基几何学的伴随部分[25]。局限 322
于面，它将是球面几何学。我们有大圆代替欧几里得直线，所有大圆相交两次，其中每一对封闭两个球面二角形。因此，没有平行。黎曼第一个宣布了关于三维（正曲率）空间的类似的几何学的可能性，这个概念甚至到高斯好像还没有出现，可能由于他对无穷的偏爱。亥姆霍兹[26]在物理学上继续黎曼的研究，轮到他时，他在他的第一个出版物中也忽略了罗巴切夫斯基的负曲率（具有虚参数 k）空间的案例的发展。实际上，对这个案例的考虑对数学家来说比它对物理学家来说要更加明显。亥姆霍兹在所提及的出版物中，仅仅处理了欧几里得的零曲率案例和黎曼的正曲率空间。

第二十七节

因此，我们能够以尽可能的精确性用欧几里得几何学以及罗巴切斯基和黎曼的几何学描述空间观察的事实，倘若在后两种情况下我们取参数 k 是足够大的话。物理学家迄今没有发现违反欧几里得几何学的假定 $k=\infty$ 的理由。坚定不移地固守最简单的假定，直到事实迫使它们复杂化或修正它们，正是他们的实践和长期的、可靠的经验的结果。这同样与所有伟大的数学家对于应用几何学的态度一致。物理学家和数学家对于这些问题的行为总的来说是不同的，但是这不能用环境来说明，即对于前一类探究者来说，物理事实具有最大的意义，几何学在他们看来只不过是方便的研究工具，而对后一类探究者来说，正是这些问题是探索的首要素材，具有最大技巧的特别是认识论的兴趣。设想数学家尝试性地修正我们几何学经验的最简单的和最直接的假定，设想他的尝试富有新颖的洞察，那么从纯粹的数学兴趣来看，肯定没有什么东西比应该进一步执行这些探索更自然的了。我们熟悉的几何学的类似物是针对任何数目的维度在较广
323 阔和较一般的假定之上构造的，这些假定不要求被视为比理智的科学实验更多的东西，不具有应用于实在的观念。在支持我的评论时，提一下克利福德（Cliford）、克莱因、李（Lie）和其他人在数学中作出的进展是充分的。思想者很少变得如此沉浸在幻想之中，或者如此远离实在，以致就我们的空间想像超过给定的感觉空间的三维的若干维度，或者构想用可以看见背离欧几里得几何学的任何几何学描述那种空间。高斯、罗巴切夫斯基、鲍耶和黎曼在这一点上是十分清楚的，肯定不能认为他们对随后在这个领域出现的荒诞不经的虚构负有责任。

第二十八节

针对几何学的建构物在无穷处和不可达到的地点的行为作假定，然后接着把它们与我们即时的经验加以比较，并使它们适应于它，这与物理学家的原则不一致。像斯托尔茨这样的物理学家，就偏爱注重作为他的观念源泉直接给予的东西，他认为在被迫改变它们之前，也可以把它们应用于达不到的东西。但是，他也可能极其感激存在几种适当的几何学发现，我们也能够对于有限空间运用它们，一句话，他感激废除某些因袭的思想障碍。

假如我们生活在具有混浊的、不透光的大气的行星表面上，我们在假定地球的表面是平面、我们唯一的工具是矩尺和链的基础上着手测量，那么大三角形角之和超过量的增加会立即迫使我们用测球面学代替我们的测平面学。作为一个原则问题，物理学家不能排斥在三维空间中的类似经验的可能性，尽管会迫使接受罗巴切夫斯基几何学和黎曼几何学的现象，应该呈现出与我们迄今已经习惯的现象如此奇特的对照，以致人们将不认为它们的实际发生是可能的。

第二十九节

给定的物理对象是直线还是圆弧，这个问题没有被恰当地阐明过。拉紧的绳索或光线肯定既不是一个，也不是另一个。问题仅仅在于，是否对象在空间中如此作用使得它更好地符合一个概念而不是另一个概念，是否它以对我们来说是充分的、我们可以达到的精密性完全符合任何几何学概念。把后一个案例排除在外， 324
便出现了这样一个问题：我们是否能够实际上消除或者至少在思想上决定和顾及与直线或圆的偏离呢，换句话说，我们是否能够矫正测量的结果呢？但是，在实际测量中，我们总是依赖物理对象的比较。如果按照直接的调研，这些对象在可以达到的最高的精确度上与几何学概念一致，但是间接的测量结果却比考虑所有可能的容许误差更多地偏离了理论，那么肯定应该责成我们改变我们的物理一度规概念。物理学家将有理由等待这样的境况的出现，而数学家将总是有他的思辨的自由天地。

第 三 十 节

在自然探究者使用的所有概念中，最简单的概念是空间和时间概念。与他的概念建构物一致的空间和时间的对象，能够以极大的精密性构造。几乎每一个可观察的偏离都能够被消除。我们能够在不违反事实的情况下，设想任何空间的或时间的建构物的实在化。下余的物体的物理性质是如此密切地关联在一起，以致在这里任意的虚构都因事实而受到狭窄的限制。理想气体、理想流体、理想弹性体都不存在，物理学家知道，他的虚构仅仅近似地、通过任意简化地符合事实；他完全意识到无法消除的偏离。我们能够在不违反任何事实的情况下构想球、平面等等，并以不受限制的精密性构造它们。因此，如果任何物理事实碰巧使我们的概念的修正成为必要的，那么物理学家将宁可牺牲较少完美的物理学概念，而不是放弃较简单的、较完美的和较持久的几何学概念，因为这些几何学概念形成了他的所有理论的牢固基础。

第 三 十 一 节

但是，从另一个方向来看，物理学家能够从几何学家的劳动中得到实质性的帮助。我们的几何学家总是涉及感觉经验的对象。然而，只要我们开始用像原子和分子——从它们的真正本性来看，它们**从未能够成为感觉注视的对象**——这样的思想事物操作，我们无论如何没有任何义务认为它们处在对我们感觉经验的欧几里

得三维空间来说独有的空间关系中。这可以引起相信原子思辨是 325
不可或缺的思想者的特别注意。[27]

第三十二节

让我们在思想上返回几何学在实际生活需要中的起源。认识空间的物质性和空间的对象不管它们的运动之不变性，在生物学上对人的存在来说是必不可少的，因为空间的量直接与我们的需要的量的满足有关。当我们的生理组织未充分地提供这类知识时，我们使用我们的手和足与空间的对象比较。当我们开始相互比较物体时，我们便进入物理学领域，不管我们使用我们的手还是人造的量器。一切物理学的决定都是相对的。因此，所有几何学的决定同样相对于量器具有有效性。测量概念是关系的概念，该概念没有包含未在量器中包含的东西。在几何学中，我们仅仅假定，量器将始终并且处处与它在某一其他时间和某一其他地点重合的东西重合，但是，这个假定对于与量器有关的东西不是决定性的。代替空间的生理学的质的，是截然不同定义的物理的质，不要把后者与前者混淆起来，如同不要把温度计的指示与热的感觉等同起来一样。的确，实践的几何学家借助保持在恒定温度中的量器决定被加热的量器的膨胀，并注意到上述的叠合关系受到这种非空间的物理环境扰乱的事实。但是，对于纯粹的空间理论而言，所有关于量器的假定都是不相干的。完全在生理学上造成的认为量器是不变的习惯，心照不宣地、但却不合理地保留下来。假定量器、从而一般地假定

物体在空间中位移时经受了变化，或者它们在这样的位移时依然未变化——这个事实本身只能使用新的量器才能决定——也许是完全多余的和无意义的。这些考虑使所有空间关系的相对性变得显而易见。

326

第三十三节

如果量器的引入实质上修正了空间的质的标准的话，那么把数的概念引入几何学则使该标准受到更进一步的修正和增强。存在着通过这种引入获得的细微的区别，仅有叠合观念是永远无法达到这种区别的。算术应用于几何学导致不可公度性和无理数的概念。因此，我们的几何学概念包含不是空间固有的外加的要素；它们用某种纬度描述空间，也任意地以比空间观察更大的精确性可能实现。事实和概念之间的这种不完美的接触说明了不同的几何学体系的可能性，[28]能够就物理学说严格相同的话。[29]

第三十四节

导致我们的几何学观念转变的整个运动，必定能够被描绘成一个健全的和健康的运动。没有人认为，这个在若干世纪前开始、但在现在大大增强了的运动终止了。相反地，情况完全证明我们的下述期望是有正当理由的：它不仅促进了数学和几何学的巨大进展，尤其是在认识论的关系方面，而且也促进了其他科学的巨大进展。确实,这个运动受到几位著名人物的强大激励,但是它无论如何不是源于个人,而是源于普遍的需要。从参与其中的人的职业差别将看到这一点。不仅数学家,而且哲学家和教育学家也对它作出了巨大的贡献。不同的探究者寻求的和没有联系的方法也是如此。莱布尼茨[30]表达的观念以稍微改变的形式在傅里叶[31]、罗巴切夫斯基、鲍耶和 H. 艾布(Erb)[32]那里重现。哲学家于贝韦格(Ueberweg)[33]在他反对康德时十分接近生理学家贝内克[34]的观点,在他从 H. 艾布(H. 艾布提到 K. A. 艾布(Erb)[35]是他的先驱)出发的几何学观念中行动在亥姆霍兹工作的颇大部分之先。

第 三 十 五 节

前面的讨论导致的结果可以概括如下:

(1)我们的几何学概念的起源被发现是经验。

(2)满足相同的几何学事实的概念的多样性被揭示出来。

(3)通过把空间和其他流形比较,便达到比较普遍的概念,几 327
何学概念是这些概念的特例。几何学思想就这样摆脱了因袭的、迄今被想像为不可超越的局限。

(4)通过证明与空间同源但又不同于空间的流形的存在,提出了全新的问题。空间在生理学、物理学、几何学上是什么?由于其他性质也是可相信的,把它的特殊性质归因于什么?空间为什么是三维的?如此等等,不一而足。

第三十六节

对于诸如此类的问题,虽然我们没有必要期望今天或明天就可以作出回答,但是我们却在被调研的领域的整个深奥性面前停滞不前。我们将对"愚笨的人"的不适当的苛评不置可否,高斯曾预言他们会到来,他们的态度决定了他秘而不宣。但是,对于高斯、黎曼和其他后继者所遭受到的高居于科学界的人物的辛辣的和吹毛求疵的批评,我们将有话要说。探究者在知识的最外面的边界上发现了许多事物,这些事物没有平稳地滑入所有的头脑,但是由于这个缘故它们不是胡说八道,难道他们在自己身上从来也没有体验过这个真理吗?确实,这样的探究者易于出错,但是,即使一些人的错误也往往在它们的结果方面比另一些人的发现更富有成效。

注 释

【1】在谈话和写信中,F. 布伦塔诺(Brentano)对现在的叙述提出反对意见。这些反对意见给予我反思的动因,但是工作的压力妨碍我们在这个时刻恰当地考虑它们。

【2】Riemann,*Über die Hypotheses,welche der Geometrie zu Grunde liegen*,Göttingen,1867.

【3】高斯致贝塞尔(Bessel)的信,1892 年 1 月 27 日。

【4】高斯致贝塞尔的信,1830 年 4 月 9 日。语句"数是心智的产物或创造"从此被数学家反复使用。然而,无偏见的心理学观察告诉我们,数的概念恰恰像几何学概念的形成一样多地由经验开始。我们至少必须了解,在

数的概念能够发生之前，实际等价的对象存在于多样的和不可改变的形式中。在计数中的实验也在算术的发展中起着重要的作用。

【5】当声音的音调、强度和音色，当颜色的色调和发光的强度作为三维空间的类比物被提出时，没有几个人将感到满意。音色像颜色的色调一样， 328
依赖于几个变量。因此，如果类比无论有什么意义的话，那么将出现几个维度对应于音调和颜色的色调。参考 Benno Erdmann, *Die Axione der Geometrie*, Leipzig, 1877.

【6】1863 年，我研究听力器官把我的注意力引向这个类比，自那时以来，我进一步发展了这个论题：A4, pp. 222f.

【7】参考第二十章第十节。

【8】我坦白，作为一个青年学生，我总是恭维其意义不是十分清楚的和明显可知的符号演绎，但是历史研究充分地适合于根除如此容易因梦一般地作用这些方法而培育和繁殖的神秘主义倾向，在这方面它们清楚地表明了它们的启发性功能，同时在认识论上阐明了它们提供它们的必不可少的帮助的要点。对于数学家来说，计算方法的符号表示像模型或形象化的工作假设对物理学家来说一样，具有相同的意义。符号、模型、假设与所描述的事物平行进行。但是，与原来在采用符号时打算的相比，平行线可以扩展得更远，或者已被扩展得很远。由于被描述的事物和描述的设计毕竟是不同的，在一个中可能被隐藏的东西在另一个中则是明显的。几乎不可能直接说明像 $a^{2/3}$ 这样的操作。但是，用这样的符号操作导致我们把可理解的意义归因于它们。数学家在数十年间用像 $\cos x+\sqrt{-1}\sin x$ 这样的表达式和具有虚幂的指数计算，直到在使概念和符号相互适应的斗争中，在一个世纪期间萌发的观念在 1806 年在阿甘德(Argand)那里找到表达为止，也就是说，能够在大小和方向之间构想一种关系，借助它能够把 $\sqrt{-1}$ 表示为 $+1$ 和 -1 之间的方向比例的平均值。

【9】如果六种基本的颜色感觉全部是相互独立的，那么颜色感觉系统可以表示五重流形。由于它们成对地形成对照，因此该系统对应于三重流形。

【10】参考第二十一章第三十二，三十三节。

【11】Gauss, *Disquisitiones generales circa superficies curvas*, 1827.

【12】Helmholtz, "Über die Tatsachen, welche der Geometrie zu Grunde liegen”,*Göttinger Nachrichten*,3 June,1868.

【13】例如,比较一下 Kroncker,“Über Systeme von Funktionen mehrerer Variablen”,*Berlin. Berichte*,1869.

【14】参考第二十章第十七节;参考第二十一章第三十五节。

【15】C. R. Kosack,*Beiträge zu einer systematischen Entwicklung der Geometrie aus der Anschauung*,Nordhausen,1852. 承蒙北豪森的 F. 皮茨克(Pietzker)教授的好意,我能够看到这个纲要。类似地,在伯恩哈德·贝克尔(Bernhard Becker)的 *Leitfaden für den ersten Unterricht in der Geometrie*,Frankfurt a. M.,1845 和在同一作者的专题著作 *Über die Methoden des geometrischen Unterrichts*,Frankfurt,1845 中发现了简单的演绎。承蒙奥尔登堡的 M. 舒斯特(Schuster)博士的好意,我得以见到不以姓而以名相称的书。

【16】欧几里得体系以它的逻辑的杰出使思想者神魂颠倒,在这种赞美中忽视了它的弊端。甚至在最近的时期,伟大的探究者被误导在展示他们探究的结果时追随欧几里得的榜样,从而被误导实际上隐瞒了他们的调研方法,对科学造成了巨大损失。但是,科学不是合法的诡辩术的技艺。科学展示的目的是如此阐明观念的全部基础,以致在任何时候都能够就
464 329 它的稳固性和功能彻底地审查。因此,在德国,在哲学家和教育学家中间,引起了相当大的反应,这种反应主要是由赫尔巴特、叔本华和特伦德伦堡(Trendelenburg)进行的。所作出的努力把较大的颖悟、较独创的方法和逻辑上较透彻的证明引入几何学。参考 M. Pash,*Vorlesungen über neuere Geometrie*, Leipzig, 1882; Hilbert, *Grundlagen der Geometrie*, Leipzig,1899.

【17】Saccheri,*Euclides ab omni naevo vindicatus*,Milan,1733.

【18】Wallis apud Engel and Staeckel,*Die Theorie der Parallellimien*,Leipzig,1895,pp. 21ff.

【19】出处同上,pp. 152ff.

【20】参考上面的注释【8】。

【21】Sartorius von Waltershausen,Guass zum Gedächtnis,Leipzig,1856.

【22】O. Stolz,“Das letzte Axiom der Geometrie”, *Berichte das nature. medicin. Vereins zu Innsbruck*,1886,pp. 25—34.

【23】迪昂(*La théorie physique*,p. 290)认为几何学和物理学之间的差异是基

本的和质上的，我把它视为只有程度上的差异。

【24】F. Engel, *N. I. Lobatschefskij*, *Zwei geometrische Abhandlungen*, Leipzig, 1899.

【25】参考第二十一章注释【32】中提到的 Tilly 的文章。

【26】Helmholtz, "Über die tatsachlichen Grundlagen der Geometrie", 1866, *Wissensch*, *Abhand*. Ⅱ. pp. 610ff.

【27】当我还是一位原子理论的赞成者的时候，我试图用气体分子相对于另一分子的原子构成成分的振动来说明气体的线光谱。我在这里遇到的困难启示我(1863)得到下述观念：非感觉的事物并非必然地必须在我们的三维感觉空间来描绘。我也以这种方式阐明了不同维数的空间的类比物。各种生理学流形的并行研究(参见本章注释【6】)把我导向在这篇论文的结论中讨论的问题。在那时，无限空间概念、收敛平行等等与我相隔很远，这些只能来自几何学的历史研究。我相信，如果我的批评者没有忽略在正文中用黑体字排印的语句，那么他们会处理得好。关于细节，请参见我的《能量守恒》(*Erhaltung der Arbeit*, prague, 1872)。也可参见在 Vaihinger, *Die Philosophie des Als-Ob*, Berlin, 1911 中的说明。

【28】应该使物理学家的所有原子论的幻想实在化，也许对事情寄予过大的期望。空间作为一种经验对象也是如此，几乎不能期望它满足数学家的所有观念，尽管就它们的研究的普遍价值而言没有无论什么疑问。

【29】参见上面的注释【23】。

【30】参见第二十一章第二十二节、二十四节。

【31】Fourier, *Séances des Ecole Normale*. *Débats*, Ⅰ(1800)28.

【32】H. Erb(Grossherzoglich Badischer Finanzrat), *Die Problem der geraden Limie*, *des Winkels*, *und der ebenen Fläche*, Heidelberg, 1846. 他在这里完成了高斯在致贝塞尔的信中要求的初等几何学。相似的观点在 J. Schram, "Leibnizens Definitionen der Ebene und der Geraden", printed ms., Obersteig(North Tyrol), 1903 之中。

【33】Üeberweg, "Die principien der Geometric Wissenchaftlich dargestellt", *Archiv für phil. und pädag.*, 1851. *Reprinted in Brasch*, *Welt-und Lebensanschauung F. Überwegs*, Leipzig, 1889, pp. 263—317.

【34】Beneke, *Logik als Kunstlehre des Denkens*, Berlin, 1842, Ⅱ, pp. 51—55.

【35】K. A. Erb, *Zur Mathematik und Logik*, Heidelberg, 1821. 我不能审查这部著作。其兴趣主要在哲学上的读者可参阅 C. 西格尔(Siegel)在第二十一章注释【37】中引用的文章。

第二十三章　与度规时间相对照的生理时间 330

第　一　节

在一个尽可能均匀和恒定的、附带在观念上具有最小的可能变化的环境中，如果我们好像从睡眠中醒来却还昏昏欲睡，我们听到时钟均匀的报时声，那么我们清楚地把第二个报时声与第一个区分开来，把第三个与第二个和第一个区分开来，一句话，把较后的与较前的区分开来，尽管所有报时声都具有相同强度的音高和音色。我们一点也不怀疑报时声之间的间歇的质，同时在无人为的帮助的情况下，立即注意到这种事态是否被扰乱。我们即时地感觉到时间和在时间中的位置，恰如即时地感觉到空间和在空间中的位置一样。没有这种时间感觉，就不会有测时学，正像没有空间感觉就不会有几何学一样。

第　二　节

处在时间感觉的根底的独特生理过程的存在，很可能变成我们在最多变种类的时间结构中，例如在超越节奏而没有相似性的旋律中，辨别节奏的质的给定的环境。[1]我们感觉不受它的质妨碍的过程的节奏。明显的生理事实加重赞成这样的观点：基本的感官本身有助于时间感觉的建立。例如，扭转的弹簧或流水的运动的余像（普拉蒂奥和奥佩尔（Oppel））[2]或者德沃日阿克（Dvorák）的在亮度上过长时间的变化的照亮或遮暗的余像（after-image）[3]，都是这样的事实。在即时的知觉的限度内（即略去钟表指针或抛射体的极端案例），位置和亮度的变化率不仅是数学的和物理学的度量的概念，而且也是生理学的对象。

第　三　节

在我们的生理时间直觉和通过物理过程相互之间的时间比较得到的度规时间之间，存在着类似于生理空间和度规空间之间的那样的差异。事实上，二者似乎是连续的；在生理时间中的稳定位
331 移对应于在物理时间中的另一个位移，二者仅仅在一个方向流逝。不过，这穷尽了一致。与生理时间相比，物理时间时而流逝得较快，时而较慢；也就是说，并非所有相等的物理期间的过程对于即时的观察似乎都如此。时间中的点的物理辨别比生理辨别要精确得多。对于我们的时间直觉来说，现在看来好像不是时间的点——这个点必定总是内容空洞的，而是具有可变限度的值得注意的期间的时间之片断，这个限度模糊不清，实际上难以决定，因案例不同可以移动。时间直觉被恰当地局限于这个限度，并通过过去的记忆和由幻想想像的未来——二者出现在真正按透视比例缩小的时间透视图中——十分微妙地完成了。这使时间直觉的限度为什么是不精确的变得不可理解。对于物理学来说，一个周期

性地重复的个体的节奏只不过是一个个体的结构；对于我们的时间直觉而言，这个结构的形式在注意力到达之点变化。[4]以相同的方式，一个几何学结构的形式对于空间直觉来说按照取向和固定的点而变化，这对于一维时间而言限定于单一的决定因素。

第　四　节

今天，我们几乎不能怀疑，时间直觉像空间直觉一样，是受我们的遗传的身体组织制约的。要使我们自己摆脱这些直觉，我们必然是枉费心机。但是在这样采纳天生的理论时，我们没有断言，它们在诞生时就完备地发展得充分明晰了；也没有断言，我们放弃了关于它们如何与生物学需要联系或后者如何影响系统发育和个体发育的发展之陈述。最后，在这方面，迄今还没有一个人排斥空间和时间的直觉如何与几何学和测时学的概念关联的研究。对概念而言，直觉是必要的，但不是充分的；要形成度规概念，我们需要关于物体的相互空间行为和物理过程的时间行为的互补经验。

第　五　节

让我们首先力图阐明时间感觉的生物学意义。在斯宾塞那里，我们找到了恰当的评论：时间感觉的发展与空间的发展结合在一起，并依赖于它。针对无论力学的还是化学的感觉的刺激仅仅需要维护自身或使自身适应的动物，将以相应的同时发生的反应 332

对付。这些最后的反应可能与在组织上受制约的、不受环境影响的过程的时间进程关联在一起;这样的自动的过程将造成对有意识的时间概念的需要。不过,当感觉的行动的空间半径变得较大时,以致在它到达能及的范围内之前,正在趋近的猎物因气味、声音或在一定距离可以看见的踪迹将暴露自身时,此时便需要按序列的自然的时间顺序这样趋近序列。因为没有这样的心理重演,反应就不能以例如捕获所要求的在时间上有序化的和被度量的阶段开始行动。然而,一旦猎物被吞下,消化过程便与意识无关,因此不再参与它。时间的感觉和观念是在适应时间和空间的环境的过程中得以发展的。人的兴趣横跨空间和时间的最广泛的延伸,因而人事实上具有最发达的时间的感觉和观念。[5]

第　六　节

这实际上是我们经验的心理重演的基本特性,这些重演不仅就可感觉的要素及其结合的质而言,而且也就空间和时间的关系和大小而言都像原型(original)。准确决定的东西是实践和注意的程度,但是,甚至不注意的人在记忆中也没有看到屋顶向下的房子,大建筑物在他看来好像不具有小人国的尺度或不具有不均衡的高烟囱。在回忆音乐的片断时,我们没有颠倒音调或节奏的时间的序列,柔板并未作为快板重演,反之亦然。这一切指明这样的事实:正是在我们称为严格意义的感觉的那些经验要素之上,存在着形成一个相对牢固的基础(像照相底板和留声柱面)的其他要素,这些要素总是重演,同样也防止记忆图像过多的空时畸变。

第　七　节

各种考虑力图获得对我们的时间观点的把握。在开端,十分清楚,无论感觉还是观念这样的心理要素的时间进程,本身并不包含这样的进程的意识。如果总是把我们的心理视域在时间上局限于充分狭窄的赠品,那么就根本无法察觉变化的事实。因此,意识 333
总是必须围绕一定的时间的延伸,其中存在着正在衰微的感觉和观念,同时也存在着新浮现的感觉和观念,因为头一批被看作是较早的,第二批被看作是较迟的。此外,如果我们构想由共同的情感等等刻画其特征的相对稳定的自我复合(ego-complex),那么它构成一种具有在时间上有序的、流过它的一连串变化的磐石。这似乎是一个相当过得去的图景,似乎对应于我们用以把孤立的成员排列成经验链环的方式。容易把可感觉的现在的经验与衰微的和比较易于消失的最接近的过去记忆区别开来,以及与更加衰微的较遥远的过去的记忆区别开来。联想的思绪把我们从最古老的记忆导向最近的记忆,导向现在的记忆,并通过它导向幻想在我们面前反映的预期。[6]不过,仅仅把事物按数值排序——我们可以如此称呼这个过程——在我看来并未充分符合事物的时间进程的观点。当在按透视法严重缩短的透视中回忆遥远的过去时,我们也许可以使用的正是这一程序。例如,这将几乎不能按照节拍和节奏——二者在可感觉的现在和逼真的记忆中——产生音乐片断的实在的时间的观点。仿佛缺乏上面提到的刚性和经验在其上被投射的未畸变的背景。

第　八　节

为了较充分地把握这一最后的环境，考虑一个物理学案例。扰乱沿各种渠道进入均匀的物体；例如，电流首先通过 a 和 b 处的电极，然后通过 c 和 d 处的电极。等势面、相等的电流密度面和相等的热生成面等等在两个案例中迥然不同。接着，我们将在点 m 和 n 处引入非同步的冲击波，前沿波在第一时刻通过 m，在第二时机通过 n。在第一个案例中，干涉面距 n 更近，在第二个案例中，距 m 更近。[7]在有组织的动物身体中，这样的现象显著得多。沿不同路线进入的刺激一般将决定不同的反应，这些反应又沿不同的路线影响环境。给定的刺激影响相同的感官的时间顺序并非不同，但是若时间顺序变化，它将一般地产生不同的反应。正如不管我刺激蛙的背部左边皮肤还是右边皮肤，时间顺序对于结果的刺激并非不同一样，在同一感官遭受相同刺激的所有时间的状态方
334 面，它同样也并非不同，例如当动物饥饿或不饥饿时，不管发生的是味道刺激还是气味刺激。

第　九　节

为了方便把握感官的空间的观点。我们假定，每一个被刺激的感官不仅供给由刺激的质部分地决定的严格意义上的感觉，而且也供给持久地与个体的感官结合的感觉。如果我们认为这个最后的感觉是由恒定的部分和在时间上随感官的活动变化的部分组

成的，那么就存在借助这个最后的、可变的部分使时间的观点变得可以理解的某种指望。当然，这些不是生理的空间和时间的理论或说明，而只不过是空间和时间的观点藉以表达它们自己的可能有用的释义和分析。于是，我们必须如何领会依赖于感官活动的部分的时间变化，以尽量满足观察事实呢？

第　十　节

在人群中，或者在与人接近的较高级的脊椎动物中，身体都具有维持生命来说必需的、几乎不变的温度，而且在相当长的时期保持与环境的恒定的温度差。从物理学上考虑，这预设了与生命攸关的功能的十分一致的进程，该进程只是稍微经受了来自对环境的不连续的时间反应的扰乱。最小的和最简单的有机体仅仅处在容许稳定的食物供给，从而容许与稳定的消耗对应的稳定的恢复的条件下。在较大的和较发达的有机体中，周期性的过程对于保持与生命攸关的功能的不完善的但却适当的一致性是不可避免的。有机体在睡和醒、饥饿和饱足的状态之间变化。为维持生命所需要的空气量只能通过周期作用的肺部传送给血液，而血液必须通过心脏泵的周期作用传送给器官。对环境的适应和食物的获得需要移动，移动是通过四肢精确的间歇运动和肌肉的有节奏的收缩[8]实现的，而肌肉在单一的收缩中显示出有节奏的现象。甚至由炫眼产生的视觉的余像和栩栩如生的印象也具有周期性的进程。事实上，有机体拥有最多变的持续时间的许许多多的周期[9]。
如果我们在赫林的涵义上把生命视为消耗和恢复之间的动力学平 335

衡状态，那么这种过多的周期过程像物理振动的巨大多样性一样，一点也不会使我们感到惊异。事实上，无论稳定平衡被扰乱和阻尼不足以使调节变成非周期的，振动必然发生。有机体的功能倾向于周期性本身进而在下述事实中显示出来：它们容易适应外部强加的重复的、具有任意持续时间的周期，它们自发地接受和继续这个周期。一个明显的例子是，人的步调适应偶然遇到的进行曲的节奏。如果我有节拍地几次握紧我的拳头，然后结束注意这个动作，那么这往往需要作出停止的额外决定。

第十一节

在低等动物或年幼的动物中，在生物学上重要的刺激放松了适应的反射。如果感觉的序列吸引比较高度发达的动物的注意，那么这些感觉被由经验（记忆）修正了的反射构成的活动所伴随。行动与感觉是不可分割的。甚至观察也是和缓的协作形式[10]，这对人和动物来说都一样。动物无疑仅仅对于短期间的自愿行动从心理冷淡的状态被唤醒，而且仅仅通过严格意义上的感觉被唤醒，而人的注意力往往也被记忆的观念激励。不过，在这个案例中，我们恰恰没有让图像被动地通过我们，但是我们是逐渐主动的，事实上，例如只要我们一想到所经历的词语的交换，甚或概然的或可能的交换，我们就注意到这一点。如果心理生活是强烈的，那么注意力可以维持较长的时期，尽管即使在此时，它也不是恒定的，而是在突然的绷紧和松弛的交替中变化，任何学生和老师都能够观察到这一点。思考问题的答案在于相对同一目标的起跳线。我们往往相信，我们能够看见我们正在寻求的东西，但是，如果我们没有完备地把握它，那么它将再次逃避我们。于是，在这个时候，那是终点，不久必须尝试新的起跳线。

第十二节

注意力也易于受到波动，这种波动也许能够持续几秒钟，从而大体上覆盖我们在生理学上称之为、并视其为正在处理的物理时间。如果人在他的反应中使他自己适应关于他的环境的感觉经验，而不管这种感觉经验由剧烈的身体行为构成还是仅仅在于机 336
灵的观察，那么只要开始注意，注意力的一个阶段就对应于每一个物理瞬时，如果我们认为从开始到注意力消失或偏离的阶段在长度上大略相等，但是却认为这些阶段的感觉是与严格意义上的感觉联系在一起的，那么在物理事实和观念中的重现将在时间上也几乎相等，不管注意的阶段可能是物理时间的无论什么函数。这样的重合对应于生物学的需要。如果有意识的自愿的行动（想一想猎人的行为）不得不符合经验，那么人们必须以某种方式具有注意的阶段的感觉。倘若这种观点原来是可行的，那么它会提供刚性的、不可畸变的记忆的时间背景或均匀流逝的留声柱面。自然的，这种观点仅仅有助于我们理解在小周期内的事态的重现。对于跨越长期间的经验的秩序而言，联想的思绪是足够的，只是在微观的细节中仔细观察几个比较重要的场景。否则，我们的记忆就会花费经验本身原来花费的那么多的时间，就不会有为新经验留下的时间。[11]

第 十 三 节

在注意行为包括了形形色色的经验之后，我们逐渐获取了时间感觉，这种时间感觉是持久的、独立于继续存在的经验的内容的，是恒定地再发生的。时间感觉的序列变成登记簿，我们把感觉经验的其他质排列到其中。对此要补充的是，存在着诸如节拍、步调、摆振动之类的过程，它们的持续时间始终是相同的，从而显示出生理的时间恒定性。虽然相同的事件似乎花费不同的时间——该时间取决于人的各种各样的正常和患病的身体状态、睡眠、发烧、正在用印度大麻麻醉等等，但是不管怎样，我们注意到，无论何时我们以正常清醒的注意力关注同一个摆的振动，它们在持续时间上是显著恒定的。

第 十 四 节

在生命的最低层次上，我们仅仅涉及影响我们身体的过程。然而，只要需要不再能够被直接满足，而只能通过我们环境中的时间过程被迂回满足，这些迂回必定获得间接的兴趣，它往往比对短
337 暂感觉的兴趣强烈得多。要判断环境中的过程的时间进程，时间的生理感觉也是不精确的和不可靠的。当我们把物理过程相互比较时就是这样，例如使摆振动与通过确定的距离的落体运动比较，或者在振动期间与地球的转动比较。在这里，我们发现，一对精确确定的、在两个端点的时间中重合的，从而在时间上一致的物理过

程，在所有时间都保持这种特性。这样一个精确确定的过程现在能够用来作为时间尺度，这是测时学的基础。实际上，我们本能地习惯于把作为实体的时间的观念转换为时间测量的标准，但是我们必须注意，这个观念在物理学领域失去了所有意义。测量指明与标准的比率，后者的定义没有就此说什么。我们必须截然分明地在直接的持续时间的感觉和数值量度之间作出区分，就像在热感觉和温度之间区分一样。[12]每一个人都有它自己的不能被转换的时间的观点；但是，测时学的概念对于所有受教育的人是共同的，是可以转换的。在这方面我们能够简而言之，因为在细节上作必要的修正后，我们能够重复我们关于空间所说的一切东西。

注　释

【1】关于较早的空间和时间的理论之不适当和改善的尝试，参考在 P3 所印的我的短文"*Bemerkungen zur Lehre Vom räumlichen Sehen*"，Fichtes Zeitschr. f. philos.，1865；"*Über dem Zeitsinn des Ohres*"，Ber. d. Wiener Akademie，Jan. 1865；*A*4.

【2】*Plateau*，Poggendorffs Annalen，80，p. 287. *Oppel*，出处同上，Vol. 99. p. 543(实际上是 540)。

【3】Dvorák，"Über Nachbilder von Reizveränderungen"，*Ber. d. Wiener Akademie*，61. *Mach*，*Lehre Von den Bewegungsempfindungen*，Leipzig，1875，pp. 59－64.

【4】*A*4，p. 29.

【5】Spencer，*The Principles of Psychology*，2nd ed.，1870，I，pp. 320－328；II，pp. 207－215.

【6】关于这些一般的考虑，参考心理学的叙述，尤其是 Höffding 的有独创性的著作(*Psychologie in Umrissen*，Leipzig，1893，pp. 250－260)和 W. James 的引人入胜的叙述(*The Principles of Psychology*，I，pp. 505－

542)，最后还有 Ebbinghaus 的精心的著作(*Grundzüge der Psychologie*, Leipzig,1902,I,pp. 457—466)。

【7】参见 *A*4,pp. 192—193.

【8】在动物的身体中，没有像在机器中那样有利地使用的连续转动，这不用说是由于它会造成有机关联破坏的事实。

【9】如果所有这些具有如此可变的持续时间的周期过程是有意识的，这一点对于我们的腿的运动是惯常的，而对于呼吸较少如此，对于心搏仅仅在
338 概念上较少如此，那么它们会为估计时间提供出色的手段。物理测时学的开端无疑在于利用这些手段。顺便说及，无论在物理学中还是在生理学中，都不存在完美的周期过程，每一个周期都产生不可逆的残余。生命的每一时刻都留下不可抹去的痕迹。它们的总和是衰老和死亡。参考 W. Pauli,*Ergebnisse d. Physiologie*,1904,Vol. III,pt. 1,p. 159 和 *A*4, p. 184.

【10】因此，与他未被卷入相比，曾经活跃地被卷入的人截然不同地观察。音乐家与非音乐人不同地享用音乐，如此等等。

【11】在这里所包括的注意力的观念，是在我的文章“Zur Theorie des Gehörorgans”(*Ber. d. Wiener Akademie*, July, 1863, 单行本的 pp. 15—16)中从生理学的观念中发展起来的。正是从这里，发展出我的头一批生理学时间的观念(“Über den Zeitsinn des Ohres”，出处同上，Jan. 1865，单行本的 pp. 14—15)。此后紧接着在 *A*,1886 中的叙述。Riehl, *Der philosophische Kritizismus*, Vol. II, pt. 1, p. 117; Münsterberg, *Beiträge Zur experimentellen Psychologie*, 2nd fasc., 1899; Jerusalem, *Laura Bridgman*, 1891, pp. 39,40 坚持同类观点。

【12】参考 *W*, pp. 39f. 和本书第二十二章第三十二节。

第二十四章　从物理学上考虑的空间和时间 339

第　一　节

就生理学而言，时间和空间是定向的感觉的系统，该系统决定严格意义上的感觉和在生物学上恰当的适应反应的释放。就物理学而言，它们是物理要素相互之间的特殊依赖。这在下述事实中显露出来：时间和空间的数值度量出现在所有物理学方程中，测时学和几何学的概念是通过分别把物理过程和物体相互比较而得到的。首先，考虑物理的时间。

第　二　节

要容许纯粹形式中的时间的依赖；请考虑一下空间仿佛通过下述事实被排除的过程的例子：我们只考虑在空间关系方面是完全等价的物体。想像三个具有无限的内部的热传导率和相同比热的相等质量，每一个都以相等大小的面积和相等外部的热传导率与另外两个接触(图 34)。设这些质量具有不相等的温度 u_1、u_2、u_3，审查它们在时间上的变化。给出我们的假定，平均温度是不变

的，因此 $u_1+u_2+u_3=c$。对于 u_1 随时间 t 的变化，我们从牛顿的

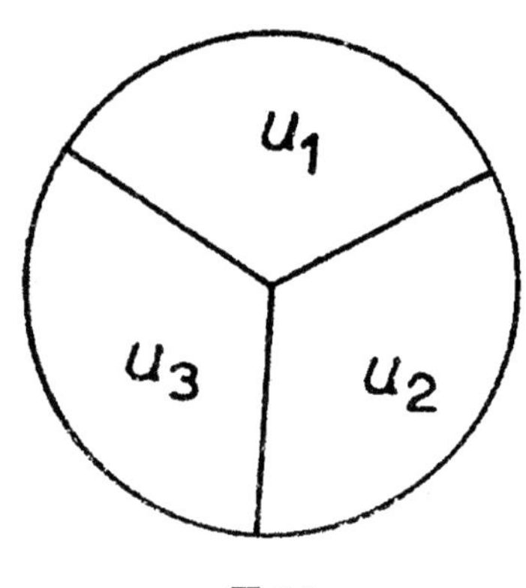

图 34

340 传导定律得到 $\mathrm{d}u/\mathrm{d}t=k(c-3u_1)$，对于另外两个温度也相似。积分得 $c-3u_1=ke^{-3kt}$，用 u_1 的初始值 U_1 代替积分常数 k，并用 3 除得 $(c/3-u_1)=(c/3-U_1)e^{-3kt}$。就这样，每一个温度都倾向于在无限的时间流逝之后达到的平均值 $c/3$。如果我们用 v_1 表示第一个物体的与平均值的变量的偏差，用 V_1 表示它的初始值，我们得到

$$v_1=V_1e^{-3kt} \tag{1}$$

对于 v_2 和 v_3 来说也是相似的关系。利用第一个决定 e^{-3kt}，把这个值插入其他两个，我们得到 $v_2=V_2\cdot v_1/V_1$，$v_3=V_3\cdot v_1/V_1$，或者把它们结合起来

$$v_1/V_1=v_2/V_2=v_3/V_3 \tag{2}$$

第　三　节

考虑方程(1)，我们看到，按照通常的时间度量，在这里 t 与地球相对于固定恒星旋转的角度成正比，与平均温度的偏差随 t 指

数地减小。如果反过来我们借助 V_1 和 V_2 表达 t，我们得到 $t=(1/3k)\log(V_1/v_1)$。由于我们用来作为时间测量或计数的比较标准的过程完全是约定的事情，我们能够选择 $\log(V_1/v_1)$ 或 V_1/v_1 本身而不是 t。情况也许只不过是，在第一个案例中我们得到不同的时间单位，在第二个案例中得到不同的（也是无限的）时间尺度和不同的来源。

第　四　节

追求这个最后的观念和测量在被此项中的温度变化，方程（2）描述的案例表明，什么对于时间的依赖是典型的。差异只能减少而不能增加；时间的进程是无方向的。与平均温度的偏差经历了同时相互依赖的变化，在具有直接的相互关系的案例中，这些变化彼此成正比。时间依赖的这些特征性的特色是完全可以理解的。必须认为，每一个必定全然是可研究的过程是由这些或那些差异决定的。在不存在可接近的差异的地方，我们不能找到任何决定的因素。如果我们暂时设想，差异必须变得更大，那么我们应该明确认识到，这种观念与我们的世界图像的最通常的特性不一致，我们的世界图像从未显示出没有界限的变化，但却处处展现出力图趋向已决定的状态。可能碰巧，某些差异变得较大，即使其他比较 341
有影响的差异减小，但是无补偿的差异增加从来也没有发生。存在着差异可以与减少完全相等地成长的另外的过程，以致它们似乎能够在相反的方向上流逝，实际上有时的确以这种方式好像周期性地流逝。不过，这些过程永远不是未被补偿的差异的案例。

确实，如果我们仔细地考察一下这些过程，而不是刚才概要地考察，那么像所有的振动类型一样，它们不是严格周期性的，而是具有某些不可逆的组分。时间依赖的第二个特征即同时变化的相互可度量性，在直接相互联系的物理的案例中是容易理解的。借助物体之间的差异决定变化是相互的，因为没有什么物体有凌驾于其余物体之上的特权，一个所得的东西是另一个所失的东西，正如在我们的例子中那样。在直接依赖的案例中，我们不能期望，同时的变化能够像在我们先前的例子中那样如此简单地彼此借助而度量，但是在这里，每一个将平行于其他提供的性质而流逝的变化是均匀的，未曾料到的扰乱没有干预正常的进程。例如，考虑木星的卫星之一的轨道周期，并用它作为时钟，虽然没有一个人可能设想这个运动对地上的过程具有任何可觉察的影响，可是地球上的冷却过程将完全等同地用带有不同进程系数的公式 ke^{-kt} 来描述，不管 t 是从卫星运动还是从地球的轴转动导出的，只有在我们观察的进程中该卫星因为与陨星碰撞而不得不改变它的速度时，公式也许不再成立，于是情况变得很明显，热过程不直接地依赖卫星运动。[1]

第　五　节

让我们以这样的方式修正我们先前的例子，使得不同的空间关系影响以最简单的形式表现出来，而与时间关系并排。考虑四个相等的质量成对直接接触形成一个环（图 35）。在这里，只有两种不同的空间关系：相邻质量之间的接触和相对质量的不接触。

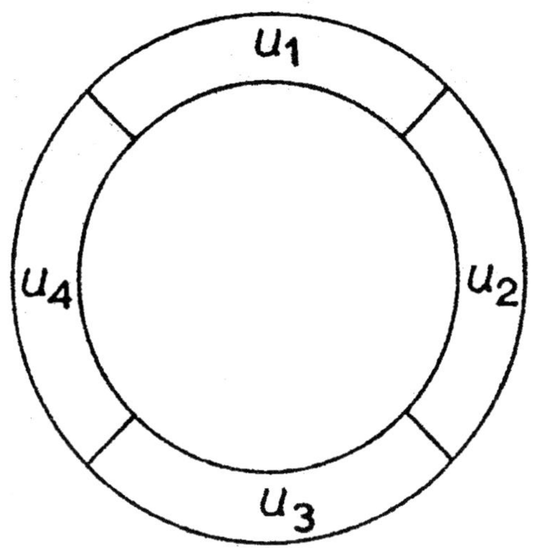

图 35

对于其余的，我们保留先前案例的假定。我们再次有方程 u_1+u_2
$+u_3+u_4=c$。关于 u_1 的变化，我们发现 $\mathrm{d}u_1/\mathrm{d}t=k(c-u_3-3u_1)$。342
通过循环交换，我们得到三个进一步的相似的公式。对于 u_1 和 u_3 把这些公式组合起来给出

$$\mathrm{d}(u_1+u_3)/\mathrm{d}t=k[2c-4(u_1+u_3)],$$

其积分是

$$2c-4(u_1+u_3)=[2c-4(U_1+U_3)]e^{-4kt}. \qquad \text{(a)}$$

必须把符号的意义看作是像在先前的例子中的那样。接着，我们形成关于 $\mathrm{d}(u_1+u_2)/\mathrm{d}t$ 和 $\mathrm{d}(u_2+u_3)/\mathrm{d}t$ 的方程。从第二个减去第一个并积分，从而得到

$$2(u_3-u_1)=2(U_3-U_1)e^{-2kt}. \qquad \text{(b)}$$

把(b)的两倍加到方程(a)中，我们得到关于 u_1 的表达式，容易把它变换为

$$u_1 = \frac{1}{4}[c + (U_1 + U_3 - U_2 - U_4)e^{-4kt} + 2(U_1 - U_3)e^{-2kt}].$$

对于 $t=\infty$，我们有 $u_1 = c/_4$；不用说，对于 $t=0$ 来说，$u_1 = U_1$。在温度相等时期，在空间不一样的位置的质量对 u_1 的变化贡献不等。通过循环交换，我们得到关于 u_2、u_3、u_4 的相似的表达式。

343 ## 第　六　节

就某些进一步的点重返第一个例子，我们观察到，不是三个质量的相等的空间关系，我们也能够产生四者之一，倘若我们考虑通过把四个角与引力中心连接起来，在正四面体中形成四个相等的分隔空间的话。正六面体的类似分割不再能够用于我们的目的，因为在这个案例中每一个质量会接触另外四个而不接触第五个，以致我们具有对应于我们第二个例子的图解的事例。通过想像质量除无限地从每一个到每一个传导的金属线之外是孤立的，我们还能坚持在同一相互的热关系中任意数目质量的物理学虚构。这样的质量的数目没有改变我们考虑的结果。单一的孤立物体不能决定自身中的任何变化。但是两个物体足以决定彼此的变化。明确决定的需要驱使我们注意裁决两个可能的（可想象的）变化的方向。如果做到了这一点，而且方向是减少差异的方向，那么我们力图断定每一个物体在等同化过程中所起的作用，例如，同时的温度变化可能与热容量成反比，从而两个同一时间达到共同的平均温度，在另外的案例中，我们发现类似的法则，在纯粹的时间依赖中显示出来的东西是最简单的直接的物理关系。

第　七　节

比较仔细地考察在第二个例子中空间排列的影响表明，四个质量在环中的规则配置对应于四个要素的最简单的、有限的、无界的、线性的黎曼空间，环形形状具有循环交换提供较大明晰性的优点，在没有本质上改变结果的情况下，我们可以利用一百个质量而不是四个，甚或像傅里叶那样考虑具有连续的初始温度分布的均匀环。通过用这样的质量排列充满薄球层，得到二维的黎曼空间，借助合适的传导链条的虚构，我们能够就它们的物理结局模拟进一步的空间排列，我们考虑的结果依然总是相同的。间接的物理关系的影响后来显露出来，而且被是直接的或通过少数中间链条传达的关系掩盖和抹去。在空间关系中显露出来的东西是间接的 344
物理依赖。

第　八　节

这个结果也许是通向阐明空间问题的第一步而不是解决它，该结果如何与流行的空间观点一致呢？为了评价形成“空间”的抽象是多么困难，人们最好研究一下亚里士多德的《物理学》[2]的第四编。他为下述问题大感烦恼：空间（定域）是否存在，如何存在，它是什么。他不能认为空间是物体，因为一个物体怎么能在另一个物体的内部呢。可是，他也不能够把空间与形体的存在分开，因为他把物体的地点看作是包围或封闭物体的东西。他强调，如果运动不存在，那么我们不应该就空间询问。他的空间观点的所有困难出现在他的运动的陈述中[3]。正像亚里士多德和许多其他古代思想家认为的，空间观念与物体观念一起出现，使真空是不可思议的变得显而易见[4]。像留基伯(Leucippus)、德谟克利特、伊壁鸠鲁以及其他假定真空的人，从而具有与我们自己的观念较为接近的空间观念。空间对他们来说是可以充满的或空虚的容器。实际上，几何学忽略了除边界的刚性以外的所有的物体的性质，它必定在那个方向领先，对物体在像空气这样的稀薄的透明媒质中的运动的朴素观察加强了这一发展，这些媒质在特殊场合可以被视为无或虚空。居里克的一段文章确认了这种运动。[5]

第　九　节

不能构想空虚的空间，这一直被坚持到近代。笛卡儿[6]还如此沉浸在这种观点中，他假定完全被抽空的容器器壁必定同时接触。我们知道居里克[7]、波义耳[8]和帕斯卡[9]的工作，这些工作使他们的同时代的人深信被禁止的真空事实上存在的证据。他们的东西还不是现代意义上的真空。在讨论了古代的和近代的处所、时间和真空的观点后，居里克在他的《马德堡实验》(*Experimenta Magdeburgica*，1672)中说，他将用实验证明，在自然界中存在着真实的真空。在第三编第三十五和三十六章中，他详尽地驳斥了对真空存在的反对意见和针对他的实验提出的怀疑。正是通过哲学研究，导致他进行这些试验。在考虑巨大的天上空间时，他常常发觉一个强加
345 于人的疑问：这些空间是否不是总被否认的真空。[10]

第　十　节

真空存在的证据无疑地大大有助于提出独立的空间观念。不过，其他重要的境况也介入其中。伽利略通过观察地球上的运动发现他的动力学定律。作为哥白尼体系的主要代表人物，他经常有机会借助他自己的动力学讨论对它的反对意见。这几乎自动地和不引人注目地导致他尝试，把这种动力学不是与地球联系起来，而是与被视为刚性的固定恒星[11]的天球联系起来。例如，他以这种方式发现了他的潮汐理论，从而给哥白尼理论以公认的支持，他认为这一支持是正确的，仅仅因为迄今缺少辨认它是有缺陷的手段。牛顿在伽利略和惠更斯的基础上完成了天体力学，天体力学使新的和成功的参照框架变得绝对不可或缺。牛顿察觉到万有引力依赖于距离的假定是一个富有成效的基本观念。即使他可能偏向认为这种空间是被充满的，力是通过媒质传递的，然而他暂时不得不遵守强调空间本身的观点，这种观点直到十九世纪中期之后认为场几乎是唯一的。考虑到牛顿的万有引力力学不再能够把固定恒星看作是绝对不变的、静止的和刚性的体系，他把整个动力学与绝对空间、相应地与绝对时间[12]联系起来的大胆尝试，在某种程度上看来好像是可以理解的。在实践中，这种表面上无意义的假定没有改变把固定恒星用来作为空时坐标，以致它依旧是无害的，长期逃脱了严肃的批判。我们可以公正地说，主要因为牛顿断言空间和时间是一种独立的和非物质的实体，今天它们还被认为是这样。

第十一节

牛顿的超距力的观念是一项伟大的理智功绩，它在一个世纪内能够使探究者完成同类的数学物理学[13]。这一功绩建立在理智视野的广度的基础上，他看到实际的超距加速度，并明确认识到它们是重要的；它们如何被传递是不大清楚的，他暂时对这个疑问一无所知，然而，即使最纯粹的细节也必须加以研究，因为这种眼光敏锐的近视是比较多产的。考察广阔范围的大问题
346 必须与细查就近的、微小的和特殊的问题交替进行，即使进步稳定地继续着。最伟大的探究者尤其是牛顿，是二者的大师。牛顿就传递超距作用的近接作用留下的问题，被法拉第在十九世纪极其成功地处理了。不过，在麦克斯韦把这些观念翻译为比较熟悉的数学语言之前，沉浸在超距作用物理学中的探究者还不能理解它们。

第十二节

朴素的观察者通过注意在空间和时间中一个位置的可感觉的要素之间的强烈而密切的关联开始，不管他是从生理学还是从物理学的角度理解空间和时间的。我们称这种关联为物体。就观察容许我们把空时处所细分为较小的部分而言，我们发现该关联在细分之内甚至变得更为密集。物体的部分再次是物体。变化通常不在整个物体中发生，它们一部分接一部分地吞没，例如在溶化或

加热等过程中就是如此。把例外看作是纯粹表观的,希望我们能够把整个物体的突然变化(例如带电)和超距影响(照明、引力加速度)还原为从一部分到另一部分传递的逐渐变化,简直更为自然。这是在古代也被思想家接受过的朴素观点,法拉第通过他的伟大成功复活了它:从他的立场来看,我们易于理解空间依赖是直接的,而时间依赖是间接的命题。

第　十　三　节

从这种观点来看,我们现在借助最基本的物理事实通过把握它,而获得对空间和时间作物理学理解的前景。对于牛顿来说,空间和时间是某种超物理的、不能直接达到的某种东西,或者至少是不能精确决定的独立的主要变量,这些变量支配着按照它们流逝的整个世界。正如空间控制着最遥远的行星绕太阳运动一样,时间也同样维持最遥远的天体运动与地上的过程一致。依据这种观点,世界变成有机体,或者如果宁可选择一种表达的话,也可以说变成机器,它的部件按照它们之中单独一个部件的运动完全一致地运转,除了这一运动的目的对我们来说依然未知之外,仿佛该运动受到相同的意志的控制。[14]作为牛顿的后来的影响,这种观点 347
还处在当时的物理学的基础上,即使我们也许感到不倾向于公开承认它。然而,必须按照法拉第的立场修正它。只要没有要素被隔离,世界依然是一个整体,但是所有部分被关联在一起,即使此时不是直接地、至少也是通过其他部分间接地关联在一起。于是,未直接关联的成员的协调的行为(空间和时间的统一),显然仅仅

是由于没有注意中介的链条而引起的。宇宙的运动的目的依然是未知的，只是因为我们能够考察的片断具有狭窄的边界，超越这个边界探究者无法达到。这种观点是较少富有想像的和富丽堂皇的，但是它因此却比较朴素、比较适度。

第十四节

空间的物理学观点因在辨认“真空”中的进步而受到支持，对居里克来说，真空只具有否定的性质。甚至空气在朴素的观察者乍看起来也只提供否定的质：它是不可见的，它只有通过剧烈的运动才变得可触知，从而也显示出它的温度。通过把它密封在软管或容器中，我们开始知道，它是穿不过的且具有重量。更迟一些，添加了可见性，直到最终物体的所有特征都被证明，对真空而言情况也相似。起初，它不具有物理的质。波义耳表明，炽热的玻璃和磁体越过它作用。按照杨和菲涅耳的观点，在光横越的真空中，我们必须设想相同的物理状态在每一个短暂的时间间隔同时存在，并想像这些状态以极大的速率在光中位移。法拉第、麦克斯韦、赫兹和其他人的工作表明，在空虚空间中电力和磁力的存在以这样的方式关联在一起：一个的每一变化将制约在同一地点另一个的出现。一般地，我们不能直接地觉察这些力的任何东西，除非在急剧的周期变化中它们作为光显示出来。然而，物理的迂回容易证明这些力，如果它们完全不存在，那倒是最罕见的例外，人们是否需要称它为物体（以太），则是无关紧要的，但是人们不能否认，可变的和相互依赖的性质属于它。[15]

第十五节

348

作为几何学的自然科学家的罗巴切夫斯基[16]观察到，在每一个测量中我们都使用物体，以致在建立几何学概念时我们必须从物体开始。他认为接触是物体的区分的标志，我们藉此把它们称为几何的[17]。这似乎指向一个事实：物体是刚性的和不可入的，当它们相互接触时，这一点就表现出来，这是所有测量的基础。不过，自十九世纪开始以来，事情继续运行着。我们还需要刚性的物体来建造我们的装置，但是我们能够利用光干涉标记点，用在表面上空虚的空间中的波长比借助相互毗邻和接触的刚体也许可以准确得多地度量长度。甚至很可能，分别借助波长和振动周期，真空中的光波将提供未来的长度和时间的标准，这些基本的标准将是更合适的，一般而言比任何其他标准更便于比较。通过这样的变化，空间和时间日益丧失了它们的超物理学的特征。[18]

第十六节

我们把三维归于空间，我们的几何学认为这些维度一般是等价的，以致空间是各向同性的。实际上，如果我们仅仅考虑物体是不可入的事实，那么就不存在差异。然而，如果我们认为几何学是物理科学，那么可能成问题的是，它是否总是适合于支持这种观点。确实，已经在矢量代数中，我们必须注意，方向不是等价的。无定形的或等轴的物体，锌粉在其中溶解的硫酸稀溶液等等，都在方向方面未显示出差异;但是在三斜晶系的物体中,或者在电流于其中正在被感应,以致磁力线在确定的向指环绕它的物体的要素中,三个方向不是等价的。如果我们能够使正在溶解的锌粉产生的随机电流有序化和适当地引导它们,那么三个维度同样会不再是等价的。因此,等价在这里似乎取决于在特定的、频繁的和较简单的案例中抹去不等价。从生理学上看,维度也是不等价的。也许这种各向异性在于由以构成身体的基本感官[19]。如果我们能够利用我们的身体获得物理过程的关系,目睹一下安培的左手定则和其他以一贯的成功应用的类似的电动力学法则,那么这指明
349 了物理环境和我们共同具有相同的各向异性的生理构成之间由来已久的关联。[20]

第十七节

我们的空间和时间直觉形成我们感觉的世界观(view of the world)的最重要的基础,其本身不能被消除。然而,这并不妨碍我们力图把处所感觉的质的流形还原为生理—化学流形。我们可以思考以所有比例混合的若干化学的质(过程)的系统[21]。如果这样的尝试在某一天必然成功,那么它也会导致这样一个问题:我们是否不可能给追随莱布尼茨的赫尔巴特就可理解的空间的构成进行的思索赋予物理意义,致使我们可以把物理空间还原为量和大小的概念。当然,在赫尔巴特的形而上学中,存在许多能够加以反对的东西。他对部分是人为地设计的矛盾的追查到底和可以伸缩的倾向不是过于有吸引力的,但是他将几乎不产生错误。他中止

空间在第三维中的构成是完全没有根据的，事情的核心之处恰恰是在这里。[22]在一个世纪之后，这样的问题能够显示出全新的复杂性。

第 十 八 节

可以顺便提及，从生理学上看，空间和时间仅仅显现表观的连续统，大概是由不连续的、然而却无法精确区别的要素构成的。在物理学中，我们能够在多大程度上支持空间和时间的连续性假定，这只不过是什么是适当的、什么与经验一致的问题。这些仅仅是思想的开端；它们是否能够发展，我不能决定。

注　　释

【1】参考 A4, p. 272。我必须提一下，在这些反思中，我因彼得楚尔特(Petzoldt)的反对意见（“Das Gesetz der Eindeutigkeit”，*Vierteljahrschr. f. wiss. Philosophie*，19，146f.）而获得巨大进展。

【2】尤其是第一章至第九章。

【3】参考 Lange，*Die geschichtliche Entwicklung des Bewegungsbegriffes*，Leipzig，1886.

【4】*Physics*，IV，Chs. 6—9.

【5】Guericke，*Experimenta Magdeburgica*，1672，III，Ch. 4，p. 59.“当我们注视两座塔或两座山之间的距离或间隔时，很容易想到，这是不能通过介
入的空气质量产生的，而只不过是自然而然地存在着，以致如果也除去 350
所有的空气，山和塔也不会变得相互邻接。”

【6】Descartes，*Principia*，II，18.“如果有人询问，假使上帝拿走包含在任何容器中的所有物体，而容许没有占据被移除的东西的地方，那么会发生什

么情况。我们必须回答,容器的面正是因这个事实将变得相互邻接。"当几乎未委托给神性的作用的实验由坦率的和熟练的市长以完全相反的结果完成时,学术界大为惊讶。

【7】Guericke,在上述引文中。

【8】Boyle,*New experiments, physico-mechanical*,Oxford,1660.

【9】Pascal,*Nouvelles expériences touchant le vide*,Paris,1647.

【10】Guericke,在上述引文中,L. I. ,Ch. I,p. 55. 在关于什么充满宇宙空间的各种观点中,他达到这样一个问题:没有物质的空间即真空是否总是被否认。

【11】这个理论在伽利略的《关于两个世界体系的对话》中也被提及。对此的简短报道参见 *M*5,pp. 227—229.

【12】参考当代人对牛顿观点的立场的详细叙述,在 Lange,*die geschichtliche Entwicklung des Bewegungsbegriffes*,1886 之中。

【13】在第十四章第二十节,我们指出了可能自然增加的严重损害,牛顿之所以丢弃超距作用,是因为他无法"说明"它。

【14】参考 *Erhaltung der Arbeit*,Prague,1872,pp. 35—37.

【15】自然而然地,这些力与在任何其他物体中一样也不在无差别的真空中出现,它们在物体中必须由第二个物体引起或由一个物体的各部分之间的差异引起。

【16】E. Fngel,*N. I. Lobatschefskij*,*Zwei geometrische Abhandlungen*,Leipzig Teubner,1899,pp. 80—81. 罗巴切夫斯基在这里像莱布尼茨一样地思考。

【17】出处同上,p. 83.

【18】本章的考虑表明,空间和时间在研究中不能被割断。参考费希纳在《四个悖论》(*Vier Paradoxen*)中关于具有四维的空间的机灵的哲学笑话。这类认真打算的说明是由 M. Palágyi,*Neue Theorie des raumes und der Zeit*,Leipzig,1901 给出的。关于与费希纳的观点有关的观点,参见 *A*1,1886,p. 156。我在 *Fichtes Zeitschr. f. Philosophie*,1866 中的一个简短的注释中强调,空间和时间是不可分离的。在本书正在印刷时,我收到 K. C. Schneider,"Das Wesen der zeit",Wiener klinische Rundschau,1905,Nos. 11 和 12;它包含着费希纳和帕拉伊(Palágyi)暗示的某些观点,但是在这里稍微提一下它必定足够了。

【19】关于植物器官的各向异性，参考 Sachs，*Vorlesungen über Pflanzenphysiologie*，Leipzig，1887，pp. 742—762. 关于在动物的基本器官中的各向异性的类似问题，被 O. zur Strassen，"Über die Mechanik der Epithelbildung"，*Verh. d. D. Zoolog.* Gesellsch. 1903 处理了。

【20】参考 *A*，pp. 264，265.

【21】也可参考 *W*1，1896，pp. 360—361.

【22】莱布尼茨也认为，他能够从下述事实证明四维空间是不可能的：在（三维）空间中，只能够存在三个相互垂直的垂线！

351 第二十五章　自然定律的含义和价值

第　一　节

人们常常谈到自然定律(laws of nature)。这一表达意味着什么?通常的看法将是,自然定律是在自然界中的过程必须服从的法则,它类相似于公民行为应该服从的民法(civil law)。差别通常看来在于,民法能够被破除,而与自然过程的偏离则被认为是不可能的。然而,关于自然定律的这种观点被如下反思摇撼:我们是从那些过程本身察觉并抽象出这些定律的,在这样做时我们绝没有免除错误。当然,在这种情况下,对自然定律的任何违反都可以用我们犯错误的观点来说明,这些定律牢不可破的观念便失去了所有含义和价值。如果我们一旦强调我们自然观的主观方面,我们就容易达到一种极端的看法:唯有我们的直觉和我们的概念规定自然定律。不过,对自然科学发展的公正考虑使我们看到它的起源在于下述事实:我们是通过在过程中注意到那些对我们具有直接的生物学重要性的方面开始的,只是后来逐渐地把我们的兴趣扩展到是间接重要性的方面。借助这种反思,下述明显阐释也许是可以接受的:在起源方面,“自然定律”是在我们的经验的引导下,我们对我们的期望所规定的限制。

第　二　节

K. 皮尔逊(Pearsin)[1]——他的观点相当接近我的观点——在这些问题上以下述方式表达了他自己的看法：

> 民法包含着命令和责任；科学定律是描述而不是处方(prescription)。民法仅对特定时期的特定共同体是有效的；科学定律对所有正常人都是可靠的，只要他们的知觉官能依然处在相同的发展阶段，科学定律是不可改变的。然而，对奥斯丁(Austin)[2]和其他许多哲学家来说，自然定律不是心理的程式(formula)，而是重复的知觉序列。他们把这种重复的知觉序列从他们自身投射(project)出去，认为它们是不受人制约且独立于人的外部世界的一部分。在该词的这一涵义——不幸的是这一涵义在今天过分通用了——上，自然定律在它被人认识之前就存在。

在 J. S. 穆勒和麦克斯韦之间讨论时已经出现的术语“处方”，白基 352
尔霍夫以来就被普遍采用了；相比之下，请让我建议用“对期望的限制”(restriction on expectations)的表达作为自然定律的生物学意义的指向。

第　三　节

定律总是在于对可能性的限制，不管是作为行动的围栏，作为自然事件不变的路线，还是作为关于通过跑在事件前头以互补的方式预期事件的我们的思想和观念的道路标记。伽利略和开普勒设想自由落体和行星运动的各种可能性，力图猜测符合观察和使它们更精确的可能性。惯性定律在一旦所有力消失时把匀速直线运动赋予物体，该定律选择无限多可能的思想之一作为我们观念的决定性的思想。朗格(Lange)关于自由质量系的惯性运动的观点[3]声称，它是从无限多的运动学可能性中选择的一种运动模式。事实领域能够被分类，概念能够为符合分类而创立，这些境况构成对可能性的限制。不需要把定律必然地表达为定理。质量概念能够被应用的事实包含着这样一个限制：借助任何一个物体作单位测量的封闭系统中的质量总和是不变的。等于第三个物体的两个物体也彼此相等。[4]

第　四　节

在给定的环境下，生物的期望在保存的方向被调节，正是被赋予记忆的所有生物的需要。至于直接的和最简单的生物学需要，我们的心理组织通过联想机制产生适合于绝大多数案例的机能的准备，而本能地符合它们。如果存在的条件复杂化，以致需要的满足只能通过冗长的迂回达到，那么只有充分装备的心理生活才能够满足这些需要。于是，带有附随环境本身的迂回的个别步骤将获得间接的兴趣。每一个科学兴趣都可以被看作是迂回步骤中的间接的生物学的兴趣。不管案例是接近还是远离直接的生物学兴趣，符合我们需要的唯一事情是在该环境下

矫正和调适期望。不过，在不同的环境中，我们使关于期望的矫正的要求十分不同。如果我们饥饿，并在该环境下我们期望它 353
的地方寻找食物，那么唯有这样将满足我们的期望。然而，如果已知枪的靶子和子弹与火药的重量，我们期望某一射程，那么甚至与期望的轻微偏离都能够构成扰乱的欺骗。如果目标是通过包括几个步骤或许多步骤的相当长的路线达到的，那么每一步的大小和方向上的小错误将足以使我们击不中目标。因此，进入计算的几个数中的小小错误能够大大地弄错最终的结果[5]。由于在科学中我们恰恰正在处理这样的用于理论或技术实践中的中间步骤，因此借助给定的环境获得期望的特别准确的决定，将是重要的。

第　五　节

随着自然科学的进步，在其中实际上出现了日益增长的对期望的限制，这些限制逐渐呈现出比较决定的形式。头一批限制在类型上是定性的。决定期望 M 的因素 A、B、C、……是否能够在科学上用单一的命题一起系统阐述，或者科学是否就在植物学表格或化学分析中的例子为一个接一个地引证这些因素提供指导，则是不重要的。如果在质上相似的案例中人们也能够定量地区分各种质，以致定量地被决定的集合 A_1、B_1、C_1、……相应地决定定性的期望 M，那么我们具有进一步的限制，限制的鲜明性受到由能够达到的观察和测量的准确性限定。在这里，限制可以同时或以相继的阶段出现。如果限制被第二个决定或互补的决定进一步收缩在较小的限度内，那么后者将发生。在具有 n 个边的凸平面直线多面体中，在欧几里得空间中的内角和是 $(n-2)\cdot 2$ 直角。对于三角形 $(n=3)$ 而言，这变成 2 直角，致使每一个角由另外两个角决定。因此，这些最狭窄的限制取决于条件的整个序列，这些条件是相互完备的，其中一些在需要它们首先给予其他条件以任何含义方面是基本的。在物理学中情况也同样。方程 $pv/T=$ 常数对于不变质量的气体都成立，就此而言 p,v,T 在它的所有部分都是相同的，倘若条件与液化足够不同的话。包含在折射定律 $\sin\alpha/$
354 $\sin\beta=n$ 中的限度，通过与确定的一对处于确定的温度和密度或压力以及没有内部的电磁势差的均匀物质联系起来，进一步变狭窄了。如果物理学定律与确定的物质相联系，那么这意味着该定律对这种物质的已知反应在其中也被找到的空间有效。这些条件通常被纯粹的物质名称覆盖和隐蔽起来。对空虚空间（真空、以太）有效的物理定律总是且仅仅与电常数和磁常数等等的确定值联系在一起。通过把命题应用于已知的物质，我们引入进一步的表达条件的决定或方程，恰如当我们就几何学定理谈论或心照不宣地假定，它适用于三角形、平行四边形或菱形一样。如果人们发现在定律迄今总是发现有效的环境下不再适用的案例，那么这促使我们寻找该定律迄今未知的补充条件。找到这些条件总是重要的发现。因此，电和磁是通过被设想相互无关的物体的相互吸引和排斥发现的。不仅明晰的假设，而且心照不宣假定的附带条件，都形成几何学论题甚或物理学论题的基础。要始终明确地记住，可能存在迄今未知的限定性的条件（它们的可观察的变化迄今逃脱了我们）。

第　六　节

按照我们的观点，自然定律是我们心理需要的产物，为的是在面对自然界到处寻找我们的道路，这样在面对自然过程时我们不会处于被隔离和受阻碍的状况。这清楚地在这些定律背后的动机中显示出来，定律总是符合这种需要以及流行的文化状态。在取向方面的头一批初步尝试是神话的、魔鬼的、诗的。在哥白尼和伽利略时期的自然科学的科学复兴时代，为主要定性的暂定的取向、容易、简单性和美而奋斗，是在探索关于理智地重构事实的法则中的主导动机。比较精确的定量探究旨在尽可能完备地决定事实，从而寻求毫不含糊的决定，正像在力学发展的早期历史中已经发现的那样。如果个别发现后来积累起来，就产生了强有力的推动，以便减少心理努力，达到经济、连续和恒久以及尽可能普遍的范围，因为有益地应用的法则建立起来了。我们只需要指出力学或 355
任何相当发达的物理学部门的后来的历史就可以了。

第　七　节

在相当马虎的认识论的批判时代，把心理动机投射到和归因于自然本身，是十分自然的。上帝或自然力求简单性和美，其次力求严格合法的关联和决定性，最后力求所有过程的经济，也就是力求以最小的努力达到最大的结果。甚至在最近的时代，菲涅耳[6]在强调与古老的发射说相对照强调波动说的普适应用时，把通过微小的手段达到许多东西归因于自然。

> 第一个假设具有导向是比较明显的结果的优势,因为力学分析更容易应用于它;相反地,第二个假设在这里引起很大的困难。不过,在选择体系时,人们仅仅必须考虑假设的简单性,计算的简单性在概率的平衡中可能没有权重。自然并未因分析的困难而烦劳,它仅仅避免手段的复杂性。它似乎已经决意以少做多:物理科学的完美不断地以新的证据支持的正是这个原理。

第 八 节

自然定律的逐渐精练和对期望的日益增加的限制,相应于思想对事实的更精确的适应。要达到对每一个别的和不计其数的未来的事实的完全适应,当然是不可能的。如果自然定律必须变得可以反复地和尽可能普遍地应用于实际的具体案例的话,那么它要求抽象、简单化、系统化和理想化:我们必须在心理上把事实分解为这样的简单要素,以致我们能够用它们以充分的精确性重构和重组事实。这样的从来也不会在实在中严格出现的简单的理想化的事实要素,是质量的匀速运动和匀加速运动、稳恒的(稳定的)热流和电流以及均匀增加或减少的流等等。每一个任意可变的运动和流都可以看作是在任何程度上由这样的要素构成的,以致能够把自然定律应用于它,这是通过物理学的微分方程发生的。因此,我们的自然定律由一系列为这种应用恰当选择的和为应用准备停当的定理组成。因此，可以把自然科学视为一类工具的收集，为的是理智地完成任何部分给定的事实，或者为的是尽可能地限制在未来案例中 356
的期望。[7]

第九节

事实并未被迫要符合我们的思想，但是我们的思想和期望符合其他思想，即符合我们由事实形成的概念。依附于事实的本能的期望总是具有相当数量的游戏，但是，如果我们假定事实严格地对应于我们的简单的理想的概念，那么我们的期望将与它们一致，从而将正好被决定。自然科学的命题总是具有纯粹假设的意义：如果事实 A 恰恰对应于概念 M，那么推论 B 恰恰对应于概念 N；两种对应具有相同的准确度。在自然科学中像在几何学中一样，来自预设的推论的绝对精密的和十分精确的与毫不含糊的决定并不存在于可感觉的实在中，而仅仅存在于理论中。所有进步的目的在于使理论可以更符合实在。当我们观察和测量一对介质中的许多折射案例时，我们对于给定入射光线的折射光线的期望依然隶属于观察和测量中的不精确性的范围。只是在定律被固定和数值针对折射率选定，对于入射光线来说才存在一条唯一的折射光线。

第十节

已经数次强调，在以概念和定律为一方和以事实为另一方之间，明确区分是多么重要。奥斯特的案例（一个平面上的电流和磁针）按照他的时代之前有效的概念是绝对对称的，而事实揭示出它们本身是不对称的。圆偏振光的行为在几个方面像非偏振光一样具有相同的无差异，要揭示它的双螺旋不对称需要更为仔细的研究，从而迫使我们用新的和更完备的摹写概念描述事实。如果我们的自然观念受我们认为是恰当的概念的支配，而且我们相应地变得习惯于毫不含糊的精确的期望，那么我们也容易被导致消极地使用毫不含糊的决定的概念。在那里，比如说在运动中，某一结果并未被毫不含糊地决定，就像平面上三个相等的力在一点相互以 120°作用一样，我们将根本不期望效应发生。如果我们不受在这种形式中的充足理由律（参见上面的例子）的误导，那么我们必
357 须保证，所有操作条件是已知的。

第 十 一 节

只有比观察（由于已经众多的和复杂的附属环境的影响）能够保证的更简单、更精确地描述事实的理论，才对应于毫不含糊的决定性的理想[8]。理论的这种精确性能使我们通过一系列相等的或不相等的步骤演绎将与理论一致的广泛的推论。不过，因为累加的偏差，推论和经验的一致或不一致与把原理和观察比较相比，通常是对理论的矫正或它需要改进的更佳的检验。想一想牛顿的力学原理和从它导出的天文学的推论吧。

第 十 二 节

如果从我们对决定性，尤其是毫不含糊的类型的决定性的需

要的观点，来考虑理论的命题的普遍而经常重复的形式，那么它们就变得可以理解了。[9]这使得一切事物变得更清楚、意思更明白。对于物理学家来说，几句评论将足够了。物理的差异决定发生的一切事物，差异的减小在我们正在注视的实在的片断中占压倒优势。在同一类型的相似地决定一点的事件之处，决定的因素是这些差异的平均值。适用于静力学、动力学、势、电等等如此之多的领域的拉普拉斯方程和泊松方程，分别陈述它碰巧是零或无论其他什么的这一平均值。关于一点对称的差异在这里决定对称的事件；或者在多重对称的特例中，决定事件的不存在。在应用时，描述相互垂直的势面和力线或流等等的共轭函数，决定在无穷小要素中的事件的对称。多重毗邻的可能性集合中的极大值或极小值总是能够被视为从属于某些对称的条件。如果差异对于排列中的任意小的变化总是在相同的向指上变化，那么给定的排列在某个方面总是极大的或极小的。平衡案例，不仅仅静力学和动力学中的平衡案例，作为这种类型的法则都是如此。我们在其他地方已经说明，在像最小作用原理这样的定律和其他以极大值或极小值的形式陈述的定律中，起决定性作用的不是这些最后的东西，而是 358
毫不含糊的决定性的观念。[10]

第十三节

因为自然定律只不过是观察者的期望——实在无需符合这些期望——之主观处方，因而它们是无用的吗？根本不是：尽管期望仅仅在某些限度内被可感觉的实在满足，但是它们无论如何常常证明是正确的，并且每日继续这样证明。因此，我们在假定自然的均一性时没有犯错误，即使因为我们的经验是不可穷竭的，我们将永远也不能够证明，该公设在空间和时间中的每一处都可以绝对精确地应用：像任何科学的工具一样，它将依然是理想的。此外，该公设仅仅与均一性有联系，而没有详细说明什么类型。因此，如果期望落空，那么我们总是自由地寻找新的均一性，而不是原先期望的均一性。

第 十 四 节

作为自然的探究者，如果人们认为人类个体和他的灵魂不是与自然对立的孤立的和异己的要素，而认为物理的感觉和观念的事件是不可分割的整体的话，那么人们将不会为整体不能被部分穷竭而感到惊讶。可是，在部分中显露出来的法则将启示他，存在着关于整体的法则。他将希望，正如他在小范围内用一个事实成功地说明另一个事实一样，物理事实和心理事实这两个领域同样地将逐渐相互阐明。这只不过是把详细的物理观察和心理观察的结果引入比迄今达到的更密切的一致的问题；现在，没有一个人怀疑二者之间的普遍关联。我们不再能够想像两个独立的世界或仅仅松散地关联的世界。借助未知的第三者把它们关联起来是无意义的：人们希望，这样的说明永远丧失了全部信任。

第 十 五 节

所提到的观点应该出现，这是完全可以理解的。当人们通过类比发现，存在着类似于他并像他一样行为的其他生物、其他人和动物时，从而必定变得清楚地意识到，他必须判断他们对于环境的行为，而他是无法通过他的感官直接察觉到这些境况的；虽然他所熟悉的类似物形成他自己的经验，但是他不得不把过程分为两类： 359
就全体而言可察觉的类和仅就一个而言可察觉的类。在他看来，这是最简单的、实际上最有帮助的解决办法。以这种方式，他形成了他自己的自我和其他人的自我二者的明晰思想。某个偶然地在没有生活同伴的情况下长大的人，几乎不会把他的贫乏的观念与感觉对立起来，也不会获得自我的思想，更少把自我与世界对立。对他来说，所发生的一切事情都是一。然而，一旦把握了自我的思想，我们就容易形成物理的和心理的东西的抽象，以及我们自己的和他人的感觉和观念的抽象。考察事物的两种模式对于综合的取向是有益的：一个导致关心细节，另一个保证我们不丧失对整体的洞察。【11】

第十六节

如果世界被抽象锯开和切割成小片，那么部分看来是如此不实际和不实在，以致产生这样的怀疑：我们是否能够再次把它们黏合在一起。人们可能偶尔以玩笑和冷嘲的方式询问，这样的属于自我的感觉或观念是否能够在世界中独自漫游。因此，假如数学家在把世界割裂为微分之后是有点聪明的话，他们是否能够在没有损害的情况下再次用这样的无把世界结合在一起。我的回答是这样的：实际上感觉总是在复合中发生，但是这后者应该总是完备的，清醒的人的自我是可疑的；毕竟在梦幻、催眠状态、出神入迷中存在意识，在不同的程度上完全存在动物的意识。甚至物体、一块铅、我们已知的最原始的项目，总是属于复合，从而属于世界；没有什么东西孤立地存在[12]。正像物理学家为了科学研究的目的必须自由地分析物质世界，把它拆卸为部分而又不因此忘记世界的普遍关联本性一样，生理学家也必须是同等自由的，倘若他要获得任何结果的话。利用犬儒学派的德谟纳克斯(Demonax)的话，我们可以说，感觉像任何其他事物一样未独自存在。

我通过反省发现，我的自我被意识的具体内容竭尽。如果人们有时设想，人们附带地察觉到某一事物，那么理由似乎如下。一个人自己的自我的抽象观念与其他人的自我的抽象观念、与它们之间的差异，以及与自我对于它的内容的行为并非无关紧要的思
360 想，密切地联系在一起。然而，人们必须问自己，这些抽象的思想本身是否没有具体的意识内容且仅仅与这些内容不相符，人们是否能够通过纯粹的反省发现它们。再者，在涉及自我的物理的和心理的基础的地方，几乎一切东西确凿地被继续研究。这肯定是与短暂而生动的意识内容并存的某种东西，这在任何情况下只不过永远描述它的总体的丰富性的一小部分。

第十七节

传统的观点认为，在自我和世界之间存在着不可逾越的障碍，正像在自我和自我之间存在着不可逾越的障碍一样，这种观点在心理学上是可以同等地理解的。如果我有关于某物的感觉或观

念，那么这似乎并不影响世界或其他自我，但只是在表面上如此。我的肌肉轻微伴随的运动已经属于世界和任何警觉的观察者；如果我的观念突然引发出言语和行动，那么这一点甚至更有理由成立。如果一个人看见蓝颜色，另一个人看见球的形状，那么这的确不能导致判断“球是蓝的”。正缺少的东西是“统觉（apperception）的综合统一体”，尽管这个琐细的事实被夸大地描绘了[13]。两个观念必须密切得足以相互作用，这有点儿像物理学中的物体。不过，这样的表达没有解决问题，但却颇为倾向于与它相符或隐藏它。自我不是为判断结果仅仅需要把蓝色和球投入的碗钵。自我比纯粹的统一体更多，肯定不是赫尔巴特的简单的统一体。构成球的相同的空间要素必须是蓝的，而且必须辨认出蓝颜色是与它们的定域不同的和分离的，倘若判断是可能的话。自我是与物理有机体对应的心理有机体。很难相信，这必定永远是生理学和心理学一起无法提供进一步阐明的问题。仅仅反省而不借助物理学，甚至无法必然导致感觉的分析。哲学家片面地过高估计反省的分析，而精神病学家往往同样地就生理学分析作过高估计，不过要得到恰当的结果，我们必须把二者结合起来。在两群探究者中，似乎还潜伏着从原始文化得到的、迄今未完全消除的偏见的遗迹，即心理的东西和物理的东西原则上是不可通约的（incommensurable）。在这里提示的研究将领先多么远，目前是不可预言的。

在自我从中浮现并再次反过来准备消解于其中的宇宙之流中 361
间，如果自我不是与世界孤立的单子（monad），而是它的一部分，那么我们将不再倾向于认为世界是某种不可知的东西。于是，为了希望真实的知识，我们要足够接近我们自己，要充分密切地接近

世界的其他部分。

第十八节

科学显然是从生物的和文化的发展中成长起来的，是它的最多余的分支。然而，今天我们几乎不能怀疑，它发展为在生物学上和文化上是最有益的因素。科学接过了用充分有意识的和有条理的较快变化代替尝试性的和无意识的适应的任务。已故物理学家E.赖特林格(Reitlinger)通常在回答悲观主义发作时说，人在自然中在条件适合时是为存在而出现的，而不是为福利而出现的。事实上，他必须为他自己创造这最后的东西，我认为他这样做了。至少在今天，这对于物质福利来说有效，即使迄今不幸地仅仅对某些人有效，但是我们可以希望未来事情会好一些[14]。约翰·卢伯克爵士(Sir John Lubbock)[15]表达了如下希望：文明的果实将不仅扩大到其他国家和人民，而且也扩大到发达国家的所有阶层，以致我们在我们自己的同类公民中应该找不到那些过着比原始人更糟糕、且没有原始人真实——即使是微不足道的长处——的生活的公民。让我们记住，我们祖先在他们社会体制的暴行、他们的法律和法庭、他们的迷信和狂热下不得不遭受什么痛苦；让我们考虑这些东西有多少依然作为我们自己的遗产，让我们设想我们在我们自己的子孙中还将经受多少这样的遗产：在借助我们的心理学的和社会学的洞察实现道德世界秩序的理想中，这应该是我们开始热切合作的充分动机。一旦这样的秩序建立起来，没有一个人将能够说秩序在世界上不存在，也没有任何人将需要上天入地去寻

找它。

注　　释

【1】K. Pearson, *The Grammar of Science*, 2nd ed. London, 1900, p. 87.

【2】英国法理学家。

【3】*M*5. p. 259.

【4】出处同上, pp. 233f. 362

【5】J. R. 迈克依据相当不准确的数字发现热功当量的值是 365 而不是 425。

【6】Fresnel, "Mémoire couronné sur la diffraction", *Œuvres*, Paris, 1886, Vol. 1, p. 248.

【7】W. p. 461f. Kleinpeter, *Erkenntnistheorie*, Leipzig, 1905, pp. 11—13.

【8】参考迪昂的叙述, *La Théorie physique*, pp. 220f. , 320f.

【9】*W*, pp. 117f.

【10】*M*5, pp. 419 — 421. Petzoldt, "Das Gesetz der Eindeutigkeit", *Vierteljahrschr. f. wissensch. Philosophie*, XIX, pp. 146f.

【11】参考 W. Jerusalem, *Einleitung in die Philosophie*, 2nd ed. 1903, pp. 118f.

【12】参考 Ziehen(*Zeitschr. f. Psychologie u. Physiologie der Sinnesorgane* 33, p. 91)和 Schuppe(出处同上 35, p. 454)之间的论战。A4, p. 281.

【13】我无法揣摩,如何最终假定自我的不变性出自这一点。

【14】E. Metschnikoff, *Studium über die Natur des Menschen. Eine optimistische Philosophie*, Leipzig, 1904.

【15】J. Lubbock, *Die Entstechung der Zivilisation*, Jena, 1875, p. 399.

译 者 附 白

正文"注释"中的马赫原著缩写

Analyse der Empfindungen(《感觉的分析》)=A

Die Mechanik in ihrer Entwicklung(《力学史评》)=M

Populärwissenschaftliche Vorlesungen(《通俗科学讲演》)=P

Prinzipien der Wärmelehre(《热学原理》)=W

在"注释"中所给出的上述原著的版本,由缩写字母之后的数字表示,如 M7,P3 分别表示《力学史评》第七版,《通俗科学讲演》第三版。

英汉人名对照

（以下数字为原书页码，本书边码）

图书在版编目(CIP)数据

认识与谬误:探究心理学论纲/(奥)恩斯特·马赫著;李醒民译.—北京:商务印书馆,2017
(汉译世界学术名著丛书:120年纪念版:珍藏本)
ISBN 978-7-100-14747-7

Ⅰ.①认… Ⅱ.①恩… ②李… Ⅲ.①哲学理论—奥地利—近代 Ⅳ.①B521

中国版本图书馆CIP数据核字(2017)第159848号

汉译世界学术名著丛书
(120年纪念版·珍藏本)

认识与谬误

——探究心理学论纲

〔奥〕恩斯特·马赫 著

李醒民 译

商 务 印 书 馆 出 版
(北京王府井大街36号 邮政编码100710)
商 务 印 书 馆 发 行
北 京 冠 中 印 刷 厂 印 刷
ISBN 978-7-100-14747-7

2017年12月第1版　开本 710×1000 1/16
2017年12月北京第1次印刷　印张 34

定价:170.00元